U0572514

湖北发展研究报告

武汉大学湖北发展问题研究中心
武汉大学发展研究院 组编

WUHAN UNIVERSITY PRESS
武汉大学出版社

湖北发展研究报告 2021

报告统筹人： 李　光

报告撰写人：
（以姓氏笔画为序）

马绵远	王才玮	王宇华	王启飞	付新平	冯　悦	冯中朝
朱媛媛	乔亚兰	刘　芳	刘再起	刘孝琴	孙　路	严　炜
李　光	李　好	李　娜	李　磊	李时起	杨　炎	肖　悦
肖艳丽	时　歌	吴素春	何　沙	何科方	余文静	邹　蔚
邹小伟	邹进泰	汪紫薇	张　宁	张　毅	张小茜	张司飞
张宇昂	张欲晓	陈　丹	尚斌斌	易晓波	罗　知	罗思静
郑　楠	赵　林	赵　睿	赵荣凯	柳鹏程	姚栋夫	秦梦茹
秦尊文	秦嘉慧	徐干城	高建平	高程程	唐　娜	唐　晶
陶　瑶	黄　涛	黄　菊	淦思雨	彭　宇	董青青	韩　笑
程　蕾	傅诗雯	曾国安	曾菊新	游　怡	鲍寅飞	黎苑楚

　　《湖北发展研究报告2021》由武汉大学湖北发展问题研究中心、武汉大学发展研究院组织研究和出版，并获湖北省普通高校人文社会科学重点研究基地建设基金、武汉大学人文社会科学发展基金支持。

目 录

湖北发展研究报告

COVID-19 时疫对湖北省科技创新中长期
发展的影响研究

武汉大学发展研究院课题组

新冠病毒（COVID-19）作为人类未知的新病原体，具有科学未知性、感染致病性、变异不确定性和潜在风险性。始于 2019 年年末的 COVID-19 时疫，是中华人民共和国成立以来在我国发生的传播速度最快、感染范围最广、影响面最宽、防控难度最大的一次重大突发公共卫生事件。抗击 COVID-19 时疫，也是中华人民共和国成立以来我国应对突发重大公共卫生事件中规模最大的一次总体战、遭遇战和阻击战，面临的困难、问题和挑战远远超过 2003 年抗击 SARS 疫情。湖北省尤其是省会武汉是我国乃至世界抗击 COVID-19 时疫的最前线，是我国应对重大突发公共卫生事件"大考"的关键考点，也是检验我国应对重大传染病疫情应急管理能力的主战场。武汉在湖北省经济首位度很高，70 多天的离汉通道被关闭在人类历史上史无前例，一座人口千万级的国家中心城市停止正常的经济、社会运行，带来了一系列大大小小、错综复杂的经济社会问题，不仅使抗击 COVID-19 时疫的"湖北·武汉保卫战"艰苦卓绝，而且使湖北省在 COVID-19 时疫后的恢复重建和发展任务极其繁重。在全球 COVID-19 时疫大流行背景下，COVID-19 时疫将对湖北省科技创新中长期发展产生深远影响。

一、我国应对 COVID-19 时疫的科技支撑背景

我国正处于抗击 COVID-19 时疫的非常时期，这是 2003 年应对

SARS 时疫后我们再次面临的严峻挑战。在 2003 年 SARS 时疫肆虐时期，武汉大学发展研究院课题组承担完成了"SARS 时疫对中国科技发展的影响"研究课题，并针对我国抗击 SARS 时疫中存在的问题及"后 SARS 时期"科技发展提出 10 点建议：一是切实推进 SARS 时疫后的技术转移；二是尽快制订应对各种公共危机的科技预案；三是加强科技发展的多目标决策；四是强化科技资源的整合及其利用率；五是尽可能增加政府对基础性和公益性研究的投入；六是充分发挥科学技术整体的社会功能和作用；七是完整理解和积极支持人力资本投资；八是建立与科技全球化相适应的国家创新体系；九是以全面建设小康社会标准定位科技普及；十是切实加强技术标准建设和知识产权保护。①

如果参考上述建议进行历时性分析，不难发现 17 年来我国在应对公共卫生突发事件的科技支撑方面，已经发生了许多重大改变，在许多方面实现了从无到有、从有到优、从弱到强的历史性变革。一是应对突发公共事件的相关法规及预案从无到有。我国制定实施了《中华人民共和国突发事件应对法》《国家突发公共事件总体应急预案》《国家突发公共卫生事件预案》及科技预案，各省市自治区也先后制订实施了地方突发公共事件总体应急预案及科技预案。二是政府增加了科技专项研究，建立基于先进信息技术的国家传染病网络直报系统，重点建设公共卫生与预防医学学科，重点建设 P3 实验室和 P4 实验室等大科学设施。三是大力倡导科技资源共享和科技创新协作。积极推进高等院校与科研院所的跨部门、跨学科协同创新，先后构建了一系列科技资源共享平台。四是不断建设和完善国家创新体系及区域创新体系。实施《国家创新驱动发展战略纲要》，各省市自治区制定、实施区域创新体系建设规划，加快推进创新型国家、创新型省市自治区及创新型城市建设，不断强化高质量发展。五是重视发挥科技创新的社会功能。不断强化科技创新在我国全面创新中的核心地位和引领作用，积极推进科技在各行

---

① 李光. 抗击 SARS：关于加快我国科技发展的对策建议［J］. 武汉大学学报（社会科学版），2003（4）.

各业的重要支撑作用。六是实施知识产权、标准、质量和品牌战略。不断提高知识产权的创造、运用、保护和管理能力，努力提升中国标准水平技术标准建设。七是科学普及持续向前推进。明确提出科技创新、科学普及是创新发展的"两翼"，要把科学普及放在与科技创新同等重要的位置，全国科技活动周、全国科普日等全民性科学普及活动常态化，大众创业、万众创新活动不断推陈出新，等等。17年来，我国科技应对重大突发公共事件的众多变化有目共睹，科技创新在应对重大突发公共事件过程中发挥了关键支撑作用。

二、我国抗击 COVID-19 疫情的科技支撑行动及问题

17年来，我国在应对公共突发事件领域取得了一系列科技成果，科技支撑与2003年抗击SARS时疫时期相比已有天壤之别。从我国这次抗击COVID-19时疫看，武汉这座人口超过1000万的特大城市因时疫"封城"，在人类历史上是史无前例的。在世界关注的"湖北·武汉保卫战"中，现代科技发挥了极其重要的支撑作用。在抗击COVID-19时疫的"湖北·武汉保卫战"中，我国Y-20等大型运输机群在历史上第一次实现大规模医护人员及抗疫物资向疫区的快速投送；在短时间内完成新冠病毒全基因组测序及病毒检测分离，并提供病毒快速检测试剂盒，不断更新诊疗方案版本；大数据"防疫地图"能够实时动态更新，实现从静态数据向动态数据转换；高精度、自适应、高性能红外热成像测温告警系统，实现面向大众的多人同时高效精确检疫监测，每分钟测温人数超过500人，测温距离最远可达到10米；人工智能影像评价系统和5G远程医疗系统，实现优质医疗资源共享和诊断效率大大提高；云计算、智能机器人及无人机技术的应急应用，提高了防疫消毒及监测效率；气化裂解医疗垃圾处理系统实现无烟雾、无异味、无污水排放，能有效清除尾气、底渣中的二噁英；武汉方舱医院建设及运行模式，开创了应对重大突发公共卫生事件的新途径；尤其是智能手机的微信、短信等视频和音频功能，不仅能及时传播政府权威抗疫信息，有助于抗疫

时期政府与市民之间的信息沟通，有效支持市民健康码出行管控，而且能实现亲朋好友乃至陌生人在非常时期的广泛联系和相互帮助。在大数据及人工智能应用方面，以维智科技（WAYZ）开发的疾控 AI 平台（WDCIP）为例，这个平台同步覆盖全国 29 个省市自治区超过 200 座城市的 7700 多个场所，运用空间大数据和 AI 位置智能技术，为国家疫情防控部门、地方政府及公共安全系统提供不间断服务。这个平台利用位置大数据回溯历史轨迹，寻找病毒感染者紧密接触人群，预测疫情高危传播区域，进行人群预警、接触预警等风险预警精确提示，协助分析病毒传播动力模型，为疫情防控提供有力的科学决策支持。为抗击 COVID-19 时疫、支援"武汉保卫战"，我国迅速确定临床救治和药物、疫苗研发、检测技术和产品、病毒病原学和流行病、动物模型构建等五大主攻方向，组织跨学科、跨领域、跨部门科研团队联合攻关并取得积极进展；国家新冠肺炎药品医疗器械应急平台紧急运行，核酸及抗体检测试剂、中西医药物、疫苗的研发筛选不断向前推进。作为负责任、有担当的大国，我国积极向世界卫生组织（WHO）及多国通报 COVID-19 疫情，向世界卫生组织及有关国家分享病毒基因测序、检测试剂、诊疗方案等，强化全球科技创新合作。显而易见，这些科技应急响应以及科技创新成果的广泛应用，在我国 17 年前抗击 SARS 疫情时是难以想象的。如果没有这些科技应急响应及科技成果的广泛应用，没有争分夺秒、夜以继日地进行的应急科技创新以及预期科技成果，我们取得抗击 COVID-19 时疫的最后胜利更是难以想象。

我们也必须看到，2003 年抗击 SARS 疫情至今 17 年过去了，我国科技应对突发公共卫生事件仍存在一些问题，尤其是科技创新方面必须进一步加快改革开放。概括而言，我国科技应对突发公共卫生事件主要存在八个方面的问题：一是科技应对突发公共卫生事件预案应急响应存在薄弱环节；二是科技创新资源科学配置和合理配置仍不尽如人意；三是基础性和前瞻性科技创新持续投入不足；四是高端医疗关键核心技术与发达国家存在明显差距；五是科技应对突发公共卫生事件的制度环境有待完善；六是科技治理体系及科技治理能力现代化进程需要提速；七是科技创新效率及效益亟待提高；八是科技传播、科技舆情管控、科学普及需要加强。这些问题需要我们在制订中长期科技创新规划，尤其是在制订"十四五"科技创新规划过程中，积极面对、深入研究和努力解决。

《中共中央关于制定国民经济和社会发展第十四个五年规划和二〇三五年远景目标的建议》明确指出：坚持创新在我国现代化建设全局中的核心地位，把科技自信自强作为国家发展的战略支撑，面向世界科技前沿、面向经济主战场、面向国家重大需求、面向人民生命健康，深入实施科教兴国战略、人才强国战略、创新驱动发展战略，完善国家创新体系，加快建设科技强国。要强化国家战略力量，提升企业技术创新能力，激发人才创新活力，完善科技创新体制机制。

《中共湖北省委关于制定全省国民经济和社会发展第十四个五年规划和二〇三五年远景目标的建议》明确指出：坚持创新第一动力，增强发展新动能。坚持把创新摆在事关发展全局的核心位置，深入实施科教兴省战略、人才强省战略、创新驱动发展战略，围绕产业链部署创新链，围绕创新链布局产业链，提高"钱变纸""纸变钱"能力，加快建设科技强省。要加强区域创新体系建设，加快突破关键核心技术，强化企业创新主体地位，释放人才创新创业活力，深入推进科技体制改革创新。

三、COVID-19 时疫对湖北省科技创新中长期发展的影响

COVID-19 时疫无疑对湖北省科技创新发展产生重要影响。从影响时间看，这种重要影响主要分为近期影响和长期影响，具体而言可以分为两个时期：一是抗击 COVID-19 时疫时期，即从 COVID-19 时疫开始肆虐到疫情防控结束期间的影响；二是"后 COVID-19 时疫时期"，即抗击 COVID-19 时疫取得胜利后一段时期的影响，并对湖北省科技创新中长期发展产生深刻影响。从影响方式看，这种重要影响主要分为直接影响和间接影响，COVID-19 时疫对科技创新发展有直接影响也有间接

影响。从影响效果看，这种影响主要分为积极影响和消极影响，COVID-19 时疫对科技创新发展既有积极影响也有消极影响。在实际过程中，COVID-19 时疫对科技创新发展的影响时间、方式、效果往往交织在一起，有时候很难严格区分和清晰表述，在我国 COVID-19 时疫防控趋于常态化背景下尤其如此。

（一）抗击 COVID-19 时疫时期：对湖北省科技创新发展的影响

（1）在抗击 COVID-19 时疫期间，COVID-19 时疫对湖北省科技创新的积极影响主要包括以下几个方面。

COVID-19 时疫激发了应急科技创新活动。在 COVID-19 时疫开始肆虐之时，也是科技创新活动应急响应之时。武汉大学、华中科技大学、中国科学院武汉分院等所属专业研究机构，应急投入大量人力物力，围绕 COVID-19 病毒及疫情进行了一系列科技攻关研究。国家自然科学基金委员会为了应对 COVID-19 时疫，于 2020 年 1 月启动"新型冠状病毒溯源、致病及防治的基础研究"专项，旨在鼓励研究人员围绕新型冠状病毒感染的病原学、流行病学、发病机制、疾病防治等相关重大科学问题，开展基础性、前瞻性的联合研究。湖北省内科研机构积极申报科技部、国家自然基金委员会疫情防控应急攻关项目，截至 2020 年 3 月 27 日，湖北省累计获批 27 项，其中牵头项目 16 项，参与项目 11 项，获批科研经费 5780 万元。为抗击 COVID-19 时疫，湖北省先后启动实施定向委托重大专项和应急科研攻关项目 3 批次共 48 个项目，已投入科研经费 1160 万元。武汉大学在 2020 年 2 月 3 日，发布《关于加强新型冠状病毒防治攻关的通知》，鼓励医学、生物、化学等领域科研机构，在新型冠状病毒的溯源、快速检测、临床药物筛选、疫苗、动物模型、致病机理、传播机制、疾病流行趋势预测等领域进行科技攻关活动。武汉大学发挥综合性大学人文社会科学优势，在 2020 年 2 月 18 日正式开始实施"抗击新冠肺炎"人文社会科学应急研究专项第一批课题 26 项。在"抗击新冠肺炎"应急研究取得一系列成果后，武汉大学又在 2020 年 5 月启动"抗击新冠肺炎"人文社会科学应急研究专项第二批课题43项。这些应急科技创新活动，取得了一系列有影响的研究成果。

COVID-19时疫聚集了应急科技创新资源。为抗击COVID-19时疫，全国迅速调配应急科技创新资源，一批又一批高级别应急专家及优秀医护人员驰援武汉，一批又一批应急医疗设备及抗疫物质聚集武汉，科技创新资源聚集度前所未有。在"湖北·武汉保卫战"最关键时刻，全国10%以上的重症医学医护人员聚集武汉，钟南山、李兰娟、陈薇、乔杰、张伯礼、仝小林、黄璐琦、王辰等中国工程院院士奋战在抗击COVID-19时疫第一线。

COVID-19时疫加快了应急科技创新进程。为抗击COVID-19时疫，湖北省尤其是武汉的应急科技创新完全以战时状态进行，科技人员夜以继日、争分夺秒地开展病毒学、流行病学、重症医学、检测试剂、疫苗、药物筛选等方面的科学研究和技术发明。为切实加快应急科技创新进程，我国COVID-19疫苗研制采取五条技术路线同步推进，而且均有国际科技合作。武汉大学国家多媒体软件工程技术中心王中元教授团队，针对迫切需要解决的口罩遮盖人脸识别问题，经过快速调研和科学论证制定了四步走的迭代研发技术路线，确定4套技术研发方案，以便根据样本集情况和模型性能表现适时调整、择优选取。

COVID-19时疫带来了一系列科技创新成果。在抗击COVID-19时疫过程中，应急科技创新取得了一系列成果，不仅产生了一批重要的研究论文和技术发明，而且立即应用在"湖北·武汉保卫战"疫情防控和临床医疗救护一线，广泛应用在全国各地疫情防控及患者治疗，并及时与世界各国抗疫专家分享。武汉大学国家多媒体软件工程技术中心王中元教授团队攻克口罩人脸识别难题，构建全国首个公开的真实口罩人脸识别样本集，口罩遮盖人脸的识别精度达到90%。

COVID-19时疫聚焦了应急科技创新问题。为抗击COVID-19时疫，我国迅速确定临床救治和药物、疫苗研发、检测技术和产品、病毒病原学和流行病、动物模型构建等五大主攻方向，立即组织跨学科、跨领域、跨部门科研团队联合攻关。围绕这些主攻方向，展开了许多具有针对性的课题研究。湖北省尤其是武汉地区众多科研机构围绕病原鉴定、应急检测与病毒检测技术研发、药物筛选、抗血清制品研发、动物模型构建、灭活疫苗研制、血浆治疗研究、消毒剂研制等课题开展科技攻关。

COVID-19 时疫加快了科技交流方式进步。为抗击 COVID-19 时疫，解决非常时期必要的国内外科技交流问题，基于新一代信息网络技术、5G 技术、人工智能技术等，全球抗击 COVID-19 时疫科技平台、国际远程医疗会诊等科技交流方式得到空前的推广普及。武汉大学人民医院叶柏新创建的微信"全球抗击新冠疫情一线医生交流群"，有来自美国、德国、英国、法国、意大利、加拿大、瑞典、澳大利亚等国家的2000 多名医生加入，并在群里讨论新冠肺炎的防控方法、治疗难点和临床治疗方案。

COVID-19 时疫加速了大数据、云计算、人工智能等技术应用。为抗击 COVID-19 时疫，切实解决非常时期疫情防控、医疗救护、交通管控、城市运行保障等问题，大数据、云计算、人工智能等技术得到前所未有的快速应用，有效扩展了这些新技术的社会应用场景，不仅解决了疫情防控方面的许多问题，而且带来了巨大的经济社会效益。尤其是线上经济、无接触经济等新经济在疫情防控时期得到快速发展，为取得抗击 COVIV-19 "湖北·武汉保卫战"决定性胜利做出了重要贡献。

COVID-19 时疫刺激了生物医药、医疗器械、大数据应用、位置服务等高新技术行业发展。在抗击 COVID-19 时疫非常时期，为适应疫情防控、医疗救护等量大面广的社会需要，生物医药、医疗器械、大数据应用、人工智能等高新技术行业，以战时运行状态积极回应并获得发展机遇。武汉协卓卫生用品有限公司是武汉市唯一具有医用防护服生产国内国际资质的企业，疫情前其医用防护服日产量只有 3000 件，为适应国内外抗击疫情的迫切需求，在很短时间内将产能提高到日产量 80000件。不仅满足了国内需要，而且出口到德国、法国、美国等国家。湖北穆兰同大科技有限公司生产防疫消杀用品，疫前日产能只有 40 吨，疫情发生后迅速将日产能提高到 100 吨。

COVID-19 时疫促进了社会对应急科技创新的关注。抗击 COVID-19 时疫的时间紧迫性、目标针对性，使社会公众高度关注与自身安危密切相关的应急科技创新，聚焦应急科技创新的重要领域和重要科技问题，积极应用应急科技创新成果，并寄希望于应急科技创新的重要进展。

COVID-19 时疫推进了公共卫生知识的科学普及。伴随着抗击 COVID-19 时疫进程，公共卫生知识的科学普及达到一个空前的高度，基于身体健康和生命安危的切身利益，社会公众在默化潜移中增强了公共卫生意识与自我防护意识，并对社会公共卫生意识及社会公众公共卫生行为方式产生深远影响。

COVID-19 时疫强化了社会公众对科技重要性的认识。抗击 COVID-19 时疫的"湖北·武汉保卫战"，再次彰显科技支撑人类抗击重大传染病疫情的巨大力量，社会公众以自己的亲身经历，深刻感受了科技创新的重要性，每时每刻都在期待科技创新能够创造奇迹，社会科技意识得到强化。

（2）在抗击 COVID-19 时疫期间，COVID-19 时疫对湖北省科技创新的消极影响主要包括以下几个方面。

COVID-19 时疫打乱了正常科技工作秩序。在 COVID-19 时疫肆虐期间，湖北省实行交通管制，武汉采取前所未有的关闭离汉通道的重大举措，严格实施交通管控和社区封闭管理，严格执行禁足限行，限制了绝大多数科技人员从事科技创新活动的空间和时间。

COVID-19 时疫增加了科技人员的心理压力。突如其来的 COVID-19 是人类未知的新病原体，具有科学未知性、感染致病性、变异神秘性和潜在风险性。尤其是在 COVID-19 时疫肆虐，湖北省尤其是武汉市处于最艰难之时，几乎所有被封闭在社区的居民都承受着巨大的心理压力。

COVID-19 时疫造成了科技人员的生活困难。在抗击 COVID-19 时疫非常时期，湖北省交通管制和武汉离汉通道被关闭，尤其是严格实行社区封闭管理，完全打乱了城市正常的生活秩序，给居民带来了许许多多难以想象的生活困难，科技人员也不例外。

COVID-19 时疫约束了国内外科技交流与合作。在 COVID-19 时疫肆虐武汉之初，世界上一些国家临时取消往返中国的航班，使国际学术交流与合作受到一定影响。尤其是在离汉通道被关闭以后，国内学术交流与合作受到很大影响。在 COVID-19 时疫世界大流行以后，我国开始加强境外输入管理，使国际学术交流与合作进一步受到影响。

COVID-19 时疫延缓了一部分科技计划实施。在抗击 COVID-19 时疫期间，由于绝大多数科技人员从事科技创新活动的空间和时间受到影响，科技创新活动受到客观条件约束，从而使相当一部分科技计划不能严格按进度要求推进。

COVID-19 时疫甚至导致一线科技人员以身殉职。在抗击 COVID-19 时疫期间，涌现出许许多多奋战在抗疫第一线的优秀科技人员，尤其是多位科技人员以身殉职的英雄事迹可歌可泣。华中科技大学段正澄院士、红凌教授等著名科技专家因感染 COVID-19 不幸逝世。

COVID-19 时疫影响高新技术企业正常生产运行。在抗击 COVID-19 时疫期间，湖北省交通管制和离汉通道被关闭，使企业正常生产运营所必需的人流、物流等受到严重影响，除极少数企业从事非常时期的城市基本保障生产和抗疫应急响应生产，绝大多数企业处于停工停产状态。

COVID-19 时疫影响了重大高新技术投资项目建设进程。在抗击 COVID-19 时疫期间，湖北省交通管制和离汉通道被关闭，停止了几乎所有的重点投资项目建设，即使是重大高新技术投资项目也不例外，直接影响了重大高新技术投资项目建设进程。

COVID-19 时疫削弱了中小微高新技术企业的市场份额。抗击 COVID-19 时疫"湖北·武汉保卫战"，使湖北省尤其是武汉市众多中小微高新技术企业不得不中断生产经营的连续性，失去了相当一部分市场用户及生产订单，修复企业上下游供应链需要时间，在激烈的市场竞争中处于不利位置。

（二）"后 COVID-19 时疫时期"：对湖北省科技创新发展的影响

在"后 COVID-19 时疫时期"，COVID-19 时疫对湖北省科技创新发展的消极影响明显减弱、逐渐消失，湖北省科技创新发展逐步恢复正常，并面临科技创新及高新技术产业加快发展的机遇。

在 COVID-19 时疫肆虐期间，COVID-19 时疫客观上影响了湖北省科技创新发展进程，尤其是产生了一些消极影响。伴随着抗击 COVID-19 时疫"湖北保卫战"取得决定性成果，COVID-19 时疫对湖北省科技创新发展的消极影响明显减弱、逐渐消失，湖北省科技创新发展逐步恢复正常，并面临科技创新蓄势反弹、蓬勃发展的机遇。经历 COVID-19 时疫的洗礼，我们深化了对科技创新重要性的认识，这势必对科技创新持续、健康、加快发展产生积极影响。这些影响主要包括以下几个方面。

更加重视加快推进科技治理体系及治理能力现代化进程。抗击 COVID-19 时疫，充分反映出我们应对重大突发公共卫生事件应急响应存在一些问题，尤其是科技治理体系和科技治理能力方面存在的深层次问题。湖北省应深化改革开放创新，加快推进科技治理体系和科技治理能力现代化建设，强化科技政策的高质量供给。

更加重视科技创新基础研究和前瞻性研究投入。抗击 COVID-19 时疫，反映出我们的基础研究、前瞻性研究投入明显不足，与建设创新强省和科技强省需要不相适应。湖北省应在国家加强基础研究总体部署下，结合自己的实际情况，加大科技创新基础研究和前瞻性研究的投入，自觉担当国家科技自立自强使命。

更加重视科技创新生态系统打造。抗击 COVID-19 时疫，反映出我们的科技创新生态系统需要进一步完善。湖北省在不断改善和优化营商环境的同时，应切实加强科技创新生态系统建设，努力创造科技创新主体近悦远来的社会环境，充分发挥科技创新主体的积极性、主动性和创造性。

更加重视跨学科、跨领域、跨部门科技协同创新。抗击 COVID-19 时疫，反映出重大科技问题的复杂性、系统性，探索重大科技问题的长期性和艰难性。湖北省应切实针对重大科技问题，加强跨学科、跨领域、跨部门科技协同创新，打造具有全球影响力的科技创新策源地。

更加重视产业集群向创新集群升级。抗击 COVID-19 时疫，反映出我们的创新集群建设不尽如人意。湖北省应在继续加强产业集群建设的同时，加强创新集群建设，实现产业集群向创新集群的整体跃升，充分发挥创新集群加快科学向技术转化、实现重大基础研究成果产业化的重要功能。

更加重视负责任创新、科技伦理、生命安全和生物安全。抗击COVID-19 时疫，既反映出我们的负责任创新和科技伦理等方面存在一些问题，也反映出生命安全和生物安全等方面存在薄弱环节。湖北省应积极倡导负责任创新和科技伦理，尽可能规避生命安全和生物安全风险。

更加重视人工智能、大数据等新兴技术的社会推广应用。抗击COVID-19 时疫，切实推进了人工智能、大数据等新一代技术的研发及广泛应用，并取得了有目共睹的显著成效。湖北省应进一步加快人工智能、大数据等新一代技术的广泛应用。

更加重视科技信息、科技传播和科学普及。抗击 COVID-19 时疫，再次显示出科技全球化时代科技信息、科技传播和科学普及的重要性。湖北省应进一步推进政府科技信息开放，提高科技传播的有效性和科技舆情的管控能力，不断提升科学普及的效率和效益。

更加重视公共卫生领域的重大科技问题研究。抗击 COVID-19 时疫，既反映出我们对公共卫生领域重大科技问题研究重视不够，也反映出对公共卫生领域重大科技问题持续研究不足，湖北省应更重视公共卫生领域的重大科技问题研究。

更加重视应对重大突发公共卫生事件的科技支撑能力。抗击COVID-19 时疫，反映出我们应对重大突发公共卫生事件的科技支撑能力存在薄弱环节，科技支撑的及时性、有效性等有待提升，湖北省应不断强化应对突发公共卫生事件的科技支撑能力。

更加重视应对重大突发公共事件的战略科技力量储备。抗击COVID-19 时疫，反映出我们应对重大突发公共事件的战略科技力量储备不足，科技应急响应存在一些问题。湖北省应更重视应对重大突发公共事件的战略科技储备，切实加强国家及地方科技应急响应能力建设。

更加重视应对重大突发公共卫生事件的基础设施建设。抗击 COVID-19 时疫，表现出我们应对重大突发公共卫生事件的基础设施仍显不足，亟待加强相关基础设施建设。湖北省应制定和完善应对重大突发公共卫生事件的基础设施建设规划，加快重大基础设施规划和建设。

更加重视医疗健康尤其是高端医疗装备关键核心技术突破。抗击 COVID-19 时疫，再次暴露出我们的一部分高端医疗装备核心技术"短板"及"痛点"，实现这些关键核心技术突破时不我待。湖北省应强化新型举国体制的重要作用，加强解决关键核心技术的研发投入强度和科技协同攻关。

更加重视弘扬中华民族优秀中医文化传统和中西医结合。在抗击 COVID-19 时疫的医疗救护和预防中，我们的中西医互补、中西医结合发挥了重要作用，尤其是中医文化传统得到彰显。湖北省应进一步弘扬中华民族优秀中医文化传统，积极推进中西医结合。

湖北省应该高度重视这些积极影响，因势利导、主动作为、砥砺奋进，在危机中育先机，于变局中开新局。经历抗击 COVID-19 时疫"湖北保卫战"的洗礼，湖北省科技创新在"后 COVID-19 时疫时期"将进入一个新的历史发展阶段。在坚定不移打"创新牌"时势下，湖北省科技创新无疑将加快发展，并在促进全省"一主引领""两翼驱动""全域协同"区域经济社会发展中发挥重要的支撑作用。

四、促进湖北省科技创新持续、健康、快速发展的对策建议

针对科技抗击 COVID-19 时疫"湖北·武汉保卫战"实践中反映出的问题，为更有效地应对未来重大突发公共卫生事件，更好地加快湖北省"后 COVID-19 时疫时期"科技创新发展，更高质量地发挥科技在创新强省建设中的重要支撑作用，特提出以下对策建议。

切实加快推进科技治理体系及科技治理能力现代化进程。在推进国家治理体系和治理能力现代化框架下，深化改革开放创新，遵循科学技

术发展规律，坚持科技以人为本，深入贯彻落实国家科技治理法规，强化湖北省科技治理体系及科技治理能力建设，制定和完善地方科技治理法规，切实提高科技创新效率，努力提高科技创新能力，为释放科技创新潜能作出更好的制度安排，创造更好的舆论氛围和社会环境。

优化科技发展的创新生态系统。近年来，湖北省重视营商环境改善和优化取得明显进展。为充分发挥科技创新的引领和支撑作用，必须高度重视创新生态系统的改善和优化。通过切实创造更好的社会环境、工作环境和生活环境，不断优化湖北科技创新生态系统，充分发挥广大科技人员的积极性、主动性和创造性，加快科技创新主体发展，努力释放科技创新潜能。

完善科技应急预案及行动指南的可操作性、程序性。在 2003 年应对 SARS 时疫后，我国从中央到地方已制订实施应对突发公共事件的科技应急预案。当务之急是根据多年来应对重大突发公共事件，尤其是抗击 COVID-19 时疫暴露出的一系列问题，着力提高湖北省应对重大突发公共卫生事件能力，切实完善地方科技应急预案及行动指南的系统性、程序性、协调性、可操作性和有效性。

弘扬科学精神和科学文化。遵循科学发展规律和科技创新活动特点，积极促进科学文化与人文文化汇流，牢固树立科学价值观。坚持经世致用的科技评价导向，大力倡导科学、严谨、勤勉、认真的职业操守和负责任创新，切实加强科技共同体建设，推进科技工作者履行社会责任的自律和他律，不断为湖北省科技创新主体创造更好的社会环境和文化氛围。

强化聚焦重要科技问题的科技协同创新。在科技全球化、大科学时代背景下，积极探索基于利益机制的科技协同创新模式，着力建设湖北省科技创新利益共同体，聚焦重要科技问题尤其是重大科学问题，强化科技创新优势互补和多学科综合集成，大力推进跨学科、跨部门、跨领域科技协同创新，切实提高科技协同创新的效率和效益。重视人类共同面临的重大科技问题，积极参与全球科技协同创新。

提高科技投入和科技资源配置水平。努力进行湖北省面向未来的科技资源纵深配置，更好地发挥政府和市场配置资源的协同作用，切实提高公益性和基础性科技创新投入，增加应对重大突发公共事件，尤其是重大突发公共卫生事件的投入，不断统筹兼顾、优化"标志科技"①和"民生科技"的科技投入结构，努力增强科技资源配置的科学性、前瞻性、合理性和有效性。

努力释放民营企业科技创新潜能。我国 70% 的技术创新和新产品是由民营企业提供的，民营企业不仅蕴藏着巨大的科技创新潜能，且因营商环境和创新环境的不断改善而得以有效释放。湖北省在高度重视民营企业营商环境改善的同时，应着力优化民营企业科技创新环境，不断提升民营企业科技创新能力，释放其科技创新型潜能。

推进科技创新领域的军民深度融合。在应对突发重大公共事件科技创新方面，深入实施国家"军民融合战略"，不断探索面对未来不确定性的军民融合机制，在平常时期和非常时期科技支撑之间保持必要的张力。切实以有效途径推进湖北省"军民深度融合""平战紧密结合""预防与应急结合"，制订和完善应对重大突发公共事件的"平战结合"科技预案及行动指南，尤其要重视"平战结合"的与时俱进衔接及转换关键环节。

改善科技信息传播社会环境。适应人类信息社会和大数据时代的特点，积极应对"信息爆炸"和海量数据的挑战，切实转变传统思想观念，加快政府科技数据开放进程，加强科技信息面向社会公众的权威性、科学性、引导性和有效性，提高科技舆情引导和处置能力。不断创新社会公众喜闻乐见的科学普及方式，努力提高科学普及效率和效益，着力提升与科教大省、创新强省相适应的社会科技意识和公众科学素养。

将自主创新融入全球科技创新网络。适应科技全球化进程，准确研判世界新一轮科技革命及产业变革新形势，切实拓展湖北省的国际科技

①　武汉大学发展研究院．湖北发展研究报告 2008［M］．武汉：武汉大学出版社，2008.

交流与科技合作途径，积极参与国际大科学研究和大科学装置建设，如流行病防范创新联盟（CEPI）、世界卫生组织"研发蓝图"（WHO R&D Blueprint）等。坚持自主创新、开放式创新、负责任创新和迭代创新，大力推广应用基于大数据的科学研究范式及科学方法。

发挥科技发展战略及科技发展规划的重要作用。坚持以全球视野、科技预测和我国国情，制定实施湖北省科技创新发展战略及科技创新发展规划，尤其是面向未来的长远科技发展战略和中长期科技发展规划，着力于提高关键领域的战略科技力量和战略储备能力，努力强化其科学性、前瞻性、指导性、系统性、协调性、有效性和权威性，并为制定实施科技发展战略及科技发展规划创造更好的社会环境。

加快高新技术产业发展结构调整和整体优化。强化支撑湖北省高新技术产业发展的创新链、产业链协同，实现科技创新对高新技术产业发展的强大支撑和持续支撑，不断将高新技术产业做大做强，不断提升高新技术产业发展的集中度，不断打造具有影响力的高新技术产业集群，不断提高研发产业、光电子信息产业、生物医药产业、高端医疗设备产业、数字创意产业等市场竞争力。

切实为大中小微高新技术企业排忧解难。针对 COVID-19 时疫给湖北省高新技术企业发展带来的实际困难，政府应基于普惠性原则精准施策、重点施策，采取减免税费、减免物业租金、增加就业补贴、返还失业保险费、发放消费券、支持技术改造、提供银行信贷等积极有效的应急扶持措施，努力帮助湖北省尤其是武汉高新技术企业渡过难关。在重视规模以上高新技术企业发展的同时，特别要重点关注和大力支持中小微高新技术企业发展。

建设武汉-国家病毒学与公共卫生综合性创新集群。武汉是我国著名的科教强市，也无疑是我国病毒学研究的重镇，而且临床医疗资源优势明显。武汉拥有中国科学院武汉病毒研究所和武汉大学病毒研究所，依托两者共建病毒学国家重点实验室；中国科学院武汉病毒研究所 P4 实验室是我国、也是亚洲首个的最高等级生物安全实验室，武汉大学 A3 实验室是全国首家经 CNAS 认可的生物安全实验室，武汉大学中国病毒资源与信息中心是亚洲最大的病毒保藏库；武汉生物制品研究所有限责任公司是国家医学微生物学、免疫学、细胞工程、基因工程的重要研究机构，也是生物制品产、学、研、销售一体的大型高新技术企业，拥有我国生物制品系统唯一的博士点。依托武汉目前的基础、资源、条件和比较优势，尤其是作为抗击 COVID-19 时疫"湖北·武汉保卫战"的所在地，通过整合科技创新资源，释放科技创新潜能，武汉完全有构建国家病毒学综合性研究创新集群的基础、条件、能力、需求和时机。

建设武汉-国家公共卫生及应急管理人才培养创新集群。武汉是全国知名的高等教育大市，基础雄厚、学科齐全、人才济济。华中科技大学公共卫生与预防医学学科在全国名列前茅（A+）；武汉理工大学拥有全国唯一的应急管理专业；武汉大学健康学院一直坚持国际化办学；武汉拥有一批全国知名的临床医院，如华中科技大学同济医院、华中科技大学协和医院、武汉大学人民医院、武汉大学中南医院等。通过建设武汉-国家公共卫生及应急管理人才培养创新集群，不断强化武汉公共卫生及应急管理专业人才培养优势。

建设武汉-国家大健康产学研协同创新集群。以应对重大突发公共卫生事件、提高公共卫生能力为指向，将基础研究、开发研究、应用研究、人才培养、临床实践、科学普及等紧密结合，探索跨学科、跨领域、跨部门科技协同创新模式，形成科技创新与社会需求的有效互动。武汉拥有一批大健康行业的知名企业，其主营业务覆盖医药材料、医药成品、医疗器械、公共卫生产品的生产和物流。如九州通、人福药业、高德红外、华大生物科技（武汉）、华为武汉基地等。通过社会公益组织活动的规范化、市场化，尽可能释放民营企业科技创新潜能。

建设武汉-国家应对重大突发公共卫生事件科学普及创新集群。充分利用火神山、雷神山、武汉方舱医院等实地实景，以及新建应对重大突发公共卫生事件的重要基础设施，建立抗击 COVID-19 时疫"湖北·武汉保卫战"纪念馆，以实地实景实物、音频视频资料展示应对重大突发公共卫生事件"湖北·武汉保卫战"的英勇悲壮和艰苦卓绝，努力彰显现代科技在"湖北·武汉保卫战"中的重要支撑作用，深入普及人类应对重大突发公共卫生事件科学知识和公共卫生科学知识。

加强科技创新、科技服务、科技普及等科技类社会组织（NGO）建设。在社会主义市场经济体制下，科技类社会组织的功能和作用日益凸显，发挥着政府不可替代的重要作用。在加快湖北省科技治理体系和科技治理能力现代化框架下，建立和完善促进科技类社会组织发展的法规，形成推进科技类社会组织发展的机制，加强科技志愿者及科技志愿服务队伍建设，创造有利于科技类社会组织发展的环境，切实发挥科技类社会组织的巨大潜能。

（本文系湖北省科学技术协会 2020 年度科技创新智库资助研究课题"COVID-19 时疫对湖北省中长期科技创新的影响研究"成果）

课题负责人：李　光　武汉大学"珞珈杰出学者"、二级教授、博士导师

课题组成员：王才玮　武汉大学博士研究生

乔亚兰　湖北艺术职业学院人文学院院长、教授、博士

冯　悦　武汉大学博士研究生

徐千城　武汉大学博士研究生

杨　炎　武汉大学博士研究生

湖北省科技创新策源地建设竞争策略研究

李　光

　　湖北省是我国著名科技大省，具有长期积累形成的科技创新资源禀赋和科技创新潜能，正在努力构建和完善区域创新体系，加快建设创新强省和科技强省。我国正处于深入实施创新驱动发展战略新时期，湖北省应有打造国家创新策源地的自觉意识和使命担当，切实增强创新自觉和创新自信，不断提升科技创新策源能力和科技创新体系整体效能。

　　习近平同志指出："实施创新驱动发展战略，根本在于增强自主创新能力。"① 创新策源能力是自主创新能力的核心，是原始创新能力的集中体现。创新策源能力包括面向未来的科学认知能力、技术创造能力和产业开拓能力等。从创新策源能力内涵的关键词看，具有原创性、基础性、前瞻性、先导性、持续性、引领性等意蕴。我国创新驱动发展战略所言创新，是以科技创新为核心的全面创新。关于打造创新策源地和提升创新策源能力的研究，其核心问题也是围绕打造科技创新策源地和提升科技创新策源能力展开。人类社会正处于百年未有之大变局，其核心在于新一轮科技革命将带来历史性的社会巨变，而科技创新是其中一个关键变量。正如习近平同志所说："当今全球科技革命发展的主要特征是从'科学'到'技术'转化，基本要求是重大基础研究成果产业化。"② 人类社会发展的历史经验表明，面对未来的不确定性、不平衡

---

　　①　中共中央文献研究室．习近平关于科技创新论述摘编［M］．北京：中央文献出版社，2016：50.

　　②　中共中央文献研究室．习近平关于科技创新论述摘编［M］．北京：中央文献出版社，2016：110.

性和不稳定性，唯有不断强化自主创新、打造科技创新策源地、提升科技创新策源能力才能有效应对。

湖北省尤其是武汉市具有打造创新策源地的综合比较优势。根据《2020中国区域创新能力评价报告》，湖北省区域创新综合排名位居全国第七位。《国家创新型城市的创新能力监测报告2020》《国家创新型城市创新能力评价报告2020》，对全国72个创新型城市的创新能力进行了监测和评价，并将这些创新型城市划分为创新策源地、创新增长极和创新集聚区。在全国15个创新策源地城市中，武汉排名第5位，仅次于深圳、广州、南京和杭州。湖北省"一主引领、两翼驱动、全域协同"发展新布局，正激励和鞭策武汉加快科技创新策源地及科技创新策源能力建设，强化国家高水平科技创新中心功能，充分发挥其对创新强省、科技强省建设的"极核"作用。

尽管湖北省创新策源地建设启动稍"慢了一拍"，相对于科技创新策源地建设先行的上海、深圳等地有一定差距，在科技创新策源地及科技创新策源能力建设方面存在一些问题，但科技创新资源禀赋和科技创新潜能优势明显，打造科技创新策源地和提升科技创新策源能力有需求、有基础、有条件、有空间、有信心。中共湖北省委、湖北省人民政府《关于新时代推动湖北高质量发展 加快建成中部地区崛起重要战略支点的实施意见》明确提出："发挥科教资源富集优势，强化科技创新策源功能，努力塑造湖北在全国科技创新版图中的领先地位，打造引领中部地区崛起的科技创新支点。"中共湖北省委书记应勇提出："要充分认识科技创新的极端重要性，把科技创新摆在更加突出的位置。"面对来自各方面的挑战和科技强省建设的需要，湖北省在"十四五"时期必须加快科技创新策源地建设，努力提升科技创新策源能力，应积极采取以下竞争策略。

第一，强化科技创新思想破冰。湖北省加快打造科技创新策源地、提升科技创新策源能力，必须以思想破冰为引领。思想破冰是解放思想在新时代的进一步深化，对科技创新策源地及科技创新策源能力建设具有重要的定向开路作用。以思想破冰为引领，必须明确思想破冰首先在于领导，关键也在于领导。作为"关键的少数"，各级领导要有科技创新"思想破冰从我做起"的清醒认识，在思想破冰行动上要身先士卒、为人表率、率先垂范。以思想破冰为引领，就是要破科技创新中的僵化保守之"冰"、部门利益之"冰"、故步自封之"冰"、形式主义和官僚主义之"冰"，等等。这些"冰"束缚了科技创新者的积极性、主动性和创造性，影响了科技创新相关部门之间的系统性、协调性和互补性，弱化了科技创新政策的科学性、合理性和时效性，延缓了科技创新"关键变量"转化为"最大增量"的进程。

第二，强化科技创新系统思维。湖北省加快打造科技创新策源地、提升科技创新策源能力，必须始终坚持系统思维。科技创新是科技创新主体、科技创新要素在复杂交互作用下的科技价值实现过程。科技创新作为复杂的系统工程，不仅需要创造全社会解放思想、崇尚创新的氛围，始终坚持科学思维尤其是系统思维，而且要坚决摒弃科技创新中的片面思维、平面思维、碎片思维、部门思维。多年来，缺乏科学思维尤其是系统思维，使科技创新顶层设计不够完善、科技创新资源配置不够合理，科技创新政策不够精准，科技创新者的积极性、主动性、创造性不能充分发挥，不仅影响了科技创新的系统能力，而且影响了科技创新的效率和效益。显而易见，强化系统思维是新时代实施科技创新行动、实现高水平科技自立自强的关键。

第三，强化科技创新需求导向。湖北省加快打造科技创新策源地、提升科技创新策源能力，必须始终坚持科技创新的需求导向。习近平同志指出："科技创新，需要基础研究引领和支撑"；"要高度重视原始性专业基础理论突破，加强科学基础设施建设，保证基础性、系统性、前沿性技术研究和技术研发持续推进，强化自主创新成果的源头供给"①。湖北省应深入贯彻落实《国务院关于全面加强基础科学研究的若干建议》《加强"从0到1"基础研究工作方案》，进一步强化科技创新需

---

① 中共中央文献研究室. 习近平关于科技创新论述摘编［M］. 北京：中央文献出版社，2016：130.

求导向。努力开展适应三个层级"0到1"的科技创新需求活动，即适应湖北省"0到1"的科技创新需求、适应国家"0到1"科技创新需求以及适应世界"0到1"科技创新需求，尽快解决填补省内、国内空白和进口替代问题，尽快改变"卡脖子"的关键技术受制于人的局面，努力实现高水平科技自立自强，为人类科技发展做出重要贡献。

第四，强化科技创新人才集聚。湖北省加快打造科技创新策源地、提升创新策源能力，必须进一步聚集科技创新人才。习近平同志指出："人才是创新的根基，是创新的核心要素。"① 创新驱动实质上是人才驱动，人才是创新的第一资源，更是打造科技创新策源地、提升科技创新策源能力的关键要素。没有科技人才优势，就不可能拥有科技创新策源能力的优势。在全球优秀科技人才竞争日趋激烈的背景下，湖北省必须健全完善集聚科技人才、发挥科技人才作用的体制机制，竭力创造科技人才近悦远来、人尽其才的政策环境和社会氛围，尤其要处理好科技人才增量与科技人才存量的辩证关系，以科技人才增量激活科技人才存量，形成科技人才增量与科技人才存量兼容协同、相互激励的科技人才体系，不断提升科技人才体系的系统能力。事实上，只有科技人才"近悦"，才能吸引更多优秀科技人才"远来"。

第五，强化科技创新平台集群。湖北省加快打造科技创新策源地、提升科技创新策源能力，必须加快规划建设湖北实验室及大科学装置体系。切实以科技创新平台增量带动科技创新平台存量，形成国家实验室、省域实验室及重要企业实验室科技创新功能互补和相互支撑，不断整合和开放实验室及大科学装置资源，努力提高实验室及大科学装置资源综合利用效率，为打造创新集群提供坚实基础。切实加快武汉光谷、珞珈、洪山、江夏、江城等湖北实验室及大科学装置建设，在襄阳、宜昌等区域科技创新中心城市科学布局湖北实验室分支机构及大科学装

---

① 中共中央文献研究室. 习近平关于科技创新论述摘编 [M]. 北京：中央文献出版社，2016：129.

置，不断强化科技创新平台集群功能。

第六，强化科技创新效率提升。湖北省加快打造科技创新策源地、提升创新策源能力，必须努力提升科技创新效率。目前，我国 R&D 支出占 GDP 的比例位居世界第二位，与美国 R&D 支出占 GDP 的比例差距不断缩小。我国 R&D 投入强度与 OECD 国家不相上下，超过欧盟 27 国的平均水平。湖北省 R&D 投入强度已接近全国平均水平，但科技创新投入产出效率仍不尽如人意。在"十四五"期间，湖北省 R&D 投入强度将达到或超过全国平均水平，势必为科技创新创造更好的条件。加快打造科技创新策源地和提升科技创新策源能力，必须进一步释放科技创新潜能，采取各种有效措施，以改革开放创新另辟蹊径，着力于提升科技创新效率和科技创新效益。

第七，强化科技创新生态优化。湖北省加快打造科技创新策源地、提升科技创新策源能力，必须着力打造高品质的创新生态。创新生态系统是一个具备完善合作创新支持体系的群落，创新主体通过发挥各自的异质性及协同创新，共同实现价值创造，并形成相互依赖和共生演进的社会网络关系。创新生态系统的创新主体，其内涵和外延非常丰富，不仅包含市场主体，而且包括大学、科研院所、企业、政府，也包括社会中介服务组织、金融机构等。在我国深入实施创新驱动战略、强化"创新是第一动力"背景下，湖北省在继续改善和优化营商环境的同时，应高度重视科技创新生态系统建设的重要性、先导性和战略性，为释放科技创新潜能创造更优越的环境。

第八，强化科技创新集群建设。湖北省加快打造科技创新策源地、提升创新策源能力，必须着力打造创新集群（innvation claster）。创新集群是现代科技、经济、社会紧密结合的社会创新网络，是加快科学向技术转化、实现重大基础研究成果产业化的有效组织形式，能有效整合科技创新资源、提高科技创新效率、提升科技创新效益、强化科技创新竞争力。湖北省具备建设科技创新集群的有利条件和比较优势。光谷科技创新大走廊，尤其是东湖科学城，是湖北省创科技新策源地及科技创新策源能力建设的重中之重，要尽快形成从产业集群、大科学装置集群向创新集群跃升的认知，在光电子信息、病毒学与公共卫生安全等科技创新优势领域打造创新集群。

第九，强化科技创新经费投入。湖北省加快打造科技创新策源地、提升创新策源能力，必须尽可能增加全社会科技创新投入。政府要切实增加基础研究投入，不断优化投入结构；同时要高度重视释放民营企业科技创新经费投入潜能，尤其要积极引导其投资基础研究、前沿引领技术、产业共性技术等研究。作为 ICT 行业科技领军企业，华为 2020 年研发支出 1418.9 亿人民币，约占全年收入的 15.9%。华为近 10 年的研发投入超过 7200 亿人民币，目前在全球共持有超过 100000 件有效专利，其中 90% 以上是发明专利，且不乏重要的基础性、原创性研究成果。华为在中国计算机学会、中国人工智能学会设立了科研基金，已在全国创建了 20 多个生态创新中心，对科技创新进行持续支持。在努力增加科技创新经费投入的同时，湖北省应重视科技创新经费投入的集中度，努力提高科技创新投入产出效率和效益。

第十，强化科技创新有效治理。湖北省加快打造科技创新策源地、提升创新策源能力，必须进一步加强科技创新治理。科技创新策源地是面向未来的科技制高点，科技创新策源能力具有原创性、基础性、前瞻性、先导性、持续性、引领性等特性。打造科技创新策源地、提升科技创新策源能力，涉及政府的许多部门和社会的方方面面，不能急功近利、一蹴而就，也不可能毕其功于一役，这对科技创新治理提出了更高的要求。湖北省应以"鼎新"带动"革故"，切实深化科技体制改革，加快科技创新治理方式变革，积极推进科技创新治理体系及科技创新治理能力现代化，为打造科技创新策源地、提升科技创新策源能力提供根本的制度保障。

第十一，强化科技创新国际协作。湖北省加快打造科技创新策源地、提升创新策源能力，必须坚持开放式创新，加快深度融入全球创新网络进程。在科技全球化向纵深发展背景下，湖北省应以全球视野谋划科技创新，在更大空间、更广范围、更多领域聚集科技创新资源，积极策划、参与和全方位加强国际科技创新合作，既要把科技创新论文写在中国大地上，也要努力将重大科技创新成果载入人类史册中。积极构建科技创新国际交流与协作平台，重视发挥民间社会组织及企业的重要作用。如华为在全球 600 多个标准组织、产业联盟、开源社区、学术组织中担任了 400 多个重要职位，并搭建了一系列国际科技创新交流与协作平台，有效促进了 ICT 行业的发展。

第十二，强化科技创新范式变革。湖北省加快打造科技创新策源地、提升创新策源能力，必须高度重视科技创新范式和科学方法。积极适应人工智能时代科学研究范式的变革，关注人类科学研究范式从实验科学、理论科学、计算科学到数据密集型科学的历史演化，重视数据密集型科学发现"第四范式"的重要功能及作用，大力推广人工智能和大数据技术应用，使科技创新方法得当事半功倍。进一步促进自然科学、技术科学、人文社会科学不同学科交叉融合，积极倡导跨部门、跨学科、跨军民、跨央地科技创新合作，切实推进以问题导向、需求导向、目标导向的科技协同创新。

第十三，强化科技创新自觉自信。湖北省提出加快打造科技创新策源地、提升创新策源能力，必须不断增强科技创新自觉和科技创新自信。既要有创新行动自觉，更要有习近平同志所说的"强烈的创新自信"。2021 年 4 月美国国会网站公布最新版《无尽前沿法案》，中国是该法案唯一提及的外国，美国已将中国视为当前最主要、甚至是唯一的科技竞争对手。面对美国谋求科技霸权对我国实行科技遏制的挑战，正视我国在科技创新领域"跟跑""并跑""领跑"并存的现实，我们既不能妄自尊大也不能妄自菲薄，必须遵循科学发展规律，增强科技创新自觉自信，切合湖北省情及发展实际，实实在在地打造科技创新策源地，科学严谨地提升科技创新策源能力。

习近平同志指出："科技创新永无止境"①。为建设创新强省和科技

---

① 中共中央文献研究室. 习近平关于科技创新论述摘编 [M]. 北京：中央文献出版社，2016：57.

强省，实现高质量发展和可持续发展，湖北省必须加快打造科技创新策源地和不断提升科技创新策源能力，努力为我国实现高水平科技自信自强作出重要贡献。

撰稿人：李　光　武汉大学"珞珈杰出学者"、二级教授、博士生导师

湖北省科技创新赋能农业全产业链研究

肖艳丽　邹进泰

习近平总书记指出，要把发展农业科技放在更加突出的位置，给农业现代化插上科技的翅膀。① 农业出路在现代化，农业现代化关键在科技进步，作为现代农业的强力引擎，农业科技创新改变了"靠天吃饭""人扛牛拉""汗水农业"的传统方式，取得了举世瞩目的成就。2021年4月，湖北省提出实施农业产业化龙头企业"十百千万"② 工程，省领导任10条农业产业链③链长，是推动农业现代化的有力之举。湖北省是农业科教大省，是全国农业科技创新的重要策源地，近年来科技兴农作用进一步明显。然而，由于当前湖北省创新要素的集聚效应未能充分发挥、科技引领支撑产业融合的创新能力不足、农业科技成果转移转化体系存在较多障碍，抓好农业科技创新这个"关键变量"，聚焦重点领域、关键环节发力，将为加快布局农业全产业链、提升农业全产业链现代化水平赋能加码。

一、发挥农业科技创新"关键变量"作用的紧迫性

《中国区域创新能力评价报告2020》显示，"十三五"时期，全国10个创新型省市区域创新能力均有所提升，2020年，广东、北京、江

---

① 于石. 为农业插上科技翅膀 [N]. 人民日报，2019-03-25（09）.

② 围绕10个农业主导产业链，重点培育100家细分行业领军企业、1000家成长型龙头企业，带动近1000万农户增收。

③ 10条农业产业链分别是优质稻米、生猪、特色淡水产品（小龙虾）、蔬菜（食用菌、莲）、家禽及蛋制品、茶叶、现代种业、菜籽油、柑橘、道地药材。

苏、上海、浙江、山东、湖北、安徽、陕西、重庆位列全国前十名。从排名变化情况看，与2015年相比，湖北、陕西、四川位次上升较快，均显著提升5位，广东和安徽分别提升1位。位次下降较快的地区是福建，下降4位，江苏下降2位，湖南下降1位。浙江和山东两个地区的综合排名未发生变化。湖北科技创新综合效用值为30.98，与排名前三的地区（广东、北京、江苏）分别相差31.16、24.52和18.61。总体上，东部省份仍然是创新势头最强的地区，而相较之下，中西部地区创新发展依然薄弱，但是中西部地区中湖北、陕西和四川追赶势头明显，排名已跃升至全国中上游。近年来，科技创新在湖北省农业农村发展中发挥了重要作用，粮食总产量连续8年稳定在500亿斤以上，淡水鱼产量连续25年位居全国第一，农产品加工业产值与农业总产值的比例为1.9：1，新型农业经营主体突破20万个，主要农作物耕种收综合机械化率达到71.3%。农业科技进步在农业增产、农民增收中的支撑作用明显增强。但是，湖北省作为农业大省和科技资源大省，却非农业产业强省和农业技术创新强省，关键技术与优势品种主要依赖进口、农产品科技含量普遍较低等问题依然突出。

湖北省水稻、油菜、生猪、淡水产品、蔬菜、茶叶等生产稳居全国前列，是名副其实的农业产量大省。从农业产值来看，2020年山东农业总产值破万亿元，河南、四川、江苏等农业总产值仅次于山东，湖北相较山东尚有3000亿元的差距。从农产品加工来看，湖北省农产品加工率约为68%，其中精深加工率不足20%，远低于发达国家和地区90%、60%的水平，2020年年底公布的农业产业化国家重点龙头企业监测数据显示，山东、江苏、四川、广东、浙江、河南分别占据78席、59席、58席、53席、52席、51席，而湖北仅39家企业上榜。从全产业链建设来看，山东具有突出的农业产业化经营优势，浙江通过示范性农业全产业链认定，把特产做成了金字招牌，湖南推动水稻全产业链开发技术，实现"好种出好谷、好谷出好米、好米卖好价"，河南肉类加工和速冻食品生产分别占全国市场份额的70%和60%，实现了"中原粮仓"到"国人厨房"的蜕变，相较而言，湖北省农业全产业链建设既不如山东、浙江遍地开花，也不如湖南、河南独当一面。

农业全产业链科技支撑明显不足，一方面，科技创新的深度不够，数量型、增产型农业技术较强，但农业绿色发展、农业全程标准化、农业品牌化等所需要的质量型、效益型技术支撑力量较弱；另一方面，科技创新的宽度不够，农业技术优势主要集中在大宗作物和传统产业上，引领农业跨界融合、农业功能拓展的能力不强。湖北省农业生产科研较强，生物育种、生物饲料、保鲜仓储物流、精深加工等环节的科技创新多为并行和跟跑，导致产中强、产前产后弱，水稻"从种子到筷子"、生猪"种饲养加运销一体化"等尚未实现。以水稻育种为例，2016—2020年，国家审定通过品种数量分别为66个、178个、269个、372个、574个，而湖北省通过国审品种数量仅有3个、2个、10个、21个、26个，水稻育种创新不足，并且审定品种中大面积推广应用的仅占50%左右。以生猪精深加工为例，由于门槛高、投入大，本土企业普遍面临屠宰分割、副产物高值化利用等技术障碍，湖北省生猪产品精深加工率不足2%，远低于四川（12%）、河南（25%）。此外，绿色精准的减损保鲜技术、智能化的冷链物流技术不足，以及农产品从初加工到深加工、生鲜到熟制的梯次加工技术缺乏，直接制约着农业强链延链。

二、农业科技创新赋能农业产业链存在三大瓶颈

（一）创新成果多，转化利用不足

虽然湖北省农业科技进步贡献率水平逐年稳步攀升，2020年湖北省农业科技贡献率达到61%，略高于全国（60%）水平，但与山东的65%、浙江的65%、江苏的70%相比，湖北省农业科技资源禀赋优势并未显现。湖北省农业科研处于国际先进、国内领先水平，公开发表的学术论文、发明专利、标准、品种等数量逐年递增，华中农业大学、武汉大学、华中科技大学和武汉轻工大学、湖北工业大学、长江大学等6所

高校的"农业科学"进入 ESI 全球排名前 1%①，湖北省农科院农业科技资源数量和质量居全国农科院前列，但农业科技成果转化率不高，高质量应用在实际生产中的少之又少。湖北省每年产出 1000 余项涉农科技成果，真正惠及种养技术的实用成果为数不多，由于部分农业科技成果熟化度不够、需求与供给不能有效对接、企业成果承接能力弱、成果转化效益低等多方面原因，湖北省农业科技成果真正投入农业生产推广应用的不足 50%，远低于发达国家水平。尽管国家、省市出台了较多政策措施，但政策执行的效力有限，在促进科技成果转化上尚未达到预期效果。同时，湖北省基层农技力量日渐薄弱，人员加速流失，年龄普遍偏大、学历低、缺少系统培训，基层科技服务力量不足与农民科技需求的矛盾突出。

（二）创新平台多，运转效率不高

湖北省已形成了重点实验室、工程技术研究中心和农业科技创新示范基地等不同层次、不同领域的农业科技创新平台体系，创新平台数量多，如仅湖北省农科院就拥有国家和省部级科技创新平台 151 个，但普遍面临缺队伍、缺经费、缺场所等问题。2006 年湖北省依托农科院组建了全国第一个省级农业科技创新中心，但作为基础条件的实验室平台建设分散、滞后，与承担国家重大农业项目开展集成协同创新的要求不相适应。湖北省自 2012 年启动现代农业产业技术体系建设，在产品研发、技术攻关、试验示范、技术推广等方面取得了较大成效，但也面临特色农产品覆盖面不宽、长期性基础性科技工作不深、区域试验示范能力不强等问题。2020 年 6 月，武汉国家农业产业科技创新中心获得批复，旨在通过技术集成、资源集约、企业集中、产业集聚，实现农业产业科技创新要素深度融合，打造区域性"农业硅谷"。由于农业科技创新平台投入不足，除国家重点实验室有运转经费外，大部分平台没有运转费，"一套班子、多块牌子"现象严重，多头管理、多部门考核与主

---

① ESI 前 1% 的学科一般被视为国际高水平学科。

管部门不明确问题同时存在，并且，各类创新平台整体衔接、功能互补不够，造成科技资源闲置和浪费。

（三）创新资源多，整合利用不够

湖北省拥有 70 家农业科研机构、12 位涉农院士，现有从事研发的科技人员 4000 多人，其中高级职称 1781 人，研究阵容居全国前列。但农业科研、教育、普及推广 3 个体系相互独立运行，学科之间、研究所之间、课题组之间各自为战，农业技术上中下游研发机构间相互分离现象普遍存在，长期、紧密、高效的产学研合作模式尚未建立，导致创新目标不聚焦、创新团队不协同、创新平台不共享。2015 年湖北省组建了省级农业科技创新联盟，并联合湖南、江西建立了区域性湘鄂赣农业科技创新联盟，但由于实体化运营不足，联合协作、互利共赢等机制不健全，联盟尚处于"大拼盘"式的联合。高校和科研院所依然是农业科技创新的主力军，农业企业创新主体地位不显著，数据显示，当前超过 80% 的农业科技创新成果都是由大专院校和科研机构完成的，真正由企业自主研发的技术所占比例不到 20%。2020 年度湖北省科技进步奖 36 项一等奖中，农业类获得 4 项，其中只有 2 项有企业合作参与，企业独立承担的为零；12 项科技成果推广奖中，农业类获得 6 项，但只有 3 项有企业参与。

三、瓶颈背后的深层原因剖析

（一）农业科技创新体制"障碍"

在创新投入方面，有研究表明，当农业科研投资强度即农业 R&D 投入占农业总产值的比例明显超过 2% 时，农业科技原始创新才会凸显。近年来湖北省农业科技创新投入尽管逐年上升，但总体不足，由于农业科技创新周期长、投入大、风险高，当前农业科技投入仍然以政府为主，大量农业科技创新机构与单位依赖政府财政投入，企业尚未成为研发投入主体，无法通过市场和商业模式进行有效推动。在创新资源方面，资源集成整合方式主要依赖自上而下的行政管理手段，科技创新主体整合意愿不强、整合难度大，市场在科技资源配置中的决定性作用发挥不够。在创新成果方面，农业科研人员主持的科研课题，大多需要经过政府部门的批准才能获得立项，较少直接从市场需求与价值取向层面获得科研资金支持，供需信息收集不畅通、需求挖掘不深入，导致无论是科研论证还是成果鉴定，都未能与市场充分结合。

（二）农业科技创新机制"顽疾"

农业科技创新引导机制以鼓励出成果、评职称、创平台为主，一些成果在发过论文、评完职称后束之高阁，导致大量农业科技成果未能转化为农业生产力，平台创建后申请国家各类科技计划可获得优先重点支持，对平台运转效率缺少考核约束。科研考核评价机制"唯论文、唯职称、唯学历、唯奖项"的不良倾向，以及"重论文轻发明""重数量轻质量""重成果轻应用"的状况依然存在，评价体系中对解决实际问题、实际贡献、在促进农业农村经济社会发展的影响度等方面的评价指标不够突出，导致科研成果停留在实验室而不能应用于实际生产。科技成果转化涉及诸多环节、主体、要素，协同机制的缺乏导致现有农业科技创新政策落实存在障碍。

（三）农业创新投入产出"硬伤"

尽管近年来农业科研经费投入力度不断加大，但相对于增幅更大的科研人员来说，农业创新投入仍显不足。由于财政科技投入有限、多渠道投入不畅，支撑现代农业产业链高质量发展的农业创新投入总量不足。在当前农业科技创新体制机制下，科研力量分散、科研项目低水平重复、经费使用多渠道配置，导致农业科技创新的投入产出效率不高，尽管科技创新投入大，但没有起到应有的效果。在农业创新支持领域上，大多数政策支持仅覆盖从立项到结题，并没有延伸到产生效益的考核，导致大部分农业科研项目经费缺乏持续支持，科研项目在前期理论基础研究过程中随着科研项目的验收而终止。

（四）创新链与产业链"脱节"

由于政、产、学、研、用等各方在知识产权界定、利益分配等方面的合作机制尚不完善，产业链更加注重市场化的经济效益、市场风险，追求快速反应、低成本、高利润，创新链首先着眼于专业研究的连续性，其次才是成果的转化和衍生的用户需求。湖北省农业科技企业大多规模较小，以生物种业为例，湖北省253家种子经营企业中，只有4家的年经营额过亿元，80%以上的企业销售额在1000万元以下，其中，年经营额最高的湖北省种子集团为3亿元左右。尽管龙头企业对农业科技的需求迫切，但企业参与创新活动集中于"短平快"项目，在创新决策、研发投入、科研组织和成果转化等环节中缺位，系统性的创新突破很难产生。对于科研院校来说，农业科技创新是考核任务、奖励对象，与生产实际结合不紧密。科技市场中介和科技服务业发展滞后，科技创新作用于农业产业发展的力量大打折扣。

四、推动科技创新赋能农业全产业链的对策建议

（一）打造农业产业链创新生态圈

一是强化政府服务。完善以企业为主体、市场为导向、产学研相结合的农业科技创新体系。拓宽创新投入渠道，建立财政稳定支持为主、课题经费和市场合作为辅的科研经费来源机制。创新农业科技项目管理机制，明晰科技管理部门、第三方评估机构间的职责分工，平衡项目资金使用的合规性与创新绩效。打通政策落实"最后一公里"，加强国家农业科技创新领域的法规、政策落实力度。加强公共创新服务平台建设和科技人才培养，实现农业科技人才、资本、技术、知识自由流动。积极建设国家级、省级技术转移示范机构，建设农业科技成果技术经理人队伍。加快推进农业科技成果使用权、收益权、处置权改革，实行农业

科技成果价值评估机制，让更多优秀科研成果从实验室走出来。

二是优化激励引导。在人才引进、项目培育、载体建设、知识产权创造、科技金融等方面构建全方位政策体系，用足用好采购、税收优惠等政策工具，实现科技资源统筹配置和优化利用。精准落实农业科技创新投入，在科研场所、设备、人才、经费等方面加大支持力度，让高效项目"不差钱"，让无用项目"少烧钱"，加大对中小型科技企业研发投入和推广应用先进技术成果的奖励补贴力度，提高资金使用效率。鼓励农业科研人员"把论文写在大地上"，推动创新的"主战场"从实验室到基地、到企业、到链条，确保科研人员得到合理回报，开展科研项目成果跟踪评价，在取得社会效益后给予重奖。

（二）促进"政产学研用"大联合大协作

一是推进创新联盟实体化运营。湖北省先后启动"515"行动，设立省农业创新中心、省农业科技创新联盟、专家大院等创新创业舞台，推进"政产学研用"大联合大协作的基础较好。推动现有农业科技创新联盟开展"企业出题、专家答题、即创即推、即创即转"模式应用，力争每个省级以上龙头企业和农民合作社至少有一个科研和技术支撑单位，每项技术都有一家龙头企业或农民合作社进行合作，紧盯产业需求，实现成果快速转化。鼓励龙头企业牵头组建产业技术创新联盟，开展以技术应用为导向的协同创新与集成创新。探索联盟作为独立市场主体法人化运行，集聚各方优势力量和科技资源，灵活利用打包委托、组团开发、"交钥匙"转移等方式，获取产业信息、集聚产业人才、服务产业需求，开展"集团军式"的大联合、大协作。

二是对十大产业链实行"一链一院一策"。整合现有创新平台、创新资源，以政府、企业、高校及科研院所共建模式，建立产业链技术创新研究院，推进研究院全覆盖十大重点农业产业链，实现"一链一院"。聚焦十大重点农业产业链技术需求，围绕补链、延链、强链，突出产业特色，紧密连接创新资源与市场需求，开展技术集成创新、共性关键技术攻关、科技成果引进熟化，实现"一院一策"。在产业研究院率先构建"基础研究、应用研究、产业转化"三位一体的协同创新发展体系，以及农业科技成果转化全流程服务体系，探索常驻研究院的科技人员，按工作量、工作业绩领取薪酬，开展科技人员参与技术入股和利润分红试点。

（三）加大农业科技成果转化力度

一是壮大农业科技创新主体。加快发展农业科技型企业，培育集聚一批研发投入大、技术水平高、综合效益好的农业高新技术企业和农业科技型企业，鼓励有条件的企业成立研发中心，提高核心竞争力。支持集农业科技成果展示、推广和交易服务于一体的孵化平台，孵化培育农业科创企业。支持家庭农场、农民合作社等新型农业经营主体创业创新和发展壮大。加快国家农高区和国家农业科技园区创建，提升省级农高区和农业科技园建设水平，提高农业科技园区创新能力，推动农业科技创新资源集聚。

二是促进农业科技创新成果转移转化。建好农业科技成果交易平台和服务平台，推动一站式农业科技信息资源共享服务。大力提升农业科技创新供给能力和对接服务能力，深入开展"院士专家企业行""院士专家服务农业高质量发展"等活动，支持、引导、实施一批农业科学技术项目、创新团队计划项目，不断增强农业科技创新供给能力，积极对接农民需求，服务农业技术创新，联合企业解决好制约农业发展的关键技术问题。培育一批覆盖农业技术创新、知识产权、技术评估、农业检测、研发设计、专业培训、新品种评价的科技中介服务机构。大力发展农业科技社会化服务组织和龙头企业，促进科技服务与生产社会化服务紧密结合，推动农业科技服务产品化、产业化，鼓励支持企业通过农业科技服务获得收益。

（四）推动产业链创新链加速融合

一是围绕创新链做强产业链。聚焦十大产业链，推进瓶颈技术由单点突破向集成创新转变，开展以技术应用为导向的集成创新，每年遴选一批重点应用科技成果开展全产业链一体化示范。依托湖北省农业良种培育和生产科技、农产品加工技术、农产品质量安全控制技术等领域的优势，做强特异性。针对种粮大县和种养模式的优质稻品种选育、肉制品精深加工和副产品综合利用、水产品加工及衍生物提炼、珍稀食用菌繁育和莲深加工、鸡鸭及蛋制品冷链加工、茶叶全程标准化、传统强项种业和特色种业发展、油菜全生育期利用、水果贮藏保鲜和多元加工产品开发、道地药材筛选繁育和中药新药产品开发，通过创新链赋能产业链薄弱环节和关键领域，改变产业大而不强、产品杂而不忧、品牌多而不响的局面。

二是围绕产业链打造创新链。围绕产业链建设，支持开展农产品领域的生物工程、组学、食品化学等应用基础研究，加快农产品绿色储运、精深加工、物流贸易等关键技术研发。在优质绿色高效粮食作物栽培、油菜和茶叶全程机械化、淡水养殖尾水治理、畜禽粪污资源化利用等领域，加强技术模式的应用研究和中试熟化。在生物育种、动物疫苗、饲料添加剂、环境微生物、果菜茶全程机械化、农产品精深加工与贮运、农产品质量安全、数字农业、设施农业、智慧农机和高端准备、重大动植物疫病防控等领域，开展协同创新与联合攻关。完善"创新技术团队+核心试验示范基地+新型主体"的成果研究、熟化和转化推广模式，打造农业科技"苗圃—孵化—加速—产业化—示范"的全产业服务链。

撰稿人： 肖艳丽　湖北省社会科学院农村经济研究所副研究员
　　　　　邹进泰　湖北省社会科学院农村经济研究所所长、研究员

湖北省新型研发机构发展现状与对策研究

黄 涛 等

新型研发机构在推动科技创新、政产学研结合、加速科技成果转移转化、促进产业链创新链深度融合、集聚创新型人才和提升国家和区域整体创新效能等方面发挥了重要作用。围绕"楚才兴鄂""钱变纸、纸变钱"的科技发展要求，湖北省新型研发机构的发展取得了初步成效，在促进区域发展中发挥了重要作用，但存在着政策引导不力、资源配置能力不足、创新能力不强和评价体系不健全等问题。针对这些问题，本文提出完善湖北省新型研发机构发展机制的对策建议：完善政策支持体系，加强新型研发机构的资源配置能力、提高创新能力、完善绩效评价机制。

一、湖北省新型研发机构的发展现状

（一）湖北省新型研发机构的发展情况

湖北省在产业和经济发展方面具有较为良好的基础和积累，具有较为突出的产业科技创新资源和能力优势。近年来，湖北省委省政府高度重视建立和发展新型研发机构，加快建设一批投资主体多元化、管理制度现代化、运行机制市场化、用人机制灵活的新型研发机构，有力支撑了湖北经济社会高质量发展。截至目前，经省科技厅备案的新型研发机构总数已达378家，包括产业技术研究院33家，产业创新联合体4家，专业型研究所（公司）10家、企校联合创新中心331家。主要涉及集成电路、新一代信息技术、智能制造、汽车、生物以及新能源与新材料产业等重点产业领域，地域上基本实现省市州全覆盖，在各地的区域创新体系中发挥着重要的作用，市级备案的企校联合创新中心已达977家。

1. 湖北省新型研发机构的主要类型

一是产业技术研究院，是通过整合政府、企业、高校、科研院所等多方资源，开展产业共性技术研究、中试熟化、企业技术研发服务、科技成果转化、企业孵化和股权投资等活动的独立法人实体。武汉市的产业技术研究院打造出了武汉特色，形成了技术应用创新—科技成果转化—企业创业孵化—产业集群培育的创新链条。以武汉生物技术研究院、湖北省激光产业技术研究院等为代表的一批产业技术研究院已成为国内同领域技术研发创新和成果转化的重要平台，以湖北省小龙虾产业技术研究院、湖北省香菇产业技术研究院和湖北省磷化工产业技术研究院为代表的一批湖北特色的产业技术研究院充分显示了湖北资源禀赋和产业技术优势。

二是产业创新联合体，是由行业龙头企业和以院士为代表的科学家及其团队共同组建的独立法人实体。产业创新联合体注重自主创新、产品创新，以产业链为核心打造创新链，开展基础研究、前沿技术、关键核心技术、共性技术的研发创新，攻克产业中"卡脖子"技术难题，推动实验室成果落地转化。目前湖北省 4 家产业创新联合体均在武汉市。产业创新联合体是集聚高端创新人才的新平台，湖北省的刘经南院士团队、姜德生院士团队、舒红兵院士团队、马丁院士团队等 4 家产业创新联合体正式备案，聚集了一批高端人才。

三是专业型研究所（公司），是在国家级、省级科技创新平台或境外高水平研发平台的基础之上，骨干科研人员拥有股权，政府资金、投资基金和社会资本等参股，共同组建民营或混合所有制的独立法人公司，主要开展企业技术研发服务、促进科技成果转化、推动先进技术成果产业化应用等创新创业活动。目前备案的专业型研究所（公司）武汉有 6 家，鄂州有 4 家。

四是企校联合创新中心，是以企业为主体并设立在企业内部，高校、科研机构参与组建，主要以企业研发创新需求为导向，以重大技术研发为突破口，积极开展科学仪器开放共享、高级工程技术人才培养和对外技术服务。企校联合创新中心可以是独立法人实体。企校联合创新中心的分布与湖北省产业发展格局基本相称，从数量上看，近年来产业发展较快的宜昌、武汉、黄冈、荆州、荆门位列前五位，产业基础较好的十堰、黄石分别位列第6位、第9位。

2. 湖北省促进新型研发机构发展的政策措施

新型研发机构对湖北经济社会高质量发展至关重要，是推动创新的新引擎。湖北省出台了一系列支持新型研发机构发展的政策（见表1）。

表1　　　　　　　湖北省出台的支持新型研发机构发展的主要政策

发布时间	政策文件名称	相关内容	发布部门
2014年1月3日	省科技厅省教育厅关于印发《湖北省产业技术研究院建设指导意见》的通知（鄂科技规〔2013〕2号）	产研院建设的指导思想；性质与定位；建设原则；建设模式与体制机制；加大建设支持力度；加强建设管理与服务	湖北省科学技术厅
2014年1月6日	关于印发《湖北省科技厅深化科技体制改革推进"创新湖北"建设的实施（试行）》的通知（鄂科技规〔2014〕1号）	建设面向行业的新型产业技术研究院并在3年建设期内给予稳定支持；支持条件成熟的产业技术研究院建设国家级工程技术研究中心等创新平台；鼓励产业技术研究院建立现代企业制度	湖北省科学技术厅
2018年10月12日	《中共湖北省委 湖北省人民政府关于加强科技创新引领高质量发展的若干意见》（鄂发〔2018〕28号）	组建一批重大产业创新联合体，支持市州建设产业技术研究院，制定支持新型研发机构建设的指导意见	湖北省委、省政府

续表

发布时间	政策文件名称	相关内容	发布部门
2019 年 7 月 26 日	《湖北省实施〈中华人民共和国促进科技成果转化法〉办法》	省人民政府应当将新型研发机构等创新平台的建设与发展纳入省经济、科技发展计划	湖北省 科学技术厅
2019 年 12 月 30 日	《湖北省新型研发机构备案管理实施方案》（鄂科技规〔2019〕1 号）	指导思想；主要目标；功能定位与重点任务；备案条件；保障措施	湖北省 科学技术厅
2020 年 5 月 19 日	《省人民政府办公厅关于印发加快推进科技创新促进经济稳定增长若干措施的通知》（鄂政办发〔2020〕26 号）	加快发展市场化新型研发机构，着力提升产业技术研究院的公共服务功能，新建一批由骨干科技人员持股的专业型研究所（公司）和以企业为主体的企校联合创新中心	湖北省 人民政府
2020 年 6 月 1 日	《省科技厅 省经信厅关于推进 2020 年度 企校联合创新中心建设的通知》	企校联合创新中心界定、基本要求、备案工作	湖北省 科学技术厅 湖北省经济和 信息化厅
2020 年 10 月 13 日	省科技厅关于印发《省科技厅关于加快建设高水平新型研发机构的若干意见》的通知（鄂科技发重〔2020〕30 号）	从创新发展战略、运行机制体制、关键技术研发、科技成果转化、孵育科技型企业、公共技术服务、人才团队、投融资等方面 12 个方面推动湖北省高水平新型研发机构快速发展	湖北省 科学技术厅
2021 年 1 月 7 日	《省科技厅 省财政厅 省教育厅 省卫健委 关于持续开展减轻科研人员负担 激发创新活力专项行动的通知》（鄂科技发政〔2021〕4 号）	开展新型研发机构服务活动，规范新型研发机构培育和管理工作，建立科学的绩效考评体系等	湖北省科技厅、 省财政厅、 省教育厅、 省卫健委

由表1可以看出，湖北省高度重视新型研发机构的建设和发展，先后出台了具有针对性的战略规划和政策文件。良好的政策环境为新型研发机构的发展奠定了基础。

3. 湖北省新型研发机构发展成效

第一，发展方向明确，围绕产业链布局创新链。湖北省出台了《湖北省新型研发机构备案管理实施方案》《湖北省产业技术研究院发展指南》等政策文件，明确了产业技术研究院、产业创新联合体、专业性研究所（公司）、企校联合创新中心等4类新型研发机构的政策目标定位、备案条件、管理支持方式等。新型研发机构紧紧围绕全省战略布局及地方优势产业，主要以解决企业应用技术开发、产业共性关键技术研究、科技成果转化、科技企业孵化为目的，着力打通基础研究与产业化之间的通道，发挥产业化层面的支撑引导作用。积极引导市州加大对产业技术研究院的投入力度，选择79个特色优势产业方向作为17个市（州）今后一段时间湖北省产业技术研究院建设规划布局的方向，为各市州错位竞争发展提供了科学指导和依据。

第二，加大研发投入，提升科技成果产出。湖北省新型研发机构研发经费支出约8.6亿元，其中，产业技术研究院研发经费支出超3亿元，产业创新联合体研发经费投入近1.6亿元，专业型研究所（公司）和企校联合创新中心研发经费支出超4亿元，新型研发机构的创新活力与动力明显。全省新型研发机构专利申请数量超过2000件，有效发明专利1000余件，有效实用新型、软件著作权、集成电路布图设计专有权500余件，科技成果转化168项。2019年，湖北省北斗卫星导航与位置服务产业创新联合体的依托单位参股的武汉梦芯科技发布了高精度定位新产品，其灵敏度、首次定位时间、精度、功耗等指标均属国际领先水平。

第三，聚集高端人才，激发人才创新活力。全省新型研发机构共吸纳专职科研人员20320人，其中，具有高级职称的科研人员5008人，硕博学历的科研人员占比77.3%。如武汉生物技术研究院就成功吸引国内外生物领域高层次人才 150 多人，其中，两院院士 11 位，外籍院士 2 位，武汉市"城市合伙人" 8 位，国家千人、青年千人、省百人、黄鹤英才、"3551"人才 110 多人。通过产业创新联合体的建设，吸引了院士团队等高端人才团队参与产业技术创新。湖北省开展"研究院+运营公司"运行机制试点，鼓励新型研发机构委托运营公司运营，由研究院管理团队、专家团队和研究院三方按照一定出资比例合作成立运营公司，并具体负责机构运营。鼓励高校院所教授、专家控股成立新型科技创新公司，突出人才关键作用，明确"人才团队持大股"硬性要求，让人才掌握发展主动权，最大限度调动科研人员积极性、主动性、创造性。其中，产业创新联合体由院士和顶尖科学家领衔，联合龙头企业，实行产学研联合创新，开展紧密合作，促进院士团队的重大科技成果在企业的转化，形成一个院士带来一个团队、落地一个项目、带动一个产业优化的连锁效应。

第四，注重成果转化，提升产业服务支撑能力。全省新型研发机构孵化企业近 400 家，孵化企业营业收入近 25 亿元；签订技术交易合同为 2500 余项，技术合同成交额超 5 亿元。省生物医药产业技术研究院中化药分析检测中心通过美国 FDA 的 cGMP 认证，具备持续为美国乃至全球市场提供商业化创新药原料药（API）资质，对拓展国外制剂市场带来积极的影响。新型研发机构通过构建"技术+管理+资本"有机融合的高效运作机制引入各类金融资本与投资团队，为科技成果快速产业化提供科技金融服务。如省激光产业技术研究院发起设立的湖北航天高投光电子投资基金融资近 6 亿元。

二、湖北省新型研发机构发展存在的问题

湖北省新型研发机构发展整体上处于起步阶段，在政策引导、资源配置、创新能力和评价体系方面存在着诸多问题，阻碍了新型研发机构的成长和发展。

（一）政策引导不力

1. 法定身份不明

事业单位法人的性质难以避免体制回归，公司法人的性质容易受到市场利益驱使，且难以开放平台提供公共技术服务，社团法人的性质使自主性和灵活性不足以及难以争取政府的支持。在知识产权保护方面，同样缺乏相关法律保护。在法律上给予新型研发机构明确的定位、权利与义务，可以促进良性运作和可持续发展。

2. 政策支持不足

从整体上看，针对新型研发机构的政策体系尚未建立，除了普适性的政策，面向不同类型、不同发展阶段、不同领域的具体细化的扶持政策相对缺乏，特别是缺乏基础服务设施、引进与保留人才的配套政策。新型研发机构作为新生事物，政府政策依据不足，难以享受税收优惠、人才引进与流动、项目申报等激励和保障措施。此外，政府对新型研发机构的发展需求和市场需求不能准确捕捉，政府部门制定的政策难免会出现信息不对称的现象，新型研发机构的运行与发展受到政府专项资金管理制度的限制，这阻碍了新型研发机构的独立性和灵活性。

3. 发展布局不均

无论是政府对资源的配置还是市场对资源的配置都难以避免资源配置的中心化问题，湖北省新型研发机构布局和规模的不均衡以及发展状态的差异性、实力的悬殊性就体现了这种资源配置的中心化。一方面，新型研发机构的发展受区域经济社会的影响，所以实力较强、发展较成熟的新型研发机构主要分布在武汉等市，但是经济社会相对滞后以及科技资源相对薄弱的其他地区往往对新型研发机构的需求更为旺盛。它们需要新型研发机构的成果转化以推动本地产业结构优化并满足区域经济发展的需求。另一方面，在经济社会发达的地区如武汉市，创新资源相对丰富，新型研发机构发展迅速、市场认可度高，而经济社会相对滞后的其他地区的新型研发机构存在起步晚、公众认知度较低等问题，新型研发机构发展缓慢、创新服务能力弱。湖北省新型研发机构分布主要集中在武汉、宜昌等地区，如图1所示。此外，还存在发展不平衡、水平差距大的问题。湖北省智能装备产业技术研究院、武汉生物技术研究院、湖北生物医药产业技术研究院等一批新型研发机构运行状况较好并具有独特的技术创新能力，已成为湖北省乃至全国新型研发机构的"尖子兵"；而部分新型研发机构创新资源和能力有限，整体研发创新能力较欠缺，仍处于起步阶段。

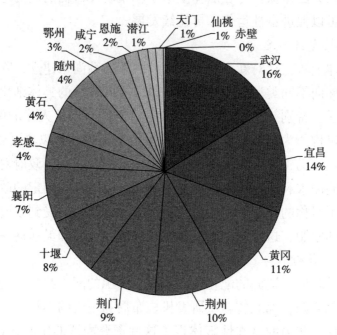

图1　湖北省各市州新型研发机构的数量分布图

（二）资源配置能力不足

1. 体制惯性强

尽管湖北省从政府到企业、高校、科研院所等各主体都一直致力于运行模式和管理机制方面的改革和完善，但与发达国家和国内发达地区相比，还存在一定差距。一是部分新型研发机构在组建和发展过程中不可避免地会与政府产生复杂关系，其资金大多来源于政府财政，这种状况使得新型研发机构在运行管理模式方面缺少创新动力。自我造血能力和内生发展能力较弱，资金不足成为后续发展的瓶颈。二是高校、科研院所存在着一定的行政化色彩，因此机构仍未完全从原有体制机制的束缚中脱离开来。三是管理人员的任用与原单位存在着千丝万缕的联系，部分由任命产生的管理人员沿袭在原单位工作的方式方法，工作的积极性和创造性不足。四是囿于传统的地域观念和文化氛围，新型研发机构在运行管理模式方面缺乏积极的探索机制，从基本价值观、日常运行规范、内部治理机制等方面都处于较为落后的状态。五是理事会领导下的院（所）长负责制决策效率及有效性难以保证，部分新型研发机构事业制单位的身份及管理层的组成在很大程度上不利于企业化运作和管理。

2. 人才集聚能力弱

一是对人才及家属安置、子女教育的支持保障不足，对人才的吸引力不够。二是湖北省人才利用率不高，大学生流失率较高，部分优秀人才没有选择在鄂就业发展。从武汉大学、华中科技大学这两所高校的就业情况来看，只有约 25% 的毕业生选择继续留鄂发展。三是精技术、懂管理、会运营的复合型人才较少，新型研发机构对于这方面的人才培养和引进力度不够。湖北省新型研发机构的人才集聚能力较弱，主要原因为：第一，受传统思想和固有观念的影响，新型研发机构的性质和体制对人才的吸引力不大，部分科研人员不了解新型研发机构、也不愿意到"四不像"的机构工作；第二，新型研发机构对于引进而来的人才在职称评定、项目申报等方面存在诸多不利条件，使得科研人员仍然选择将人事关系保留在原事业单位中，限制了人才的自由流动；第三，由于某些波动性和不确定性，新型研发机构的员工缺乏归属感和安全感，这会影响其在工作中的创造力和热情。

3. 融资能力弱

融资是新型研发机构发展的必经途径和有效手段。新型研发机构开展前沿技术、"卡脖子"技术、产业关键核心技术等研究，需要大量持续的研究，同时又不能追求短期收益。大部分新型研发机构建设时间短、规模小，品牌效应弱、管理层缺乏资本运作经验等使得其在资本市场上没有优势。以武汉导航与位置服务工业技术研究院为例（后文简称导航院），导航院是一个独立研发型高科技企业，其资产包括大量国有资产，也就意味着公司的决策以及管理团队的市场化运营要面临国有资产流失的风险，需要承担资产保值的决策压力。因此，导航院需要放弃一部分风险投资以及开拓市场的机会，选择更为稳妥、更具有公益性的发展领域和方向，而这与不断深化市场导向相违背。

（三）创新能力不强

《湖北统计年鉴（2020）》的数据显示，2019 年湖北省发表科技论文 10.23 万篇，出版科技专著 2828 种，科技项目（课题）8.27 万个，专利受理量 14.14 万项（批准 7.39 万项），技术合同签订 3.95 万项。根据中国科技年鉴（2020）相关数据测算，2019 年湖北的技术合同成交额为北京的 25%，湖北的专利授权数量为广东的 14%。相比之下，湖北省的科技成果转化率较低，表明科技与经济契合程度有待提高。

新型研发机构在引领产业转型升级和服务区域经济发展方面做了许多有益的尝试，但部分机构在科技创新和技术攻关方面也需加强。目前大部分新型研发机构能够聚集企业、高校和科研院所等力量进行研发创新和技术提升，但是在对接产业需求、搭建公共技术平台、创新团队建设、创建国家级技术创新中心、将人才和资源优势转为科技支撑、提档升级等方面还需进一步加强。新型研发机构的能力和水平参差不齐，一些机构仍坚持传统研发的模式，一些机构成为大企业的附庸和争取资金的平台，专业化程度较低，引领产业发展的作用难以显现。湖北省新型研发机构科技成果转化的处置权、收益权、所有权还有待完善。部分项目成果与区域产业发展基础和市场需求结合不够密切，并且商业化价值不高，缺乏可以真正推动产业化、商品化的有效成果。科技成果转化过程中存在国有资产的使用及处置与现行国有资产管理体制冲突的情况，成果成功转化后很可能造成国有资产流失。

（四）评价体系不健全

经湖北省备案的产业技术研究院依照《省科技厅关于开展2021年度省产业技术研究院绩效评价工作的通知》进行绩效评价，以自评和专家评价相结合的方式，重点评价上一年度的包括人才队伍、研发条件、研究成果、服务经济社会发展及科技成果转化等建设及运行服务情况。绩效评价结果分为优秀、合格、不合格三个档次；若评价结果确定为优秀档次的新型研发机构，将给予其后补助经费支持。不足的是，未公布评价指标和评价标准。

湖北至今尚未建立一个统一专业的新型研发机构绩效评价体系，其原因主要涉及以下三个方面：一是产业创新联合体、专业型研究所（公司）和企校联合创新中心这三类新型研发机构成立时间较短，暂未出台相关绩效评价政策；二是新型研发机构建设和运行涉及多个方面、多个行业、多个领域，且程序较为复杂，因而难以找到科学合理的评价方法；三是新型研发机构分布于不同的地区且各具地域特色，如果以某个单一指标体系进行评价，难免有失公正。绩效评价涉及新型研发机构的成果产出认定和奖惩问题，若评价体系不健全，则不利于新型研发机构的高质量成长和发展。

（五）横向比较发展不足

在发展目标和发展方向方面，上海、广东、浙江等地有一批瞄准国际前沿、聚焦战略性新兴产业、致力于与国际先进水平接轨、技术研究具有前瞻性和引导性的新型研发机构。如深圳光启高等理工研究院主要研究超材料科技，华大基因研究院研究生物基因科技，上海量子科学研究中心研究量子科技，浙江之江实验室主要研究人工智能与网络信息。湖北多数是根据地方产业，开展重点产业领域前沿技术和地方支柱产业核心技术研发或结合本地科教资源和人才团队组建新型研发机构；瞄准国际前沿、与国际接轨的机构较少。

在科技成果转化方面，2019 年广东新型研发机构有效发明专利数达 8411 件，发表论文数达 6731 篇，成果转化收入达到 235 亿元；湖北新型研发机构专利申请量超过 2000 件，有效发明专利 1000 余件，有效实用新型、软件著作权、集成电路布图设计专有权 500 余件。可见，湖北新型研发机构成果转化能力和数量还有待提升。

在孵化企业数量方面，2019 年，广东新型研发机构孵化企业 4928 家；江苏新型研发机构引进、孵化企业 4000 余家；湖北新型研发机构孵化企业近 400 家。对比发现，湖北新型研发机构孵化和培育企业的数量少于粤、苏等地的孵化数量。

在人才队伍方面，截至 2019 年，广东新型研发机构的研发人员超过 1.7 万人，其中硕士以上学历超 1.1 万人，约占 64.7%；深圳光启研究院聚集大量"海归"人才和国外研究人员，"像个小联合国"。湖北新型研发机构的科研人员 5081 人，其中硕士、博士学历的科研人员 2920 人，占 57.46%。可见，湖北省的顶尖科研力量和高端创新人才团队较为缺乏。

总体来说，湖北省新型研发机构短短数年时间，科研基础条件、人才队伍建设、成果转化、企业孵化等粗具规模；但是通过横向对比，其建设和发展的整体水平以及政府出台的相关支持政策与部分省市存在一定的差距。

三、湖北省新型研发机构发展的对策

针对湖北省新型研发机构发展存在的问题，从政策支持、资源配置、创新能力和绩效评价四个方面提出对策。

（一）完善湖北省新型研发机构政策支持体系

1. 明确法律地位

新型研发机构必须在法律法规保障的前提下才能实现健康有序发展。新型研发机构立法，既可以防止新型研发机构受到政府官员变动和政策调整的影响，又能维护新型研发机构的权益。以法律的形式明确责任，协调处理好决策、执行、监督之间的关系，对于推动新型研发机构健康有序发展具有重要意义。推进新型研发机构立法进程，对新型研发机构的功能、宗旨、权限等以法律的形式进行规定。在具体实践上，采取地方条例的形式和地方试点的方法；在财务管理上，部分新型研发机构主要以政府资金支持为来源，因此需要高效使用财政资金。

2. 制定政策细则

完善的政策支持体系是湖北省新型研发机构高质量发展的重要基础和制度保障。坚持国家战略与湖北省情相结合，从实际出发，进行广泛调研，摸清新型研发机构管理运行情况，关注亮点，发现问题，总结并宣传成功的实践和经验。充分发挥政府职能，促进创新要素的合理配置，为其创造良好的外部环境。明确新型研发机构在公共科研体系中的定位，拓展指导方针、政策和支持方法。完善优化营商环境政策，为促进新型研发机构发展注入新动能。尽快研究制定《关于支持新型研发机构的若干措施》，出台关于税收优惠、人才激励、创新平台建设、项目申报、科研仪器购入、设施建设、金融资本等方面的相关政策。定期开展政策落实情况的研究工作，提高政策实施的有效性和可行性。

3. 加强整体规划

规划设计应以湖北省战略发展和重点产业需求为导向，加强科技、发改、财政、经信等部门的沟通协调，持续实施新型研发机构培育计划。从技术生命周期的视角来讲，政府应着重支持前端研发，如基础研究、共性技术、中试等环节；企业和市场则侧重于中后端研发，如成果转移转化、产业化、商品化等环节。根据不同市州的具体情况，研究制定适合实际情况的地方性优惠政策，处理好政府、市场、产业、企业、新型研发机构之间的关系，鼓励、支持民间资本参与新型研发机构建设。新型研发机构应围绕"一主引领、两翼驱动、全域协同"的区域发展布局，及湖北省"一芯两带三区"布局产业地图，引导新型研发机构在全省全地域谋划，形成区域联动。

4. 统筹空间布局

围绕湖北省主导产业和市州重点特色产业，整合各地高校院所创新资源，吸纳社会资本参与，积极调动各方积极性。在充分调研的基础上，对欠发达地区的新型研发机构给予科学适当的倾斜性扶持政策。在非省会城市树立新型研发机构建设标杆，努力缩小各地新型研发机构与标杆型机构的差距。鼓励各市州政府、高校院所和企业与省内外高校院所和企业共建新型研发机构，加强交流学习与合作，引导科技成果转移、转化。通过派遣顾问、组织进修、设备共享等方式解决欠发达地区人才等资源匮乏的问题。在区域层面，有必要根据具体实际统筹协调新型研发机构的规划，在同一领域和邻近地区的新型研发机构需控制总量，提质量，抓数量，资源开放共享，避免重复建设。

（二）健全湖北省新型研发机构资源配置机制

1. 完善管理运行机制

首先，健全研发组织体系和内部管理制度。完善新型研发机构内部公司法人治理机构，突出企业技术创新的主体地位。坚持市场配置创新资源，鼓励和支持新型研发机构实行企业化运作模式，采用市场化的用人机制和薪酬制度，使用与市场化薪酬相比合理的工资体系，建设与工作能力和绩效相匹配的收入分配机制，构建符合新型研发机构发展规律的市场化运行机制。鼓励建立职业经理人负责制度，配备新型研发机构懂市场、擅运营的"大管家"，弥补科研人才在市场和管理方面的短板。以日本产业技术综合研究所柔性化的组织结构和运行模式为例，它采用监事会负责制，下设研发实施部和研发支援部，作为核心部门的研发实施部由研究中心、研究所、研究实验室和研究基地构成，研发支援部发挥支援科研实施的功能，搭建与外部的合作与联系；在运行过程中，注重研究任务所属领域的差异化和研究项目的具体特征，专门设计极具针对性的差异化研究组织形式。

其次，塑造开放包容的创新文化。长期以来，制约湖北经济社会跨越式发展的一个关键因素是较为封闭落后的地域文化和社会价值观念体系，加之国有企业实力雄厚、民营企业相对弱小的现实，缺乏足够的开放性和包容性，所以不利于开展创新活动。新型研发机构是一个开放式创新组织载体，对组织、研发人员和技术创新氛围有着极高的要求，所以完善运行管理机制要求对科技创新和企业发展的文化氛围和价值观念体系进行革新，积极借鉴和引进国内外先进创新文化和价值观念，如硅谷的"创客文化""车库文化"等，充分发挥文化软实力的作用，推动科技组织和人员观念革新。

最后，推动体制机制创新。鼓励开放合作和开放式创新，加强政、产、学、研、金、介、用多方共建，以开放激发创新。加快产学研深度融合，鼓励企业、高校和科研院所融通创新，推进产学研用一体化，鼓励新型研发机构探索"校区+园区+社区"联动创业孵化模式。在体制机制创新上，可以借鉴其他新型研发机构的良好经验。比如，山东省工业技术研究院建立了"一院一公司一基金"的组织架构，山东工研院负责总体规划、设计、统筹和协调，山东工研院科技发展有限公司负责运营、科技投融资和科技服务等，山东工研院股权投资基金以市场化方式筛选项、投资和储备项目。深圳光启高等理工研究院则以"顶层（应用）牵引底层（基础）"的发展模式，整合基础研究、知识产权、产品开发、产品创意的产业链条，推动科技创新。

2. 完善人才工作机制

坚持以人才为核心，深入实施人才强省战略。加强人才队伍建设，释放人才创新创业活力，集聚创新要素，围绕产业发展全方位培育、引进、用好、留住人才，打造开放高效科技人才发展环境。

一是加强人才引育。加大人才培养力度，鼓励新型研发机构与大学联合建立研究生培养基地，鼓励建立"平台+项目+人才"培养机制；加快打造一批高水平创新人才和团队，培养一批优秀青年科技人才后备军，培育一批具有国际视野、会管理、懂技术、富有创新精神的企业领军人才。坚持按需引进、柔性引进、以用为本原则，大力引进高层次人才，以产业发展吸引省内外人才集聚湖北，以人才集聚促进发展。鼓励跨国公司在湖北设立研发分支机构并与湖北省的新型研发机构和企业加强联系。通过全职聘用、"双聘双挂"、项目合作、合同科研等多种形式吸引顶尖人才、领军人才、青年人才，集聚创新人才团队，吸引国内外一流高校、科研机构、高层次人才团队和知名企业来鄂设立新型研发机构，鼓励与省内高校、科研机构等联合共建新型研发机构。

二是建立人才激励体系。制订人员激励计划和标准，确立绩效指标，实施激励效果跟踪评估。激励方式分为常规激励方式和特色激励方式，常规激励方式包括基本工资、固定奖金、津贴、福利，特色激励方式包括知识产权交易收入提成、基于业绩的奖金收入、奖励股权、科技创新券等。将人才的个人利益与组织利益进行绑定，兼顾外部竞争性和内部公平性。激励人才各展其能，扩大科研人员自主权，探索"双跨"机制，促进人才合理流动，鼓励科技人员创业，"技术跟着人走"是技术转移最大化、最有可能成功的实现形式。武汉理工大学多名教授现金入股湖北应急产业技术研究院的行为，体现了参与主体入股方式的创新，激发了人才的创新活力。

三是建立人才信息共享平台。在省市县联动建设人才信息平台的基础上，加快建立全省领军人才信息库，实现高层次人才信息资源共享。建立新型研发机构人才库和人才队伍，定期组织人才交流，建立新型研发机构人才服务专项机制。

3. 建立多元化的融资机制

支持新型研发机构组建股权投资管理企业，设立天使基金，积极通过资本运作吸引更多社会资本进入新型研发机构的产业孵化投资领域。完善政府、高校、科研院所、企业等主体的多元化融资机制，对于新型研发机构畅通融资渠道、缓解资金问题具有重要意义。

一是发挥政府的主导作用。通过政府财政支撑、资源整合、项目监督，实现新型研发机构建设初期的稳定发展，以及政府、高校、科研院所、企业的共赢局面。鼓励政府设立新型研发机构专项资金，通过拨款资助的方式扶持重点领域研发项目，从购入科研仪器设备、创办企业、研发经费等方面对新型研发机构给予支持补助。加大对新型研发机构的支持力度，缓解新型研发机构建设初期资金短缺的困难，优先扶持高新技术领域、特色鲜明、前景良好的新型研发机构。在新型研发机构成立初期，政府应在自我发展困难的三年建设期内，提供稳定的资金支持，建设期满后，再按照实际运行绩效适当给予相应的补助。既要提高资金使用效率，也要避免资金使用碎片化。

二是发挥企业、高校和科研院所的主体作用。夯实企业创新主体地位，通过技术转让、租用或优先供给等方式提高企业对新型研发机构的资金投入水平。企业要增强辐射带动能力，发挥示范带头作用。可以选择对科技含量高、经济附加值大的新技术进行投融资转化来提高投资效率。鼓励领军人才、科学家及团队人员现金入股并控股，支持高校、科研院所以无形资产，如技术成果、知识产权、专利等投资入股或选择技术成熟、产业化前景良好的项目，以团队、技术、资金、资产捆绑的形式进行组建。

三是发挥社会资本、风险投资等的重要作用。新型研发机构具有高投入属性，因此除了政府的财政拨款、税收优惠、科技项目资助外，还需要吸引银行、风险投资机构、保险公司等金融部门的参与。在机构发展中期阶段要实现金融资本、产业资本与社会资本平衡，有利于后期自主发展。在资本市场方面，需要构建完善的科技金融体系，包括高效的资本市场、活跃的风险投资市场和风险贷款市场；在信用担保方面，需要构建金融资源信用担保机制，以降低投资风险，吸引更多投资主体加入。在资金募集和投资阶段，积极引进银行、基金等商业资本，同时财政资本有序退出，让利于市场。

（三）提升湖北省新型研发机构创新能力

1. 提升源头创新能力

高校和科研院所是知识生产和技术创新的源头。湖北省最大的优势就是聚集了一大批高水平大学和科研院所，新型研发机构的发展离不开高校和科研院所提供的创新知识、技术成果和高层次人才及团队。湖北省有一大批学科专业和龙头企业在国内外处于领先地位，产业创新联合体正是由院士等优秀科学家及其团队与龙头企业共同组建的机构。针对科技创新和成果转化能力弱的问题，应充分发挥创新资源优势，支持高校和科研院所承担国家重大基础研究项目，共同建设大科学装置和重大科学基础设施，促进重大原创性科学成果持续涌现。新型研发机构科技创新人才需要更大的自主权，就成果转化而言，科研人员职务成果转化的现金奖励纳入绩效工资但不应受单位绩效总量限制。

2. 提升开放创新能力

在早期阶段，要想获得"初始资本"且发展起点高，新型研发机构需与企业、高校和科研院所密切联系。但随着新型研发机构的成长壮大，只有保持开放创新，跳脱"舒适区"，加强与外界的合作与交流，才能促进可持续的高质量发展。因此，有必要鼓励新型研发机构开放合作，以帮助它们有效嵌入区域创新网络，找到自身的定位和特色。鼓励有条件的新型研发机构加快"走出去"的步伐，在科技创新资源密集的地区设立离岸孵化中心，全方位、多层次地引入海内外一流技术团队在鄂汇聚。为新型研发机构管理人员组织培训交流会，推动跨地域沟通交流。鼓励新型研发机构成立的技术转移机构与高新区、产业园区建立合作机制，开展需求驱动的"定制化"科技成果转化服务。支持企业建立海外研发中心、共建联合实验室和研发基地，加强创新合作国际化。

3. 提升技术创新能力

一是新型研发机构应该加大研发投入力度，完善研发投入相关的管理制度，积极整合各方资源，构建科学的研发投入制度体系。支持各地政府按比例奖励研发费用投入达到一定金额的新型研发机构。二是提高研发、中试、技术咨询、孵化等业务专业化水平。熟悉科技产业运作规律，持续研究追踪科技前沿。通过加强营销、服务、推广等方面的建设，高效地将成熟的技术成果进行转让。拓宽资金来源渠道，建立成熟高效的多元化投资体系。通过与高校、科研院所和海内外高端人才、专家团队合作，降低交易成本。三是强化关键核心技术攻关。围绕破解产业关键技术、共性技术、前沿技术瓶颈，以解决产业"卡脖子"核心技术问题为重点，加大研发力度，加强基础科学研究，积极推进新技术、新产品、新工艺、新材料研发和成果转化应用，集中突破一批制约产业转型升级的关键核心技术，推动"临门一脚"关键技术产业化，提高科技资源配置效率，推进颠覆性技术研发，以创新产业赋能高质量发展。

（四）完善湖北省新型研发机构发展的绩效评价机制

1. 建立多元化评价体系

由于新型研发机构的目标定位及其组成部分的复杂性和特殊性，在新型研发机构的绩效评价过程中，通常难以采用单一、统一的方法进行评价。因此，必须从多视角、多领域用综合性的方法，从实际出发，建立差异化、多元化的评价指标体系。确定柔性化评价标准，在类别、领域和发展阶段等有差异的新型研发机构制定和实施个性化认定标准和管理政策，依据评估结果进行奖惩。一是按照新型研发机构阶段性发展的情况，针对产业技术研究院、产业创新联合体、专业型研究所（公司）、企校联合创新中心各种类别的新型研发机构，分别制定有针对性的评价指标体系。二是按照新型研发机构的定位，对于以基础研究为主的机构，制定有利于自由探索的考核机制，赋予其更大的科研自主权，以科研投入、创新成果质量等指标以及对研发的实际贡献进行定量和定性相结合的评价；对于以应用开发为主的机构，主要以市场需求为切入视角，以产品质量和数量、创造社会财富等对产业发展的贡献进行评价。

2. 建立评价追踪机制

新型研发机构的考评是一项长期、可持续的过程，因此，加强动态管理和追踪管理尤为重要。应建立跟踪评价机制，完善新型研发机构信息披露制度。建立新型研发机构数据库，搭建政策解读、资源共享、交流合作、统计申报、信息反馈等相关信息服务平台，通过数据统计分析，为新型研发机构提供宏观指导方向。完善监督机制，实施动态管理，定期追踪新型研发机构工作开展情况。与第三方机构合作，对其绩效进行年度监测考核，根据评估结果实施优胜劣汰，并择优给予经费后补助。通过以评促建，推动湖北省新型研发机构建设工作迈上新的台阶。

3. 建立"无形"成果评价制

从目前国内对新型研发机构的绩效评价来看，主要是从投入和产出两个维度建立评价指标体系，评价方法主要是建立资源配置评价模型，采用层次分析法、模糊评估法等，确立相应的指标权重，进行绩效评价。需要注意的是，新型研发机构具有不同于一般经营性组织的突出特征，它的探索和产出不可能立即产生现实成果，甚至无法达到预期目标或遭遇失败，这在某种程度上来说也是一种"成果"，因为它可能为其他成果的诞生奠定了基础。因此，新型研发机构绩效评价在评估"有形"成果的同时，也应该考虑"无形"成果，即产业发展标准、先进管理经验、产业发展领军人才、优良的组织文化等。新型研发机构绩效评价应与时俱进的创新、区别于传统绩效考核的方法和思路，加强对"无形"成果的认可和评价，注重定性与定量评价相结合，当前绩效和长远绩效相结合，软性指标与硬性指相结合，真正发挥绩效评价的作用。

课题负责人：黄 涛 武汉科技大学文法与经济学院教授、博士研究生导师

课题组成员：时 歌 刘 芳 张小茜 彭 宇 李 娜

"十四五"时期加强湖北科技创新人才队伍建设的建议

何科方　吴素春　秦梦茹

党的十九届五中全会提出：坚持创新在我国现代化建设全局中的核心地位，把科技自立自强作为国家发展的战略支撑。《中华人民共和国国民经济和社会发展第十四个五年规划和2035年远景目标纲要》提出：激发人才创新活力，实行更加开放的人才政策，构筑集聚国内外优秀人才的科研创新高地。"后疫情时代"，各地加强对高层次科技创新人才的吸引，抢抓发展的主动权。湖北处于经济振兴、创新驱动发展的关键时期。中共湖北省委书记应勇强调指出："要把科技创新摆在更加突出的位置、置于更加优先的发展方向，加强科技强省建设，切实把湖北科技资源优势转化为创新优势、人才优势、发展优势。"当前，急需针对科技创新人才队伍建设的突出问题，加大改革创新力度与人才资金投入强度，培养一批科技领军人才和青年科技人才，为湖北高质量发展提供有力的人才支撑。

一、湖北省"十三五"科技创新人才队伍建设成绩显著

科技创新人才规模排名前列。目前全省建有国家研究中心1个、武汉国家生物安全实验室1个、国家重点实验室27个，7个省实验室在建。据《中国基础研究竞争力报告》显示，湖北省基础研究竞争力排名第6位，在地球科学、测绘科学技术、水产科学与海洋工程等领域研究实力全国领先，区域科技创新能力由全国第10位提高到第8位。

至"十三五"末期，全省 R&D 人员 28.55 万人。其中：R&D 全时人员 18.66 万人，从学历层次看，博士人才 28694 人、硕士 37212 人，本科 121763 人，分别占 15%、20%、65%（见图 1）。

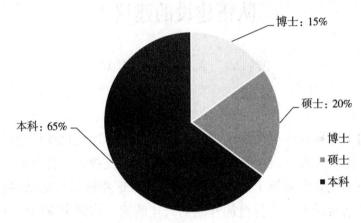

图 1　湖北省 R&D 全时人员学历分布（人）

在 R&D 人员中，分执行部门看，规模以上工业企业的 R&D 人员 175724 人，占总量的 61.5%；研发机构 R&D 人员 13603 人，占总量的 4.8%；高等院校 R&D 人员 55457 人，占总量的 19.4%；地方部门 R&D 人员 2834 人，占总量的 1%；其他事业单位 R&D 人员 37882 人，占总量的 13.3%（见图 2）。

科技创新人才数量领先中部。截至 2019 年年底，湖北省集聚两院院士 80 人，数量居全国前列；近五年新增国家杰出青年 57 人，占总数的 42%。入选国家"千人计划"465 人、省"百人计划"512 人，吸引各类归国人才近 4 万人；进入国家级人才工程人选近 6000 人，入选国家"万人计划"217 人，国家有突出贡献中青年专家 104 人，享受国务院政府特殊津贴人员 2818 人，在站博士后 4500 人，"十三五"新增国家自然科学基金创新研究群体 11 个。

科技创新人才成果不断涌现。以 2020 年度为例，湖北省科学技术奖励共授奖 327 项，其中科学技术突出贡献奖 2 项，自然科学奖 40 项，

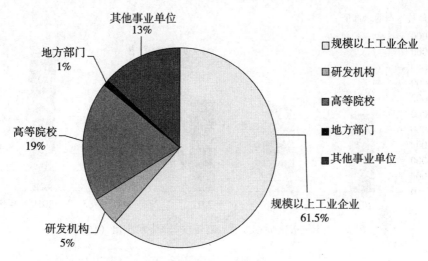

图 2　湖北省 R&D 人员在执行部门分布（人）

技术发明奖 30 项，科学技术进步奖 228 项，科学技术成果推广奖 12 项，科技型中小企业创新奖 15 项。

科技创新人才效益逐渐显现。"十三五"时期，湖北全社会 R&D 投入由 561.7 亿元增至 957.88 亿元，R&D 人员由 22.1 万人增至 28.55 万人，科研机构由 2245 家增至 3678 家，万人发明专利拥有量由 4.3 件增至 10.4 件，高新技术企业由 3317 家增至 10400 家，技术合同成交额由 830.1 亿元增至 1687 亿元。全省高新技术产业完成增加值 8922.86 亿元，较 2015 年增加 79.2%，年均增长 19.5%。全省高新技术产业产值占 GDP 比重达 19.5%（见图 3）①。

二、湖北科技创新人才队伍建设存在的突出问题

湖北科技创新人才队伍建设存在的突出问题表现在：一方面，科技

---

① 数据源于《湖北省科技发展报告 2019》。

高新技术产业增加值

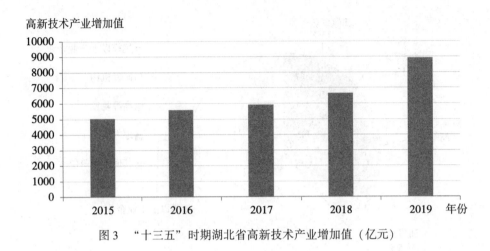

图3 "十三五"时期湖北省高新技术产业增加值（亿元）

创新平台建设力度不够，重大人才工程的投入强度不足，对高层次科技创新人才的吸引力不明显，推进科技自力自强任务艰巨；另一方面，人才政策体系不健全，人才服务的专业化、体系化水平较低，制约人才发展的体制机制依然存在，人才与产业的匹配度、科技与经济的融合度不高，对区域经济高质量发展的贡献度有待提升。

（1）科技创新人才平台建设相对滞后。一是高层次、战略性科技创新平台发展速度过慢。国家实验室、国家综合性科学中心还未取得突破性进展，省实验室、重大科技基础设施等重大平台的建设步伐有待加快，汇聚全球高端创新人才和团队的吸引力还不够强。二是科技企业孵化器的规模、质量与创新创业人才的需求不匹配。湖北是科技企业孵化器发源地，孵化器数量与规模一度在全国领先。据统计，目前湖北省国家级孵化器62家，而江苏219家、广东171家，分别是湖北的3.5倍、2倍，增幅是湖北的2.8倍、3.5倍，湖北科技企业孵化器在全国的优势地位正在逐渐丧失。三是新型研发机构起步较晚、发展滞后，对科技创新人才的承载能力还远不够。

（2）科技创新人才资金投入急需加强。近年来，尽管湖北不断加大人才经费投入，但在投入强度上与发达省市相比还有较大差距。

一是从 R&D 经费投入强度来看，湖北 2019 年 R&D 经费投入强度是 2.09%，在全国排名第 9 位，排名在北京、上海、天津、广东、江苏、浙江、陕西、山东之后，低于全国平均水平 2.23%（见图 4）。

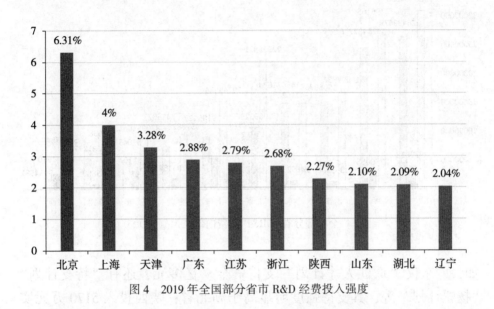

图 4　2019 年全国部分省市 R&D 经费投入强度

二是从 R&D 经费内部支出结构来看，湖北 2019 年 R&D 经费内部支出 9578823 万元，在全国排名第 7 位，排名在广东、江苏、北京、浙江、上海、山东之后，其中政府支出 1793187 万元，排名第 7 位，排名在北京、上海、广东、四川、江苏、陕西之后，占 18.7%；企业支出 7415027 万元，排名第 7 位，排名在广东、江苏、浙江、山东、北京、上海之后，占 77.4%（见图 5）①。显然，湖北 R&D 经费投入强度还有待提高，投入结构急需优化。

三是从重大人才工程的支持强度看，近年湖北开展"双创战略团队"项目投入资金 1.6 亿元，但与其他省份相比支持力度相对较弱。例

---

① 数据源于《中国科技统计年鉴 2019》。

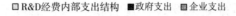

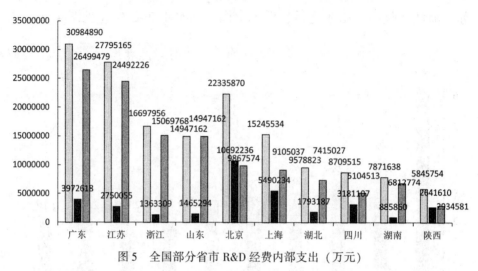

图5　全国部分省市 R&D 经费内部支出（万元）

如，广东仅"珠江人才计划"支持资金 9 亿多元，还有"特支计划"
"扬帆计划"等，其支持强度明显高于湖北省；陕西投入 5170 万元实
施"青年科技新星培养计划"，且在重点科技创新团队建设计划投入 4
亿多元，较湖北省支持力度更大、支持范围更广；重庆不仅支持创新创
业人才，而且对创投的支持力度也较大；四川从创新创业苗子开始抓
起，加大对杰出青年科技创新人才、青年科技创新研究团队的资助力
度，初步形成省级重大科技人才工程体系。江苏省对科技创新人才的支
持力度不断增加，创业类人才落户以江苏省昆山市为例，其享受省、
市、区的人才补贴明显高于湖北（见表1）。

表1　　　　　　　　创业人才落户江苏昆山与湖北光谷的补贴比较

省市	落户江苏昆山市	落户湖北东湖高新区
省级	江苏省"双创人才"项目创新创业资金资助最高 500 万元	湖北省"双创战略团队"A 类项目资助 100 万元

续表

省市	落户江苏昆山市	落户湖北东湖高新区
市级	苏州市"姑苏人才计划"科技项目经费 500 万元	武汉市"黄鹤英才"战略科技人才奖励 100 万元
	苏州市"姑苏人才计划"安家费 300 万元	
区县级	昆山市创业领军项目（A 类）项目资助 200 万元	东湖高新区"3551 人才计划"项目资助 200 万元
	昆山市创业领军项目（A 类）安家补贴 100 万元	东湖高新区"3551 人才计划"办公房租补贴 50 万元
	昆山市创业领军项目（A 类）贷款贴息补贴最高 100 万元	
小计	1700 万元	450 万元

资料来源：根据有关部门 2020 年网站资料整理。

四是高层次科技创新人才引进力度不够。近年来，尽管湖北积极对接国家级人才工程，科技人才数量稳步增长，两院院士数位居全国前列，但高层次科技人才还相对稀缺。从 2019 年九省市国家杰出青年数量看，北京、上海、江苏位列第一梯队，湖北、广东、浙江位列第二梯队（见图 6）。表明湖北对国家杰出青年等高层次科技人才的引进与培育力度还有待提升。

（3）科技创新人才服务水平有待提升。一是科技创新人才服务体系还不健全。江苏省科技厅副厅长兼任省人才办副主任，统筹全省科技创新人才工作。各市、县、园区（街道）成立科技人才办公室，形成一整套工作体系、考核体系、激励机制。江苏省建立"科技镇长"引才揽才制度，浙江某市设立招才分局长驻武汉等城市"挖人才"。目前湖北在省级层面统筹科技创新人才工作的能力还相对较弱，各地抓科技创新人才的工作机制尚未完全建立，引进科技人才的主动性相对较弱。二是服务条件还不到位，服务功能不健全。广东、江苏、浙江等地对高

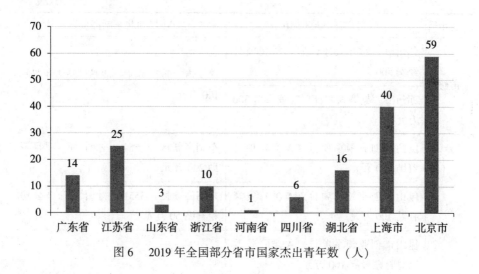

图6　2019年全国部分省市国家杰出青年数（人）

层次人才提供共有产权房，符合条件者仅需以相对较低的成本获得住房，并提供较高额度的安家费、住房补贴，极大地降低了青年人才居住成本。广东省建成各类人才驿站364个，形成"总站+分站+服务基地"的布局，为高层次人才提供子女入学、落户、税收等"一站式"的贴心服务。目前，湖北在人才安居、子女上学等方面缺乏有效支持，在人才服务体系能力上与发达省份差距较大，对吸引、聚集、留住高层次人才不利。三是科技人才创新创业过程中融资难、融资贵仍然突出。

（4）科技创新人才政策体系存在一些薄弱环节。一是省级层面科技创新人才政策的顶层设计不够。"十三五"时期，湖北相继印发《中共湖北省委、湖北省人民政府关于加强科技创新引领高质量发展的若干意见》《关于印发湖北省抓好赋予科研机构和人员更大自主权有关文件贯彻落实工作实施方案的通知》等文件，但政策的含金量与发达省份相比还有一定差距。二是政策的针对性、适应性和可操作性还不强。发达省份一项人才政策出台后很快制定实施细则，把原则的表述变为清晰的界定，尽量消除政策执行上的模糊性、随意性和不确定性，让各类人才心中有一本明白账，形成激发人才创造活力的人才制度优势。当前，湖北部分地区科技创新人才政策的不足之处表现在：政策制定过程中人才的参与度不够，政策的有效性不强；尽管出台了科技创新人才的意见、办法等，但实施细则却迟迟不能出台，"人才等政策"的现象时常发生；对科技创新人才迫切需要解决的问题关注不足，尤其是居住支持、子女上学等政策含金量较低。

(5) 科技创新人才与产业发展的匹配度不高，全省人才发展不平衡、不充分的情况依然严重。一是重点产业领域对科技人才的需求缺口较大。近年来，随着湖北加大战略性新兴产业投入，对集成电路相关领域的人才需求日益旺盛。总体来看，湖北高校人才培养与产业发展结合不紧密，毕业生的供给质量与企业用工需求不匹配，一面是毕业生找工作难，一面是制造业招人难、用工荒。此外，新型冠状病毒肺炎疫情加速数字经济发展，湖北高校在物联网、传感器等数字人才的培养上缺少应对准备。二是高学历人才在行业的分布不合理。企业是科技创新主体，但湖北省硕博人才主要分布在高等院校，企业高学历人才仍然不足。三是科技人才在不同区域的分布不平衡。目前湖北科技创新人才主要集中在武汉，人才回流及大学生留汉首选光谷，导致光谷片区房价猛涨、交通拥堵等"城市病"，反而不利于高层次科技人才创新创业。同时，省内其他地区面临招人难的窘境，全省科技创新人才的区域差距日渐扩大。以2019年全省高新技术企业新增数量为例，武汉市新增量占全省58%，超过全省其他16个市、州高新企业新增量的总和。这表明全省科技人才结构失衡导致创新产出进一步拉开差距，对于全域协同推进科技强省建设十分不利。

三、"十四五"时期加强科技创新人才队伍建设的建议

"十四五"时期，湖北科技创新人才队伍建设要以推动高质量发展为主题，结合"一主引领、两翼驱动、全域协同"区域发展布局，深入实施科技强省、创新驱动发展战略，努力实现科技自立自强，不断深

化人才发展体制机制改革，全方位培养、引进、用好、留住人才，力争成为国家战略科技力量布局的重要省份之一、创新型国家和世界科技强国的中部战略支点、我国区域创新驱动的重要引擎和融入全球创新网络的重要枢纽。主要任务是聚焦提高"钱变纸、纸变钱"能力，以平台为基础、人才为核心、转化为关键、改革为动力，组织实施"楚才兴鄂科创人才工程"，以科研人员"名利双收"推动"人才兴鄂"。实施"青年科学家培养计划"，建立"平台+项目+人才"培养机制，加强重点领域海外高层次人才引进，提出如下建议。

（一）建立健全"省厅+市县+街镇园"工作体系，强化科创人才"引育留用"工作责任

加强科技创新人才队伍建设工作的组织领导。面对新形势、新任务，全省科技系统要更加积极主动地融入全省人才工作大局，以时不我待的姿态创造性地开展工作。建议湖北省科技厅明确一名副厅长兼任省人才办副主任职务，便于组织协调全省科技创新人才工作。

加强具体工作的组织落实。建立高层次科技人才联席会议制度，横联省直各部门、中央驻鄂单位、省属高校院所、大型企业集团，纵贯省、市（州）、县（区），建立连接全省省级以上重点实验室、省级新型研发机构、国家级科技企业孵化器的科技人才联络员制度，形成多部门参与的全方位、多层次、宽领域工作格局，构建科技人才引进、培养、使用、管理与服务的全流程工作体系。

明确各级各部门的工作职责。省科技厅有关部门要牵头负责各类科技人才计划及省级重大科技人才工程的组织实施，加强科技人才的统计、监测、评估、宣传等日常工作。市、县要配齐科技创新工作力量，成立科技创新人才科（办公室），将科技创新人才工作纳入科技工作考核指标。乡镇（街道）、园区要建立科技创新人才服务专员制度，根据工作量配备科技创新人才专员，建立专业化的科技创新人才服务队伍。

（二）推进"省实验室+新型研发机构+科技孵化器"科创载体建设，打造吸引人才创新创业的"强磁场"

围绕光谷、珞珈、江夏、洪山、九峰山、东湖、江城等 7 个湖北实验室，精密重力测量、高端生物医学成像、武汉光源、磁阱型氘氚聚变中子源、农业微生物、作物表型组学、深部岩土工程扰动、碳捕集利用与封存等 9 个重大科技基础设施，国家重点实验室、国家技术创新中心、产业创新中心、工程研究中心、制造业创新中心以及临床医学中心等国家级创新平台的人才需求，制定紧缺人才引进目录，集聚一批战略科学家、科技创新领军人才。

支持国内外一流高校院所在湖北省设立产业技术研究院、创新联合体等新型研发机构。建立市场化的管理运行机制、科研项目形成机制，根据机构类型和实际需求给予资金扶持，引导健康、规范运行、可持续创新发展，推动新型研发机构提质增效，融入全球创新网络，吸纳、培养一批创新创业领军人才和专业技术人才。

深入实施博士后人才倍增工程。内引外联，加快建设一批博士后创新基地、博士后科研工作站，成立湖北省博士后创投中心，吸引博士后人才参与到湖北省支柱产业、新兴产业和未来产业发展，在攻克关键核心技术和"卡脖子"技术中发挥才干。

提升孵化器服务质量，打造面向科创人才发展的全链条孵育体系。推动大学科技园建设发展，促进科技成果就地转化、科技创新产生效益。支持大企业打造内部创业平台，为科技人才创业提供宽广的舞台。高标准建设专业化众创空间，提升孵化载体的技术创新能力。夯实留学人员创业园、海智基地等海外人才载体。

（三）引进"科技战略团队+优秀工程师+卓越经理人"高层次人才资源，实施"楚才兴鄂科创人才工程"

建立科技创新人才经费投入稳定增长机制，足额安排人才专项资金。构建多元投入机制，产业类引导资金要安排一定比例用于相关领域人才培养、引进工作，政府投资基金优先支持人才项目。

聚焦战略性新兴产业培育，打造省级"双创战略团队"升级版。对已获支持的项目实施跟踪培育，择优评选"省双创人才示范项目"并实施滚动扶持，提升重大人才工程品牌影响力。扩大支持范围，围绕国家存储器、国家航天产业、国家网络安全人才与创新、国家新能源和智能网联汽车等四大基地建设，省、市、区联动设立"省双创战略团队计划重点产业基地专项"。

瞄准海外高端人才和智力资源，大力延揽海外高层次人才。发挥"华创汇""光博会"等重要展会引才功能，吸引更多海外留学人才落户湖北。引进1000名海外优秀工程师，为湖北疫后重振提供坚强的科技支撑。鼓励社会力量参与引才，出台高层次人才引才奖补制度，提高用人单位、中介机构引才的积极性。对引进湖北实验室等省级重大项目急需顶尖人才和团队的，给予一定资金奖励。

实施"科创500卓越经理人选拔计划"。向全球广发英雄帖，持续开展"楚才回家""校友回汉"等引才活动，引进一批具有企业家精神、全球战略眼光和社会责任感的优秀企业家、职业经理人和科创合伙人，推动湖北"科技板块"做大做强。

支持企业加大科技人才投入。对于企业引才支付的一次性住房补贴、安家费、科研启动经费等，在计算企业所得税前扣除。

（四）建立"落户+乐活+创业投资"服务体系，打造近悦远来的人才生态

搭建数字化人才服务平台。充分利用数字技术，以数字化理念抓好科技创新人才工作。与重点产业地图相配套，绘制人才供给现状地图、人才未来需求地图、全球高端人才分布图，为人才引进提供可视化、精准化向导。建立国家、省、市三级人才工程项目申报评审平台，实行网上申报，人才业务实现"不见面办理"。

建立快捷的人才落户绿色通道。进一步优化海外高层次人才居住证制度，落实人才出入境便利政策。开辟特殊引才通道，对湖北实验室所

需顶尖人才及其科研团队，采取"一人一议"方式创造最优条件、最快速度引入，并支持设立特设岗位和流动岗位柔性引才，不受岗位总量、最高等级和结构比例限制。

提供舒适周到的居住条件。鼓励人才聚集的园区、大型企事业单位，在符合土地利用总体规划和城乡总体规划的前提下，利用自有存量土地建设人才房。鼓励建设国际人才社区、专业化长租公寓和共有产权房，提供现代化、高品质生活配套服务。支持东湖高新区试行人才积分制，并为科技创新人才提供优惠租售、拎包入住的居住条件。

打造开放共享的科技人才生态系统。实行高新技术企业认定申报常态化、便利化，以更大的科技型企业底盘吸纳科技人才。优化科技人才创业生态，打造人才创新创业服务超市，聚集财税、法律、知识产权、管理咨询、数字营销等专业性服务机构，搭建中试熟化、检测检验、标准认证等公共技术服务平台，为人才企业成长提供专业化、一站式、全周期服务。

建立多层次科技人才金融平台。设立省级人才创业投资基金，完善股权投资、债权投资与众筹募资三大创投体系布局，为科技人才创业提供有效的资本支撑。推出湖北科创"天使投""接力贷""保证保险""投贷保结合"等系列产品，对科创人才实施"金融滴灌"。

营造科创人才优享生活圈。依托海外高层次人才联谊会、留学人员商会等社团组织，举办丰富多彩的人才交流活动，打造融洽、开放、互通的科技人才多元文化交流空间。定期组织省级以上专家和优秀技能人才开展休假疗养活动，开展各类高层次人才走访慰问、健康体检等活动。

（五）探索形成"平台+项目+人才"培养机制，实施"青年科学家培养计划"

形成青年科技创新人才发现与举荐机制，通过"揭榜挂帅"提升青年人才科研攻关的参与度，结合重大科技任务部署和重点工程、重大项目实施，在创新实践中发现人才、在创新活动中培育人才、在创新事业中凝聚人才,加快各类人才在使用中成长。

支持以产业发展急需为牵引,校企合作建设现代产业学院。支持创办未来技术学院,在新一代信息技术、集成电路、区块链、无人驾驶、基因工程等领域,聚焦未来革命性、颠覆性技术人才需求,探索形成以科技前沿技术为驱动的、面向未来技术的人才培养新模式。

支持省属高校以新工科、新农科建设为重要抓手,结合产业发展需求,加快培养卓越工程科技人才。争取工信部等部门支持,加快实施"集成电路千人培养计划""网络安全万人培养计划",大力培养集成电路、网络安全等新兴产业专业技术人才。

支持高校与企业共建研究生工作站,打造"平台共建、项目共研、资源共享、成果共创、人才共培"的科创人才培养共同体,实现企业大门与大学校门"同向",企业车间与大学教室"同声",企业机床与大学课堂"同用",企业的图纸与大学黑板"同辉",企业员工与大学学生"同学",企业升级与大学发展"同频"。

(六)引导人才向"校区+园区+社区"一线流动,服务产业发展与乡村振兴

建立健全以创新能力、质量、实效、贡献为导向的科技人才评价体系,破除将论文等作为评价应用型人才的限制性条件。推广科研项目经费使用"包干制",为科研人员减负松绑。鼓励企事业单位通过股权、期权、分红等激励方式,提高科研人才科技成果收益,支持人才"名利双收"。加大职称评审权下放力度,探索用人单位、社会培训评价组织参与职业技能等级认定。开展企事业单位人才人事综合改革试点,为企事业单位提供授权开展技术人才高级职称自主评审、技能人才等级自主评审、国际职业资格比照认定等人才政策集成服务。

进一步破除人才自由流动、自主创业等方面的障碍。支持高校院所、产业部门人才双向流动,鼓励产才融合,通过挂职等形式协同推进产学研深度合作。支持新引进人才在校区、园区"双落户",为科技创新人才"创新在高校、创业在园区、服务在社区"提供便利条件,发

挥科技创新人才在"三区融合"中的主力军作用。优化"科技副总"的遴选、组织、考核、反馈机制，提升科技人员服务企业的能力水平，完善科技人才灵活工作的绩效评估与多元激励制度。

引导人才向基层和产业一线流动。推行"周末工程师"制度，为科技人才从省城向市、州、县溢出搭建平台。发挥省级科技社团（学会）与专业人才联系较多的优势，支持市会合作共同成立产业研发平台，结合中小企业的需求实现柔性引才机制。面向基层事业单位技术人员"定向设岗、定向评价、定向使用"，将职称评定改革政策优先向基层倾斜。增加省级科技特派员向地（市、州）分配的指标名额，引导科技人才向基层流动，提供常态化"下沉式"服务。支持科技人才投身创新型县创建，领创或参与创办农业科技企业、农村合作社、星创天地，在乡村振兴中做出更大贡献。深入实施"我选湖北"工程，根据区域人才需求分类制定"省城—市州—区县—镇街园"大学生留鄂政策。大力引导高校毕业生人才下乡，打造乡村振兴强引擎。

撰稿人： 何科方　武汉轻工大学创业学院副院长、副教授、博士
　　　　　吴素春　武汉轻工大学创业学院讲师、博士
　　　　　秦梦茹　武汉轻工大学创业学院本科生

湖北省上市公司研发创新现状研究

黎苑楚　陈　丹　李　磊

上市公司作为引领发展的关键少数，对地方产业与经济发展具有重要作用。为反映湖北省上市公司研发创新情况，湖北高投集团、湖北高投引导基金管理公司课题组对湖北省内上市公司进行了专题研究。

本文从行业、地域、所有制等多个维度，对湖北省上市公司专利申请、软件著作权申请数量、创新基地建设情况进行了分析研究。参考指标主要分为总量指标和平均指标，总量指标包括总研发投入，平均指标包括平均研发投入和平均研发投入占营业收入的比重。考虑到部分指标只有在特定的分析维度下才具有意义，因此每个维度下仅选取关联性较高的指标进行分析。

本文的数据主要来源于 wind 数据库，上市公司行业分类标准为证监会分类标准。由于境外上市公司和境内上市公司的统计指标及口径有一定差异，因此本文的研究对象为截至 2019 年 12 月 31 日境内 A 股上市的 105 家湖北省上市公司。

一、研发投入行业分析

根据证监会一级行业以及制造业二级行业分类，本文分别对湖北省上市公司研发投入情况进行了分析。

（一）总量指标分析

2019 年，湖北省上市公司研发投入金额累计 240.1 亿元，占全国上市公司研发投入的 2.79%（见表 1）。

表1　　　　　　　　上市公司研发投入行业分布　　　　（单位：亿元）

	湖北省	湖南省	四川省	河南省	安徽省	浙江省	广东省	全国
制造业	198.9	128.8	132.1	129.6	141.9	555.5	1333.9	5741.1
建筑业	30.2	1.5	7.7	1.1	9.9	22.5	21.7	1167.4
批发和零售业	3.2	1.0	0.2		1.2	19.5	7.1	124.7
房地产业	2.7		1.1	0.0	0.2	0.4	4.1	15.0
文化、体育和娱乐业	1.7	5.2	0.6	0.2	0.4	3.4	0.3	26.2
信息传输、软件和信息技术服务业	1.5	3.2	13.0	1.6	33.6	94.5	78.4	665.9
水利、环境和公共设施管理业	1.3	0.5			1.0	4.3	6.7	31.7
交通运输、仓储和邮政业	0.4	0.0	0.0			3.3	34.7	63.5
金融业	0.2	0.1	0.6	0.2	0.0	0.8	7.7	24.4
电力、热力、燃气及水生产和供应业	0.1	0.3	4.4	0.5	0.0	3.1	28.9	73.8
其他	0.0	9.7	1.5	10.8	23.8	9.9	45.7	660.2
总计	240.1	150.4	161.2	144.0	212.0	717.0	1569.3	8593.7

从行业分布来看，湖北省 2019 年制造业上市公司研发投入总计 198.9 亿元，占比 82.8%，在所有行业领域中研发投入最多，可见制造行业上市公司比较注重研发创新。湖北省 2019 年制造业研发投入占比高于四川省、安徽省、浙江省和全国平均水平，与其他参照省份大致相当，处于全国中游水平。

湖北省建筑业上市公司研发投入合计 30.2 亿元，占比 12.6%，高于其他参照省份的研发投入占比，同全国建筑业研发投入占比大致相当，可见与其他省份相比，湖北省建筑业上市公司相对比较注重研发创新，研发投入在全国处于上游水平。

湖北省批发和零售业上市公司研发投入合计3.2亿元，占比1.4%，高于大部分其他所列参照省份的占比；房地产业上市公司研发投入合计2.7元，占比1.1%，略高于其他参照省份及全国平均水平。文化、体育和娱乐业上市公司研发投入合计1.7亿元，占比0.7%；信息传输、软件和信息技术服务业上市公司研发投入合计1.5亿元，占比0.6%；水利、环境和公共设施管理业上市公司研发投入合计1.3亿元，占比0.6%；交通运输、仓储和邮政业上市公司研发投入0.4亿元，占比0.2%（见表2）。

表2　　　　　　　　　上市公司研发投入占比行业分布

	湖北省	湖南省	四川省	河南省	安徽省	浙江省	广东省	全国
制造业	82.8%	85.6%	81.9%	90.0%	66.9%	77.5%	85.0%	66.8%
建筑业	12.6%	1.0%	4.8%	0.8%	4.7%	3.1%	1.4%	13.6%
批发和零售业	1.4%	0.7%	0.1%	0.0%	0.6%	2.7%	0.5%	1.5%
房地产业	1.1%	0.0%	0.7%	0.0%	0.1%	0.1%	0.3%	0.2%
文化、体育和娱乐业	0.7%	3.5%	0.4%	0.2%	0.2%	0.5%	0.0%	0.3%
信息传输、软件和信息技术服务业	0.6%	2.1%	8.1%	1.1%	15.8%	13.2%	5.0%	7.8%
水利、环境和公共设施管理业	0.6%	0.4%	0.0%	0.0%	0.5%	0.6%	0.4%	0.4%
交通运输、仓储和邮政业	0.2%	0.0%	0.0%	0.0%	0.0%	0.5%	2.2%	0.7%
金融业	0.1%	0.0%	0.4%	0.2%	0.0%	0.1%	0.5%	0.3%
电力、热力、燃气及水生产和供应业	0.0%	0.2%	2.7%	0.3%	0.0%	0.4%	1.8%	0.9%
其他	0.0%	6.5%	0.9%	7.5%	11.2%	1.4%	2.9%	7.7%

（二）平均指标分析

2019 年湖北省上市公司平均研发投入 2.76 亿元，在全国处于中等偏上水平。

从行业领域分布来看，建筑业上市公司平均研发投入 7.5 亿元，略低于全国平均水平，但高于其他参照省份；平均研发投入占营业收入比为 2.5%，略高于参照中西部省份的平均水平，低于发达地区省份及全国平均水平。

制造业平均研发投入 3.2 亿元，略低于广东省的平均水平，高于本文参照的其他省份及全国平均水平；平均研发投入占营业收入比为 17.1%，研发强度高于本文所参照的其他所有省份及全国平均水平，表明湖北省制造业上市公司平均研发强度在全国处于较高水平。

水利、环境和公共设施管理业平均研发投入 1.3 亿元，平均研发投入高于本文所参照的其他所有省份及全国平均水平；平均研发投入占营业收入比为 1.7%，研发强度略低于浙江省。

房地产业平均研发投入 0.9 亿元，高于本文中的多数参照省份及全国平均水平；平均研发投入占营业收入比为 1.4%，研发强度高于其他所有参考省份和全国平均水平。

文化、体育和娱乐业业平均研发投入 0.9 亿元，低于湖南省，但高于其他参照省份和全国的平均水平；平均研发投入占营业收入比为 2.1%，研发强度低于湖南和浙江省，高于其他省份。

批发和零售业平均研发投入 0.5 亿元，平均研发投入占营业收入比为 1.3%，在全国范围内均处于较低水平。

金融业研发投入占比 0.4%，低于大部分参照省份水平（见表 3 和表 4）。

表3　　　　　　　　　上市公司平均研发投入行业分布　　　　（单位：亿元）

	湖北省	湖南省	四川省	河南省	安徽省	浙江省	广东省	全国
建筑业	7.5	1.5	3.8	1.1	3.3	2.0	1.3	13.6
制造业	3.2	2.0	1.8	2.1	2.0	1.7	3.4	2.5
水利、环境和公共设施管理业	1.3	0.3			0.5	0.9	1.1	0.8
房地产业	0.9		1.1	0.0	0.2	0.1	0.7	0.4
文化、体育和娱乐业	0.9	1.0	0.3	0.2	0.2	0.4	0.1	0.6
批发和零售业	0.5	0.3	0.2		0.6	2.4	0.5	1.6
信息传输、软件和信息技术服务业	0.5	0.6	1.0	1.6	6.7	2.9	1.5	2.2
交通运输、仓储和邮政业	0.4	0.0	0.0		0.0	0.8	2.7	1.1
金融业	0.2	0.1	0.6	0.2	0.0	0.4	2.6	1.1
电力、热力、燃气及水生产和供应业	0.0	0.3	0.7	0.2	0.0	0.8	2.6	1.0

表4　　　　　上市公司平均研发投入占营业收入比重行业分布

	湖北省	湖南省	四川省	河南省	安徽省	浙江省	广东省	全国
制造业	17.1%	5.6%	4.7%	5.2%	4.0%	4.9%	7.3%	5.8%
信息传输、软件和信息技术服务业	5.6%	6.1%	11.6%	16.9%	9.9%	13.8%	11.7%	11.4%
建筑业	2.5%	0.2%	0.9%	4.2%	2.8%	2.6%	2.8%	2.6%
文化、体育和娱乐业	2.1%	5.1%	4.6%	0.2%	0.3%	2.3%	0.8%	2.7%
水利、环境和公共设施管理业	1.7%	0.0%	0.3%	1.6%	1.3%	4.3%	0.2%	1.1%
房地产业	1.4%	0.0%	0.2%	0.0%	0.0%	0.3%	1.3%	0.9%

	湖北省	湖南省	四川省	河南省	安徽省	浙江省	广东省	全国
批发和零售业	1.3%	4.6%	0.0%	0.0%	2.6%	2.9%	2.4%	2.8%
交通运输、仓储和邮政业	1.0%	0.2%	0.5%	0.0%	0.4%	3.0%	0.8%	1.3%
金融业	0.4%	0.1%	1.4%	6.6%	0.6%	1.6%	2.8%	2.0%
电力、热力、燃气及水生产和供应业	0.0%	0.4%	1.4%	1.3%	0.1%	1.3%	1.3%	0.8%

总体而言，湖北省制造业上市公司研发投入力度最大，在全国处于中上游水平；建筑业、水利环境和公共设施管理业及文体娱乐业的平均研发投入在全国排名均靠前，但是平均研发投入占营业收入的比重均处于全国中下游水平；房地产、批发和零售业的研发投入力度及平均研发投入占营业收入的比重均处于全国中等水平；信息技术行业及金融业作为湖北省重要产业领域，上市公司的研发投入比重处于全国较低水平。

（三）制造业细分行业分析

湖北省计算机、通信和其他电子设备制造业上市公司研发支出总值86.3亿元，占省内全行业比重43.4%，占比领先于广东省以外的其他所有参照省份。

黑色金属冶炼和压延加工业上市公司研发支出总值27.9亿元，占省内全行业比重14.0%，领先于绝大部分中西部参照省份。

化学原料和化学制品制造业上市公司研发支出总值18亿元，占省内全行业比重9.0%，领先于绝大部分中西部参照省份。但是研发支出占营收比例无突出优势。

医药制造业上市公司研发支出总值领先于绝大部分中西部参照省份，略低于四川省医药制造业上市公司研发支出（见表5至表8）。

表5 　　　　　　制造业细分行业上市公司研发行业分布 　　（单位：亿元）

	湖北省	湖南省	四川省	河南省	安徽省	浙江省	广东省	全国
计算机、通信和其他电子设备制造业	86.3	22.2	33.9	12.3	8.4	114.3	625.1	1426.8
黑色金属冶炼和压延加工业	27.9	33.5		4.8	8.5	8.0	10.3	398.6
化学原料和化学制品制造业	18.0	2.6	14.9	7.6	8.2	39.7	18.4	271.4
专用设备制造业	15.9	30.1	3.2	26.2	9.7	21.5	55.6	404.3
医药制造业	12.6	6.7	23.9	9.0	3.7	55.3	58.9	416.1
铁路、船舶、航空航天和其他运输设备制造业	11.4	1.2	3.0	1.7		3.5	8.8	272.4
电气机械和器材制造业	10.0	6.8	1.1	10.3	25.3	57.7	261.9	666.9
汽车制造业	5.2	1.0	1.7	21.4	22.5	84.7	145.5	823.4
食品制造业	3.5	1.9	1.4	1.5		0.9	11.0	37.0
通用设备制造业	3.3	3.3	23.2	3.1	3.0	39.9	18.3	222.5

表6 　　　　　制造业细分行业上市公司研发行业占比分布

	湖北省	湖南省	四川省	河南省	安徽省	浙江省	广东省	全国
计算机、通信和其他电子设备制造业	43.4%	17.2%	25.7%	9.5%	5.9%	20.6%	46.9%	24.9%
黑色金属冶炼和压延加工业	14.0%	26.0%	0.0%	3.7%	6.0%	1.5%	0.8%	6.9%
化学原料和化学制品制造业	9.0%	2.0%	11.3%	5.9%	5.8%	7.1%	1.4%	4.7%
专用设备制造业	8.0%	23.3%	2.4%	20.2%	6.9%	3.9%	4.2%	7.0%
医药制造业	6.3%	5.2%	18.1%	7.0%	2.6%	10.0%	4.4%	7.3%

续表

	湖北省	湖南省	四川省	河南省	安徽省	浙江省	广东省	全国
铁路、船舶、航空航天和其他运输设备制造业	5.7%	0.9%	2.3%	1.3%	0.0%	0.6%	0.7%	4.7%
电气机械和器材制造业	5.0%	5.3%	0.8%	8.0%	17.9%	10.4%	19.6%	11.6%
汽车制造业	2.6%	0.8%	1.3%	16.5%	15.9%	15.3%	10.9%	14.3%
食品制造业	1.8%	1.4%	1.0%	1.2%	0.0%	0.2%	0.8%	0.6%
通用设备制造业	1.7%	2.6%	17.6%	2.4%	2.1%	7.2%	1.4%	3.9%
其他	2.5%	15.3%	19.6%	24.4%	37.1%	23.4%	9.0%	14.0%
总计	100%	100%	100%	100%	100%	100%	100%	100%

表7　　　　　制造业细分行业上市公司平均研发行业分布　　（单位：亿元）

	湖北省	湖南省	四川省	河南省	安徽省	浙江省	广东省	全国
黑色金属冶炼和压延加工业	27.9	33.5		4.8	8.5	2.7	10.3	12.9
铁路、船舶、航空航天和其他运输设备制造业	11.4	1.2	1.0	1.7		1.2	1.5	5.3
计算机、通信和其他电子设备制造业	4.3	3.2	2.6	2.5	1.7	3.5	4.9	3.9
电气机械和器材制造业	3.3	1.0	0.4	2.1	2.8	1.6	4.8	2.9
汽车制造业	2.6	0.5	0.6	5.4	4.5	3.0	16.2	6.4
医药制造业	1.8	0.8	4.8	1.5	0.9	1.9	2.5	1.9
化学原料和化学制品制造业	1.8	0.5	1.0	1.3	0.9	1.5	0.7	1.1
专用设备制造业	1.8	4.3	0.5	5.2	2.0	0.7	1.6	1.8
食品制造业	1.8	0.5		0.8		0.3	1.4	0.7

	湖北省	湖南省	四川省	河南省	安徽省	浙江省	广东省	全国
通用设备制造业	1.7	0.8	3.3	1.6	0.6	1.1	1.5	1.7

表8　　　　　制造业细分行业上市公司平均研发占营收比的行业分布

	湖北省	湖南省	四川省	河南省	安徽省	浙江省	广东省	全国
汽车制造业	1.7%	0.1%	0.1%	0.1%	0.0%	0.1%	0.1%	0.1%
计算机、通信和其他电子设备制造业	0.2%	0.1%	0.1%	0.1%	0.1%	0.1%	0.1%	0.1%
通用设备制造业	0.2%	0.1%	0.1%	0.1%	0.1%	0.1%	0.1%	0.1%
仪器仪表制造业	0.1%	0.1%	0.0%	0.1%	0.1%	0.1%	0.1%	0.1%
电气机械和器材制造业	0.1%	0.1%	0.1%	0.1%	0.1%	0.0%	0.1%	0.1%
铁路、船舶、航空航天和其他运输设备制造业	0.1%	0.1%	0.1%	0.2%	0.0%	0.1%	0.0%	0.1%
医药制造业	0.1%	0.1%	0.1%	0.1%	0.1%	0.1%	0.1%	0.1%
食品制造业	0.1%	0.0%	0.0%	0.0%	0.0%	0.0%	0.0%	0.0%
专用设备制造业	0.1%	0.1%	0.1%	0.1%	0.1%	0.1%	0.1%	0.1%
化学原料和化学制品制造业	0.0%	0.0%	0.0%	0.1%	0.0%	0.0%	0.0%	0.0%

　　整体而言，湖北省计算机、通信和其他电子设备制造业及黑色金属冶炼和压延加工业、化学原料和化学制品制造业整体研发投入相对较大。

　　从平均角度而言，黑色金属冶炼和压延加工业、铁路、船舶、航空航天和其他运输设备制造业及计算机、通信和其他电子设备制造业上市公司研发投入较高，在中西部省份乃至全国范围内都处于领先地位。

二、研发投入地域结构分析

本文从总量指标、平均指标两个方面对湖北省上市公司的地域分布情况（省会、非省会城市）进行了分析。

（一）研发投入总量指标分析

从地域分布来看，2019 年湖北省省会城市上市公司研发投入合计123.1 亿元，占比 51.3%，占比低于湖南、四川省的省会城市，远高于发达地区和全国水平。湖北省非省会城市上市公司研发投入合计 117.0 亿元，占比 48.7%，远低于广东、浙江等发达地区和全国平均水平，在全国处于中下游水平。省会城市与非省会城市上市公司研发投入占比与数量地域占比较为一致（见表 9 和表 10）。

表9 　　　　　　　上市公司研发投入地域分布 　　　　（单位：亿元）

	湖北省	湖南省	四川省	河南省	安徽省	浙江省	广东省	全国
省会城市	123.1	93.2	100.3	51.5	90.9	281.4	209.9	4892.4
非省会城市	117.0	57.2	60.9	92.5	121.1	435.5	1359.4	3701.3
总计	240.1	150.4	161.2	144.0	212.0	717.0	1569.3	8593.7

表 10 　　　　　　上市公司研发投入占比地域分布

	湖北省	湖南省	四川省	河南省	安徽省	浙江省	广东省	全国
省会城市	51.3%	62.0%	62.2%	35.8%	42.9%	39.3%	13.4%	56.9%
非省会城市	48.7%	38.0%	37.8%	64.3%	57.1%	60.8%	86.6%	43.1%

（二）研发投入平均指标分析

湖北省省会城市（武汉市）上市公司 2019 年平均研发投入 2.6 亿

元，与参照省份省会城市平均研发投入规模大致相当，略低于全国的平均水平；平均研发投入占营业收入比为 6.8%，在全国范围内处于中等水平。

湖北省非省会城市上市公司的平均研发投入 2.9 亿元，平均研发投入占营业收入比为 20.2%，研发强度远高于其他参照省份及全国平均水平（见表 11 和表 12）。

表 11　　　　　　上市公司平均研发投入地域分布　　　（单位：亿元）

	湖北省	湖南省	四川省	河南省	安徽省	浙江省	广东省	全国
省会城市	2.6	2.1	1.6	2.7	2.5	2.2	2.1	3.5
非省会城市	2.9	1.2	1.5	1.7	2.1	1.5	3.0	2.0
总计	2.8	1.6	1.6	1.9	2.3	1.7	2.8	2.7

表 12　　　　上市公司平均研发投入占营业收入比重地域分布

	湖北省	湖南省	四川省	河南省	安徽省	浙江省	广东省	全国
省会城市	6.8%	5.7%	6.3%	8.0%	5.5%	7.1%	5.3%	6.0%
非省会城市	20.2%	4.6%	3.2%	3.8%	3.1%	4.4%	7.0%	5.2%
总占比	12.9%	5.1%	5.1%	4.9%	4.0%	5.2%	6.7%	5.6%

总体而言，湖北省省会城市（武汉市）和非省会城市上市公司的研发投入总额和平均研发程度在全国都处于中上游水平。

三、研发投入所有制结构分析

本文从总量指标、平均指标两个方面对湖北省上市公司的所有制分布情况进行了分析。

（一）总量指标分析

从公司所有制属性分布来看，湖北省中央国有企业 2019 年研发投入合计 130.2 亿元，超过本文所有参照省份该类企业研发投入规模。研发投入占湖北上市公司累计支出比重 54.2%，高于所有参照省份及全国的平均研发投入占比，表明湖北省中央国有企业的研发投入在全国范围内处于较高水平，且显著高于湖北省其他所有制上市公司研发投入规模。

民营企业研发投入合计 76.9 亿元，占比 32.0%，研发投入金额高于大部分中西部参考省份，占比均低于其他所有参照省份及全国平均水平。

地方国有企业研发投入合计 15.7 亿元，研发投入占比 6.5%，显著低于所有参照省份的该类企业研发投入规模（见表 13 和表 14）。

表 13　　　　　　　上市公司研发投入所有制分布　　　　（单位：亿元）

	湖北省	湖南省	四川省	河南省	安徽省	浙江省	广东省	全国
中央国有企业	130.2	17.5	39.7	32.3	37.4	65.9	107.2	2733.6
民营企业	76.9	59.6	69.2	66.8	86.9	552.8	826.2	3246.9
地方国有企业	15.7	51.9	41.7	39.2	81.1	55.9	171.1	1692.0
公众企业	8.0	21.1	6.5	0.8	2.1	11.7	425.7	641.1
集体企业	5.8		0.4		1.8	1.8	0.1	80.2
其他企业	2.4		3.4			10.1	1.4	47.8
外资企业	1.1	0.3	0.2	5.0	2.8	18.7	37.5	152.1
总计	240.1	150.4	161.2	144.0	212.0	717.0	1569.3	8593.7

表 14　　　　　　　上市公司研发投入占比所有制分布

	湖北省	湖南省	四川省	河南省	安徽省	浙江省	广东省	全国
中央国有企业	54.2%	11.7%	24.6%	22.4%	17.6%	9.2%	6.8%	31.8%
民营企业	32.0%	39.6%	43.0%	46.4%	41.0%	77.1%	52.7%	37.8%
地方国有企业	6.5%	34.5%	25.9%	27.2%	38.3%	7.8%	10.9%	19.7%

	湖北省	湖南省	四川省	河南省	安徽省	浙江省	广东省	全国
公众企业	3.3%	14.0%	4.1%	0.5%	1.0%	1.6%	27.1%	7.5%
集体企业	2.4%	0.0%	0.2%	0.0%	0.8%	0.3%	0.0%	0.9%
其他企业	1.0%	0.0%	2.1%	0.0%	0.0%	1.4%	0.1%	0.6%
外资企业	0.5%	0.2%	0.1%	3.5%	1.3%	2.6%	2.4%	1.8%
总计	100.0%	100.0%	100.0%	100.0%	100.0%	100.0%	100.0%	100.0%

整体而言，湖北省中央国有企业研发投入力度最大，在全国处于中上游水平，整体比较注重研发创新；民营企业和地方国有企业研发投入均处于中下游水平；公众企业相对其他企业研发投入总占比不高，在全国也处于中等水平。

（二）平均指标分析

湖北省中央国有企业 2019 年平均研发投入 7.2 亿元，略高于其他参照省份的平均研发投入；平均研发投入占营业收入比为 5.6%，在全国范围内处于较高水平。

集体企业平均研发投入 2.9 亿元，高于所参照其他省份平均水平；平均研发投入占营业收入比为 1.9%，研发强度远低于四川省，略低于广东省，略高于安徽和浙江省。

民营企业平均研发投入 1.7 亿元，平均研发投入占营业收入比为 13.4%，研发强度处于全国上游水平。

地方国有企业平均研发投入合计 1.4 亿元，低于浙江省以外的其他参照省份；平均研发投入占营业收入比为 2.6%，研发强度在全国处于中下游水平。

公众企业平均研发投入 1.3 亿元，平均研发投入占营业收入比重为 60.4%，显著高于所有参照省份及全国平均水平（见表 15 和表 16）。

表15　　　　　　　　　　上市公司平均研发投入所有制分布　　　　　（单位：亿元）

	湖北省	湖南省	四川省	河南省	安徽省	浙江省	广东省	全国
中央国有企业	7.2	1.5	3.1	3.2	4.7	11.0	4.1	8.4
集体企业	2.9		0.4		0.6	0.9	0.1	4.2
其他企业	2.4		1.7			2.0	1.4	1.7
民营企业	1.7	1.1	1.1	1.5	1.6	1.6	2.1	1.6
地方国有企业	1.4	2.4	2.2	2.3	3.4	1.4	2.4	3.1
公众企业	1.3	10.5	1.3	0.4	0.7	1.0	10.9	4.2
外资企业	0.4	0.3	0.2	5.0	0.9	1.3	1.3	1.3
总计	2.8	1.6	1.6	1.9	2.3	1.7	2.8	2.7

表16　　　　　上市公司平均研发投入占营业收入比重所有制分布

	湖北省	湖南省	四川省	河南省	安徽省	浙江省	广东省	全国
公众企业	60.4%	5.9%	7.0%	7.7%	3.6%	5.6%	6.0%	9.2%
民营企业	13.4%	6.0%	5.7%	5.5%	4.5%	5.4%	7.3%	6.2%
其他企业	10.7%	0.0%	8.7%	0.0%	0.0%	3.6%	13.1%	5.0%
中央国有企业	5.6%	3.5%	5.0%	6.4%	5.8%	6.1%	4.0%	4.1%
地方国有企业	2.6%	3.5%	2.6%	2.2%	2.8%	3.1%	4.5%	3.2%
集体企业	1.9%	0.0%	4.2%	0.0%	1.7%	1.6%	2.0%	2.7%
外资企业	0.5%	5.9%	0.6%	0.8%	2.4%	7.0%	7.2%	5.7%
总计	12.9%	5.1%	5.1%	4.9%	4.0%	5.2%	6.7%	5.6%

　　总体而言，湖北省的中央国有企业比较注重研发创新，平均研发投入及研发强度均处于全国中上游水平；集体企业平均研发投入处于全国中上游水平，但是平均研发投入占营业收入的比重处于中下游水平；民营企业平均研发投入处于全国中下游水平，但是平均研发投入占营业收入的比重处于中上游水平，可见湖北省民营上市公司受制于企业的体量和规模，所以总研发投入和平均研发投入较低，但是研发占营收比重相

对较高；地方国有企业和外资企业的平均研发投入和研发强度均处于全国较低水平，特别是外资企业研发投入显著不足。

四、研发投入资本市场分布分析

本文对不同资本市场分布的湖北省上市公司的研发投入情况进行了分析。

（一）总量指标分析

从资本市场的上市板块分布来看，2019 年湖北省上交所主板市场上市公司研发投入合计 139.3 亿元，占比 58.0%，占比高于其他所有参照省份及全国水平。

2019 年湖北省深交所主板市场上市公司研发投入合计 53.1 亿元，占比 22.1%，低于湖南、广东省的研发投入占比。

深交所中小企业板上市公司研发投入合计 21.6 亿元，占比 9%，低于其他所有参照省份及全国的研发投入占比。

深交所创业板上市公司研发投入合计 26 亿元，占比 10.9%，低于所有其他参照省份及全国水平（见表 17 和表 18）。

表 17　　　　　　　**上市公司研发投入上市板分布**　　　　（单位：亿元）

	湖北省	湖南省	四川省	河南省	安徽省	浙江省	广东省	全国
上海	139.3	25.8	81.1	82.4	88.5	292.3	307.2	4661.1
主板	139.3	25.8	81.1	82.2	88.5	284.3	291.3	4573.7
深圳	100.8	124.6	80.1	61.7	123.5	424.7	1262.1	3932.6
主板	53.1	66.0	19.6	13.0	36.4	36.9	475.5	1401.3
中小企业板	21.6	37.0	14.6	10.8	19.5	85.0	234.1	818.4
创业板	26.0	21.6	45.9	37.8	67.6	302.8	552.5	1712.9
总计	240.1	150.4	161.2	144.0	212.0	717.0	1569.3	8593.7

表 18 　　　　　　　　上市公司研发投入占比上市板分布

	湖北省	湖南省	四川省	河南省	安徽省	浙江省	广东省	全国
上海	58.0%	17.2%	50.3%	57.2%	41.8%	40.8%	19.6%	54.2%
主板	58.0%	17.2%	50.3%	57.1%	41.8%	40.8%	19.6%	53.2%
深圳	42.0%	82.8%	49.7%	42.8%	58.2%	59.2%	80.4%	45.8%
主板	22.1%	43.9%	12.1%	9.0%	17.2%	5.1%	30.3%	16.3%
中小企业板	9.0%	24.6%	9.0%	7.5%	9.2%	11.9%	14.9%	9.5%
创业板	10.9%	14.3%	28.5%	26.2%	31.9%	42.2%	35.2%	19.9%

总的来说，2019 年湖北省在上交所主板上市的公司研发投入力度最大，在全国处于中上游水平；在深交所主板和中小企业板上市的公司研发投入相对较少，在全国处于中下游水平；在深交所创业板上市的公司研发投入在全国处于中等水平。

（二）平均指标分析

2019 年湖北省上交所主板市场上市公司平均研发投入 4.4 亿元，高于其他所有参照省份及全国的平均研发投入。深交所主板市场上市公司平均研发投入 2.8 亿元，远低于湖南、安徽、广东及全国的平均研发投入；深交所中小企业板上市公司平均研发投入 2.2 亿元；深交所创业板市场上市公司平均研发投入合计 0.9 亿元，略高于四川省、河南省的平均研发投入。

2019 年湖北省上交所主板上市公司平均研发投入占营业收入比为 4%，在所有板块中研发强度最弱；深交所主板市场上市公司平均研发投入占营业收入比为 37%，研发强度在所有板块中最强，高于其他参照省份及全国平均水平；深交所中小企业板上市公司平均研发投入占营业收入比为 7.5%，高于其他参照省份及全国平均水平；深交所创业板上市公司平均研发投入占营业收入比为 8.6%，略低于广东省的平均研发投入占营业收入比重（见表 19 和表 20）。

表 19 上市公司平均研发投入上市板分布 （单位：亿元）

	湖北省	湖南省	四川省	河南省	安徽省	浙江省	广东省	全国
上海	4.2	1.0	2.5	2.8	2.2	1.5	3.8	3.7
主板	4.2	1.0	2.5	2.8	2.2	1.5	3.8	3.7
深圳	1.9	1.8	1.1	1.3	2.3	1.8	2.6	2.0
主板	2.8	4.7	1.1	1.9	3.3	2.8	7.3	4.2
创业板	0.9	1.5	0.5	0.8	1.3	1.0	1.3	1.1
中小企业板	2.2	0.7	1.8	1.5	2.4	2.3	2.4	2.0
总计	2.8	1.6	1.6	1.9	2.3	1.7	2.8	2.7

表 20 上市公司平均研发投入占营业收入比重上市板分布

	湖北省	湖南省	四川省	河南省	安徽省	浙江省	广东省	全国
上海	4.0%	3.1%	2.9%	4.3%	3.6%	4.4%	4.2%	3.8%
主板	4.0%	3.1%	2.9%	4.3%	3.6%	4.4%	4.2%	3.8%
深圳	18.3%	5.8%	6.1%	5.2%	4.3%	5.6%	7.0%	6.4%
主板	37.0%	4.6%	3.6%	1.8%	2.8%	6.1%	2.8%	5.5%
创业板	8.6%	7.9%	6.7%	7.2%	5.2%	7.4%	10.7%	8.3%
中小企业板	7.5%	4.7%	7.3%	5.1%	4.4%	4.3%	5.1%	5.0%
总计	13.0%	5.1%	5.1%	4.9%	4.0%	5.1%	6.6%	5.4%

总体而言，2019 年湖北省上交所主板平均研发投入最多，与全国各版块上市公司研发投入情况相当。湖北省深交所主板市场研发强度最高，显著高于其他参照省份及全国平均水平。

五、专利数量分析

（一）总量分析

2016—2018 年，湖北省上市公司（含子公司）专利总数为 13018 件，

表21　2016—2018年湖北省上市公司专利数（排名前20）

排名	公司名称	2016年总量	2016年发明专利量	2016年实用新型专利量	2017年总量	2017年发明专利量	2017年实用新型专利量	2018年总量	2018年发明专利量	2018年实用新型专利量	统计期企业专利总量
	总量	3026	1636	1390	4058	2115	1943	5934	3138	2796	13018
1	葛洲坝	322	68	254	397	125	272	460	117	343	1179
2	烽火通信	321	262	59	311	254	57	470	418	52	1102
3	航天电子	165	100	65	212	150	62	336	236	100	713
4	三安光电	239	151	88	197	74	123	197	101	96	633
5	中航机电	36	31	5	176	63	113	345	165	180	557
6	天茂集团	258	53	205	225	69	156	66	55	11	549
7	华工科技	98	62	36	197	84	113	245	107	138	540
8	发发股份	104	53	51	163	73	90	230	80	150	497
9	光迅科技	129	110	19	128	109	19	186	145	41	443
10	长飞光纤	97	69	28	150	107	43	195	124	71	442
11	启迪桑德	18	7	11	75	37	38	287	195	92	380
12	华中数控	50	21	29	113	74	39	211	82	129	374
13	长江通信	72	65	7	125	106	19	140	110	30	337
14	精测电子	5	4	1	18	15	3	292	233	59	315
15	路驼股份	62	14	48	87	22	65	127	34	93	276
16	兴发集团	40	16	24	89	41	48	145	73	72	274
17	京山轻机	46	8	38	78	42	36	147	29	118	271
18	人福医药	78	52	26	86	50	36	99	47	52	263
19	东风汽车	55	5	50	86	9	77	115	11	104	256
20	闽泰科技	21	12	9	36	35	1	195	92	103	252

数据来源：Pat Viewer 专利数据库。

其中实用新型 6129 件，发明专利 6889 件。葛洲坝、烽火通信、航天电子以 1179 件、1102 件和 713 件专利分别列为湖北省上市公司前三位（见表 21）。从实际情况看，湖北省上市企业中排名前二十位的多数属于制造业、计算机与通信等实体产业行业，说明该行业的科技创新投入产出更多。

近三年，湖北省上市公司专利总量以较快的增长速度逐年增加，其中 2016 年共 3026 件、2017 年上升到 4058 件、2018 年增加到 5934 件，表明湖北省上市公司近三年科研创新能力整体水平呈现稳定上升趋势。

近三年，湖北省上市公司发明专利增长速度显著高于实用新型增长速度。实用新型专利由 2016 年的 1636 件增长到 2018 年 2796 件，发明专利由 2016 年 1390 件增长到 2018 年 3138 件（见图 1）。这说明湖北省上市公司科研投入产出能力显著提高，企业越来越关注高价值技术创新成果的培育和保护。

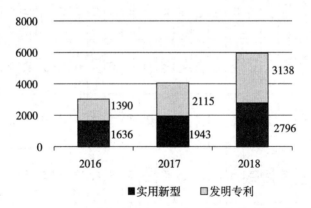

图 1　2016—2018 年湖北省上市公司专利总数变化趋势

2016—2018 年，湖北省专利总数逐年增加，占全国专利总数的比例逐年上升且增长速度较快。湖北省上市公司专利数占湖北省总量比例也有小幅上升趋势，这表明湖北省上市公司专利数量增速高于全国企业专利增速（见表 22 和图 2）。

表 22   湖北省上市公司专利总量与全国、全省对比情况

年份	2016	2017	2018
全国专利总量	1965551	2047821	2374607
湖北省专利总量	54868	68647	95831
湖北省上市公司	3026	4058	5934

图 2 2016—2018 年湖北省上市公司专利总数占比情况

（二）行业分析

按照证监会行业划分标准，本文对湖北省上市公司 11 个一级行业近三年的专利数量进行了统计分析，将部分数据量比较小的行业进行了归并（没有单独统计区分），结果显示：湖北省制造业上市公司专利数量达到 10397 件，占比 80%，表明制造业上市公司相较于其他行业，更注重以科研技术作为企业的内生增长动力，关注技术开放型、原创型创新。建筑业以 1250 件专利，占比 9%，排名第二位；排名第三和第四位的分别是金融业 550 件、占比 4%，水利、环境和公共设施管理业 380件、占比 3%（见图 3）。

在证监会针对制造业划分的 17 个二级行业领域中，重点对排名在

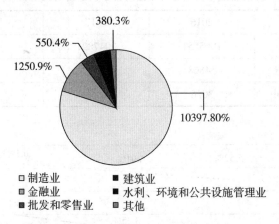

图3 2016—2018年湖北省上市公司专利数量分布（一级行业）

前几个行业进行了统计分析。近三年湖北省上市公司中，计算机、通信和其他电子设备制造业领域上市公司的专利数量为4523件，占比为43%，这与近年来互联网技术快速发展、计算机深入各个行业普及率逐年上升相关。此外，湖北省专用设备制造业、电气机械及器材制造业、化学原料及化学制品制造业上市公司的专项占比紧随其后，依次为17%、8%、8%（见图4）。

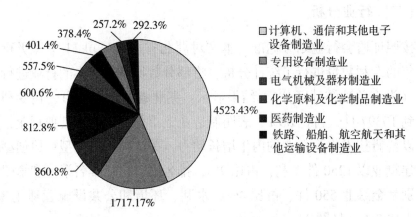

图4 2016—2018年湖北省上市公司专利数量分布（二级行业）

总体来看，2016—2018 年湖北省上市公司中计算机、通信和其他电子设备制造业的专利数量逐年上升，且增长速度逐年加快。专用设备制造业、电气机械及器材制造业、化学原料及化学制品制造业三大行业的专利数量均呈现出上升趋势，但医药制造行业，近三年的专利数量为变化不大的基本平稳态势（见图 5）。

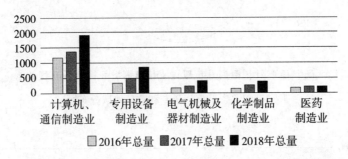

图 5　湖北省二级行业领域制造业上市公司 2016—2018 年专利数量变化

（三）地域结构分析

湖北省上市公司 2016—2018 年共有 13018 件专利，其中武汉市占据总量的 62%，共 8075 件；襄阳市占 11%，共 1367 件；荆门市占 7%，共 921 件；宜昌市占 6%，共 805 件；荆州市占 6%，共 788 件；黄石市占 4%，共 528 件；其他城市占 4%，共 533 件（见图 6）。

根据地域特点分析，武汉市作为省会城市，其科技创新能力在省内仍处于领先地位，占比遥遥领先。

从增长速度来看，如图 7 所示，武汉市、襄阳市、宜昌市、黄石市专利数量均保持较快的增速增长，其中宜昌市以 164.6% 的平均增长速度位列第一位，黄石市、襄阳市、武汉市以平均增长速度 128.2%、76.2%、39.2% 位列第二、三和四位。

（四）所有制结构分析

2016—2018 年湖北省中央国有上市公司、民营上市公司的发明专

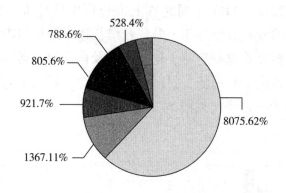

图 6 湖北省上市公司专利数量地域分布图

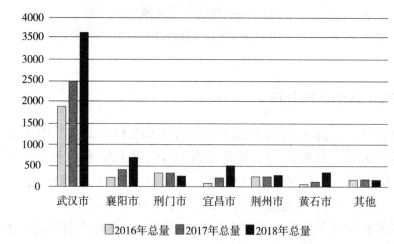

图 7 湖北省上市公司所属各市 2016—2018 专利数量

利数量占比较高，分别达 47% 和 38%。中央国有企业上市时间较长、资本规模雄厚，其科研投入较多、创新研发能力较强；民营企业随着政府扶持力度增大，相关政策支持，科研投入力度逐渐增强，创新能力也在提升，与央企相比，两者虽有差距但并不悬殊。公众企业、地方国有企业分别占比 5% 和 3%，存量小且创新能力较弱（见图 8）。

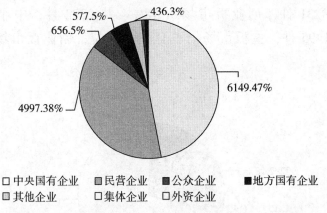

图 8　湖北省不同所有制上市公司 2016—2018 年专利累计数量比例图

2016—2018 年湖北省不同所有制上市公司专利数量均保持一定的增长态势，增速较快的为中央国有上市公司、民营上市公司和地方国有上市公司，公众企业增速相对较为缓慢（见图 9）。

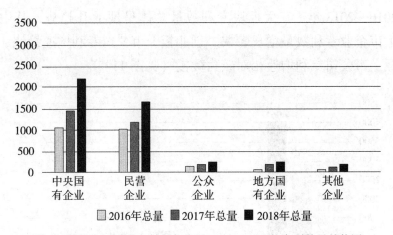

图 9　湖北省不同所有制上市公司 2016—2018 年专利数量趋势图

（五）资本市场分布分析

湖北省上市公司 2016—2018 年发明专利数量中，主板上市公司占

71%、共 9231 件，创业板市场占 18%、共 2292 件，中小企业板占 11%、共 1495 件，主板市场仍占有主导地位，创业板市场紧随其后（见图 10）。

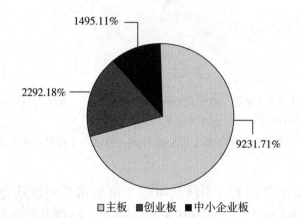

图 10　湖北省上市公司 2016—2018 年累计专利数量资本市场分布情况

2016—2018 年，三大板块专利数量总体呈现上升趋势。其中主板市场上市企业专利数量增长较快。创业板上市公司专利增速最快，中小企业板上市公司专利增速相对较为缓慢（见图 11）。

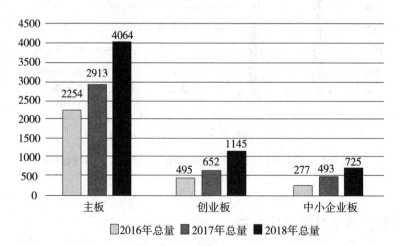

图 11　不同资本市场湖北省上市公司 2016—2018 年专利数量增长情况

六、软件著作权数量分析

（一）总量分析

湖北省 101 家上市公司中有 35 家披露有软件著作权，占比 34.7%，上市公司累计拥有软件著作权 467 件。过去三年，湖北省上市企业软件著作权总量呈现上升趋势（见图 12）。

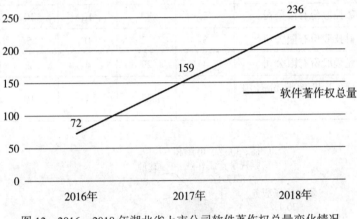

图 12　2016—2018 年湖北省上市公司软件著作权总量变化情况

2016—2018 年，软件著作权总量排名前五位的上市公司分别是武汉天喻信息产业股份有限公司、武汉华中数控股份有限公司、湖北凯乐科技股份有限公司、长飞光纤光缆股份有限公司、湖北京山轻工机械股份有限公司。其中武汉天喻信息产业股份有限公司以 77 件软件著作权位列第一（见表 23）。

（二）行业分析

根据证监会行业划分标准，湖北省 101 家上市公司可划分为 33 个二级行业。2016—2018 年，计算机、通信和其他电子设备制造业软件著作权数量占据 51%，这与互联网技术快速发展、计算机深入各个行业普及率逐年上升息息相关。专用设备制造业、通用设备制造业、土木工程建筑业，依次为 13%、9% 和 6%。总体上看，湖北上市公司软件著作权整体数量主要以制造业为主，所占比例达 90% 以上（见图 13）。

表 23 　　　　　　湖北省上市公司软件著作权排名（前 5）

企业名称	排序	总量	2016 年	2017 年	2018 年
武汉天喻信息产业股份有限公司	1	77	5	40	32
武汉华中数控股份有限公司	2	39	12	10	17
湖北凯乐科技股份有限公司	3	32	0	5	27
长飞光纤光缆股份有限公司	4	29	4	2	23
湖北京山轻工机械股份有限公司	5	27	4	10	13

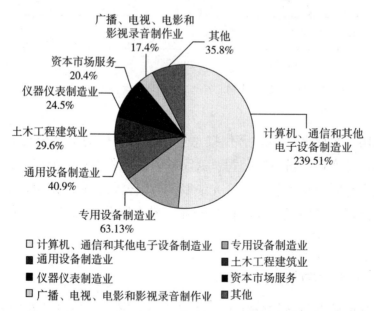

图 13　湖北省上市公司软件著作权二级行业分布统计

其中计算机、通信和其他电子设备制造业作为主要的上市公司所属行业，其软件著作权数量逐年上升，且增长速度逐年加快。其他行业大部分也呈现增长趋势（见图14）。

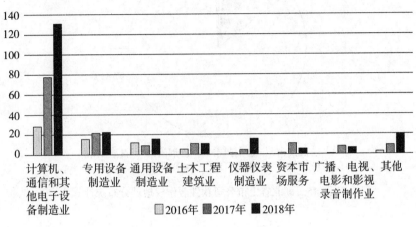

图14　近三年各行业软件著作权数量变化情况

（三）地域结构分析

湖北省上市公司2016—2018年共有467件软件著作权，其中武汉市上市企业拥有397件，占比85%；荆州市32件，占比7%；荆门市27件，占比6%，其余城市占比较低（见图15）。

选取软件著作权数量最多的三个市进行分析，可以看出，2016—2018年武汉市软件著作权数量整体呈上升趋势，荆州市与荆门市的软件著作权数量有小幅上涨，武汉市软件著作权的研发能力显著领先于其他城市（见图16）。

（四）所有制结构分析

从所有制角度进行划分，2016—2018年民营企业的软件著作权数量占据首位，共129件，占比28%；中央国有企业共有软件著作权数目

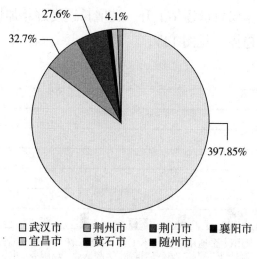

图 15　湖北省上市公司软件著作权地域分布统计

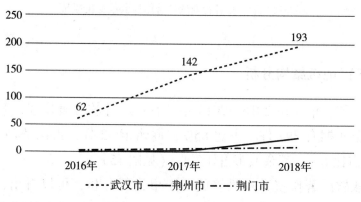

图 16　2016—2018 年武汉、荆州、荆门上市公司软件著作权数量

121 件, 占比 26%（见图 17）。

　　从增长速度上来看, 关于 2016—2018 年湖北省上市公司软件著作权数量, 中央国有企业、民营企业、公众企业均以较快速度增长, 地方国有企业发展速度较为缓慢（见图 18）。

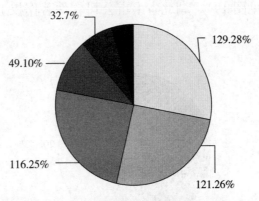

图 17　不同所有制上市公司 2016—2018 年软件著作权总数及占比

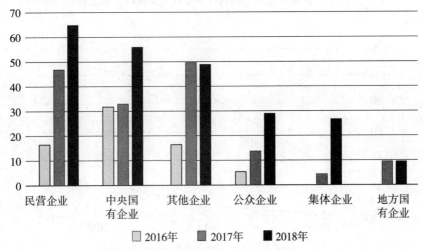

图 18　不同所有制上市公司 2016—2018 年软件著作权数量

（五）资本市场分布分析

湖北省上市公司 2016—2018 年软件著作数量中，创业板上市公司占据 50%、共 234 件，主板市场占据 43%、共 202 件，中小企业板占

7%、共31件（见图19）。湖北省上市公司软件著作权上市板块趋势见图20。

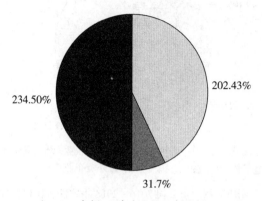

图19 湖北省上市公司软件著作权上市板块分布统计

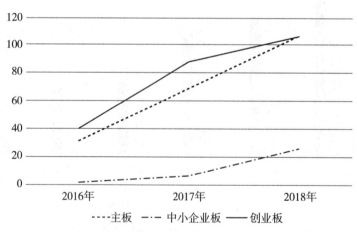

图20 湖北省上市公司软件著作权上市板块趋势

（六）标准统计

在湖北省101家上市公司中，仅有11家企业参与了国家标准的编制工作，共编制了 47 件标准，其中：2016 年 4 件，2017 年 24 件，2018 年 19 件。编制标准最多的企业是安琪酵母股份有限公司，有 13 件；其次是大冶特殊钢股份有限公司和顾地科技股份有限公司，各有 9 件标准（见表 24）。

表 24　　　湖北省上市公司 2016—2018 年参与制定标准数量情况

排序	公司中文名称	总量	2016	2017	2018
1	安琪酵母股份有限公司	13	0	6	7
2	大冶特殊钢股份有限公司	9	4	3	2
3	顾地科技股份有限公司	9	0	4	5
4	三安光电股份有限公司	4	0	3	1
5	华新水泥股份有限公司	4	0	4	0
6	襄阳汽车轴承股份有限公司	2	0	2	0
7	湖北凯乐科技股份有限公司	2	0	2	0
8	湖北双环科技股份有限公司	1	0	0	1
9	武汉光迅科技股份有限公司	1	0	0	1
10	武汉高德红外股份有限公司	1	0	0	1
11	烽火通信科技股份有限公司	1	0	0	1

数据来源：国家标准委数据库。

（七）创新基地建设

湖北省上市公司参与国家重点实验室建设的共 2 家企业，分别是长飞光纤光缆股份有限公司、阳光凯迪新能源集团有限公司，参与建设的是光纤光缆制备技术国家重点实验室和生物质热化学技术国家重点实验室（见表 25）。

表 25　　　　　　　　湖北省上市公司国家重点实验室名单

序号	实验室名称	依托单位
1	光纤光缆制备技术国家重点实验室	长飞光纤光缆股份有限公司
2	生物质热化学技术国家重点实验室	阳光凯迪新能源集团有限公司

数据来源：wind 数据库。

湖北省上市公司参与省重点实验室建设的共 5 家制造业公司，分别为依托大冶特钢的高品质特殊钢湖北省重点实验室、依托安琪酵母的酵母功能湖北省重点实验室、依托华工科技的激光先进制造技术湖北省重点实验室、依托泰晶电子的微纳米晶体加工技术湖北省重点实验室和依托台基半导体的大功率半导体技术湖北省重点实验室（见表 26）。

表 26　　　　　　　湖北省上市公司省重点实验室名单

序号	省重点实验室名称	所属公司
1	高品质特殊钢湖北省重点实验室	大冶特殊钢股份有限公司
2	酵母功能湖北省重点实验室	安琪酵母股份有限公司
3	激光先进制造技术湖北省重点实验室	华工科技产业股份有限公司
4	微纳米晶体加工技术湖北省重点实验室	湖北泰晶电子科技股份有限公司
5	大功率半导体技术湖北省重点实验室	湖北台基半导体股份有限公司

数据来源：wind 数据库。

湖北省上市公司建设有省级工程研发中心共 75 家，其中东风汽车股份有限公司以 17 家研发中心遥遥领先，烽火通信科技股份有限公司 6 家，人福医药集团公司 5 家，另有 6 家上市公司拥有 2 家工程研发中心，35 家上市公司拥有 1 家工程研发中心（见表 27）。

表27 湖北省上市公司省级工程研发中心

排名	依托单位	数量
1	东风汽车股份有限公司	17
2	烽火通信科技股份有限公司	6
3	人福医药集团股份公司	5
4	湖北福星科技股份有限公司	2
5	湖北兴发化工集团股份有限公司	2
6	健民药业集团股份有限公司	2
7	武汉华中数控股份有限公司	2
8	长江出版传媒股份有限公司	2
9	中国葛洲坝集团股份有限公司	2
10	奥美医疗用品股份有限公司	1
11	顾地科技股份有限公司	1
12	湖北菲利华石英玻璃股份有限公司	1
13	湖北广济药业股份有限公司	1
14	湖北国创高新材料股份有限公司	1
15	湖北京山轻工机械股份有限公司	1
16	湖北凯龙化工集团股份有限公司	1
17	湖北三丰智能输送装备股份有限公司	1
18	湖北三峡新型建材股份有限公司	1
19	湖北双环科技股份有限公司	1
20	湖北台基半导体股份有限公司	1
21	湖北宜化化工股份有限公司	1
22	湖北振华化学股份有限公司	1
23	华昌达智能装备集团股份有限公司	1
24	华新水泥股份有限公司	1
25	精伦电子股份有限公司	1
26	九州通中药产业公司	1

续表

排名	依托单位	数量
27	骆驼集团股份有限公司	1
28	马应龙药业集团股份有限公司	1
29	潜江永安药业股份有限公司	1
30	塞力斯医疗科技股份有限公司	1
31	泰晶科技股份有限公司	1
32	武汉凡谷电子技术股份有限公司	1
33	武汉高德红外股份有限公司	1
34	武汉光迅科技股份有限公司	1
35	武汉海特生物制药股份有限公司	1
36	武汉精测电子集团股份有限公司	1
37	武汉理工光科股份有限公司	1
38	武汉明德生物科技股份有限公司	1
39	武汉锐科光纤激光技术股份有限公司	1
40	武汉天喻信息产业股份有限公司	1
41	武汉中元华电科技股份有限公司	1
42	襄阳汽车轴承股份有限公司	1
43	新洋丰农业科技股份有限公司	1
44	瀛通通讯股份有限公司	1

数据来源：wind 数据库。

湖北省目前共有 19 家国家级技术研发中心，主要集中在大学与研究所，上市公司还没有参与国家级工程研发中心建设的情况。

七、总结与建议

（一）总结

近年来，湖北省政府对推进企业上市工作日益重视，湖北省企业上市工作取得了一定成效，但整体来看，湖北上市公司在研发投入、创新能力、研发产出等方面的表现仍不尽如人意，与湖北 GPD 全国排名第7的"地位"相比存在较大差距。

2019 年，湖北省 105 家上市公司中共有 87 家上市公司披露了其研发费用，占比为 82.9%；全国上市公司中有披露研发投入企业 3246 家，占比 86.4%，表明湖北省有研发投入的上市公司占比低于全国平均水平。

2019 年，湖北省上市公司总研发投入合计达 240 亿元，占全国上市公司研发投入比重为 2.8%，在全国各省市中排名第 7 位；上市公司平均研发投入 2.56 亿元，在全国各省市中排名第 7 位；研发投入占营收比达 2.8%，在全国排名第 2 位。尽管湖北省上市公司研发投入总量及占比较高，但研发投入中的主要构成为中央国有上市公司投入，地方国有上市公司研发投入显著偏低。

2018 年湖北省上市公司专利总数 5934 件，占全省专利总量的 6.19%，而湖北省专利总量占全国专利总量的 4.04%。2016—2018 年，湖北省 103 家上市公司软件著作权共 467 件，其中 35 家公司有软件著作权，软件著作权普及率 34%。根据《湖北科技成果产出报告》，除排名居前的 10 余家上市公司外，其他公司发明专利授权数不多，许多上市公司还低于全省重点企业平均水平。除了武汉邮科院系等大国企外，掌握"国之重器"的企业少。根据紫金传媒智库发布的《2018 年度中国 A 股上市公司创新指数 500 强总榜单》，湖北上榜公司共 11 家，占比 2.2%；其中，制造业创新上市公司（251 家）中湖北上榜 8 家，占比 3.19%；其他三家上榜的企业分别属于水利、环境和公共设施管理业，电力、热力、燃气及水生产和供应业，建筑业。湖北省共有 19 家国家级技术研发中心，但主要集中在大学与研究所，上市公司没有国家级工程研发中心。

（二）对策与建议

1. 引进高端人才，助力创新高质量发展

上市公司对于高端人才的需求不言而喻。引进和培养创新型、有发

展战略视野的高层次人才，不但能进一步焕发上市公司的生机与活力，还能有力助推人才强省建设，促进地方经济、社会发展和产业转型升级。良好的治理结构是上市公司质量优化并得以可持续发展的前提和基础，而高级管理人才在其中发挥着重要的作用。对于湖北省上市公司技术创新能力偏弱、创新产出较少的现状，高层次技术人才的培育和引进显得极其重要。同时依据湖北省科教资源丰富的优势，突出高校和科研院所的支撑作用，打造对接上市公司产业链需求的人才链。总的来说，上市公司对高层次技术人才、高级管理人才和资本运作专才等各类高端人才的需求是十分迫切的。

2. 加大研发投入，提升核心竞争力

上市公司通过对科研成果进行转化，研发新产品进行规模化生产从而获取利润，在这一过程中，如何提高科研成果的转化效率，如何生产出符合市场需求的新产品，都需要建立一种合理高效的创新机制，将科研成果、市场需求、新产品有机的联系在一起，形成良性循环机制，才能真正促进上市公司不断发展。良好的创新机制，是能够将市场需求反馈给上市公司，上市公司进而加大研发投入，创新产出。此外，随着国家促进产业转型政策的落实，越来越多的上市公司和龙头企业，加大研发投入、联合大院大所共建研究院等技术创新平台，提升自主创新能力。湖北省依托丰富的科教资源优势，上市公司可以和高校间进行合作，建设上市公司研发平台高地，提高技术创新能力，加大创新产出，增强上市公司的竞争力。由此可见，合理高效的创新机制对高校上市公司的发展有着相当重要的影响。

3. 强化产权意识，注重产权保护

在信息经济时代，拥有并掌握自主知识产权，具有自主创新能力已经成为企业竞争力的核心因素。据不完全统计，湖北省上海主板上市企业之中，排名前5的企业专利申请量之和占该板块企业申请总量的80%，部分上市企业缺乏专利意识。因此，在不断增加研发强度的同时，必须要不断培养上市企业知识产权保护意识。指导上市企业建立完善的知识产权管理制度，提高专利布局意识，开展专利分析，有针对性地通过举办专题培训、研讨等方式，提高创新主题的专利申请文件撰写技能、专利布局意识和技巧，引导上市企业建立健全知识产权规章制度，提升专利运营和管理水平。

4. 充分利用资本市场，拓宽融资渠道，服务产业发展

湖北省上市公司主要募资方式仍是增发、债务融资，通过配股、并购交易等方式进行融资较少，资本市场利用多样化程度偏低。对于一些制造业上市公司，随着公司科研项目不断深入，对公司产业化能力提出更高要求，在能力构建的过程中，资金缺口明显、融资需求迫切。因此，拓宽融资渠道对于上市公司尤其是制造业上市公司来说十分重要。依托专业机构，帮助省内上市公司充分利用资本市场工具，通过再融资、发行公司债等募集资金，通过并购实现技术转让，增强核心竞争力，做强主业。特别是要制定配套政策，引导募投项目在湖北省落地投资，加速本地产业链延链、补链、强链、固链。

报告撰稿人： 黎苑楚　湖北省高新产业投资集团有限公司总经理、研究员、博士

陈　丹　湖北省高新产业投资集团有限公司副总经济师、博士

李　磊　湖北省高新产业投资集团有限公司、硕士

以科学技术促进湖北省循环经济发展研究

严 炜 何 沙

当今世界，新一轮科技革命和产业变革蓄势待发，正在深刻改变世界发展格局，科技创新已成为推进经济社会可持续发展的重要引擎。改革开放四十多年来，我国在科学发展观引导下，不断转变经济发展方式，积极推进循环经济和生态文明建设，取得了明显进展和良好成效。

随着中国特色社会主义进入新时代，循环经济已成为我国生态文明建设的重要方略，彰显新时代的特征。新时代循环经济建设离不开科技进步，科技创新是发展循环经济、实现科技强国、生态立国的必由之路。在深入实施创新驱动发展战略背景下，我国各省市非常重视依靠科技创新带动循环经济建设。湖北省服从国家战略需求，紧抓国家发展循环经济的战略机遇，建设社会主义现代化国家。为促进中部地区绿色崛起、建设美丽湖北、重振疫后循环经济，满足人民群众日益增长的美好生活需要，湖北省以科技创新为根本动力，以"长江经济带绿色发展"为契机，不断激发科技创新在生态修复、环境保护、绿色发展中的治理效能，铺就基于科技创新的循环经济强省之路。

湖北省围绕循环经济发展的现实需求，多管齐下，不断推出适宜于循环经济发展的战略性举措。以深化供给侧结构性改革为主线，加快构建国内大循环为主体、国内国际双循环发展格局；建立基于科技进步的湖北省促进循环经济发展的地方法规体系、政策支持体系、技术创新体系和有效的激励约束机制，使循环经济及其绿色产业成为湖北经济增长的新引擎和国际竞争新优势。

新型冠状病毒肺炎疫情的突然暴发，使湖北省循环经济发展陡增变数。在新时代新形势下，依靠科技进步解决循环经济建设中的突出问题和深层次矛盾，从根本上夯实循环经济发展的制度基础非常必要，有助于更好地推动湖北省"十四五"时期高质量发展，为全面建设社会主义现代化强国做出贡献。

一、循环经济的内涵及演变

（一）循环经济的内涵

循环经济是人类遵循生态规律，在关心代内需求和代际公平基础上，为了节能降耗、实现自然资源循环合理利用，以保护地球、延续人类文明而推行的一种与自然和谐共生的绿色经济模式；旨在倡导一种人与自然和谐、技术范式变革的绿色经济发展新模式。它以可持续发展为目标，以环境保护为前提，要求人类社会摒弃盲目追求经济增长的线性发展模式。它以科学技术为基础，以减量化、再利用、再循环为原则，以生态产业链为发展载体，采用清洁生产、零排放等多种途径来重构人类社会的各项活动，实现科学技术、经济发展生态化转向，建设生态文明。循环经济有6R原则：减量化（reduce）、再利用（reuse）、再循环（recycle）、再思考（rethink）、再修复（repair）、再建构（rebuilt）。循环经济是践行"绿水青山就是金山银山"理念、建设资源节约、环境友好型社会的必由之路。

（二）循环经济的演变

工业社会的繁荣带来不可忽视的工业污染，大量生产、大量消费排放的废弃物加剧环境污染和生态损害，使生态环境持续恶化，人类环保意识被唤醒。1869年德国海克尔提出生态概念，要求人类重视环境保护。1930—1970年，世界八大公害事件相继发生，严重威胁生态安全和人类可持续发展。美国经济学家鲍尔丁1965年在《地球像一艘宇宙飞船》中提出循环经济概念，反对传统的"大量生产-大量消费-大量废弃"的经济模式，要求人类树立循环经济理念，倡导循环经济技术范式，以解决科技发展带来的生态问题。20世纪60年代，世界各国从生产过程末端污染开始，依托科学技术治理工业"三废"（废水、废气、废渣），及时回收利用工业或生活废弃物。

美国雷切尔·卡逊1962年在《寂静的春天》一书中大胆地揭露美国农业滥用杀虫剂造成的环境污染和生态失衡，对资本家滥用科学技术追逐经济效益、罔顾生态环境的社会现状予以批评，人类开始反思科学技术在工业社会中的副作用，归纳、总结科技进步与循环经济的关系，人类环保序幕由此拉开。1985年可持续发展理念问世，1987年《我们共同的未来》一经发表，就掀起可持续发展热潮。发达国家政府及民众纷纷开展循环经济实践，借助科技生态化转向技术策略，建立有益于环境的循环经济技术体系来支持可持续发展。

由此，发达国家循环经济的综合治理成效显著。在对生产过程末端治理的同时，发达国家也在生产全过程中不断推广、应用工业生态技术，注重产品生命周期分析，旨在生产实践中控制、减少污染。减量化、再利用、再循环等技术的迅速传播和普及，更是带动发达国家循环经济强劲发展。这主要体现在三个层面：一是企业内部实施清洁生产和资源循环利用技术，实现节能减排、降耗；二是企业间或产业间以产业链接技术、废物回收和再利用技术建设工业共生网络或生态工业园；三是通过科学技术带动循环经济产业快速崛起，建立循环型社会。

发达国家全面推进循环经济建设，不仅提高了发达国家环境风险管控能力，也得到国际社会广泛认同。不发达国家纷纷效仿，利用清洁生产技术和绿色循环技术实现企业内部的资源节约和循环利用，控制有毒化学品的生产、使用和扩散；同时向外与其他企业或机构共建生态产业链，形成资源共享、互利共生的生态工业园。循环经济进入跨越式发展阶段。

1992年联合国环境与发展大会通过《全球21世纪议程》，世界各国意识到坚持绿色低碳循环发展的紧迫性和重要性，纷纷健全循环经济发展的科技政策，强化生态环境保护机制，各国相继多措并举推行循环经济。美国发展绿色技术，日本建立循环经济型社会，英国重视低碳经济，推广低碳技术。2002 年我国立法推进循环经济发展。依靠科技进步支撑循环经济发展成为世界各国推进生态文明建设的共同选择。但各国资源禀赋不同、科技实际水平差异导致循环经济发展多元化，并呈现不同局面。

科技创新推动各国循环经济技术体系不断完善。各国循环经济技术支撑体系最初由替代技术、减量技术、再利用技术、资源化技术、系统化技术、共生链接技术等构成。各单一技术体系间的有机结合与统一构成循环经济的新型技术体系。

21 世纪初，循环经济在科技一体化助力下开启全球化时代。各国遵照循环经济 6R 原则，一方面依靠绿色设计技术、资源化技术和零排放技术、绿色高新技术和绿色评估技术来节能减排、清洁生产，有力增强循环经济自主创新能力；同时大力推进循环经济的科技创新，促进高新技术产业化，培育发展循环经济急需的战略新兴产业。循环经济发展进入全球化时代。

循环经济智能化时代，随着绿色低碳技术、大数据技术、人工智能和区块链技术的蓬勃发展，这些新兴技术不断赋能传统产业，加速传统产业的智能化转型升级；同时，促进消费向绿色化、智能化升级。新型冠状病毒肺炎也难阻挡循环经济智能化发展。以人工智能、大数据等为代表的高新科技成为循环经济发展的加速器，带动循环经济智能化产业快速崛起。

二、依托科学技术推动湖北省循环经济发展的意义

2019 年年底武汉发生新型冠状病毒肺炎疫情，对湖北省公共卫生安全、供水系统、垃圾处理、大气污染控制等方面带来严峻考验。湖北省循环经济建设压力骤然加大，面临环境公害、生态失衡、资源匮乏、能源危机等一系列高风险问题。湖北省急需调整循环经济发展战略，以科学技术应对循环经济建设的新形势和新挑战。

（一）以科学技术促进循环经济发展，是坚持生态文明、建设美丽湖北的必由之路

依靠科学技术发展循环经济，是"十四五"时期坚持可持续发展、筑牢湖北省生态安全屏障的重要举措。湖北省循环经济发展处于压力叠加、负重前行的关键期、攻坚期，只有加强科学研究，提高技术创新能力，依靠科技进步把湖北从原先的片面追求经济效益转向循环经济和清洁生产。依托环境无害化技术，尤其是清洁生产技术、资源再生技术、污染治理及环境修复技术等的广泛运用，不断扩大湖北省的资源种类和数量，开拓可再生资源和能源，实现资源代换，缓解资源紧缺、能源紧张的矛盾，达到资源永续利用。湖北省从"绿水青山就是金山银山"理念出发，依靠科学技术，走科技含量高、资源消耗少、环境无害化、经济效益好的新型绿色化道路，才能实现经济、社会和环保共融互促，推进可持续发展战略，建设和谐湖北。

党的十九大报告明确指出，在全面建成小康社会决胜阶段、中国特色社会主义进入新时代的关键时期，我国生态文明建设正处于"三期叠加"新阶段。为此全国人民要万众一心，根据新时代"五位一体"总体布局，以生态文明建设为基础，以科学技术为根本动力，结合供给侧结构性改革，优化产业结构，发展循环经济。依靠科学技术促进湖北省循环经济发展，有助于开展"互联网+环保"行动，形成循环型绿色发展新范式，实现湖北生态良好、资源节约和环境友好，维护生态安全。一方面，有利于湖北省提供更多优质生态产品，建设人与自然和谐共生的现代化，满足人民日益增长的优美环境需要，使湖北省人民的获得感、幸福感、安全感更加充实、更有保障、更可持续。另一方面，坚定不移走生态优先、绿色发展之路，遏制生态环境退化，成为生态文明建设的参与者、贡献者和引领者，从而建设美丽和谐湖北，为湖北人民创造良好生产生活环境，实现中华民族伟大复兴。

（二）以科学技术促进循环经济发展，是推动湖北省经济转型、建设创新湖北的重要举措

科学研究和技术创新是循环经济的加速器，更是推动湖北省加快绿色转型的重要手段。湖北省是教育大省，地处我国中部地区，拥有得天独厚的区位交通优势和科技人才资源。在人工智能时代，湖北省针对循环经济领域组织关键核心技术攻关。以人工智能技术及大数据技术赋能各行各业，辅以资金和高质量人才，依托学科、产业等优势，整合科技创新资源，可以优化湖北省循环经济战略布局。重塑湖北省传统产业发展模式，有力支撑传统产业网络化、数字化改造和智能化管理，加快推进湖北省新一轮产业绿色变革。循环经济借助产业调整与优化，发挥绿色技术创新多重效应，即原始创新的引领效应、模仿创新的辐射效应、合作创新的聚变效应，集成创新的系统效应，使循环经济产业技术创新效益明显。

循环经济单一产业的原始创新引导其他产业模仿并跟随，技术创新的示范作用通过辐射、模仿和集成不断扩散，带动各行各业的技术改造与绿色升级，实现产业创新协同效应，使科技创新带动湖北省长江经济带及中部地区循环经济产业绿色发展，有效激发科技与市场协同活力，凸显市场价值。所以，科学技术推动循环经济发展，可以奋力推进湖北创新驱动发展走在全国前列，为高起点建设创新湖北，开启科技强省建设征程夯实基础。

（三）以科学技术促进循环经济发展，是激发循环经济市场需求、提升湖北省科技治理现代化的战略抉择

科学技术是不断建构的产物。科学社会化和社会科学化能激发循环经济市场巨大需求。工业社会和网络社会表明，科学技术从"小科学"不断迈向大科学。相伴随的生态失衡、资源约束、能源匮乏、生物多样性减少问题，仅靠市场经济调节及工业生产的投入转型，效果并不理想，需要科学技术生态化转向。科学技术生态化转向、循环经济实践与市场需求相结合，互融共进，能激发经济增长新动能，衍生出直接的市场价值和间接的生态价值，构建国内大循环为主体、国内国际双循环相互促进的循环经济新发展格局。

人工智能时代，当各行各业不断开展循环经济科技创新，并与生产管理、产业实践融合后，有力刺激环保市场。网络信息技术、清洁生产技术、大数据技术及区块链技术等与循环经济深度融合，高科技含量和绿色环保特性使循环经济相关技术及产品拥有强劲的市场竞争力，市场效益良好。循环经济 6R 原则被贯彻和落实，人与自然和谐相处的生态图景得到重建。

人工智能和大数据、区块链技术等高新技术的组合运用，助推湖北各地平台互联互通，营造开放合作新模式，提高协同效率。有助于打通信息孤岛和数据壁垒，推动湖北循环经济型产业向平台共享、生态共创演进，加速多学科、多领域合作创新。聚集湖北省循环经济区域科技合作，完善资源高效利用、污染防治、生态监测、废弃物处理的区域联动机制建设，构建清洁低碳安全高效的湖北省能源智能体系。循环经济的科技创新结合产业结构升级、供给侧结构改革的实践，让循环经济从经验管理走向科学管理、战略管理和协同管理，协同管理效率不断提高，凸显生态环境的社会治理效能，科技治理现代化水平不断提升。

以科学技术促进湖北省循环经济发展，有助于湖北省以科技自立自强应对世纪变局，提升科技治理现代化水平；也是完善湖北省科技创新治理体系、坚持科技创新推进国家治理体系现代化的必然要求。依靠科技治理加快湖北省质量变革、效益变革和效率变革，依托科技治理现代化来推动湖北省"十四五"高质量发展，有助于开启湖北科技强省建设新征程。

（四）以科学技术促进循环经济发展，是维护科技安全和国家安全、增强湖北省科技实力的坚强保障

科技创新是经济绿色转型升级的关键驱动力量，也是化危为机、保证科技安全的重要战略力量。科技安全是国家安全体系中不可忽视的构

成元素之一，是确保人民安全、政治安全、经济安全、军事安全和生态安全的根本保障，是支撑和保障国家安全的物质基础。21 世纪以来，和平与发展虽然是时代主题，但国际政治风云变幻，以经济发展和科技实力为基础的综合国力较量屡见不鲜。科技创新在国家博弈中重要地位日渐凸显，各国围绕科技发展主导权展开日益激烈的争夺。发达国家在大数据时代频频发动贸易战，不断以行业核心技术为利器，制裁发展中国家，使发展中国家危如累卵。

改革开放四十多年，我国科学技术发展形势喜人，但科学基础并不雄厚，在前沿科学、核心技术等方面与西方发达国家差距明显。国际竞争力疲软，经常遭遇发达国家无端打压和"卡脖子"。尤其是美国，自2017 年特朗普总统开始，到 2021 拜登总统签署《无尽前沿法案》，都在千方百计遏制中国高科技的发展。在高科技产业及基础前沿技术领域对我国封锁管制，精准制裁我国高科技企业和高等院校，运用技术管控、出口管制、人才封锁等多种手段，阻断中美科技交流合作，扼制中国崛起，拉拢其他西方国家一起围堵我国高科技企业，重构全球产业链、供应链以孤立中国。为此我国不能再盲目跟随、依赖发达国家的高新技术。核心技术乃国之重器，核心技术受制于人，是国家安全不容忽视的直接隐患。湖北省要融合科技创新资源，自立自强。企业坚持自主创新，破解科技创新发展难题，完成国外"卡脖子"技术的国产替代工程，维护科技安全和国家安全。加大科技成果转化，利用技术市场提高国产自主可控技术和产品的规模化效应。

发达国家凭借高新技术创新优势在全球占领产业结构价值链高端，在国际产业转移、国际产业分工中不断打压我国高科技行业，限制对华合作，削弱中国科技企业后发优势，使我国屡遭西方刁难，企业频频受制于人，在中美贸易摩擦中备受打击，直接危及国计民生和综合国力，影响国家安全。中兴通讯遭遇"卡脖子"，警醒中国人科技创新的紧迫性和必要性。

美国一直恪守有益于本国利益的生产方式，优先发展资本主导的循环经济型技术。为维护本国环境利益，美国一方面对发展中国家实行绿色贸易壁垒，另一方面美国转嫁环境危害至不发达国家。美国持续向发展中国家转移污染产业和废弃物，将环境危害转嫁给不发达国家，更加恶化发展中国家生态环境。对此我们要警醒，杜绝美国和其他国家转移环境危害至我国。

在循环经济领域我国只有坚持科技创新，不断提升科技实力以保护生态环境，才能帮助我国企业摆脱核心技术被美国"卡脖子"的不利境地，在创新链、产业链、资金链和技术链上摆脱国际贸易摩擦困境，赢得国际绿色市场竞争主动权，实现绿色崛起。经济全球化背景下，拥有尖端科学技术、走可持续发展道路才能增强综合国力，使国家和企业制定切实可行的对外战略，确保国家利益不受侵害，打破国际绿色贸易壁垒限制，维护国家安全。

科技实力是经济增长、社会进步的核心驱动力，是国家立足世界强林的战略支撑。湖北省一直很重视循环经济发展，不断出台创新驱动策略，引导循环经济产业提高国际竞争力，维护新形势下的国家安全。依靠科学技术促进湖北省循环经济发展，有助于湖北省在循环经济领域打造出具有国际竞争力的科创高地，在全球竞争中赢得主动权。

三、科学技术促进湖北省循环经济发展的现状

进入 21 世纪，湖北省根据国家循环经济战略定位及湖北发展目标，以习近平生态文明思想为指导，以科技创新和制度创新为动力，聚焦湖北省循环经济建设的主要任务及实践需求，从功能布局、重点工程、专项资金、监管执法及评价指标着手，统筹推进循环经济建设。坚持制度激励与法律约束，优化服务于循环经济的各项体制及机制，实现科技进步与循环经济的良性互动、协调发展，建设美丽湖北。

为保护生态环境，湖北省以科技创新体系为支撑，优化循环经济建设的动力机制；以"生态保护科学化、科技范式生态化"为突破口，多措并举强化循环经济建设的激励机制；以产业重构、工程创新为载体，构筑循环经济的运行机制。经过持续努力，湖北省科学技术促进循

环经济发展成效显著。湖北省科技进步贡献率由"十二五"末的53.8%提高到2019年的59.34%，湖北省区域科技创新能力则由全国第10位提高到第8位。湖北省科技整体创新能力大幅提升，生态环境明显改善，环境质量持续提升。在我国"十四五"开局的2021年，湖北省利用多年积累的坚实科技基础，继续以科学技术推动循环经济发展，打好污染防治攻坚战，为疫情防控常态化、疫后湖北省经济重振、美丽湖北建设提供科技支撑，为加快湖北省转型发展、高质量发展启动新引擎。

党的十九大报告绘就美丽中国新画卷，要求2035年我国基本实现现代化时，我国生态环境实现根本好转，美丽中国目标基本实现。为此，湖北省自"十三五"以来坚持依靠科学技术推动污染防治攻坚战，大力推动空气、水、土壤污染防治科技创新工作，以改善生态环境质量，极大地降低了突发环境事件风险，湖北循环经济建设因之高质量发展。

（一）科学技术促进湖北省循环经济发展的主要成效

1. 以科学技术强化大气污染防治攻坚

"切实治理雾霾、打赢蓝天保卫战"事关人民福祉和美丽中国建设，党的十九大专门作出"持续实施大气污染防治行动、打赢蓝天保卫战"重大部署。湖北省高度重视大气污染防治工作，为解决雾霾持续时间长、大气污染严重问题，出台了一系列政策措施。2016年11月湖北省出台《湖北省环境空气质量预警和重污染天气应急管理办法》后，2018年10月又出台《湖北省打赢蓝天保卫战行动计划（2018—2020年）》，以减少重污染天气和雾霾天气，改善空气环境质量。

借助技术创新完善环境空气质量预报预警系统。在法律法规的倒逼下，湖北省不断依靠科学技术精准识别污染大气质量的种种因素，综合运用各种防治大气污染的技术措施，模拟预警环境容量与灾害预警，完善环境质量监测网络，强化重污染天气的科学应对、精准管控，消除大气污染，减轻雾霾。空气质量预警系统借助高性能计算和可视化技术，集成观测、模拟、GIS 等手段，密切跟踪空气质量变化趋势，快速开展空气质量预报预警，评估大气污染调控效果，帮助湖北各地快速采取重污染天气应急管控措施。

湖北省借助技术创新突出重点区域大气污染综合治理、联防联控。湖北省重视大气污染防治科学技术研究，设立重点专项扶持 PM2.5、臭氧协同控制技术和大气污染防治原创性科技创新，科技成果的快速转化使湖北大气污染综合治理成效显著。

一是利用大数据分析技术将所有固定污染源纳入环境监管，进行污染源交叉验证识别，对所有重点污染源全部安装在线监控，普及推广非法排放污染源识别定位技术及其管理决策支持系统。二是以大数据技术和可视化技术为手段，加快调整产业结构、能源结构和交通结构，淘汰落后产能；持续推动企业节能减排、清洁生产，发展循环经济。三是湖北省鼓励应用清洁能源，在加快农村"煤改电"电网升级改造的同时，重拳整治钢铁、焦化、煤炭行业节能降耗，督促完成超低排放改造重大工程；深化燃煤锅炉专项整治，推进园区循环化改造；对严重污染大气的企业实行限产限排及关转停，倒逼产业绿色化转型升级。四是湖北省各级环保部门加大政府监管职能，强化执法检查和专项督察。通过绿色智慧交通和运输体系，采取机动车限行、扬尘控制、气象干预等措施，实现区域应急联动、精准治理大气污染；齐抓共管的大气污染防治体制机制的建立和完善，使二氧化硫、化学需氧量、氨氮、氮氧化物、工业废水等排放量明显下降，湖北省空气质量优良天数持续上升，极大改善湖北省空气质量。

2. 以科学技术聚焦水环境治理

湖北省是千湖之省，省内拥有的长江干流最长，承担着长江大保护的责任，同时还是三峡工程库坝区和南水北调中线工程核心水源区。因此湖北省的水安全保障和水污染治理责任重大，不仅直接关系到湖北省及其他兄弟省份的供水安全、粮食安全、防洪安全，还影响经济安全、生态安全和国家安全。为保障湖北城乡居民水环境安全，加快构建全省水安全保障体系，湖北省坚决贯彻习近平总书记关于长江"共抓大保护，不搞大开发"的指示，执行全国最严格的水污染防治条例，实行最严格的水资源保护制度。

一是在全国率先推行河湖长制，构建了省、市、县三级水资源管理指标体系。全面开展长江十年禁捕，让长江休养生息；推进河湖水系连通，切实加强江河湖库岸线管理，把水安全、防洪治污、港岸交通、景观游园等融为一体；依法打击非法排污、非法采砂等破坏沿岸生态行为；为广大人民群众提供更加坚实的防洪、供水、生态安全保障，维护湖北省水生态环境。

二是以"治污水、净湖水、保江水、促节水"为出发点，以"碧水工程"为着力点，依靠科学技术实施水质提升攻坚行动；对水源地落实水污染防治行动，城乡生活污水和黑臭水体治理常态化开展；农村定期清理村内沟渠塘坝，综合治理水土流失。湖北省目前已完成"千吨万人"农村（乡镇）集中式饮用水水源保护区划定工作，充分保障居民饮用水安全。湖北省完善入江入河入湖排污口信息监测规范化建设。湖北省以科学技术提升水质的努力成效显著，2020年完成黑臭水体整治任务213个，消除比例达到99%。全省水环境质量总体改善，国考水质优良断面比例达到90.4%，消除了劣V类断面。水质攻坚行动助力长江经济带高质量发展。

三是破解"化工围江"难题，取缔围江、围湖化工污染企业，对"江河湖"边的高污染、高耗能企业坚决关转停，取缔长江干线非法码头1211个；对入河、入湖、入江排污口严格排查，其中长江12480个入河排污口已实现一一查验。科学技术帮助湖北坚决守住水环境安全底线，保障治水安全，有效防范化解水环境生态风险。

四是推进海绵城市建设。从2017年起，湖北省各城市新区、各类园区、成片开发区及新开工项目全面落实海绵城市建设。禁止填湖造地，推广海绵型公园和绿地，重点保护河流、湿地、坑塘、沟渠等水生态敏感区，加强源头控制，提高水生态系统的自然修复能力。

五是依靠科技创新持续提升城乡污水处理能力。科技创新极大地提升湖北污水处理能力，降低污水处理成本，提高污水处理效率，实现城乡污水处理产业智能化升级。进入21世纪，湖北经过20年的努力，不断更新城市和乡村的污水处理工艺和污泥处置系统，建设涵盖污水收集管网、污水处理厂、污泥处理处置和污水资源化系统性工程。目前已完成武汉"大东湖生态水网"项目。湖北省运用科学技术对工农业废水深度净化、回收利用，严格雨污分流；利用水处理高级氧化技术与装备、工业废水生物及生态处理技术等对农村污水治理、工地生活污水的处理有序推进；同时无人值守改造工程的完成，使智能化场景运营系统的管理高效快捷，污水处理实现了厂、站、网一体化管理。截至2020年年底，武汉市下辖10座污水处理厂、67座泵站、424公里管网，1个管网维护管理所，污水处理规模296万吨/日，尾水均达国家一级A排放标准。

在环境技术支持下，湖北省积极落实水资源消耗总量和强度双控行动，推进水治理体系和治理能力现代化，湖北省城乡污水治理取得新突破，水环境不断优化，助力长江大保护。

3. 依法科学治理土壤污染

2016年10月，湖北省在全国率先立法防治土壤污染。《湖北省土壤污染防治条例》出台，使湖北土壤污染得到有效遏制。

一是在国土空间规划中落实土壤污染防治。2021年7月，我国新《土地管理法实施条例》出台，明确耕地保护的责任主体是省级人民政府，严格控制耕地转为他用。湖北省政府认真排查、整治全省范围内的农用土壤污染，统筹布局农业、生态、城镇等功能空间，划定落实永久基本农田、生态保护红线和城镇开发边界。全省启动耕地重金属污染普查工作，详细排查、整改农用地土壤污染，对清查出来的污染土地限期整改，实现土地精准治污。截至2020年9月，湖北省已完成农用地土壤污染状况详查，调查土壤点位17935个、农产品点位5922个、深层点位2474个，累计采集样品2.6万多份，检测分析样品3.2万多份，基本摸清了全省农用地土壤污染的面积、分布、主要污染物及污染程度。

二是完善湖北省土壤耕地环境质量监测网络。湖北省应用现代信息技术，坚持开展耕地质量等级调查评价和耕地质量长期定位监测。在全省广泛安装多个土壤环境监测点位，截至 2020 年 9 月，湖北省完成国控点位 1926 个，省控点位 4080 个。湖北省建立实时动态更新的全省土壤环境基础数据库和信息化管理平台，防止土壤污染。2016 年湖北省设立全省耕地质量数据中心，2018 年又建立省耕地质量空间数据库和属性数据库。2019 年湖北省布局运行了 9 个"三区四情"综合监测点、27 个物联网监测点，视频及相关监测数据实时接入省级耕地质量大数据平台。一旦发现耕地污染，马上有针对性地实施污染治理，从而形成覆盖不同地区、不同类型的土壤耕地环境质量监测网络。

三是重点排查、整治企业用地污染。为保障人居环境安全，湖北省从 2019 年起就仔细调查重点行业企业用地土壤污染状况。针对重点监管企业，2020 年湖北省利用信息网络技术建立 273 家土壤环境名单，公布建设用地土壤污染风险管控和修复名录，要求企业排查土壤污染隐患，监测涉重金属重点行业的土壤污染，在环境高风险领域建立环境污染强制责任保险制度。

四是科技治污打赢净土保卫战。土壤污染后期治理与修复一直是循环经济建设面临的复杂技术难题。湖北省不断推动土壤修复技术全面进步，针对土壤污染物留存类型多样，湖北加强耕地污染治理基础研究和关键技术研发，集中力量对共性问题研究攻关，通过试点项目大力推广应用成本低、效果好的土壤污染治理技术。如湖北省着力推广应用测土配方施肥技术，有效降低农药化肥使用量。科技治污不断提升湖北土壤污染防治水平。

五是通过环境质量监测网络平台，湖北省可与国内 30 个兄弟省份实现污染地块部门联动监管。湖北省还推进土壤污染防治与大气、水等污染防治协同联动，禁止洋垃圾入境，倡导垃圾分类，推动城乡餐厨垃圾资源化循环利用，建设花园城市、美丽乡村及"口袋公园"，从工农业生产生活等领域全防全控、系统处理。这些举措让湖北省土壤污染得到有效控制。

4. 以科学技术持续提高森林覆盖率

近年来，湖北省不断利用科学技术有效推进资源、能源节约，加快绿色转型，促进循环经济发展，能源资源消耗率不断下降，生态文明建设取得一定成果。为加快打造长江绿色生态廊道，助力长江重点生态区大保护，湖北统筹推进长江大保护十大标志性战役和八大攻坚行动，持之以恒地实施长江保护修复工程。37 个长江经济带生态保护与修复重大省属工程项目总投资达 93.39 亿元。湖北省山水林田湖草生态保护修复工程进展顺利，河湖、湿地生态系统稳定性和生态服务功能逐步提升，2018 年湖北省长江三峡地区山水林田湖草生态保护修复工程总投资 103.2 亿元。以农田、矿山、森林、湖泊等城乡人居环境治理为支撑的"一脉十一廊十二片"的空间生态保护修复格局，统筹推进矿山生态修复、流域水环境保护、污染退化土地治理、森林植被恢复等工程。湖北省森林面积达到 1.16 亿亩，森林覆盖率达到 41.84%。2020 年湖北省国民经济和社会发展统计公报显示，仅 2020 年湖北省完成造林面积 24.86 万公顷，其中人工造林面积 11.05 万公顷，占全部造林面积的44.45%，森林抚育面积 38.47 万公顷。自 2013 年以来，湖北省累计人工造林 1800 多万亩，森林抚育 3331 万亩，退耕还林还草 132 万亩，石漠化治理 304 万亩。经过多年持续努力，湖北省四大山区和长江两岸变化明显，过去的荒山秃岭已被茂密的林海取代。湖北省生态环境治理明显加强，环境状况得到明显改善。

5. 以 5G 智慧城市建设推进循环经济发展

科技创新是循环经济发展的核心动力，也是激发智慧设施、智慧应用、智慧产业发展的重要力量。智慧城市在科技催生下应运而生、统筹推进。2019 年，随着中国 5G 技术的应用普及，新一代 5G 通信技术融合人工智能、大数据、云计算及物联网等新兴技术，将智能科技、软件仿真融入现实，实现城市万物互联、虚实交互、智能反馈，精准映射各行各业各场景，使智慧城市建设成为分级分类推进循环经济发展的新引擎。

智慧城市建设加速湖北省循环经济发展。湖北省是全国最早开始推进智慧城市建设的省市之一，借助新型智慧城市建设促进循环经济更快更好地发展，使智慧城市成为湖北省循环经济转型发展的新增长极。目前，以华为为代表的互联网企业巨头争相参与的"智慧湖北"建设、"智慧武汉"建设成效显著，"智慧荆州""智慧十堰""智慧襄樊"等建设正在抓紧进行中。

基于 5G 的智慧城市建设推动湖北省循环经济高质量发展。循环经济携手基于 5G 的智慧城市建设催生诸多新业务、新业态，催生数字政府、数字乡村、智慧园区、智慧社区，催生出智慧农业、智慧工业、智慧能源、智慧交通等新行业、新领域。以北斗时空为基准，科技创新直接将城市和乡村的所有要素数字化和虚拟化，实现城乡所有场景实时化和可视化。政府决策管理、企业生产经营、群众休闲娱乐实现动态化、协同化和智能化。智慧水务、智能电网、智能燃气网和智能交通等基础设施的运行，医疗卫生、教育金融、警力消防、市政园林等资源的调配，人流、物流和车流的聚集及分散，及其他各种时空信息，都可以通过传感器、摄像头、大数据进行实时感知、智能反馈。使得城市建设和乡村治理的信息资源、物质资源得到最优配置，消除城乡建设污染，提升资源、能源使用效率。湖北省全面推动"智慧湖北"建设，通过"智慧城市"建设推动城乡精细化和网格化管理，使循环经济在城乡联动中快速发展。

6. 以智能科技产业化促进工农业循环经济提质增效

2019 年 8 月，我国出台落实 5G+工业互联网"512"工程，支撑制造业绿色化、智能化。为优化产业结构，营造工农业循环经济良好发展环境，湖北大力支持智能科技产业化发展，积极推动 5G 通信技术和人工智能、大数据、云计算及物联网等新兴技术在工农业的组合普及，以传统工农业的智能化改造，实现工农业智能化生产管理、优化升级，为工农业循环经济发展节能降耗，节省大量的人力、物力和财力。智能化终端在万物互联互通中，为工农业设备的生产销售提供多样化服务及个性化定制。5G 网络满足万物互通互联的多样化、差异化、智能化需求，促进工农业全要素、全供应链、全产业链转型升级，推动智慧城市、智慧科技产业大发展。

5G 网络携手智能科技产业化发展，夯实工农业循环经济发展基础。湖北省大力引导企业向绿色化、网络化、数字化、智能化转型，鼓励企业整合 5G 技术、大数据、物联网、人工智能技术，以快速应用到湖北省工农业各领域，为工农业智能化生产管理提供技术支持，推动供给侧结构性改革，形成发展合力。智能科技在原材料绿色采购、产品绿色设计、清洁生产、商品检验销售及服务等生产环节实现智能化管理和操作，提高生产管理效率，构建全新产业链、技术链、资金链，改变湖北工农业循环经济发展模式，降低工农业资源消耗、环境损害，蕴含巨大科技应用潜力及生态经济价值，有效支撑工农业循环经济持续发展，维护工农业生态安全。

7. 以科技支撑农村循环经济发展和新农村建设

湖北以乡村振兴为抓手，统筹推进农村循环经济发展，借助科技进步助力于美丽乡村建设，努力在湖北省建设经济强、百姓富、环境美、文明程度高的社会主义新农村。

一是以点带面构筑农村生态治理网络。面对农村生态系统脆弱，环境公害、生态失衡、资源匮乏、能源危机等高风险问题，湖北省充分发挥科学技术的示范带动作用，共定共守生态底线，修复提升生态资源，共建共享生态产品。在乡村实践中，合理安排产业平台、基础设施、农田及林地保护等空间布局，农林牧副渔多业共生的同时，发展农副产品多级闭合循环利用的高效农业。以现代化农业为重点，培育壮大农村节能环保产业、清洁生产及清洁能源企业，优化农村生态宜居环境。在科技支撑下湖北省乡村循环经济建设与生态宜居协同发展。湖北省依托科学技术开展村庄、乡镇清洁行动，实现资源节约、清洁生产、产业循环、废弃物资源化目标，梯次推进生态宜居、美丽乡村示范村建设。从生产生活、生态环境等方面认真落实乡村环境整治，完善乡村基础设施。

二是科学技术致力于湖北省农村生态宜居建设。为改善湖北省农村人居环境，全面推进美丽乡村建设，2018—2020 年，湖北省开展农村人居环境整治三年行动，以农村厕所革命、垃圾处理、污水治理、精准灭荒"四个三重大生态工程"推动人居环境整治。2019年，中央为湖北省农村人居环境整治下拨资金1.5亿元，农村改厕资金5.6亿元。经过"厕所革命"三年攻坚行动，2020年湖北省已实现城乡无害化厕所全覆盖。湖北省广泛开展"三乡工程"，发动农民美化乡村道路，改造危房，建设美丽家园和特色小镇。从2019年起，湖北省用5年时间每年建设1000个左右美丽乡村示范村，整治4000个左右行政村。2019年，湖北省有336个美丽乡村建设试点村获17.8亿元资金支持。这些措施有力推进了农村生态、农业经济发展的良性循环。

三是科学技术推进乡村生态环境治理。湖北省倡导循环经济6R原则，在农村坚定弘扬乡村生态文化，兼顾乡土文化和乡村原有风貌，大力推进生态环境治理。许多乡村在环境技术的支撑下综合整治农村企业废气废水、废渣污染问题。许多农村地区逐步开展农村垃圾收运、污水处理、厕所改造、畜禽养殖废弃物处理、退耕还林还湿等工作，利用资源节约型技术和循环利用技术，来实施"三清"（清垃圾、清路障、清淤泥）、"五改"（改水、改厨、改厕、改浴、改栏）活动，特别是垃圾处理技术确保乡村垃圾定点收运、无害化处理和循环利用。科学技术助力农村垃圾回收处理有序推进，"户分类、村收集、乡转运、县处理"的"四级联创"垃圾处理模式成效显著。

四是加强农业面源污染治理。湖北省通过化肥农药减量增效、水产健康养殖、畜禽粪污基本资源化利用等措施开展农业面源污染治理。基层各级政府一方面倡导无公害农产品、绿色食品、有机食品和森林食品，鼓励农户使用沼气、太阳能、液化气等清洁能源；另一方面对农村日常污染源实施严格监管，以环境网格化监管来提高农村生态环境质量和环境效益，从而改进农村生态环境，治理乡村环境污染。

五是深入开展乡村绿化美化工程。为坚定守护绿水青山，为农业农村现代化提供生态屏障，湖北大规模启动乡土绿化行动。开展"五边"（城边、路边、水边、村边、房边）造林行动，乡村人工造林面积不断扩展，乡村绿化覆盖率不断提高；努力开启原生植被、自然景观、古树名木、小微湿地和野生动物保护，杜绝开山毁林、填塘造地等行为，构建四季有景、处处是景的美丽乡村。生态和谐的美丽宜居乡村又助推乡村旅游，生态环境持续优化让广大农民共享生态建设成果。

农村循环经济与生态宜居、乡村旅游、产业扶贫、乡村振兴协同发展，相得益彰。湖北走出一条生态美、产业兴、百姓富、可持续发展的新农村建设之路。

8. 以科技创新带动工业循环经济发展

科技创新改进湖北省工业废弃物综合利用率。湖北省科技创新以循环经济 6R 原则为宗旨，以产业链为基础，以资源综合利用为出发点，针对资源密集的高耗能产业，通过技术创新和技术工艺改造，不断更新产品设备及基础设施；利用循环型绿色技术解决工业"废气、废水、废渣"排放问题，提高工业三废循环利用率，实现废弃物升值。科技创新助力实施清洁生产、矿产资源综合利用、回收利用社会废弃物。湖北省重视资源综合利用，循环利用工业废气、废水、废热，向社会和社区居民提供余热和清洁燃气等再生资源。

2020 年 6 月，湖北省中部工业废弃物资源化及无害化处置中心在汉川启动建设，总投资 3.6 亿元。湖北省许多企业结合自身实际和市场需求，研发大气、水、土壤等污染控制技术与配套设施，危险废物资源化和无害化处置技术与装备，还有土壤、矿山和河道等生态修复技术工业节能技术、工业固体废弃物技术和固废填充技术，污染物过程控制技术，以节能降耗、减少污染。工业废弃物综合利用率大幅提升，湖北省借助科学技术建立再生资源分类回收体系、城市生活垃圾与再生资源分类回收"两网融合"体系、再制造旧件回收与产品销售体系、再生资源与再制造交易体系，助力资源综合利用。

科技创新升级工业产业链，科技创新延长工业产业链。湖北省企业利用科学技术延伸循环经济产业链，采取产业交叉发展、企业间共生等形式，从资源、能源综合利用出发，改变单一产品结构，构建多行业多元化互助共生产业链条。通过产业链聚集企业，发展产业集群，建设生态产业园，以延伸及扩展多行业、多企业参与的循环产业链。通过联合生产、自由组团及复合共生模式实现企业内和企业间工业资源的清洁利用、能源梯级利用和效益升级。科技创新还在工业水循环利用、生态矿山改造、资源再生循环利用中发挥出色。湖北省为国家重化工业集聚区生态治理、发展工业循环经济提供样板和经验借鉴。

9. 以循环经济产业互联网服务实体经济

为释放循环经济相关产业动能，湖北省依托 5G 网络、云计算、物联网及大数据、人工智能等技术的综合运用，构建功能不同、专业各异的循环经济产业互联网平台。依靠各式各样的传感器把工农业设备、行业流水线、企业员工、工厂管理、仓库、供应商、产品和客户自动整合，依靠工业互联网实时采集传感器数据，共享工农业要素资源，提高生产及管理效率，推动制造业体系智能化发展。

循环经济产业互联网平台帮助企业实现基于"互联网+循环利用"的资源对接。它从生态设计、清洁生产、技术创新、投融资服务、设备制造升级、循环产业链、供应链等方面为企业提供全方位资源对接。针对循环经济领域各企业、各产业上下游供求关系，为技术链、资金链、供应链关联度高的企业形成上下游相互依存、绿色发展合作新模式。推动企业在资源再生利用、再制造、垃圾资源化、绿色设计与绿色制造、节能低碳与清洁生产、共享经济与绿色消费等方面共享共生，扩大工农业循环经济市场合作空间。

10. 以科技创新推进湖北省生态园区建设

湖北省循环经济发展的亮点之一是布局兴建了一批"动脉产业"和"静脉产业"有机耦合的产业链共生的生态工业园、县级特色产业园、科技产业园和农业产业园。园区内"动静脉产业"资源共享、互换副产品，园区内各企业精准合作、变废为宝，企业间共生模式实现零废弃、零污染。湖北省大力扶持"动静脉产业"、配套产业及其管理服务的密切协作，目前正在重点推进武汉东湖新技术开发区、武汉经开区基础设施升级和生态园区建设，完成光谷生态大走廊空中轨道建设、大冶湖生态环境检测中心等项目建设。与此同时，还在武汉、襄阳、宜昌、荆州、荆门、随州等地实施一批科技园区项目。截至 2021 年 2 月，湖北省级高新技术产业园区有 20 个。

改造、升级园区基础设施。湖北省近三年利用大数据、人工智能、5G 等技术不断对产业园区基础设施、公共服务、产业终端系统进行数字化、智慧化改造，园区内实现大数据生态管理，各层次工业园或农业园均建成污水处理设施并安装在线监测装置，建成智能化污水收集管网。通过数字化、智慧化改造，加快县级特色产业园改造，促进县域经济绿色转型升级。这些园区基础设施的不断完善，加速科技累积和集成效应，促进节能减排，减少园区污染，实现企业清洁生产、绿色供应链管理，加速资源回收利用，提高能量多级应用效率。

以智慧化改造完善园区数字化管理平台，推进园区行业清洁生产。湖北省近三年持续推进武汉、荆州、黄冈、天门等地产业园区智慧化改造，完善数字化管理平台。通过智慧管理平台，在园区内资源、信息或废弃物互联共享，坚持发展绿色产业和循环经济，推动园区环境污染第三方治理和重点行业清洁生产审核，完善园区内生产者责任延伸制度。目前，湖北省正在努力完成武汉经开区、随州高新区、长飞产业园、荆州经开区、荆门化工循环产业园等 20 个园区智慧化项目建设。基于大数据、人工智能和 5G 等技术的智慧改造，有效激发各类生态园区产业发展新动能，园区内企业产生规模聚集效应。智慧改造园区激发科技创新活力，培育发展战略性高科技环保产业，深度挖掘废弃物商业价值，提升各园区智慧化数字化水平，使湖北各类产业园区的经济效益、环境效益和社会效益俱佳。

（二）依托科学技术发展湖北省循环经济的主要问题

目前，湖北省科学技术促进循环经济发展仍处于压力叠加、负重前行的关键期、攻坚期。新型冠状病毒肺炎疫情给湖北省循环经济产业带来的经济衰退、生态危害显而易见。湖北省甚至全国都在主抓疫情防控工作，循环经济发展明显居于次要地位。湖北省循环经济发展与"十四五"绿色转型的要求还有明显差距。湖北省还面临着生物多样性减少、资源枯竭、能源匮乏、环境污染、生态退化等问题。特别是大数据时代的湖北绿色发展指数，在全国排名较落后，资源利用效率也偏低。大气污染、水污染并未彻底根除，湖北省城乡循环经济发展不平衡、不充分，资源过度开采、能源浪费、人与自然的冲突依然存在。湖北省生态系统总体脆弱，生态环境质量需进一步提高。存在的主要问题如下。

1. 企业循环经济技术创新水平不高

湖北省企业的循环经济技术创新绩效低下。企业是循环经济技术创新的主体，中小企业是循环经济发展最活跃的主体。但目前湖北省企业循环经济技术创新绩效一般，特别是中小企业在循环经济领域的创新不积极，专利数量在全国并不突出。湖北省企业针对循环经济的行业核心技术少，行业共性技术或前沿技术少，"卡脖子"技术多。拥有自主知识产权的技术和产品处于价值链低端，不具备品牌效应，更没有成为循环经济效益提升的主渠道，国际竞争力较弱。

新型冠状病毒肺炎疫情影响企业科技创新水平。2020 年年末，湖北省共建有 246 家省级工程研究中心（工程实验室）、589 家省级企业技术中心。但是，湖北省企业循环经济科技人才相对匮乏，因为疫情防控常态化，企业经济效益下滑，研发经费不充足，同高等院校、科研机构的产学研合作受疫情制约。一些甘于技术引进、技术跟随的企业又被美国封锁管制，人员流动管控、交通管制和国家断航，使企业循环经济的国际科技合作被阻断，企业科技实力并不强，基础研究薄弱。

企业技术创新水平不高，循环经济型企业做大做强有困难。湖北省循环经济产业缺少龙头企业、领军企业。技术实力强、产品服务知名度高的高新技术企业不多，不具备规模经济效应。湖北省以企业为主体、市场为导向、官产学研相结合的科技创新体系还不健全，企业还未真正成为循环经济研发投入主体、技术创新活动主体和创新成果应用主体。

2. 循环经济科技投入有待提高

资金投入障碍是制约循环经济科技创新运行的重要因素之一。从总体上看，循环经济科技投入的资金总量明显不足，逐年增幅不大，循环经济建设过多依赖政府财政资金支持，企业作为科技投入的自筹主体，研发经费投入不够，与循环经济发展需求不相适应。

湖北省政府作为循环经济发展的引导者和推动者，不断加大对科技金融的扶持和鼓励，各级政府设立了节能减排专项金，循环经济发展和资源综合利用专项资金，清洁生产扶持资金、可再生能源和新能源发展资金，及其他种类繁多的环境工程配套资金，以支持工业、城建、农林和生活等领域废弃物资源综合利用，环境综合整治，打好污染防治战，促进循环经济建设。但政府资金主要优先支持以下项目：国家重点支持、需要地方配套的循环经济和资源综合利用项目，纳入各地市州循环经济发展专项规划的项目，纳入国家试点及本市循环经济示范的项目，纳入各地市州环保行动计划中循环经济和资源综合利用专项的项目，或者区县有配套资金或政策支持的项目。没有这类项目的企业争取政府环保资金就难上加难，融资渠道受限。

投融资制度不健全削弱循环经济技术创新的资金支持。科技金融体系不发达、循环经济金融支持机制不完善导致循环经济科技投入不合理，投入不足与投入分散并存。银行信贷投放风险大，导致银行惜贷。循环经济企业吸引外资和风险投资力度不够，外资和风险投资引进量偏小。银行、担保机构、证券机构以及多层次资本市场等市场化运作主体对循环经济的科技创新活动支持不够，资本社会化、市场化程度低。

受新型冠状病毒肺炎疫情影响，循环经济型企业难以获得稳定持久的多样化资金支持。循环经济科技投入中短期资金多、长期投资少。在市场机制调节下，科技金融市场主体、资本市场的投资机构、创业风险投资机构等畏惧科技创新中后期发展风险，不愿长期投资，多元化、多层次资本市场有待拓展。以政府财政拨款为引导、企业自筹资金为主体、金融贷款为支撑、社会集资、引进外资为补充的多渠道科技资金投入体系还未形成。

3. 循环经济科技人才比较匮乏

人才是科技创新的核心要素，湖北省是教育大省，科技人才总量不少，但从事循环经济的科技人才并不多。现有循环经济科技人才整体水平不高，缺乏杰出人才和高层次人才创新团队。具有国际顶尖水平、国内先进水平的高水平科学精英、技术领军人物和项目带头人较少。

循环经济科技人才分布不均衡，后备人才不足，青年拔尖人才不多。在循环经济领域，青年科技创新人才比较缺乏。青少年科技创新人才的培养机制不健全，循环经济的科学研究能力不强。另外，科技人才分布存在城乡差别、地区差异和职业差异。大中型企业、大中城市、沿海发达地区及科研院所、高等院校人才济济，欠发达地区、偏远山区、中小企业人才零落，青黄不接，人才流失严重。

在循环经济领域湖北缺乏卓越的企业家群体。企业家是现代企业的经营者和管理者，高素质企业家能使循环经济的产品、技术产业化顺利发展，兼顾环境保护等社会责任，开拓循环经济市场。目前，湖北省循环经济型企业家的科技素养不高，管理才干有待提高，迫切需要培育优秀的企业家群体。

四、加快湖北省循环经济发展的科技对策

中国正处在百年变局和世纪疫情交织叠加时期，湖北省循环经济发展面临着更多困难，需要攻克更多难关。为构建新时代新发展格局，有效应对未来重大突发公共卫生事件，更快更好地发展循环经济，湖北省应强化创新驱动，重视核心技术攻关，从生态保护科学化入手，多措并举发展循环经济。

（一）加大基础研究，增强循环经济发展新动能

基础研究是推动原始创新、催生科学发现、攻克核心技术的关键，更是产业腾飞的基石。《中国基础研究竞争力报告2019》显示，湖北省基础研究竞争力排名全国第6位，创新能力在全国排名第5位。湖北省在地球科学、测绘科学技术、水产科学与海洋工程、机械工程、生物学、材料科学、计算机科学技术等领域研究实力全国领先。但是，湖北省在循环经济领域的基础研究比较薄弱。

首先要重视能满足国家战略需求和重大应用前景、促进科技自主创新的循环经济基础研究，不能满足于技术模仿、跟踪或追随，而是要填

补更多基础科学研究空白。目前，塑料垃圾无害化和资源化应用是世界难题，湖北省应在垃圾处理方面开展基础研究和应用基础研究，寻求技术突破，以塑料技术的基础研究创新带动关键核心技术攻关，优化循环经济技术体系。其次，统筹规划、重点部署满足循环经济现实需求、有重大应用前景的原创性基础研究。湖北省政府要扶持颠覆传统技术、有重大应用目标导向的原创性基础研究，支持促进循环经济产学研深度融合的基础研究。

（二）重视科技创新，优化循环经济科技支撑体系

科技创新是推动我国循环经济进程的重要手段。湖北省各级政府、企业、高等院校、科研院所、高新技术产业开发区、科技园区等多部门主体需融合发展，共同推进科技创新。

加快核心技术攻关，完善循环经济技术创新体系。持续实施科技创新驱动战略，构建适宜于循环经济现实需求的技术组合及技术平台。以自主创新发展行业核心技术和关键技术，实现循环经济型关键核心技术、共性技术自主可控，避免受制于发达国家。企业要成为技术创新主体，与科研院所、高校合作，以集成创新、模仿创新、合作创新或委托创新多种模式开展绿色设计、绿色制造及产品回收全过程创新，维护产业链、供应链安全稳定。利用网络技术、大数据技术、人工智能技术布局产业投资，实施"三废"资源化专项活动，实现源头减量化、资源智能分类、高效转化、清洁利用、精深加工到产品使用回收等全过程循环发展，达到数据化、智能化精准管控创新，降低资源耗费，提高废旧产品回收率，扩大可再生能源覆盖率，从而构建科技与产业融合的循环型产业体系。

（三）加大科技投入，提高循环经济科技成果转化率

湖北省各级政府要建立稳定的逐年增长的财政科技投入机制。对循环经济战略性新兴产业加大资金扶持力度，鼓励国有资本在市场化改革中投资实体循环经济、能源战略性新兴产业。各类企业要重视循环经济

的科技研发投入。加大企业资金投资力度，在资产结构优化、产业投资布局等方面统筹兼顾。同时，吸收国内外风险资金、信托基金、民间资本优化循环经济的科技投融资规模和结构，形成政府财政拨款引导、企业自筹资金主体、社会集资和外资引进补充的多元化科技投入体系。

科技成果转化是科学技术与循环经济实践结合，转化为现实生产力的主要途径。建构系列适宜科技制度，依托大数据技术完善网络技术市场和科技成果转化服务平台。平台收集、更新各类循环经济的市场需求信息、技术成果信息或技术难题诊断，发布人才信息、企业资讯或产品信息、国内外科技合作及技术贸易信息，充分发挥平台信息检索咨询服务功能。优化配置各类创新资源，畅通科研成果和市场转化的效率。让政府、高校或科研院所、国内外企业及风险投资机构的职能和资源自由集聚和融合，打通科技、金融、产业和成果转化通道。同时，以技术推广中心和示范基地为依托，加大新技术的中试、转移和扩散，保障技术有效供给，让技术交易越来越便捷，实现技术的经济效益和环保价值。

（四）强化 STEM 教育，培育循环经济科技人才

人才是发展循环经济的根本。以科学技术促进循环经济发展要推行 STEM 教育，优化人才成长环境。STEM 教育发端于 1985 年的美国，STEM 是科学、技术、工程和数学的缩写，STEM 教育旨在融合科学、技术、工程和数学内容，帮助学生进行跨学科综合学习。21 世纪的 STEM 教育重视科技和人文的协同并进，培养适合大科学时代、符合经济全球化潮流、能更好地服务社会的复合型人才。这些复合型人才经过科学、技术、工程和数学的综合教育熏陶后，在各行各业的循环经济实践中，使它们的循环经济科技创新能力得到大幅提升。毫无疑问，STEM 教育能够促进交叉学科、跨学科领域的科学突破和重大技术创新。

以 STEM 教育培养循环经济后备人才，为湖北省建立各个梯度的预备人才。高等院校、科研院所和各类企业应借鉴美国 STEM 教育创新模式，坚持"专业培养与综合培养"原则，不断培育循环经济急需的技

术创新人才和高层次管理人才。通过 STEM 教育，培养一大批多学科交叉的复合型人才、科技领军人物、一专多能的项目工程师等综合性人才。以推动湖北省循环经济型人才队伍建设，充实人才后备库。

尊重人才，推行循环经济型人才优先发展策略。湖北省各级政府要广纳贤才，须科学制定人才发展规划，完善人才选拔及引进机制。设立循环经济科技人才信息库，实行人才差异化引进及管理，加快引进国内外高层次人才，优化人才结构。人尽其才，改进人才评价标准，激励科研人员潜心科研。具体实施中破"四唯""五唯"，保护知识产权。为一流人才提供优质服务，实行人性化管理，激励创新，宽容失败，营造良好科研环境。

加速培养循环经济急需的市场化、法制化、国际化科技人才。企业、高校或科研院所要强化人才培养引进机制；依据工农业循环经济实践需求，以官产学研合作项目为契机，将本土化与国际化相结合，加强循环经济型人才国际交流与国内协作。在科研、培训、教学、项目、训练、交流和科技文化传播一体中，锻炼循环经济的后备人才、创新团队，打造复合型团队。丰富循环经济型人才培养模式，拓宽培养渠道，构建开放动态的多元化人才培养模式。

（五）构建多元主体共治格局，营造循环经济良好发展生态

目前，新型冠状病毒肺炎疫情仍在蔓延，经济全球化遭遇逆流。湖北省需进一步依靠科学技术，多措并举，加速推进循环经济建设。立足湖北省循环经济发展的战略定位、功能布局、主要任务、支撑体系，深刻认识湖北省科技进步、市场经济及新型冠状病毒肺炎疫情与循环经济的关联度。从生态格局国际化、生态保护多样化、环境治理规范化、生态补偿程序化、城乡人居环境改善特色化、工农业资源养护精细化、环境法规制度化、生态效应最大化、协调联动大数据化、市场调控动态化等方面，构建湖北省循环经济的多元主体共治格局。

一是充分发挥网络和电视的辐射带动作用，组织网络媒体、政府网站、电视广播集中宣传报道循环经济理念，深化知识产权教育和环境保

护意识，增强广大民众的循环经济意识，提高民众环保素质。通过创新教育、榜样教育、学校教育，让全社会形成爱护自然、崇尚创新、保护知识产权的良好氛围。二是引导民众用实际行动主动参与循环经济建设。鼓励民众运用环保热线、政府网站、微博、微信等途径，监督、曝光环境违法行为。三是要求民众从垃圾分类做起，实现生活垃圾分类投放收集、分类运输处理；禁止始端百姓分类投放、中后端垃圾转运混装、混运和粗放处理现象；做到垃圾分类城乡并进，提高城乡生活垃圾减量化、资源化、无害化水平；鼓励民众踊跃参与、监督城乡循环经济建设，形成政府管控、企业参与、公民监督的多元主体共治机制，营造社会力量齐抓共管的循环经济工作格局。

（六）推进湖北省企业兴乡工程，以产业重构促进循环经济发展

广大农村要从休闲观光农业、乡村田园综合体、特色小镇、乡村旅游等方面进行产业塑形，坚持把农村产业融合发展作为贯彻落实循环经济理念、推进农村供给侧结构性改革的重要举措。鼓励企业回乡参与城乡综合工程、产业融合发展工程、乡村治理建设工程，探索多种模式，建设复合型产业融合示范区。促进农业多功能开发，实现三大产业在农村的特色融合。运用网络技术、大数据技术和清洁生产技术持续更新农村环境设施，探索农业内部循环利用。实现农村污水全处理、垃圾全外运、"三边"全绿化和厕所全改造等工程，改善农村生态环境。把强化农村环境基础设施，作为发展农村循环经济、培育农村新动能、提高农业效益和竞争力的根本途径。从人才培训培养、技术孵化研发、产业引进培育等实际策略出发，推动农业转型升级，繁荣农村循环经济，从资金和人才方面实现农民增收。在农业现代化与新型城镇化协同并进中，充分发挥全国生态文化村、省级新农村建设示范村、国家级美丽乡村示范村的引领作用，完善湖北省农村循环经济激励机制。

依靠科学技术推动循环经济发展是一项长期的系统性工程。在新时代新形势下，湖北省需以高水平科技自立自强为基本导向，进一步整合科技资源，完善循环经济体制机制，加快建设创新强省和科技强省。争

创武汉东湖综合性国家科学中心和国家科技创新中心，重塑湖北省科技创新生态。在资源高效利用和能源循环利用中，以科技创新转换循环经济发展动能。继续深化改革、扩大开放，在"一带一路"倡议中开拓国际科技合作交流新渠道，自觉走绿色低碳发展之路，努力建设具有全球影响力的"美丽湖北"。

撰稿人：严　炜　武汉科技大学马克思主义学院教授、博士
　　　　何　沙　武汉科技大学马克思主义学院 硕士研究生

光谷科技创新大走廊发展战略研究

武汉光谷创新发展研究院课题组

一、发展趋势分析

创新全球化加深与逆全球化加速蔓延并存，加强自主创新能力、实现产业技术自主可控愈加重要。世界正面临百年未有之大变局，世界多极化、经济全球化在曲折中前行，单边主义、保护主义愈演愈烈，多边主义和多边贸易体制受到严重冲击，国际环境处于合作或对立、开放或封闭的不确定性中。以中美贸易摩擦为代表的逆全球化加速演进，以科技实力为核心的国际竞争趋向白热化，技术的局部甚至全面封锁将成为我国开展国际创新合作面临的常态，强化自身科技创新实力、加快实现关键技术自主可控成为区域科技创新的重要导向。主要大国都把科技自主创新作为本轮战略博弈的核心，以物理空间和虚拟空间为竞技场，科技巨头明争技术优势、暗夺数据霸权，全球科技竞争激烈程度前所未有，关注新趋势、抢抓新机遇成为新阶段科技创新最大的议题。光谷科技创新大走廊要通过集聚高端创新资源，完善区域协同体制机制，为科技创新营造良好的产业生态。

科技创新范式更加讲求开放性和系统性，新的研发模式和组织大量涌现。科学技术的急速更迭驱动创新组织方式逐步从正向链式创新向逆向创新、系统性创新转变，基于数字技术的产业互联网让全球资源整合和分布式创新创业成为可能。通过线上平台配置资源，实现多主体联动，创新协同的范围越大、协同的要素越多、协同的方式越科学，创造的价值就越大。系统性创新活动以市场需求为导向、以企业为主体、以产业发展为落脚点，实现研发、创业和产业化的高度一体化，将会大规模取代线性创新且更加有效率。科学家与企业家高度配合的"新研发"方式将改变传统产学研合作模式，新型研发机构、产业创新联合体、概念验证中心、产业技术创新联盟等单位将发挥更重要的作用。在此背景下，光谷科技创新大走廊急需把握当前创新规律，推动开放式创新和系统性创新，打造全球科技创新网络重要节点，加速创新要素流通，引导高校、科研院所、大企业等开放融通协作，引导企业家、创业者、投资人联合创新，支持新型研发组织发展，探索新的科技创新发展路径。

前沿技术引领的技术跨界不断催生新业态，新的生产方式、组织形态和商业模式应运而生。信息技术与生物技术、新材料技术等交叉融合发展，人工智能、5G通信、工业互联网等新兴技术实现了多点革命性的突破。随着信息技术、智能化技术的发展，数据流动性和可获得性大幅提高，信息不对称性将不断降低，并促进生产组织和社会分工方式更倾向于社会化、网络化、平台化、扁平化、小微化，推动产业边界模糊化、产业组织网络化、产业集群虚拟化、组织结构扁平化，新的生产方式、组织形态和商业模式应运而生，大规模定制生产和个性化定制生产日益成为主流制造范式，传统依靠规模经济来提高效率的生产方式受到挑战。数字技术与实体经济的跨界融合发展，催生数字经济、平台经济、共享经济、绿色经济、智能经济等新业态，技术迭代与模式创新步伐加快，催生出大量爆发式高成长企业。光谷科技创新大走廊需结合前沿技术创新方向和跨界融合趋势，加快光电子信息、生物、智能等优势产业与新技术融合，逐步抢占科技变革制高点、掌握产业主导权。

我国经济发展的空间结构正在发生深刻变化，发展动力极化现象显著，中心城市和城市群正在成为承载发展要素的主要空间形式。当前，全球经济分工与城市格局从去工业城市中心化到立新经济尖峰，城市替代国家参与全球竞争，中心城市逐步走向城市圈、都市圈，呈现出创新从园区走向城市、产业从城市走向城市圈、开放从城市群走向经济带的新发展态势。习近平总书记提出发挥各地区比较优势，促进各类要素合理流动和高效集聚，增强创新发展动力，形成优势互补、高质量发展的区域协调发展新思路。京津冀、长三角、粤港澳、成渝等城市群创新范围加速扩散，通过集聚国际创新资源，优化创新制度和政策环境，创新型城市群加速崛起，并实现创新能力的群体性跃升。各地纷纷加快区域创新战略布局探索，建设了 G60 科创走廊、广深港澳科创走廊、成渝双城经济圈等区域协同创新载体，以谋求新时期核心竞争优势和发展主动权。建设光谷科技创新大走廊就是要加快探索以中心城市带动周边区域创新发展的协同机制，优化科技创新资源区域配置，激发区域科技创新潜力，引领带动长江中游城市群高质量发展。

二、光谷科技创新大走廊现状分析

科技创新资源加速集聚。光谷科技创新大走廊是湖北省科教智力资源密集区，有近百所高校，七十多名"两院"院士，已形成涵盖基础研究、应用研究、技术开发、成果转化等环节的科技创新体系，涌现出一批全球领先的重大创新成果。近年来，获批建设脉冲强磁场、精密重力测量等重大科技基础设施及武汉光电国家研究中心等基础前沿创新基地，建设了国家信息光电子创新中心、国家先进存储器产业创新中心等国家级创新平台；建设了 30 余家产业技术研究院及一批区域性技术转移转化平台。2019 年，技术合同成交额超过 1000 亿元，专利申请量超过 6 万件，占湖北省的 40% 以上；PCT 专利申请超过 1700 件，占湖北省的 90% 以上。

特色产业集群加快发展。光谷科技创新大走廊是湖北省特色优势产业发展区，形成了光电子信息、生命健康、智能制造、新能源新材料、现代服务业等协同发展的特色产业体系，布局了集成电路、新型显示等新兴产业，涌现了人工智能、智能网联汽车等一批新业态及以在线教育、在线文娱、在线办公为代表的在线新经济，集聚了中国信科集团、人福医药、劲牌公司、华夏窑炉、三赢兴科技等一批领军企业，建设了国家存储器产业基地、华为全球光能力中心、三安光电 Mini/Micro LED

芯片、天玑智谷智能显示终端等一批带动性强的重大项目，集聚了小米科技、今日头条、尚德机构等近百家知名互联网企业"第二总部"。2020年，区域内科技型企业超过10万家，高新技术企业超5000家。

创新创业生态日益完善。光谷科技创新大走廊是湖北省创新创业活力区，构建了"众创空间—孵化器—加速器—专业园"的完整孵化链条，建立了集孵化服务、创业投资、创业活动、创业导师等于一体的创业服务体系。截至目前，累计建设国家级科技企业孵化器38家、国家级众创空间65家、国家专业化众创空间7家；持续打造光谷青桐汇、3551国际创业大赛、鄂州返乡创业大赛、黄石青年创业大赛、黄冈创天下大别山创新创业大赛、香城汇创新创业大赛等"双创"品牌活动，营造了鼓励创新、宽容失败的创新创业文化。企业培育成效显著，近百家企业入选国家高新区"瞪羚企业"榜单；"独角兽企业"从无到有，累计达到6家。

创新政策环境不断优化。光谷科技创新大走廊是湖北省体制机制改革先行区，先后出台了"黄金十条""新黄金十条""创新创业创造十条""互联网+十条""3551人才计划""333"引才工程、黄石创新活力之城十条、创新创业先锋行动计划等系列创新政策；深化"放管服"改革，做好企业服务"店小二"，推行"马上办、网上办、一次办、就近办"政务服务改革，深化"先建后验"改革试点，形成了一批可复制可推广的先行先试经验。

协同创新机制深入探索。光谷科技创新大走廊是湖北省协同创新引领区，五城地缘相邻、人文相亲，探索了产学研合作、共建研究院、共建产业园等协同创新机制，形成了研发在武汉、生产在鄂州/黄石/黄冈/咸宁的联动发展模式。"鄂黄黄咸"等地企业与在汉高校院所建立了紧密合作关系，引进高校院所科技成果到本地转化孵化，支持高校院所围绕本地优势产业建设新型研发机构；探索区域间利益分配机制，合作共建光谷黄冈科技产业园、中国光谷·咸宁产业园等产业园区；探索产业协同发展模式，大冶有色、科峰传动、海威材料等一批行业龙头企业在武汉设立研发中心，逸飞激光、滨会生物等武汉企业在大走廊范围内设立生产基地。

光谷科技创新大走廊建设具备较好基础，但与先进地区相比，与建设国家科技创新中心、综合性国家科学中心的要求相比，仍存在较大差距。一是高端创新资源相对较少。国家重大科技基础设施不足，目前已建和在建只有3个，与北京、上海、合肥存在较大差距，同时，高能级科技创新平台、高层次创新人才、高端科技金融机构等与北京、上海、深圳等地存在一定差距。二是整体创新能力有待提升。光谷科技创新大走廊龙头城市武汉的科技创新能力不突出，溢出效应不明显，与北京、上海、深圳等龙头城市相比创新能级明显偏低；光谷科技创新大走廊范围内各城市发展阶段与发展水平存在差异，部分区域科技创新投入力度有待加强，自主创新能力相对较弱，科技成果转化机制改革有待深化，企业国际竞争力有待进一步增强。三是协同创新机制有待健全。光谷科技创新大走廊范围内仍存在行政壁垒，创新要素流动机制有待进一步畅通，高校、科研机构、企业高效协同创新机制有待深化，基础设施互联互通、创新链与产业链协同等机制有待进一步探索。

三、国内科创走廊案例分析

（一）G60 科创走廊

G60 科创走廊包括上海、嘉兴、杭州等 9 个城市，覆盖面积约 7.6 万平方公里，通过高位推进、大力开展体制机制创新，充分释放协同发展优势。

一是高位推进，建立健全领导工作机制。成立国家推进 G60 科创走廊建设专责小组，由科技部会同国家发改委、工信部、中国人民银行、银保监会、证监会、沪苏浙皖科技委（厅）、G60 科创走廊九城市政府共同组建。建立 G60 科创走廊联席会议制度，每年召开联席会议不少于一次，共同研讨、协调 G60 科创走廊建设过程中面临的共性和关键问题，并及时将相关成果上报上海市委、市政府和浙江、江苏、安徽等省委、省政府，争取对 G60 科创走廊建设的支持和帮助。实体化运作 G60 科创走廊联席会议办公室，九地市共派工作人员，办公室设在松江区，负责日常对接、协调和工作推进，及时汇总、上报、解决合作中遇到的各类问题。

二是深入推进产业链、创新链协同。深入推进产业协同发展，探索了研发总部在上海松江、生产制造在周边的发展模式，开展产业园区品牌合作，建立品牌园区内产业合作利益共享机制，成立长三角 G60 科创走廊人工智能产业联盟等产业组织，搭建 G60 工业互联网服务平台等产业支撑平台，推动产业集群内企业协同发展，G60 科创走廊成立一年内九城市交互投资超过 2000 亿元。深入推进创新协同，建立长三角 G60 金华（上海）科创中心等"创新飞地"，搭建"长三角 G60 科创云"综合科技服务平台，推动九城市共享优质科技资源，提升整体创新能力。

三是积极破除跨区域行政壁垒。建立"一网通办"工作机制，深化"简政放权+互联网+店小二"为核心的"零距离"综合审批制度改革，开展"跨省通办"试点，在线下设立"跨省通办"专窗、自助服务专区，在线上开设"跨省通办"专栏，充分发挥数据共享和业务协同作用，积极探索异地政务服务"实时联动办理、线上双向审批"新模式，实现一地认证、全网通办、异地可办、就近办理。

（二）广深科技创新走廊

广深科技创新走廊包括广州、深圳、东莞三市，面积约 1.3 万平方公里，通过省级统筹、片区推进建设发展模式，提升走廊整体发展能级。

一是健全组织管理体系。建设工作领导小组，由省主要领导担任组长，省分管领导担任副组长，省有关部门和广州、深圳、东莞三市主要领导为成员。设立工作领导小组办公室，负责领导决策和重大事项的具体执行和落实，做好广深科技创新走廊建设协调和日常管理工作。建立专家咨询机制，对广深科技创新走廊建设中的重大问题、重点项目、发展规划提供决策支撑。

二是高水平打造区域创新集聚区。积极发挥广州、深圳创新引领作用，高水平打造广州科学城、光明科学城，建设黄埔实验室、鹏城实验室等高水平实验室，布局一批重大科技基础设施与前沿交叉平台，不断提升区域基础研究与源头创新能力，同时，积极发挥广州、深圳对东莞的创新带动作用，光明科学城与东莞松山湖共建环巍峨山大科学装置群，广州南沙新区与东莞滨海湾新区协同引进重大创新平台。

三是大力推动产业协同发展。东莞发挥毗邻深圳优势，依托完善的产业配套、广阔的市场空间、适当的土地成本和发展空间，加速承接深圳产业溢出，推动产业深度对接、协同发展，华为、大疆、蓝思科技等大型企业相继在莞布局，数百个来自深圳的重大投资项目落户东莞。

四、光谷科技创新大走廊发展建议

（一）高标准建设东湖科学城

（1）提升原始创新能力。东湖科学城要瞄准国际科技前沿、国家重大需求、区域经济发展需求，遴选创新重点领域，布局重大科技基础设施及交叉研究平台。面向全球集聚各类创新资源，开展战略性、前瞻性、基础性研究，为经济建设、社会发展和国家安全提供科技支撑。

（2）推动前沿技术创新。东湖科学城要面向主导产业与未来产业发展需求，联合全球创新力量，建设一批前沿创新平台。支持大院大所大企业建设一批机制体制灵活、市场适应能力强的产业技术研究院。持续开展前沿技术研发与产业化项目挖掘培育，支持重大创新平台开展科技成果技术成熟度和市场前景研判。

（3）支持硬核科技创业。东湖科学城要支持科学家、企业家、风险投资家在科技研发早期开展深度合作的高水平创业，以市场需求为导向，通过技术创业实现科技成果转移转化，加速前沿技术商业化进程。瞄准关键环节、核心技术和重大发明，面向全球挖掘和培育光电子信息、生命健康等领域重大前沿创新项目和创业企业。

（4）加快新兴产业培育。高标准建设产业创新联合体，支持各类主体联合国际化创新资源，建立科技扫描、技术预判、资源链接、企业服务等产业服务体系。打造新兴产业应用场景，支持开展 5G+、AI+、无人驾驶、数字工厂、远程医疗等应用场景创新和试验示范。探索建立新业态新模式包容审慎监管机制。

（二）培育创新应用场景

（1）支持多元主体参与场景建设。广泛引入行业专家、科学家、投资人、头部企业等共同参与场景设计，充分挖掘新场景的市场价值和社会价值，强调其可推广性和可复制性。鼓励央企、平台型企业牵头组织一批具有较大量级和较强示范带动作用的应用场景，通过众包、分包等形式带动中小企业参与。支持"哪吒""瞪羚""独角兽"等新物种企业探索新技术融合应用场景，开辟新赛道，实现高成长。

（2）打造高品质场景创新方案。基于大走廊区域特色和新产业新业态发展，打磨新场景方案。从城市特色看，应支持武汉以东湖高新区为核心打造具有未来感的前沿技术应用场景；支持鄂州依托花湖机场打造智慧物流中心；支持黄石打造先进制造场景创新中心；支持黄冈和咸宁拓展红色旅游和绿色旅游新场景。从产业发展看，可重点探索智能网联汽车无人驾驶商业化运营新场景、"5G+AI"远程医疗/在线教育新场景、多式联运绿色物流新场景、"5G+工业互联网"协同制造新场景、"北斗+"城市治理新场景等。

（3）创新场景供给组织形式。将场景建设作为一项系统性工程持续推进，由省科技厅牵头成立总体统筹单位，负责清单发布、政策制定、进度跟踪、经验总结等。由省大数据中心牵头成立公共数据开放监管部门，负责制定可开放共享数据分级分类指导性标准，搭建公共数据汇聚中台。推动各高新区成立场景建设专班，负责协调场景建设所需的资源，包括载体、数据等。探索场景创新的审慎监管和容错纠错机制，完善政企市场化、专业化对接机制。

（三）推进跨区域创新协同

（1）完善跨区域协同治理机制。完善跨层级跨部门的组织协调工作机制，研究出台跨区域协同创新的相关制度与政策，并以此为依据帮助各级政府部门理顺协同联动机制，持续完善"武鄂黄黄咸"开放式创新生态，促进不同区域围绕创新创业各方面实现协同共进。

（2）引导创新创业服务机构跨区域发展。鼓励武汉市及各地区的创新创业服务机构组建跨区域服务联盟，共建跨区域协同创新服务平台，助力不同地区的创新生态融通发展。引导各类创新创业特色载体、科技服务机构组织等围绕跨区域创业、跨区域产学研合作、跨区域业务扩张等市场化创新主体的跨区域发展需求开拓新服务新产品，探索构建跨区域的创新创业服务网络。

（3）鼓励开展"科创飞地"建设。鼓励鄂州、黄石、黄冈、咸宁等地到光谷建设众创空间、孵化器、加速器等"科创飞地"，探索在孵项目跨区域梯次流动衔接的合作机制，推动五城创新协同、跨区域科技成果转移转化、创新资源开放共享，打造区域创新合作升级版。

（四）开展跨区域产业协同

（1）做实做专共建园区。加快光谷·黄冈科技园、光谷·咸宁产业园建设，深入探索"飞地园区""一区多园""园外园"等合作模式。建立高效合作的开发管理模式和利益分配机制，完善省级产业协同发展协调推动机构、园区管理执行机构和开发建设主体三层管理架构。

（2）大力开展联合招商。推动"武鄂黄黄咸"签订联合招商协议，成立联合招商工作小组，围绕光电子信息、大健康、智能三大主导产业，建立定期协调会议机制、招商引资基础数据共享机制和重大项目共商共建机制，统筹推进重大项目及其配套项目引进落地、合理布局。

（3）有序推进产业转移。加大对重大产业转移项目的政策支持力度，推动形成研发在武汉、生产制造在周边城市的产业协同布局。鼓励产业项目转移过程中同步实施技术改造、业务拓展，实现转移项目

"异地再生"，提高承接地产业发展水平。

（五）优化创新创业生态

（1）引进培育高端创新创业人才。依托龙头企业、高校院所、重大创新平台，引进一批能够突破关键核心技术、适应未来产业发展需要的高端产业人才。创新人才评价激励机制，打破当前对人才的各种束缚和限制，以科技成果和经济贡献为主要指标，构建充分体现知识、技术等创新要素价值的收益分配机制。优化人才发展环境，搭建高端人才服务平台，在重大科技基础设施使用申请、重大项目申报、团队组建、职称评审、医疗保障、子女教育等问题上为高端创新人才提供一体化服务。

（2）加快推进科技成果转化。推进大学校区、产业园区、城市社区"三区"融合发展，支持企业与高校院所合作建设科技成果转化中试基地，加快科技成果落地转化。鼓励大学科技园与企业共建产业技术研究院、协同创新中心等新型研发机构，打造科研成果产出、科技成果转化和人才培养的重要实践平台。加强国家技术转移中部中心建设，鼓励高校院所技术转移机构市场化运营，加强懂技术、懂市场、懂管理、懂投资的复合型技术经纪人培养。

（3）强化科技金融支撑。充分发挥各级各类股权投资基金作用，引导带动各类社会资本参与光谷科技创新大走廊建设。大力培育创业投资市场，鼓励和引导天使投资人、创业投资基金等支持面向前沿科技成果产业化的长期价值投资。鼓励企业利用多层次资本市场融资。建立光谷科技创新大走廊科技金融公共服务平台，应用人工智能、区块链等技术提供智能化、精准化科技金融对接服务。

（4）建设数字基础设施。完善"陆空天"一体化网络基础设施体系，加速推进5G基站建设，加速光纤网络扩容，加快部署北斗通信、物联网系统等设施。提升工业互联网标识解析国家顶级节点（武汉）服务能力，建设工业互联网一体化发展示范区。推进政府数据资源开放共享，建立数据管理、数据隐私保护和安全审查机制，加强政务数据、企业商业秘密和个人数据保护。

（5）塑造高品质宜创宜业宜居环境。完善基础设施配套，构建互联互通的一体化交通网络，加快推进机场、高铁站、高速公路等设施建设，打造"一小时"交通圈。建设集创新创业、社交文娱等功能于一体的开放式创新创业社区，为创新创业者提供创业便捷、生活便利的配套服务，打造创新街区，全面提升公共空间的人性化水平和艺术特性。运用海绵城市、综合管廊、智慧城市等新技术新理念，建设具有未来感的智慧化城市形态。建设"科技+生态"的中心公园和环岛绿道，构建蓝绿交织、城湖共生、环境优美的生态园区。

（六）加强组织保障

（1）加强组织领导。成立光谷科技创新大走廊建设领导小组，由湖北省主要领导担任组长，加强整体统筹和决策部署，积极争取中央部委支持。领导小组下设办公室，开展规划编制、政策制定、重大事项与项目协调、考核评估等方面工作。组建由科技、产业、投资等各类专家组成的咨询委员会，在规划政策制定、创新平台与科研项目布局等方面提供决策咨询。

（2）加强投入保障。支持多地联动的融合发展用地模式创新，探索新型产业用地模式，引导土地用途兼容复合利用，进一步丰富土地业态和盈利模式。加大专项资金扶持，积极争取中央和省级财政各类专项资金，重点支持廊内企业自主创新、两化融合、企业技改、服务业升级等创新活动，为大走廊产业发展提供财力资金保障。

（3）加强政策保障。建立支持光谷科技创新大走廊建设发展的政策体系，集成五市创新政策，确保各项政策同向发力，形成叠加效应。建立政策评价、反馈、修正机制，加强政策之间的衔接协调，加强先行先试，着力破除阻碍创新驱动发展的体制机制障碍。

课题负责人： 赵荣凯　武汉光谷创新发展研究院院长
报告执笔人： 高程程　尚斌斌　陶　瑶

湖北城市群布局与发展研究

秦尊文　张　宁

2018 年 11 月 18 日，中共中央、国务院出台《关于建立更加有效的区域协调发展新机制的意见》，首次提出"建立以中心城市引领城市群发展、城市群带动区域发展新模式"，并明确赋予武汉引领长江中游城市群发展。长期以来，湖北省委、省政府一直要求武汉在全省经济发展中发挥龙头带动作用。当前，湖北"疫后重振"任务繁重，更应通过城市群这一平台和载体充分发挥武汉龙头作用，加快"建成支点、走在前列、谱写新篇"的步伐。

一、湖北城市群演化过程及发展现状

(一) 武汉城市圈的演化过程

2002 年年初，武汉市采纳湖北省社科院专家建议，发起建立以武汉为中心辐射周边黄石、鄂州、孝感、黄冈、咸宁、仙桃、潜江和天门8 个城市的"武汉及周边城市群"（后定名"武汉城市圈"）。当时，武汉城市圈面积占全省的 31%，人口占 51%，而其经济总量占到了60%以上。2004 年 4 月 7 日，湖北省委办公厅、省政府办公厅转发《省发展和改革委员会关于加快推进武汉城市圈建设的若干意见》，正式启动武汉城市圈基础设施建设一体化、产业发展与布局一体化、区域市场一体化、城乡建设一体化等四个"一体化"建设。2005 年，又增加了"生态环保一体化"。2006 年 4 月，中共中央、国务院在《关于促进中部地区崛起的若干意见》中提出，"以武汉城市圈、中原城市群、长株潭城市群、皖江城市带为重点，形成支撑经济发展和人口集聚的城市群，带动周边地区发展"。这是"武汉城市圈"首次被写入中央文件。

2007年12月，经国务院批准，武汉城市圈被列为全国"两型"社会建设综合配套试验区。自此至"十二五"末期，武汉城市圈建设进入高潮。省、市、县各级高度重视，省政府成立了湖北省推进武汉城市圈"两型"社会建设领导小组，省长担任组长；依托省发改委设立了正厅级单位湖北省发展战略规划办公室（加挂"湖北省推进武汉城市圈'两型'社会建设领导小组办公室"牌子）；城市圈9市设立了"两型"社会综合配套改革办公室。省政府先后印发了空间规划、产业发展规划、综合交通规划、社会事业规划和生态环境规划等5个专项规划，以及多项城市圈一体化发展规划，领导小组成员单位出台了投资、财税、金融、人才、土地、环保等支持政策。按照总体规划、滚动实施的办法，省政府编制印发了武汉城市圈两年实施方案（2014—2015年）和武汉城市圈三年行动计划（2016—2018年），每年印发年度工作要点，确保有序推进重大改革试验工作。此外，省直各部门成立工作专班，每年召开"两型"社会建设推进会议和工作联席会议。由于自上而下工作网络健全，武汉城市圈建设取得较大成效。

一是交通基础设施一体化成绩较亮眼。到"十二五"末期，武汉到八市以及圈内相邻两市之间的1小时交通圈基本建成，半小时交通圈也基本形成，4条放射线型城际铁路（武汉—咸宁、武汉—孝感、武汉—黄石和武汉—黄冈）均已建成并正式通车，"铁水公空"等交通基础设施一体化水平有较大提高。一体化的铁路交通网络逐步完善，公路快速骨架网络全面形成，城市之间的快速通道建设已基本形成。武汉长江中游航运中心建设步伐加快，武汉城市圈"干支相连、通江达海"的航运体系初步形成。

二是产业一体化逐步推进。产业双向转移和产业协作逐步活跃，产业转移对接由规划对接走向了具体产业链链条的延伸。"园外园"建设合作不断推进。到 2016 年，武汉东湖高新区、武汉经济技术开发区已经在城市圈内建立了 20 多个"园外园"。产业转移对接规模不断扩大。孝感 1306 家规模以上工业企业中，由汉资控股的达 280 家；312 家亿元工业企业中，由汉资控股的达 50 家。圈域各市利用武汉在交通区位、销售市场、科技信息、人才等方面的优势，积极将企业研发中心、销售中心迁往武汉，助推武汉总部经济发展。

三是区域一体化市场基本形成。目前，城市圈已经形成了统一的市场主体准入政策体系，并初步建立了工商登记注册机关的协调联动机制，市场主体冠名已基本实现同城化，圈域内异地冠武汉市行政区划名称的企业过 1000 户。大力实施"五证合一、一照一码"登记制度，截至 2016 年年底，圈域内 9 市共办理"五证合一"登记业务 132.83 万件，占全省 73.31%。金融同城化稳步推进。以人民银行支付系统为骨干、商业银行行内资金汇划系统为基础、同城清算系统为补充、网上银行等电子支付迅速发展的武汉城市圈现代支付清算网络体系粗具规模；财税库银横向联网系统已基本全覆盖，信贷市场、票据市场、支付结算、金融信息、外汇服务等同城化建设也初见成效。

（二）"宜荆荆""襄十随"城市群的谋划

湖北省社科院专家早在 2001 年 7 月就提出设立省域副中心城市的建议，2002 年 3 月在《长江论坛》第 2 期提出要在打造大武汉城市群的同时建设"宜荆荆"城市群，2003 年 1 月又在《今日湖北》杂志上发表文章建议湖北建设三个城市群：武汉大都市圈、"宜荆荆"城市群、"襄十随"城市群。2003 年 9 月省政府 30 号文件首次明确襄阳和宜昌"省域副中心城市"地位，要求两市"做好大都市区发展规划，实现区域内城镇合理分工和基础设施共建共享，形成强有力的群体效应，更好地发挥其对省域西北部地域和西南部地域的辐射带动作用"。这一文件虽然没有直接提"宜荆荆""襄十随"城市群，但已经开始注重宜昌、襄阳带动周边发展的问题了。

2010 年 1 月省第十一届人民代表大会第三次会议上的《政府工作

报告》指出："坚持大中小城市协调发展，在抓好武汉城市圈建设的同时，逐步形成宜荆荆（宜昌、荆州、荆门）、襄十随（襄阳、十堰、随州）等新的城市群。"这是省政府首次在正式提出"宜荆荆"城市群、"襄十随"城市群。2011 年 7 月，省委九届十次全会将"一主两副"定为湖北"建设支点"的中心城市带动战略。2012 年 12 月出台的《湖北省主体功能区规划》强调构建"一主两副、两纵两横"为主体的城镇战略格局，并明确提出："继续提升武汉城市圈的整体功能和国际竞争力，围绕襄阳、宜昌集中建设襄十随、宜荆荆城市群，形成更为平衡的资源配置格局，经济增长的空间由东向西拓展，人口和经济在国土空间的分布相对均衡。"2017 年 11 月省委出台的《关于学习贯彻落实党的十九大精神全面建设社会主义现代化强省的决定》强调指出："推进武汉城市圈、宜荆荆和襄十随城市群协同发展"。2019 年 8 月 22 日，省委十一届六次全会通过《关于落实促进中部地区崛起战略推动高质量发展的意见》强调："推动武汉城市圈、襄十随城市群、宜荆荆城市群建设，促进城市间产业发展、基础设施、环境治理、公共服务、改革创新等协调联动，提升城市群功能。"

　　2020 年 4 月 20 日，湖北省委书记应勇在省委财经委员会召开的第五次会议上指出，更好发挥武汉和襄阳、宜昌的引领辐射带动作用，带动城市群、城镇带发展，带动湖北全域发展。4 月 22 日，省委常委会召开会议。会议强调，要突出发挥优势、激活潜能，更大力度扩大有效内需，进一步激活区域潜力，更好发挥武汉为龙头、"襄十随"和"宜荆荆"为两翼的引领辐射带动作用。12 月初，省委十一届八次全会提出"一主引领、两翼驱动、全域协同"区域发展布局，其中"一主"是指武汉和武汉城市圈，"两翼"是指"襄十随神"和"宜荆荆恩"两个城市群。

（三）湖北城市群建设存在的问题

　　十多年来，湖北城市群建设取得了一定成效，对全省经济社会发展起到了促进作用，在全国城市群建设中有一定地位，但也存在一些亟待解决的问题。

1. 武汉城市圈一体化进展不尽如人意

基础设施互联互通短板突出。规划调整不衔接、重复建设、交叉地段道路"两不管"等问题时有发生，城市空间一体化格局没有形成。产业分工协作不够密切。各市之间缺少深度合作与对接，关联配套不够，连接耦合度不高，产业同质化、恶性竞争问题比较突出。如武汉新港、黄石新港、鄂州三江港都搞多式联运，货源市场、港口腹地高度重叠，没有做到错位协同发展。公共服务共享程度不高。目前，圈内各市在技术开发、招商引资、外贸出口、财政税收、土地征用、工商管理、物价调控等方面政策上存在差异，地域分割、行业垄断、市场壁垒问题较为突出，打造统一开放的市场环境还有很长的路要走。一体化的基本公共服务、社会保障、社会治理等推进力度较弱，电话区号除鄂州启用"027"外，其他市未与武汉统一，公交卡、医保等也都还没有统一。

2. "宜荆荆""襄十随"城市群建设"雷声大、雨点小"

2010 年武汉市《政府工作报告》中明确提出推动"宜荆荆""襄十随"城市群建设。这一年，"宜荆荆"三地联合建设城市群的热情很高，政府之间有较多互动，民间也较热络。相比之下，"襄十随"则动静不大。此后，"宜荆荆""襄十随"城市群多次被省政府及有关部门提及，这两个概念也被广泛接受。2016 年，湖北省发改委启动《宜荆荆城市群发展规划》和《襄十随城市群发展规划》编制工作。2017 年终于完成了《宜荆荆城市群发展规划》和《襄十随城市群发展规划》的专家稿，但并未发布。

3. 持续推进城市群建设的定力不够

武汉城市圈刚提出的前几年，特别是国务院批准"两型"社会建设综合配套改革试验区后，省市精神振奋，响应积极，纷纷成立领导小组、开展专题调研、召开联席会议、举行对接活动等，取得了较好的成效。但此后力度逐渐减弱，特别是 2017 年以来交流、互动、合作活动越来越少，大有曲终人散之势。在新一轮党政机构改革中，省综改办被撤销，各市政府具体负责这项工作的综改办、两型办、城市圈处（科）

也都被撤销了，相关工作基本停摆。而与武汉城市圈同时获批全国"两型"社会综改区的长株潭城市群，湖南历届省委、省政府主要负责同志都拿在手上亲自抓。在 2018 年机构改革中，独立的工作机构级别未降、编制未减，工作不仅没有放松，而且越抓越紧。湖北 2016 年以后省级层面就没有再对武汉城市圈建设推进工作作出部署了，所有规划和方案时间截止期最多到 2020 年。而湖南 2019 年 9 月公布《长株潭城市群生态绿心地区总体规划》，一直规划到了 2030 年。

二、进一步做大做强武汉城市圈

武汉城市圈是湖北城市群发展的重点地区，其目标就是建成武汉国家中心城市、引领长江中游城市群发展、挺起长江经济带。应持续推进"五个一体化"，进一步做大做强武汉城市圈。

(一) 加快建成武汉国家中心城市

武汉建成国家中心城市，是武汉城市圈做大做强的重要标志。全省包括"襄十随神""宜荆荆恩"城市群，都要支持加快建成武汉国家中心城市。

1. 加快申报建设综合性国家科学中心

综合性国家科学中心基础条件是：有 3 个以上重大科技基础装置，有一批国家级的重大创新平台，有一批"双一流"高等院校，有一批世界级的领军人才，有若干先进产业集群。这五项条件武汉全部具备，应支持其建设继合肥、上海、北京、深圳之后的第五个综合性国家科学中心。

2. 建设国家生物安全与公共卫生医学科学中心

武汉在生物科技、病毒、医疗、公共卫生及相关产业在全国居前列，有较好基础。新型冠状病毒肺炎疫情暴发初期，全国各地专家齐聚武汉，对湖北相关科技和医疗知识进行大普及和现场大练兵。此次疫情也表明，生物安全和公共卫生应上升为国家战略，相关产业也应尽快发展起来。建议支持武汉率先建设国家生物安全和公共卫生医学科学中心，打造世界级生物医药产业基地。

3. 支持武汉发展总部经济

发展总部经济不只是对武汉市有利，因为总部主要集约的是产业链上的"两头"：研发和营销。周边城市很多企业愿意将"两头"甚至是总部迁往武汉，不能将武汉称为"黑洞"，这是企业为了更便捷地获取生产要素的市场化行为，无可厚非；与此相伴相生，有不少武汉企业将产业链的中间环节或其中的一部分扩散到周边地区，即建立了生产基地。这种周边总部迁往武汉、武汉生产基地迁往周边的"双迁模式"，实际上是双赢的，省政府及有关部门应大力支持。

4. 研究启动扩大武汉市的行政区划

近些年，杭州、成都、合肥、济南等省会都已"扩容"，西安还代管了"西咸新区"。其实，即使将鄂州并入，武汉辖区面积在省会城市中仍居中游水平，少于杭州、成都、长沙等经济强市。合并鄂州不仅使武汉优势更强，也将使武汉 GDP 反超成都，恢复全国城市第 8 位。

（二）接续推进武汉城市圈建设

现在有一种观点：长江中游城市群提上国家层面后，武汉城市圈的使命就完成了。主张"抓大放小"，这也是近年来武汉城市圈建设力度减弱的原因之一。实际上，如果连武汉城市圈都建设不好，遑论建设长江中游城市群了。必须接续推进武汉城市圈建设，深入推进"五个一体化"。

1. 强力推进通信基础设施一体化

在继续完善交通基础设施的同时，重点推进通信基础设施一体化。武汉城市圈获批全国两型社会试验区以来一直宣称要统一电话区号，但到现在仍未解决，在圈内广受诟病。而长株潭、西咸、广佛肇、沈阳经济区、郑开等很多地区早就实现跨行政区通信一体化，为我们做出了示范。建议湖北省政府迅速解决这一问题，以重塑城市圈一体化形象。

2. 不断深化生态保护一体化

共同保护好长江母亲河。强化水资源开发利用控制、用水效率控制、水功能区限制纳污"三条红线"的先导作用和刚性约束，联合建立水资源水环境承载能力监测预警机制。以环保优先和自然修复为主，共同维护重点江河湖库等的健康生态。加强对天然林的保护，积极实施退耕还林，对湿地生态实施恢复工程，恢复其湿地功能。以国家级和省级自然保护区为重点，加强对珍稀濒危野生动植物的保护。采取一系列积极措施，共筑城市圈生态安全屏障。统筹山水林田湖草系统治理，强化大气、水、土壤污染联防联控。以跨区域河流为重点，实施横向生态补偿。积极推进国家级循环经济园区试点，办好低碳产业园区、静脉产业园区等各类生态工业园区，共同推动鄂东转型发展示范区高质量发展。

3. 持续拓展产业一体化

推进产业双向转移。在前期武汉市将纺织、造纸等产业全部转移出去的基础上，继续将服装、食品饮料、化工、建材、一般性汽车零部件等传统产业和石化中下游产业逐步向周边城市扩散转移，鼓励周边城市的企业集团总部、研发和营销机构等高端部门向武汉转移和集中布局。鼓励武汉经济技术开发区、东湖新技术开发区、黄石经济技术开发区等国家级开发区与周边城市共建开发园区。以"园外园"为突破口，推进城市产业合作。目前，武汉已分别在圈内8城市建立了开发园区，但多属松散型、"挂牌型"。要推广武汉经济技术开发区托管洪湖新滩新区的经验，重点在黄冈等革命老区、贫困地区设立"飞地"，带动落后地区尽快脱贫致富、全面建成小康社会。

4. 全面落实市场一体化

统一武汉城市圈市场主体准入政策、程序、服务、监管，加强在执法办案、打假维权、打击传销、商标监管、广告监管、合同监管、打假护农等方面的整体互动和工作协作。建立城市圈流通领域重要商品质量监测机制，实现监测品种统一、监测时间统一、监测区域统一、监测结果统一公布和统一开展"靶向式"监测。同时，积极搭建信用融资平台，开展动产抵押登记工作，全方位提供动产抵押信息社会查询，搭建银企沟通平台。

5. 有效推进社会发展一体化

在科技方面，继续增加大型科学仪器协作共用网入网单位和入网实验室，完善科技信息共享服务平台，开办网上技术市场，建设技术合同认定登记系统。积极开展国家和省级技术转移示范机构、中国创新驿站、区域技术转移联盟等建设，利用武汉丰富的高校资源推进"校市"合作。

在教育方面，深入实施武汉市中心城区与城市圈内8个县市区对口合作，开展教师交流活动，继续实行教师校长跟岗挂职。推进城市圈部省高校对口支持合作。办好湖北省高等学校师范教育联盟、湖北高校数字图书馆，实现教学资源的网上运行和共享。

在卫生健康方面，深入推进异地就医联网结算、新农合"一卡通"，支持武汉市知名医院托管市县医院。总结吸收抗击新型冠状病毒肺炎疫情的经验教训，构建统一的突发公共卫生事件应急指挥与决策系统，对突发公共卫生事件和重大疾病预防控制实行统一调度、分级负责。

在社会保障方面，实现武汉城市圈内社区就业与社保服务平台机构、人员、经费、编制、工作、制度"六到位"，保障人力资源跨区域无障碍流动。

(三) 引领长江中游城市群发展

在推进武汉城市圈建设的同时，还要发挥武汉作为国家中心城市对长江中游城市群的引领作用，采取的策略不应当是"抓大放小"，而是大小两圈的建设同时推进，"以小促大，以大带小"。

1. 提升武汉在长江中游城市群中的地位

2015年发布的《长江中游城市群发展规划》，提的是武汉、长沙、南昌三个中心。"三个中心"的提法是基于当时的形势提出的。但是后来形势发生了变化：2016年武汉被明确为"国家中心城市"和"超大城市"，这在长江中游地区是唯一的，而且武汉是中部地区唯一的副省级城市。2018年11月党中央、国务院《关于建立更加有效的区域协调发展新机制的意见》的文件，表明了武汉是长江中游城市群唯一的中心。因此，湖北应呼吁在新一轮长江中游城市群发展规划或实施方案中明确"一主两副"，即武汉为长江中游城市群主中心城市、长沙和南昌为副中心城市，与"长三角"明确的"一主三副"（上海为主中心，南京、杭州、合肥为副中心）类似。

湖北省委、省政府应尽量促成国家有关部门将各类长江"总部"放在武汉。中华人民共和国成立以来，长江水利委员会、长江航务管理局等国家管理长江的相关机构均设在武汉，人们习惯认为武汉是长江"总部"。其实，早在民国时期，规划和管理长江流域的机构就在武汉。今后凡是涉及长江流域管理的这类机构，无如特殊情况应一律设在武汉。

2. 引领长江中游城市群一体化建设

武汉并不与江西、湖南接壤，基础设施一体化等工作主要靠省里谋划。但武汉可以牵头打造一些共享平台。要以长江中游航运中心建设为契机，推进"长江中游港口群"的形成和发展，为长江中游城市群的形成打造共享的物理平台。在产业一体化、市场一体化、环保一体化方面，着力推进长江中游城市群建设。当前，要积极推进"研发孵化在武汉，产业化在周边"的模式，近期要迅速地在岳阳、九江等邻近地方实施突破，为长江中游城市群的产业一体化提供"样本"和示范。武汉地区有一些技术和企业曾自发地向湘赣两省扩散。如在武汉各大超市成功建立废旧电池回收系统的格林美公司，目前以武汉城市圈为中心构建的电子废弃物回收体系，已辐射湖北、江西、湖南100多个县市。今后要积极引导，大力扶持，舍得投入。

3. 推进长江中游城市群民众心理融合

加大宣传和研究力度，从历史、文化等方面，寻找更多的渊源，扩大更多的共识。没有心理的认同，长江中游城市群将难以为继。多宣传江西、湖南的先进经验、风土人情，特别是多搜集一些"一江两湖三地亲"的生动案例和故事，以增加江西、湖南两地对湖北、武汉的亲近感。

三、尽快做实"襄十随神""宜荆荆恩"城市群

鉴于湖北省委十一届八次会议已将神农架林区和恩施州分别划入相应城市群，形成"襄十随神""宜荆荆恩"城市群的新情况，建议授权省发改委开展两个城市群规划编制工作。在此基础上，全面推进湖北城市群建设。

（一）推进交通基础设施互联互通

"襄十随神"城市群要以铁路建设为重点推进交通一体化。利用浩吉铁路建成通车、汉十高铁通车营运的有利时机，构筑襄阳铁路枢纽地位和"全国综合性交通枢纽"地位；提升随州—信阳联络线的等级与能力，构建襄渝线—宁西线铁路货运主通道；推动汉丹铁路"老丹段"电气化改造，推动铁路老河口城区段东移西延，恢复汉丹铁路客运。

"宜荆荆恩"城市群要以完善高速公路和铁路为重点，打造复合交通轴，形成城市群的基本骨架；建设好宜昌港、荆州港、荆门组合港，以"长江—江汉运河—汉江—江汉航线"航道为依托，形成高等级航道网。通过铁路、公路、水运、航空等交通方面的全方位合作，提高公共基础设施的可达性，增强共享性。

同时，两个城市群同处湖北西部，山水相连，应注重两群之间交通基础设施的互联互通。当前，重点加快推进郑万高铁（襄阳—宜昌段）、呼南高铁（襄阳—荆门—宜昌段）、襄常高铁（荆门—荆州段）建设，共同推进汉江—汉江运河—长江航道维护，荆门、宜昌、襄阳联手做好漳河流域的开发与治理工作。

（二）推进重点产业跨区域融合发展

首先，可以从旅游业突破。"襄十随神"城市群要充分发挥历史文

化、山水文化资源富集的优势，努力彰显和弘扬华夏优秀传统文化，通过旅游业一体化发展，打造成为集观光、休闲、娱乐、体验、养生等功能于一体的生态文化旅游区和世界知名旅游目的地。"宜荆荆恩"城市群以三国、三峡旅游、民俗文化旅游为切入点，积极促成四市州旅游资源整合和整体营销。

其次，可以在汽车产业上下功夫。"襄十随神"城市群可以襄阳为龙头，与十堰、随州共建汽车产业带，与武汉汽车产业遥相呼应。同时，以"襄十随神"城市群带动"宜荆荆恩"城市群汽车产业发展。宜昌、荆州、荆门三市也有汽车及零部件产业，应积极主动与"襄十随神"城市群对接，共同做大做强湖北汽车产业特别是新能源汽车产业。

（三）推进社会事业共建共享

可以开展宣传、文化、教育、科技、体育、卫生、环保、社会保障等社会发展领域的合作，形成两大城市群发展的强大合力。"襄十随神"四市（林区）应以国家批复《汉江生态经济带发展规划》为契机，充分挖掘和整合汉水文化、炎帝文化、楚文化、三国文化、道家文化等文化资源，围绕增强文化创新能力和发展活力，推动文化体制改革在重点领域、关键环节取得新的突破。"宜荆荆恩"四市州应以国家批复南方大遗址保护为契机，将荆州片区建设成为我国大遗址保护示范区和荆楚文化展示区。

四、发挥武汉对"襄十随神""宜荆荆恩"城市群的带动作用

虽然省委、省政府明确了襄阳、宜昌"省域副中心城市"的地位，赋予两市分别带动"襄十随神"和"宜荆荆恩"城市群发展的重任，但并不是说武汉对鄂西北、鄂西南就放手不管了。武汉要发挥对"襄十随神""宜荆荆恩"城市群的带动作用。

（一）着力培育和壮大新动能

武汉是著名的科教重镇。截至目前，全市现有人才总量 230 多万人，占全市人口总量近 1/4；普通高等学校数量 84 所，其中有 7 所列入国家"双一流"高校建设。在校大学生（含研究生）118 万人，成为全国三大智力密集区之一；拥有科研院所 121 个、国家级重点（工程）实验室 31 家、国家级（工程）技术研究中心 28 个。应当用足、用活、用好武汉"科教重镇"这个老底子，着力培育和壮大新动能。

2018 年 4 月 26 日上午，习近平总书记到东湖高新区考察，一再强调："过去那种主要依靠资源要素投入推动经济增长的方式行不通了，必须依靠创新；具有自主知识产权的核心技术，是企业的'命门'所在。"① 这为武汉培育和壮大新动能指明了方向，为武汉经济发展提供了根本路径。应当用足、用活、用好武汉"科教重镇"这个老底子，着力培育和壮大新动能，带动"襄十随神""宜荆荆恩"城市群发展。

要加大区域统筹协调力度，有序推动武汉市边际产业向"襄十随神""宜荆荆恩"城市群转移，构建联系更加紧密的产业合作关系。发挥武汉对口支援鄂西北郧西县、鄂西南来凤县的示范效应，大力推动城乡要素融合发展，促进农民进城与"要素下乡"双向互动，实现要素资源最有效的利用。推动区域智力资源融合，充分发挥武汉龙头引领作用，促进全省智力资源合理配置，大力推动武汉创新成果在全省的运用。充分发挥武汉交通、口岸、海关、自贸区优势，为各市县商贸物流、进出口提供通道与平台支撑。突出抓好自贸区开放平台与制度创新试验田的作用，将成熟经验向全省复制推广，加强与宜昌、襄阳自贸片区的合作，建设以武汉为龙头的湖北"全域自贸区"；破除要素商贸流通领域的体制机制障碍，打造统一、开放、商品要素自由流动的一体化市场，通过市场力量形成武汉对全省经济发展的强大带动作用。

---

① 新华月报. 新中国 70 年大事记（1949.10.1—2019.10.1）［M］. 北京：人民出版社，2020：512.

（二）大力发展"引领型"制造业

一是带领"襄十随神""宜荆荆恩"城市群在存储芯片领域实现突破。习近平总书记 2018 年 4 月 26 日在武汉新芯集成电路制造有限公司视察时讲道："装备制造业的芯片，相当于人的心脏。心脏不强，体量再大也不算强。要加快在芯片技术上实现重大突破，勇攀世界半导体存储科技高峰。"[①] 也就是在总书记视察的当天，国家级信息光电子创新中心在武汉正式启动。该中心由烽火科技集团武汉光迅科技股份有限公司牵头组建，覆盖全国信息光电子领域 60% 的创新主体。此前，2016 年 12 月，总投资 300 亿美元的国家存储器基地项目在武汉正式开工。全面达产后，月产能将达到 30 万片三维闪存芯片，年产值将达到 100 亿美元。襄阳、宜昌、荆州、荆门都有与武汉"芯"配套的封装测试与材料产业，武汉要带领"襄十随神""宜荆荆恩"城市群走出一条强"芯"之路，不负总书记嘱托，实现"引领型发展"。

二是带领"襄十随神"城市群在智能网联汽车领域实现突破。智能网联汽车是智能汽车与互联网相结合的产物，可拉动汽车、电子、通信、服务、社会管理等行业协同发展。武汉具有发展智能网联汽车的良好基础。武汉是国家智能汽车与智慧交通应用示范城市，武汉经济技术开发区成为首批入选示范区项目建设的核心区。襄阳也在积极发展智能网联汽车产业，建设东风汽车试验场四期、智能网联汽车小镇和智能网联汽车运营示范线。武汉要与襄阳加强协作，共克难关，努力使智能网联汽车成为湖北引领型产业的一张名片。

三是带领"襄十随神""宜荆荆恩"城市群在航空航天领域实现突破。武汉国家航天产业基地要着力打造航天运载火箭及发射服务、卫星平台及载荷、空间信息应用服务、航天地面设备及制造等四大主导产业。特别值得一提的是，武汉是北斗卫星导航技术核心研发基地，北斗

---

① 习近平在湖北考察时强调：坚持新发展理念打好"三大攻坚战"奋力谱写新时代湖北发展新篇章 [N]. 人民日报，2018-4-29（01）.

技术的核心研究中心有导航卫星数据分析中心、数据中心以及电离层变化研究中心，三个中心都在武汉。要加大政策支持力度，尽早将核心优势转化为产业优势和经济效益。荆门、襄阳是国家老航空航天研发基地，特别是荆门有国家级的特种飞行器研究所，具有半个世纪的历史。武汉要与荆门、襄阳加强联合，融合科研力量，推进军民融合，努力做大做强湖北航空航天产业。

四是带领"宜荆荆恩"城市群在海洋工程装备领域实现突破。早在 2013 年湖北省正式出台的《关于加快船舶和海洋工程装备产业发展行动方案》就明确提出打造形成武汉、荆州两个船舶和海洋工程装备产业集群。"宜荆荆恩"城市群中的宜昌、荆门也涉足先进船舶和海洋工程装备产业。武汉海工装备制造产业体系相对完备，完全可以围绕这些产业投入更多研制力量，带领"宜荆荆恩"城市群重点强化海上油气钻井平台、大型特种船舶、大型海上作业平台、深海金属矿产开采设备、深潜器等生产优势，积极发展海洋战略性新兴产业，包括开发海洋生物产业、海洋能源产业、海洋矿业等产业。

（三）错位发展大健康产业

武汉市要发挥科技优势、市场优势，带领"襄十随神""宜荆荆恩"城市群在大健康领域错位发展，实现突破。在"襄十随神"城市群中，十堰、神农架生物资源丰富，发展大健康产业具有得天独厚的优势，可以神农氏、武汉道家医药养生文化传承为灵魂，发展康养产业、中医药产业；襄阳市启动了大健康产业规划编制工作；随州也较重视大健康产业发展。在"宜荆荆恩"城市群中，四市州都很重视大健康产业发展，其中荆门市、恩施州将大健康产业列为支柱产业。

武汉大健康产业全省遥遥领先，而且是武汉市委、市政府确立的继存储器、航天产业、网络安全人才与创新、新能源和智能网联汽车四个国家新基地之外唯一的地方自定的产业基地。武汉光谷生物城全国著名，"环同济-协和"高端医疗产业集聚区、光谷南大健康产业园、汉阳大健康产业发展区、武汉长江新城国际医学创新示范区等集群正在集聚发展。发挥全国大健康产业发展重要增长极的作用，带领"襄十随神""宜荆荆恩"城市群建设区域医疗中心、临床试验基地，打造大健康产业特色园区；与宜昌、荆门等地联手，推动医用物资生产标准化、品牌化和集群化发展，打造集医疗防治、物资储备、产能动员"三位一体"的医用防护物资生产集聚地。

（四）发挥优势发展"内循环"经济

2020 年 7 月 30 日中共中央政治局召开会议，分析研究当前经济形势，明确提出要"加快形成以国内大循环为主体、国内国际双循环相互促进的新发展格局"和"实现稳增长和防风险长期均衡"。构建双循环新发展格局，这是适应我国比较优势和社会主要矛盾变化、适应国际环境复杂深刻变化的迫切要求，是当前和未来较长时期我国经济发展的战略方向。我们要将扩大内需作为战略基点，坚持以供给侧结构性改革为主线，以创新驱动发展为主攻方向，以高水平对外开放为强大支撑，推动国内供需更高水平平衡，促进经济高质量发展，在构建双循环新发展格局中育新机开新局。

武汉在国内大循环中具有很好的基础条件，自古就有"货到汉口活"的美誉，近些年武汉社会消费品零售总额一直居同类城市榜首。要发挥优势，带领"襄十随神""宜荆荆恩"城市群不断扩大内需，推动文化旅游、休闲娱乐、家政服务、健康养老等服务消费提速提质。积极发展消费新业态，打造线上线下协同互动的消费生态。大力促进新消费领域发展，重点培育品质消费、时尚消费、信息消费、服务消费、文化消费、体育消费等新消费热点，武汉的赛马产业、航空运动产业等，都属于中高端消费，应大力支持。要发挥新消费引领作用，培育形成更多新技术、新产业、新业态、新模式，增强新消费对全产业链的引领和带动作用，发挥内需在湖北经济中的"压舱石"和"增长极"作用。

（五）以扩大进口拉动外贸发展

上海已举办三届中国国际进口博览会。在这个"消费为王"的时代，这一做法很值得武汉借鉴。武汉要重点打造全球知名的消费地标，打造个性独特的特色街区，打造舒适、便利、智能的社区商业，形成资源集聚的内外贸融合发展格局的国际消费城市。

要发挥武汉自贸片区的引领作用，与宜昌片区、襄阳片区一道，积极扩大进口，引导消费。加强进口行政审批取消或下放后的监管体系建设。按照打造法治化、国际化、便利化营商环境的要求，深入推进简政放权、放管结合、优化服务改革，提高进口通关便利性，实施通关一体化改革，打造具有国际先进水平的进口贸易"单一窗口"，节约进口贸易交易时间、降低进口交易的制度性成本。合理降低关税、落实降低部分商品进口税率措施，减少中间流通环节，严格执行收费项目公示制度，清理进口环节不合理收费，清理不合理加价。完善免税店政策，扩大免税品进口。进一步规范进口非关税措施，健全完善技术性贸易措施体系，降低进口成本。充分依托武汉海关特殊监管区域等平台，培育形成一批进口贸易特色明显、示范带动作用突出的进口贸易促进示范企业和平台。将"一带一路"沿线相关国家作为重点开拓的进口来源地，优化进口市场布局，增加国内消费升级需求的特色优质产品进口，扩大贸易规模。加快建设立足中部、辐射"一带一路"、面向全球的进口网络，多样化进口市场布局，引导"宜荆荆恩""襄十随神"城市群企业充分利用自贸协定优惠安排，积极扩大进口。

通过扩大进口，逐步吸引产品制造商来武汉、"襄十随神""宜荆荆恩"等地投资办厂，就近销售，拉动外向型经济发展。

（六）积极发展枢纽型经济

武汉是"九省通衢"，居祖国"天元"位置，是名副其实的"枢纽"。要以此为依托，积极发展枢纽型经济，带动"襄十随神""宜荆荆恩"城市群发展。

首先，共同发挥好长江汉江"黄金水道"功能。与荆州、宜昌一起，重点推进"645"航道工程建设，着力解决长江黄金水道"中梗阻"的问题，打造"水上高速"；武汉卓尔集团已在荆门沙洋打造汉江流域最大的航运物流枢纽，要继续支持荆门、襄阳、十堰复兴汉江航运。带领"宜荆荆恩""襄十随神"城市群共建"长江—江汉运河—汉江"高等级航道圈，共兴长江汉江航运。提升阳逻国际港功能，加快建设航运产业总部区，支持"江海直达"新型船舶建造，完善近洋航线网络；在巩固武汉、九江、南昌、岳阳间定期集装箱公共班轮的基础上，将荆州、宜昌、荆门、襄阳等港口纳入"中三角集装箱公共班轮项目"范围。

其次，联手建设好铁路枢纽。在普铁时代，武汉与北京、上海、广州并称中国四大铁路枢纽。在高铁时代，武汉地位受到郑州、西安、合肥、重庆、成都、贵阳等市严重冲击。尤其引人注目的是，安徽阜阳于2019年10月和12月连续开通商合杭高铁商合段和郑阜高铁，已经形成"米"字形高铁枢纽，而武汉很早就宣称的"米"字形高铁格局并未真正成型。要加快沿江高铁中线通道（武汉—荆门—宜昌）建设，尽早在武汉形成"米"字，并为扭转武汉近年客运量下降的局面做出贡献。同时，继续发挥货运优势。重点推进中欧班列（武汉）加速发展。中欧班列（武汉）是全国唯一回程货量高于去程货量的班列。发挥其在全国领先优势，积极开展国际通道建设。推广"宜汉欧""襄汉欧"与武汉共享班列模式，使"襄十随神""宜荆荆恩"城市群搭上武汉快速发展的列车。

最后，联手建设好航空枢纽。2019年武汉天河机场客运量为2715万人，列全国第14位，近年来首次超过长沙黄花机场（2691万人，第15位），而郑州新郑机场以2913万人列第12位，成都双流机场则以5586万人列第4位的成绩远超武汉。要引入更多航空公司将武汉作为基地、开辟更多航线、加密航班。而"襄十随神""宜荆荆恩"城市群的8个市州（林区）除随州以外，其余7个市州都有营运的民航机场或通用航空机场。要推进天河机场与这些机场开展联合，大力发展文化旅游、会展经济，挖掘更多客源，争取早日超过郑州。

（七）加强长江经济带绿色发展示范

"宜荆荆恩""襄十随神"城市群地处长江、汉江的上游，是大武汉的生态屏障。加强"宜荆荆恩""襄十随神"城市群的生态建设和环境保护，对于武汉"两型"社会的环保安全和可持续发展具有重要作用。武汉市要搞好与"宜荆荆恩""襄十随神"城市群的生态环保项目的对接，协同开展对有关产业和企业的生态环境影响值评价，联合采取鼓励、保护、支持、限制或禁止的政策措施，推进清洁生产，共同搞好长江、汉江流域的水土保持和水污染防治，实现"两型"社会建设的目标。

2018年5月，国家推动长江经济带发展领导小组召开会议，明确湖北武汉、江西九江与上海崇明岛为长江经济带绿色发展示范区首批创建城市。武汉创造了一些好经验，得到国家推动长江经济带发展领导小组办公室的肯定。如武汉市从2019年开始实施长江武汉段跨区断面水质考核奖惩和生态补偿办法（试行），实行水质"改善奖励""下降扣缴"的生态补偿奖惩措施，促使长江、汉江水质均保持优良水平。武汉市还采取要素补偿和综合补偿相结合的方式，对市域范围内纳入基本生态控制线的生态资源实施生态补偿。由于全市安排生态补偿资金逐年增加，各区生态补偿积极性充分调动，基本生态控制线区域生态环境质量得到了有效改善。这些成功的办法，可以在"襄十随神""宜荆荆恩"城市群复制和推广。

撰稿人：秦尊文　湖北省政府咨询委员、湖北省社会科学院研究员
　　　　　张　宁　湖北省社会科学院助理研究员

"十四五"时期湖北县域创新驱动发展的思考与建议

高建平　邹小伟　姚栋夫

县域科技创新是多层次区域创新体系的重要一环，是湖北科技强省建设的重要组成部分。2020年，湖北省80个县（市、区）（24个县级市、39个县、17个区），人口4965万人占湖北省的83.8%，GDP 26784亿元占湖北省的58.44%，县域在湖北省的重要地位可见一斑。可以说，湖北省全域协同发展，关键在县域，但差距也在县域。目前，湖北省共有国家创新型县（市）3个，省级创新型县（市、区）27个，"经济百强县"7个，"创新百强县"2个，GDP超500亿元的县（市、区）16个，但与江苏、浙江等先进省份相比差距较大，江苏有"经济百强县"25个、"创新百强县"26个、GDP超500亿元的县（市、区）78个，浙江有"经济百强县"18个、"创新百强县"26个、GDP超500亿元的县（市、区）51个，连中部百强县的数量也少于河南、湖南。湖北省区域发展不平衡、县域经济规模质量不高，块状经济发展水平远低于沿海省份，科技创新与县域经济、块状经济的结合度和支撑力有待提升。"十四五"时期，县域承担着分解科技强省建设总体目标的重要任务，县域在支撑"全域协同"中的短板急需补齐。

一、县域创新是湖北科技强省建设的短板之一

（一）科技管理机构不断弱化

一是县级党委政府对创新驱动发展重视不够，科技管理队伍弱化。

新一轮机构改革后,江苏 100%、浙江 80% 的县级科技局被保留下来,而湖北仅有 21.25% 的县(市)(17 个)单设科技局,有 78.75% 的县(市)(63 个)科技局与经信、发改等部门合并,不少县(市)专职从事科技工作的人员不超过 3 个,科技管理力度和工作效果大打折扣,县域科技治理能力弱化。二是县域财政科技投入不足,支持创新发展的力度有待提升。2019 年,湖北省 80 个县(市)本级财政科技支出占本级财政一般公共预算支出比重的平均值为 1.95%,低于湖北省平均值 3.7%,其中,有 15 个县(市)低于 1%;而江苏张家港一个市的本级财政科技支出就高达 15.4 亿元,占比为 6.84%。

(二) 企业创新能力有待提升

一是县域创新主体数量偏少,企业创新能力不强。湖北省县域现有高企数量仅为 2683 家,占比湖北省 25.79%;其中,江夏区数量最多,达 150 家,数量不足 10 家的县(市)达到 14 家;而江苏张家港市高企数量达 1486 家,昆山市更是突破了 2000 家。在创新型县(市)方面,2019 年湖北 3 家国家创新型县(市)规上企业研发经费支出占主营业务收入的比值、规上企业中建立研发机构的企业数量占比分别仅占国家创新型县(市)平均值的 57.21%、66.39%。二是县域产业基础偏弱,高新技术产业发展不充分。湖北省县域传统产业占比较大,多处于创新链和价值链的中低端环节,尚未真正形成有规模、有链条的创新型产业集群。2019 年湖北省县域高新技术产业增加值为 3632.4 亿元,占湖北省高新技术产业增加值的 41.82%,低于 GDP 在湖北省的占比 58.44%,其中主要的贡献还集中在武汉等国家级高新区。而江苏江阴一个市就拥有中国企业 500 强 11 家、中国民营企业 500 强 13 家、中国制造业企业 500 强 19 家、中国服务业企业 500 强 8 家,2019 年的高新技术产业产值达到 2257.5 亿元。

(三) 创新体制机制仍然不活

一是县域创新政策体系尚不完善、体制机制不灵活。湖北省县域科技创新政策存在多头管理的问题，创新资金投入存在天女散花的现象，对社会资本的带动效应不明显。各级政府在战略层面做了较多机制安排，但大多缺乏落地实施的操作细则。同时，县域对创新驱动发展体制机制的探索普遍不足，难以充分激活土地、资金、人才等要素作用。而江苏、浙江在 2010 年就开始探索"企业科技创新积分管理""科技创新券"等一系列县域创新发展新模式。二是县域科技成果转移转化能力较弱。县域普遍缺少高校院所，科技创新效率较低，同时技术转移服务体系不健全，技术转移服务机构数量少、规模小，难以满足创新发展的现实需求。2019 年，湖北省县域万人发明专利授权数均值为 2.83 件/万人，低于湖北省均值 10.02 件/万人；县域技术合同成交总额为 397.4 亿元，仅占湖北省 23.56%。在技术推广方面，基层推广机构人员缺乏。据统计，湖北省每名推广人员要服务 720 人，科技服务技术供给严重不足。而浙江积极探索开展产业创新服务综合体建设，截至 2019 年，65 个省级综合体已累计集聚各类创新服务机构 2864 家，开展产学研合作的企业达 6329 家。三是县域创新创业载体布局不科学、机制不灵活。湖北省现有省级以上科技孵化器 282 个，仅有 28% 布局在县域；省级以上众创空间 429 个，仅有 23.3% 布局在县域，创新创业活跃的地区主要集中在市级以上主城区。

（四）省市创新资源下沉难

一是科技计划项目下沉难。随着科技惠民计划、星火计划等原有面向县（市）的国家科技计划被取消，县（市）创新主体承担国家科技专项（基金）数量十分有限。"十三五"以来，省级科技计划项目下沉到县（市）的主要集中在农业科技上，但总体也不到 35%。二是创新平台下沉难。湖北省 945 个国家及省级科技创新平台（重点实验室、工程技术研究中心和临床医学研究中心）分布在县（市）的仅 247 家，占 26.1%。其中分布在县（市）的国家级科技创新平台仅 6 家；规上企业中建立研发机构的数量占比均值为 23.3%，有 20 个县（市）低于 10%。而江苏的昆山、张家港、常熟、江阴 4 个市，创新创业服务机构及研发机构数均达 400 家以上，规上企业中建立研发机构的数量均超过 50%。三是科技人才下沉难。高层次创新创业人才和研发技术人才的引入和培养，是湖北省县域面临的长期难题。大城市的虹吸效应和县域人才奖补政策不匹配，县域企业与科研院所、科技人才之间缺乏长期长远的产学研用合作，都是引智工作的实际障碍。而浙江新昌每年人才政策兑现资金在 1 亿元以上，政府主导在西湖区、滨江区设立"科创飞地"，在北京、上海等地设立国内异地研发机构，目前全县万人拥有人才量达 2108 人。

二、外省县域创新典型经验做法

各地积极探索县域创新驱动发展的新路径，初步形成了一些新的有效的做法和经验，值得借鉴和推广。

（1）从工作定位、干部配备和政策措施入手提升县域科技地位。一是在地方机构改革的大背景下，江苏省县级科技管理部门不但没有一家被撤并，干部配备还大大加强。如海安市、如皋市科技局局长均高配为副县级。海安市不但增加了编制，还增加了科技经费，利用科技体制改革试点之机，成立科技创新委，在乡镇设立科技人才发展办公室，定编定岗定人，配足配强科技一线管理服务力量。二是出台系列促进科技创新的政策意见并及时落实到位，引导企业持续加大科技投入。如江苏省支持常熟、海安探索建立企业研发准备金制度，允许企业可按上年度主营业务收入的 3% 左右预提研发准备金。海安市 2018 年科技发展资金占县级一般预算支出比重达 6.99%，达 6.0472 亿元，全社会研发投入占 GDP 比例达 2.64%，企业享受研发经费加计扣除优惠政策获得的税收减免额达 8020 万元。三是江苏张家港市构建"1+6+3"创新政策体系。其中，"1"即"高质量发展产业扶持政策"文件，"6"即积分管理、研发投入、项目管理、科技合作、科技贷款、科技载体等领域的 6 个细化支撑文件，"3"即孵化载体、产业研究院、企业研究院等 3 个服务机构绩效评价文件，最大限度激发全社会的创新创业活力。江苏省率先探索实施"产学研预研资金管理"制度，按照"合作前期给予高校项目经费，引导启动校企合作；合作后期给予企业项目经费，撬动企业加大研发投入"的思路鼓励和支持企业与高校院所开展产学研紧密合作。

（2）围绕当地主导产业集聚科技创新资源。县市党委政府立足自身优势，聚焦县域经济主导产业，紧密围绕"一县一业、一乡一品"，把地方特色和比较优势转化为经济发展的优势，突出县域科技工作重点，提升县域特色主导产业。如常熟积极融入苏南国家自主创新示范区，加快常熟国家高新区建设，针对汽车零部件、高分子新材料、电气机械、生物医药等 4 大主导产业建设 4 个国家级火炬特色产业基地，成立玻璃模具、生物医药、磁性材料、粉末冶金等 11 个产业技术创新战略联盟，建立浙江大学常熟合作研究院、上海交大常熟科技园等各级科技公共服务平台达 41 家，有力促进了产学研合作和成果转移转化，推动了创新要素向县域产业集聚。如广东专业镇，在一个镇区域内主导产业、辅助产业和服务产业协调发展，产供销一体化，依靠科技推动地域集群经济发展，具有较强的产业竞争力。2019 年，广东省专业镇地区生产总值（GDP）近 4 万亿元，为湖北省 GDP 总额的 1/3 以上，近 4 成的专业镇工农业产值超过百亿元。其中，工农业产值超千亿元的专业镇达 11 个，超百亿元的 146 个。如浙江特色小镇云栖小镇是以大数据、云计算为核心产业的科技型特色小镇，依托阿里云、富士康、银杏谷等共同发起的"淘富成真"基础设施平台，目前小镇已集聚各类涉云企业 210 家。

（3）以"科技镇长团"为抓手提升县域科技服务能力。针对江苏科教资源丰富，县域经济对科技资源创新驱动需求迫切，但双方总是"各干各的"凑不到一块去的情况，2008 年开始，江苏积极推进"科技镇长团"模式，将科技管理工作重心下移，把科技创新资源布局到乡镇，打通科教资源与县域经济发展的"隔膜"，全面提升企业自主创新能力和产业竞争力。科技镇长团最大的优势在于团队作战，协同创新，与以往零零散散、各自为战的"挂职"不同，"科技镇长"集中食宿，通过每天碰头、每周例会、集体调研、科技沙龙等活动，一起分析企业情况、探讨解决难题，产生跨区域、跨高校的合作。每个科技镇长背后，是一所或几所高校的资源，有效解决区域经济转型中遇到的技术难题，强化地方科技管理干部队伍，推动县域技术创新体系建设，提升县域科技创新服务能力。

（4）以平台搭建为重点营造创新创业环境。近年来，江苏县域科技通过新建、整合、优化各类高新区、农业科技园区、大学科技园和国家工程技术中心、科技服务超市等载体，进行集成开放和共建共享，为产业技术创新、科技创新创业等提供支撑，降低创业成本。如常熟以"互联网+"为切入点，在创新资源集聚区建设"创客根据地"，打造具有江南人文特色的众创空间，发挥国家大学科技园"一府多校"的机制优势，促进天使投资与创业孵化紧密结合，打造低成本创新创业中心，推动创业主体由小众向大众转化；常熟国家农业科技园区先后建成国家杂交水稻工程技术研究中心常熟分中心等12个农业科技创新平台，引进江苏阿里巴巴农业科技有限公司等8家科技型涉农企业和雪合来等7个涉农团队到园区开展创新创业，集聚近100个农业科技创新项目，形成一个完整的"成果—孵化—加速—规模化生产"的科技创新服务链。

（5）坚持需求导向深化科技金融结合。以科技金融结合试点省建设为契机，常熟、海安、如皋主动配合省市共建科技金融风险补偿资金池，构建多元化、多层次、多渠道投入机制。以"首投"为重点建立省市联动的天使投资风险补偿机制，扩大省内天使投资联盟覆盖范围，促进天使投资支持种子期、初创期科技型中小企业发展壮大；以"首贷"为重点构建差别化风险共担机制，创新科技金融产品"苏科贷"，稳步发展新型科技金融组织，科技支行、科技小额贷款公司实现高新区全覆盖；以"首保"为重点设立科技保险风险补偿资金，引导保险机构创新科技保险品种，切实分担科技型中小企业创新风险。科技金融结合进一步得到深化，提高了企业创新创业融资能力，加快了科技成果的转化步伐。

（6）以"科技创新券"为切入点创新科技投入体制机制。江苏、浙江深化科技体制改革，提高财政科技经费使用效率，强化市场在配置科技创新资源的主导作用，采用"拨改投、拨改贷、拨改保"等改进财政科技经费投入方式。坚持"需求牵引"原则，探索"科技创新券"建设，以地方为主，地方资金与省级资金按不低于1：1比例配套，市科技局为管理部门、县（市、区）科技局为实施主体，省科技厅负责顶层设计与监督管理。"科技创新券"面向有需求的企业发放，支持企业购买高校院所、第三方独立科技中介机构的科技服务，包括科技咨询服务、分析测试服务、科技信息服务等，发挥财政资金的杠杆作用，引导更多的创新资源向企业集聚，既符合"简政放权"的要求，又调动了地方创新积极性，提高了资源配置效率。

三、推动湖北县域高质量发展的政策建议

"十四五"时期是湖北省加快科技强省建设，以创新驱动县域高质量发展，进一步开辟新空间、添加新动力，实现巩固拓展脱贫攻坚成果同乡村振兴有效衔接的关键时期。站在新的历史方位，抓好县域创新工作，对更好发挥科技创新的战略支撑作用，建设科技强省意义重大。

（一）省市层面，要切实加强统筹引导

建议省市层面进一步加强对县域科技创新工作的统筹谋划、分类指导，以"创新型县（市）"创建工作为主要抓手，推进科技创新资源下沉县域。

（1）统筹谋划创新型县（市）的全域布局。优化创新型县（市）在湖北省"一主""两翼""光谷科创大走廊"等重点区域的建设布局，形成全域协同创新的重要支撑。推动创新型县（市）建设与"百强进位、百强冲刺、百强储备"战略梯队县（市）建设互促互动，切实用创新驱动赋能县域高质量发展。

（2）加强县域创新发展的分类指导。系统开展对县域创新驱动经

济发展的调查研究，加强对湖北省县域科技发展个性问题和共性问题的研究，明确新形势下县域科技工作的定位，科技创新的"核心"和"引领"作用，把创新、协调、绿色、共享、开放等五大发展理念贯穿县域科技工作始终；建立健全县域科技创新能力监测和评价体系，完善县市科技创新投入、科技载体建设、科技创新产出、经济社会发展等方面的指标体系，引导各地加强县市科技能力建设；加强省市县三级科技管理部门联动，加大对县市科技部门的重视和支持，调动县市科技管理干部积极性。

（3）加大对县域创新的政策引导。建立支持县域科技项目稳定增长机制，推动各级各类科技计划项目和平台建设向创新型县（市）倾斜。加大县域"科技副市长""科技专员"、科技特派员选派力度，对县域人才引育给予支持。推动"湖北省科技金融服务滴灌行动"向县域延伸拓展，引导金融资源更多地流向创新型县（市）。强化县域科技创新绩效监测考核，发挥好"湖北省市县科技创新综合考评"的"指挥棒"作用，对先进地区给予表彰激励，对工作不力的给予通报约谈，切实把县域发展转换到创新驱动的轨道上来。

（4）推进县域创新型产业集群建设。支持县域围绕主导、优势产业，打造一批特色明显、错位发展的创新型产业集群，力争到2025年，在创新型县（市）实现创新型产业集群全覆盖。推动高新技术企业"百千万"行动、农业龙头企业培育壮大工程等向创新型县（市）倾斜，加大对县域创新型领军企业、高新技术企业、科技型中小企业的支持力度，重点推进百家创新型龙头企业做大做强，精准支持千家高新技术企业扩规提能，加快培育万家高新技术后备企业。

（5）支持县域大力建设创新创业载体平台。推动县域创新园区上规模、提档次、创特色、增效益。支持创新型县（市）建设科技成果转化中试基地、示范基地，推动20%以上的省级创新平台、50%以上的省级创业载体在创新型县（市）布局，努力在县域形成"星罗棋布""百花竞放"的创新创业氛围。

（二）县级层面，要充分发挥主体作用

在科技创新的链条上，前端是基础研究，源头在高校院所；中后端主要包括应用开发、成果转化、技术推广、技能培训、科技服务等环节，对象主要是企业和产业。湖北省大部分县域在区域创新体系中所处的位置，决定了必须把工作重心放在链条的中后端，为企业和产业提供面对面、点对点的服务，营造优质的科技创新"湿地生态"。

（1）加强科技行政管理部门建设。一是加强科技管理部门的队伍建设，配备强有力的科技管理干部队伍；二是许多县（市）的经验表明，科技行政管理部门领导班子和负责人的能力直接影响区域的科技创新服务水平，要把加强科技行政管理部门领导班子和负责人的配备摆在特别重要的位置；三是为科技管理部门创造良好的工作环境和条件，对表现突出的人员优先提拔使用；四是加大财政科技投入，保障财政科技投入的科学和高效使用。

（2）大力培育创新型企业特别是高新技术企业。一要把培育壮大高新技术企业作为县域经济发展的重中之重。选择一批创新基础好、市场规模大、产业前景优的县域企业，按照一企一策的要求，分门别类制订培育方案，综合运用项目、技术、资金、服务、平台建设等支持方式，引导企业大力发展研发力量，并面向大院大所找合作、要技术，加快成长为具有较强自主创新能力的高新技术企业。对现有的高新技术企业，支持其完善产业链条、迅速做强做大，成为"单打冠军"，有条件的要进行股份制改造并成为科技上市企业。二要引导和推动更多的企业走创新发展路子。鼓励中小企业利用高校、科研院所科技成果，加强技术改造与升级，采用新技术、新工艺、新设备，发展新产业、新业态、新模式，努力成为"专精特新"的科技小巨人企业。三要全力打造具有创新精神的企业家队伍。抓科技创新，关键要把企业家的积极性调动起来。要创造更好的条件，组织他们多培训、多考察、多交流，提高创新创业素质，增强创新活动组织能力，及时发现和捕捉市场机遇。大力弘扬敢于创新、勇立潮头的企业家精神，重视草根企业家、新生代企业

家成长，充分发挥企业家在县域科技创新中的引领作用。

（3）大力推动产业创新发展和转型升级。创新的目的是形成产业优势、发展优势。目前在县域层面，产业结构不合理、层次偏低和产能过剩问题仍比较突出，迫切需要通过创新提高供给质量、促进供给升级，加快向产业链的中高端攀升。一要在"特"上做文章。要把自身的优势和潜力研究透，按照"一区一战略产业、一县一主导产业、一镇一园一特色产业"的要求，找准方向、明确目标，下工夫做强做特，推动主导特色产业绿色化、品牌化、集群化发展，形成区域性标志、行业性标杆。二要在"高"上下工夫。把高新技术产业和战略性新兴产业作为引领县域经济发展的强大动能，瞄准未来战略需求、产业变革方向和供给侧短板，加大高端科技成果转化和产业化项目引进力度，培育战略性新兴产业集群，使之尽快成为地方经济发展的"顶梁柱"。三要在"新"上求突破。重点是向传统产业注入创新元素、科技含量，使其焕发新的生命力。县这一级农业地位很重要，要围绕农业供给侧结构性改革，在生物育种、农机装备、智能农业等领域，加快新技术新成果的转化、应用和推广，提高农业科技支撑水平，推动一二三产业融合发展和农民增收致富。

（4）大力推进创新载体和平台建设。创新载体是科技创新的核心区、经济发展的增长极。各地要扎实推进创新型园区建设，使之成为县域创新发展的有力抓手和核心载体。加快建设高新技术产业开发区、农业科技园区、可持续发展实验区、高新技术产业基地、火炬特色基地等创新密集区，坚持"以升促建"，推进现有创新园区高质量发展。加快各类创新创业载体平台建设，重点推进规上企业研发机构覆盖工作，强化对县域创新的多点支撑。

（5）大力集聚创新创业人才。创新驱动实质上是人才驱动。做好县域科技创新工作，要借鉴运用灵活有效的办法，推动人才政策创新突破和细化落实，真正聚天下英才而用之。一方面，要用好乡土人才。湖北省科教人才资源丰富，拥有厚实的创新"家底"。要推动各类人才服务平台向县域延伸，并给予实实在在的支持，鼓励更多的科技大军下基层，引导高校毕业生到基层创新创业，加大乡土人才、实用技能人才、返乡创业人才培养培训力度，努力造就一支规模宏大、结构合理、适应县域科技创新需求的人才队伍。另一方面，要注重柔性引才。县域经济社会发展的实际，决定着在人才特别是高层次人才问题上，要树立不求所有、不求所在、但求所用的理念。通过实施具体项目集聚人才，通过解决后顾之忧保障人才，通过创新激励机制留住人才，进一步改革人才薪酬分配制度，加大股权、期权、分红激励，让更多的人才愿意长期为县域科技创新服务。

（6）大力营造风生水起的创新创业生态。县域科技创新工作非常具体，直接面对企业和产业，能不能取得实效，创新生态十分重要。一要强服务。进一步深化"放管服"改革，加快转变政府职能，优化和再造政务流程，建立和完善政务服务一张网，凡是涉及创新的事都要"马上就办"，精准服务，精准施策，真正当好县域创新发展的"后勤部"，让广大企业等创新主体心无旁骛地专注创新。二要强机制。坚持科技创新和制度创新同步发力，深化县域科技管理改革，从现实问题、具体环节入手，坚决破除体制机制障碍，大幅提升县域科技资源配置使用效率。三要强投入。县域实体经济的比重很大，产业结构从中低端迈向中高端，没有高强度的研发投入是不可能实现的。各地要舍得在增加科技投入上下本钱，用政府的"小投入"撬动社会资本的"大投入"。

撰稿人：高建平　湖北省科技信息研究院研究员
　　　　邹小伟　湖北省科技信息研究院副研究员
　　　　姚栋夫　湖北省科技信息研究院助理研究员

湖北省旅游资源利用的空间格局优化研究

汪紫薇　朱媛媛　曾菊新

2020 年，湖北省旅游业遭遇了前所未有的冲击和挑战，走过一条"急速下降—省内旅游恢复—跨省旅游恢复—统筹疫情防控与复工复业"的抗疫之路，全年旅游经济总体呈现深度"U 形"走势，第三季度散客出游量触底回升，第四季度全面提振消费信心，安全、品质、数字化、近程旅游成为年度热词。中华人民共和国成立特别是改革开放以来，中国旅游业如火如荼地迅猛发展，2021 年国务院发布的《"十四五"文化和旅游发展规划》中明确提出文化产业与旅游业应成为经济社会发展、综合国力竞争的强大动力和重要支撑。

2021 年《中国旅游经济蓝皮书（No. 13）》显示，中国旅游业正在通过内生动力寻求创新，资源还是原来的资源，但市场已不是原来的市场。大众旅游需求已经从"有没有"走向"好不好"，从"缺不缺"走向"精不精"，从"美好风景"走向"美好生活"，中国旅游市场将呈现客源地由中大型城市向中小型城镇的梯度下沉。湖北省作为县域人口占比超八成、经济总量占据"半壁江山"的中部地区重要省份，加快完善大中小城镇旅游发展环境、深入挖掘旅游资源文化基因、增加优质旅游产品供给、优化旅游资源利用空间格局，将成为"十四五"时期湖北省旅游发展的新格局和主旋律。

本文试图在对湖北省"社会-生态"系统韧性进行评价的基础上，分析 2020 年湖北省经济社会发展面对的挑战和机遇，多维度识别湖北省旅游资源分布差异，科学厘定湖北省旅游资源利用的空间格局，以期为新时期湖北省旅游高质量发展提供参考。

一、湖北省"社会-生态"系统韧性评价

(一) 指标体系构建

基于系统韧性内涵有关研究①，结合湖北省人地关系的复杂多样及所面临的关键问题，从经济韧性、社会韧性、文化韧性、生态韧性4个维度构建湖北省"社会-生态"系统韧性测度指标评价体系（见表1）。其中，经济韧性是指湖北省"社会-生态"系统在受到市场、竞争、产业等影响时从冲击中恢复到原发展路径或谋求新增长路径的能力。从经济基础、经济结构和经济带动三个要素层面构建指标体系。社会韧性主要体现在对公共基础设施的保障能力。因此，选取人口结构、基础设施和公共服务三个要素层面进行表征。文化韧性是指湖北省"社会-生态"系统文化及其载体面临转型升级的压力与要求时，适度调整自身结构适应外部环境变化的再组织或创新发展能力。生态韧性是指湖北省"社会-生态"系统面对社会发展所带来资源环境胁迫时的稳态转换力，基于湖北省特殊的自然环境和具体生产活动，从地形地貌、空气质量、农业作业等方面遴选指标。

(二) 数据来源

本文采用的数据主要包括2020年湖北省17个市域社会经济、基础设施、资源环境等基础数据。研究所需社会经济和基础设施数据主要来源于2020年湖北省及各市域统计公报；森林覆盖数据来源于《中国环境统计年鉴》；空气质量数据来源于各市生态环保局；旅游资源相关数据来源于湖北省文化和旅游厅；地形起伏度所需的 DEM 数据、行政区划边界和河流数据来自1：400万国家基础地理信息数据库（https：//www.resdc.cn）。

---

① 李红波．韧性理论视角下乡村聚落研究启示［J］．地理科学，2020，40（4）：556-562.

表1　　　　湖北省"社会-生态"系统韧性测度指标评价体系

目标层	系统层	指标层	指标含义与性质	权重
"社会-生态"系统韧性水平	EnR 经济韧性 0.2187	人均GDP(元)	表征地区经济发展水平(+)	0.0503
		第三产业比例(%)	表征第三产业发展水平(+)	0.0223
		城乡收入差距	表征系统城乡平衡问题(−)	0.0331
		旅游总收入占地区GDP比例(%)	表征系统旅游效益状况(+)	0.0484
		核心景区旅游旺季占比(%)	表征旅游地经济可持续状况(+)	0.0202
		财政自给水平(%)	表征系统经济健康发展水平(+)	0.0444
	SR 社会韧性 0.2798	人口密度(人/km²)	表征系统的人口压力(−)	0.0522
		城镇化率(%)	表征系统的城镇化进程(+)	0.0386
		道路交通密度(km/km²)	表征系统的公共基础设施条件(+)	0.0255
		教育支出占财政支出比例(%)	表征教育的政策扶持力度(+)	0.0262
		旅游者与当地居民数量比(%)	表征系统外界人口扰动力(−)	0.0853
		核心景区日均车流量(辆)	表征旅游地道路交通压力(−)	0.0520
	CR 文化韧性 0.2100	每万人拥有公共文化机构数(个)	表征系统公共性文化水平(+)	0.0620
		文化商业街与A级景区数(个)	表征系统消费性文化水平(+)	0.0445
		文化艺术区与文化产业园数(个)	表征系统生产性文化水平(+)	0.0365
		文化机构从业人员(人)	表征系统文化产业发展规模(+)	0.0430
		省级以上非物质文化遗产数量(个)	表征旅游地文化资源潜力(+)	0.0240
	EcR 生态韧性 0.2915	地形起伏度(km)	表征系统的地形地貌(−)	0.0621
		森林覆盖率(%)	表征系统的森林资源条件(+)	0.0441
		空气质量优良率(%)	表征系统的空气质量(+)	0.0458
		核心景区日均垃圾处理量(吨)	表征系统环境承载力(−)	0.0430
		单位面积粮食产量(kg/hm²)	表征土地的粮食生产力(+)	0.0410
		单位面积化肥施用量(kg/hm²)	表征化肥对农业生态系统的影响(−)	0.0555

注：财政自给水平=地方财政收入/地方财政支出。

(三) 评价模型建立

(1) 评价指标赋权。首先，采用极差标准化法对2020年湖北省原始数据进行统一处理，以消除不同量纲数据对韧性评价的影响；其次，基于指标的差异性采用熵权法客观确定各指标权重。以上计算过程的公式请参考相关文献①。

（2）韧性评价模型。结合权重和标准化值，采用综合指标法分别计算出各研究单元"社会-生态"系统的经济韧性、社会韧性、文化韧性和生态韧性。具体公式如下：

$$En\,R_i = \sum_{j=1}^{n} X'_{ij}\bar{W}_j, \quad S\,R_i = \sum_{j=1}^{n} X'_{ij}\bar{W}_j \qquad (1)$$

$$C\,R_i = \sum_{j=1}^{n} X'_{ij}\bar{W}_j, \quad Ec\,R_i = \sum_{j=1}^{n} X'_{ij}\bar{W}_j$$

$$R_i = En\,R_i + S\,R_i + C\,R_i + Ec\,R_i \qquad (2)$$

式中：i 为第 i 个研究单元、j 为第 j 项评价指标；X'_{ij} 为指标的标准化值；$\bar{W}_j$ 为第 j 项指标的平均权重；$En\,R_i$、$S\,R_i$、$C\,R_i$、$Ec\,R_i$ 分别为第 i 个研究单元的经济、社会、文化、生态韧性；R_i 为第 i 个研究单元的"社会-生态"系统韧性。

（四）湖北省"社会-生态"系统韧性的空间特征

1. 各子系统韧性水平

根据各子系统韧性水平计算结果，参考世界银行对于经济发展水平阶段的划分②，分别以子系统韧性指数平均值的 50%、100% 和 150% 作为临界值，将韧性指数划分为低水平、较低水平、较高水平和高水平四个等级（见图 1）。

湖北省经济韧性水平整体不高，大部分市域为中低韧性水平状态。

---

① 杨秀平，贾云婷，翁钢民，等. 城市旅游环境系统韧性的系统动力学研究——以兰州市为例［J］. 旅游科学，2020，34（2）：23-40.

② THE WORLD BANK. Per capita income：estimating internationally comparable numbers［EB/OL］. （1989-01-13）［2020-12-10］. https：//documents. worldbank. org/en/publication/documents-reports/documentdetail/496091468180250433/per-capita-income-estimating-internationally-comparable-numbers.

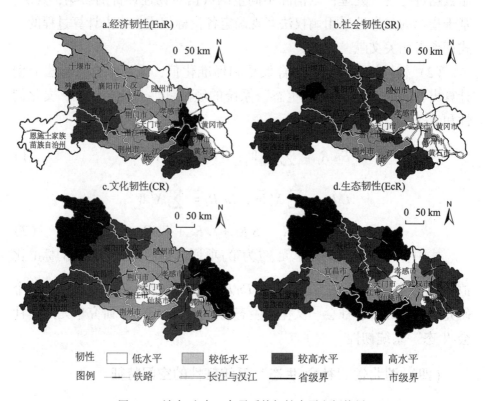

图1 "社会-生态"各子系统韧性水平空间格局

其中，随州、恩施、黄冈、天门经济韧性水平较低；其次是十堰、襄阳、荆门、潜江、荆州、孝感、黄石；经济韧性水平较高的为宜昌、仙桃、咸宁、鄂州；武汉作为省会城市，经济韧性位居首位。从经济韧性水平的空间分布状况来看，经济韧性呈东南高西北低的分布特征，东南部地区经济韧性水平明显高于其他地区。根据数据统计，2020年湖北省人均GDP为73298元，与全国平均水平基本保持一致，第三产业比重值比全国平均水平低3.1个百分点，表明湖北省经济发展水平处于中等梯队，产业结构转型优化空间较大。

湖北省社会韧性水平由西至东递减，大部分市域处于中高韧性水平状态。天门、武汉、黄冈、黄石社会韧性为低水平状态，社会韧性水平最高的为神农架林区。从整体上来看，湖北省是中部地区重要省份，但以武汉市为首的部分城市人口密度较大，人地系统所承受的压力相对较大，社会韧性水平相对较低。

湖北省文化韧性水平以"天门—潜江—仙桃"为中心呈圈层式由内向外递增。十堰与黄冈两地文化韧性最高，襄阳、宜昌、恩施、武汉、咸宁文化韧性较高。湖北省内共有 12 个 5A 级景区、142 个 4A 级景区、219 个 3A 级景区。近年来，国家高度重视旅游资源利用，各地区积极推进文化旅游高质量发展，湖北省依托山川河湖优越的地理条件及深厚的文化底蕴，成为旅游资源富集区域，文化韧性水平不断得到提升。

湖北省生态韧性水平整体发展态势较好，近 2/3 的市域处于较高或高水平韧性状态，呈中部低四周高的空间分布状态，其生态韧性水平空间分布与湖北省地形地貌高度一致，地形起伏度高的区域，森林覆盖率高，生态韧性水平也较高。湖北省作为重要的旅游地，一方面当地政府在发展旅游业的同时加强了对生态环境的保护，旅游资源的文化引导功能一定程度上潜移默化地提高了旅游者环境保护意识；另一方面旅游及相关产业带动的社会消费、资源消耗也对生态系统韧性产生了干扰。

2. "社会-生态"系统韧性水平

湖北省 17 个市域"社会-生态"系统以中等水平韧性水平为主（见图 2）。其中，神农架林区系统韧性最为突出，韧性水平综合指数为 0.605；其次，西北部的十堰、襄阳、宜昌与东南部的武汉、咸宁等地韧性水平较高；天门系统韧性水平综合指数（0.298）最低。湖北省中部地区系统韧性基本处于中低水平，说明该地区面对外来干扰的自我应对能力较弱；而湖北省西北部与东南部系统的自我修复和抗击能力相对较强，面对外界冲击具备一定的防御能力；此外，恩施等地区同样拥有丰富的旅游资源，但经济基础薄弱、基础设施匮乏，其旅游资源利用对系统的扰动性最强，系统韧性水平较低。从"社会-生态"条件来看，湖北省在经济发展、生态保护和文化传承过程中，旅游资源丰富、生态环境较好，但人均 GDP、城镇化水平与东部发达地区相距甚远。因此，提高不同区域韧性度是区域可持续发展的关键所在。

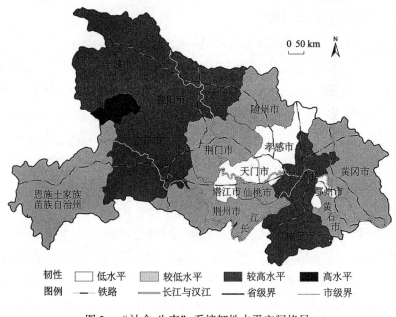

图2　"社会-生态"系统韧性水平空间格局

二、湖北省经济、社会文化、生态子系统协调度

为进一步探讨湖北省"社会-生态"各子系统韧性水平之间的相互关系，利用耦合协调度模型①，对湖北省各市域四个子系统的耦合协调度进行计算，得到湖北省各市域系统韧性的耦合协调度。

耦合度

$$C = \left\{ (R_{En} \times R_S \times R_C \times R_{Ec}) \Big/ \left[(R_{En} + R_S + R_C + R_{Ec})/4 \right]^4 \right\}^{1/4} \quad (3)$$

---

　　① 李琳娜，璩路路，刘彦随. 乡村地域多体系统识别方法及应用研究 [J]. 地理研究，2019，38（3）：563-577.

协调度 $$D = \sqrt{C \times R} \qquad (4)$$

式中：C 表示各子系统之间的耦合度，取值范围 $[0, 1]$；R_{En}、R_S、R_C、R_{Ec} 分别表示经济、社会、文化和生态各子系统韧性指数；R 表示"社会-生态"系统韧性水平综合指数；D 表示各子系统的发展协调程度，其值越大，系统协调程度越高。参照相关研究，具体可以分为以下几种类型：严重失调型 $[0, 0.20]$、中度失调型 $[0.20, 0.30]$、初级失调型 $[0.30, 0.40]$、濒临失调型 $[0.40, 0.50]$、勉强协调型 $[0.50, 0.60]$、初级协调型 $[0.60, 0.70]$、中等协调型 $[0.70, 0.80]$、良好协调型 $[0.80, 1.00]$。

通过对其耦合协调度的计算，发现湖北省各子系统韧性协调度为 0.533，处于勉强协调状态，各市域间协调度存在显著差异，其空间分布与系统韧性水平分布基本一致（见图3）。从协调度的各阶段水平分布上来看，湖北省经济、社会、文化和生态协调度等级结构为"橄榄型"结构，即协调度各阶层中初级协调与勉强协调的市域数量多、低水平与高水平协调度的市域数量少。该类型结构反映出湖北省韧性协调水平整体较为稳定，协调度的差距相对较小，大部分市域各子系统协调程度上升的势头较好。其中，武汉市的协调水平最高，处于初级协调状态。武汉作为湖北省旅游发展引擎点，2020年旅游收入总收入高达

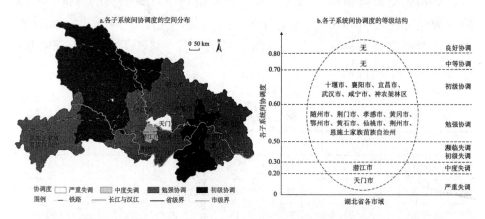

图3 湖北省经济、社会、文化、生态子系统间协调度的空间分布和等级结构

2906亿元，旅游总收入占GDP比重高达18.6%，年接待旅游者数量约为2.59亿人次；且武汉市人口密度较大，城镇化率居湖北之首，森林覆盖率高达22.88%，空气质量优良率高达88.4%，生态环境优美，是湖北省各子系统协调发展的排头兵。而天门、潜江则分别处于重度失调、中度失调状态，此类地区的共同特点是文化韧性均处于低水平，"社会-生态"系统整体失调。因此，对于整个湖北省而言，协调各市域子系统之间的韧性差距是实现区域"社会-生态"系统均衡健康发展的关键。当前的主要任务是提升中间段市域的经济、社会、文化和生态子系统的协调度，亟待改善严重失调区域各系统要素配置、调整发展结构，助力湖北省走高质量、可持续发展之路。

三、湖北省旅游资源利用空间格局厘定

（一）湖北省旅游资源空间分布特征

截至2020年，湖北省共拥有5A级景区12个、4A级景区142个、3A级景区219个、2A级景区39个、A级景区1个（见表2）。其中，武汉、宜昌、十堰、恩施、黄冈旅游资源最为丰富；潜江、天门、仙桃、鄂州旅游资源稀缺。为进一步分析旅游资源发展的空间特征，对旅游资源坐标使用ArcGIS核密度分析工具（见图4），结果显示：湖北省旅游资源密度分布差异显著，总体上呈大集聚、小分散和东西部密集、中部稀疏的空间特征。

表2   湖北省旅游资源统计

地区	5A/个	4A/个	3A/个	2A/个	A/个	影响力/分
湖北省	12	142	219	39	1	/
武汉市	3	20	21	0	0	234
黄石市	0	3	18	0	0	90

地区	5A/个	4A/个	3A/个	2A/个	A/个	影响力/分
十堰市	1	17	40	6	0	284
宜昌市	3	19	22	1	0	234
襄阳市	1	7	19	8	1	144
鄂州市	0	1	3	0	0	18
荆门市	0	5	3	4	0	50
孝感市	0	7	14	4	0	106
荆州市	0	5	12	0	0	78
黄冈市	0	20	38	5	0	282
咸宁市	1	11	10	6	0	128
随州市	0	6	6	2	0	64
恩施土家族 苗族自治州	2	17	11	2	0	170
仙桃市	0	1	0	1	0	8
潜江市	0	0	0	0	0	0
天门市	0	0	0	0	0	0
神农架林区	1	3	2	0	0	36

注：旅游资源影响力按照各旅游资源级别进行赋值累加（5A、4A、3A、2A、A 分别对应 10、6、4、2、1 分）。

湖北省旅游资源高密度区主要分布在武汉城市圈，武汉城市圈以湖北 31.2%的面积，贡献了湖北省 60.7%的地区生产总值，居住着湖北省 55.2%的常住人口，拥有湖北省近六成旅游资源。该地区经济发展迅速、旅游资源丰富，年均接待游客人数较多，是湖北省旅游发展的核心区域；"襄阳—十堰—神农架"是湖北省旅游资源次高密度区域，该区域丰富的地表覆盖和悠久的历史文化使得旅游资源丰富，生态功能较强。但与此同时，该区域受经济基础限制，人口流失严重，交通基础设施与公共服务较为落后；"恩施—宜昌—荆州"三地旅游资源沿交通线

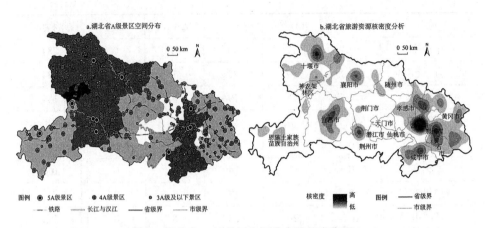

图4　湖北省A级景区空间分布及核密度图

呈点轴式分布；而湖北省中部地区旅游资源较为稀少，是核密度低洼区。

（二）　湖北省旅游资源利用空间格局厘定

根据湖北省旅游资源的实际情况划定4个旅游资源影响力区间（<75分、75分~150分、150分~225分和>225分）。将各子系统韧性水平与旅游资源影响力进行综合分析（见图5），结果显示：经济韧性较低水平地区旅游资源影响力大多小于150分；社会韧性较低水平地区旅游资源影响力小于150分，说明社会基础设施倾向于旅游资源富集地；文化韧性较高水平地区旅游资源影响力均大于150分，系统韧性低水平市域个数随旅游资源影响力的减小而增多；生态韧性各水平的市域旅游资源影响力分布较为均匀，表明湖北省生态环境对旅游资源发展并无明显制衡现象。同时，湖北省"社会-生态"旅游资源越富集区域，其系统协调度越高。

基于以上分析得出：对于旅游资源高度富集地（影响力大于225分）而言，各子系统韧性水平与旅游资源相互促进，共促共赢，系统内部要素可通过重组来实现更高水平的韧性发展并进入良性适应性循环

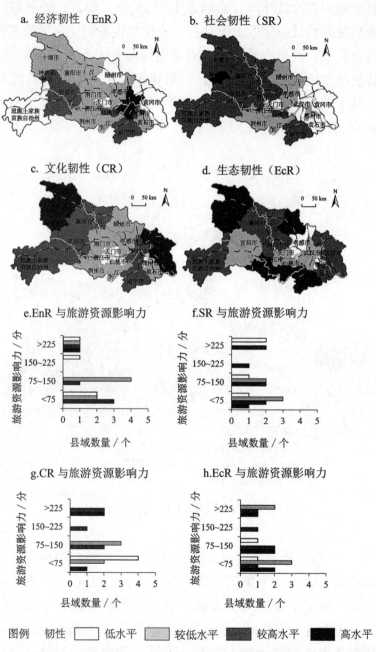

图 5 湖北省旅游资源影响力与"社会-生态"各子系统韧性的水平市域分布

阶段；对于旅游资源低洼区（影响力小于 75 分）而言，经济韧性水平
随着资源数量的增长而降低，但社会、文化和生态韧性水平随着资源数
量的增长而提升，该类型地区系统对旅游资源开发所带来扰动的吸纳、
应对和转换能力较弱，"社会-生态"系统韧性水平与旅游资源开发相
互抑制。基于此，初步厘定湖北省旅游资源"一圈、两带、一轴、多
核心"的空间利用格局（见图 6）。

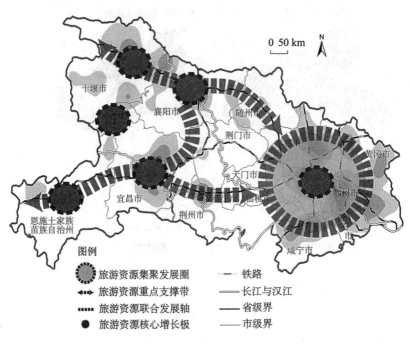

图 6　湖北省旅游资源利用空间总体格局

　　其中，"一圈"指旅游资源集聚发展圈。该区域集中在以武汉城市
圈为主体的湖北省人口密集区，作为湖北省经济中心，该地区应立足
"社会-生态"各子系统的优质协调发展，将旅游资源与生态、科技相
互融合，加快促进"文旅+"融合发展。"两带"指旅游资源重点支撑
带。包括湖北省北部"十堰—襄阳—随州"和南部"恩施—宜昌—荆
州"两大发展带，前者应以区域汽车工业走廊良好的经济基础作为支

撑，带动以农副产品加工为主的产业高质量转型，进而以产业优化为当地旅游资源发展输血，增强各子系统的协调度，提高"社会-生态"系统综合韧性水平；后者应合理开发民族文化与生态文化资源，沿交通要道加快培育文旅新业态产品。"一轴"指旅游资源联合发展轴。应充分发挥其纽带作用，与南北两带各节点旅游资源联动组合，打破各市域之间旅游壁垒，加强两大重点发展带之间的经济社会文化联系，构建湖北省旅游大通道，提升"社会-生态"系统韧性的张弛度。"多核心"指旅游资源核心增长极。武汉、恩施、宜昌、十堰、襄阳、神农架六大旅游核心增长极是湖北省旅游资源最丰富、影响力最大的地区，应最大化利用旅游资源的辐射力量，使此类增长极成为湖北省旅游资源向四周辐射的主要门户地区，进一步巩固旅游在带动地区经济增长和脱贫致富中的突出作用，助力地区经济社会发展韧性的提升，持续全面推进乡村振兴。

四、湖北省旅游资源利用空间格局优化调控对策

（一）提升旅游资源供给质量，拓展文旅客源市场

质量水平决定旅游资源开发的经济价值。2021 年国务院出台的《关于推动公共文化服务高质量发展的意见》中明确提出品质、均衡、开放、融合是公共文化服务高质量发展的内涵。为应对新的旅游需求形势，湖北省应进行旅游资源的差异化整合，推进国家级、省级生态旅游示范区和旅游度假区建设，打造具有重大影响力和核心竞争力的旅游品牌，实现旅游资源的统一开发和集群式发展。十堰、神农架、恩施、宜昌、武汉等供需状况较好的区域在开发优势资源、树立特色品牌的同时还应加强服务周边地区旅游需求，提升三峡风光、清江画廊、恩施峡谷、生态神农、十堰武当、木兰山生态景区等旅游资源质量，主动承接江汉平原以及省外游客。

（二） 推进旅游基础设施建设，加强旅游大通道要素联系

旅游通道是连接供给和需求的纽带。湖北省应推进二级及以上公路直通 4A 级以上景区，将重点景区间道路连接成网，重点建设 318 国道清江沿线、湖北省旅游路、武神宜生态旅游公路等风景道，提升交通方式的多元化、便捷化程度。以城市为依托在沿江重要节点城市和襄阳、恩施、十堰等旅游城市建设游客集散中心，推进旅游基础设施建设，以交通为支撑串联武汉都市旅游、鄂东人文旅游、鄂中文化旅游、鄂西生态旅游，努力构建湖北省旅游资源开放式空间要素联系。

（三） 创新旅游景区服务形式，提高文旅公共服务效能

将精准服务应用于湖北省旅游景区中，创新文化和旅游公共服务线上线下多模互动实现技术，开展文化和旅游公共服务个性化创新设计与精准传播活动。制定面向特定人群（未成年人、老年人、残疾人和流动人口等）的智慧移动式综合公共服务。提供面向鄂中乡村、鄂东革命老区、鄂西民族地区的文化和旅游公共服务便携式智能装备。《"十四五"文化和旅游科技创新规划》中明确提出加强图书馆、文化馆、博物馆、美术馆、非遗保护中心、游客服务（集散）中心等公共服务设施数字化改造和集成构建技术应用，开发一站式文化和旅游公共服务技术装备和智慧系统。加速湖北省公共文化创新性数字资源开发、新型交互方式、精准服务等技术应用，共同提高旅游和文化公共服务效能，助力湖北省旅游资源高质量发展，是湖北省文化和旅游可持续发展的重要路径。

（四） 优化旅游资源空间格局，促进旅游高质量发展

湖北省旅游业发展要充分论证资源质量和供需状况，发挥武汉、宜昌、十堰三大旅游发展极带头作用，完善旅游供给、满足旅游需求，大力发展公路交通、整合旅游资源、提高区域旅游合作水平，打造多层次、多种类的旅游体验项目，加强景区与客源地之间的道路建设。江汉

平原腹地天门、潜江、仙桃等供需状况较差的区域，存在资源不足、供不应求等问题，应广泛利用社会旅游资源、深入拓展农业和乡村旅游资源，增加景区布局、提升景区档次、开发特色资源、优化旅游通道，推广专项、特种、休闲、度假系列旅游产品，积极创建 4A、5A 级旅游景区，大力发展乡村旅游、休闲旅游、水利旅游，建设武汉城市圈乡村休闲旅游目的地，以长江旅游带和汉江国脉探秘旅游廊道为依托对接武汉都市旅游板块和鄂西生态旅游板块。要通过补短板、强网络、促融合等方式统筹完善旅游资源网络布局，提高旅游服务效率；要立足城乡特点，满足城乡居民对高品质文化和旅游生活的期待，要将旅游资源开发融入城乡经济社会发展全局；要按照资源大整合、区域大合作、全域大联动模式有序调整旅游供需的空间结构，引领旅游业从节点到全域实现高质量发展。

课题负责人： 朱媛媛　华中师范大学城市与环境科学学院 副教授

曾菊新　华中师范大学/湖北省发展和改革委员会武汉城市圈研究院 教授

报告执笔人： 汪紫薇　朱媛媛　曾菊新

湖北省家庭农场经营管理问题研究

华中农业大学经济管理学院课题组

家庭农场是我国现代农业重要的组织形式和经营载体之一，其特点是产业类型多样、经营规模适度、经营模式多维，是实现农业现代化的有效形式，是推动供给侧结构性改革的重要力量。自 2008 年党的十七届三中全会首次提出"家庭农场"概念以来，政策上对我国家庭农场的概念界定不断明晰，对家庭农场经营管理水平重视程度不断提高。2019 年中央一号文件就指出要"突出抓好家庭农场等新型农业经营主体，启动家庭农场培育计划，建立健全支持家庭农场高质量发展的政策体系和管理制度"。2021 年中央一号文件再次明确要求"突出抓好家庭农场和农民合作社两类经营主体"，要"把农业规模经营户培育成有活力的家庭农场"。家庭农场小微企业的特征决定了家庭农场主是农村的企业家，因此提高家庭农场主的经营管理水平才能激发家庭农场的"活力"，才能提升农业生产经营效率、推进农业高质量发展，为实现两个一百年的伟大目标提供坚实的支撑。

一、湖北省家庭农场经营管理现状

（一）湖北省家庭农场经营规模

家庭农场是以家庭成员为主要劳动力，以家庭为基本经营单元，从事农业标准化、集约化及适度规模化生产经营的新型农业经营主体。近年来，湖北省家庭农场得到健康快速发展，呈现出产业类型多样、经营规模适度、经营模式多维等特色。截至 2019 年底，湖北省家庭农场达到 3.7 万个，较 2018 年增长 5.7%①。自 2014 年《湖北省示范家庭农场创建办法》实施六年多来，共创建省级示范家庭农场 1152 家②，据 2017 年和 2019 年统计数据显示，示范家庭农场主要分布在宜昌市、襄阳市和荆州市，分别占比 11%、11% 和 8.7%，黄冈市、孝感市、荆门市和十堰市紧随其后，其余地方稍有落后。2020 年新创建省级示范家庭农场 223 家③，有力促进了湖北省家庭农场快速发展，生产经营规模化、标准化、集约化程度不断提高，经营效益稳步提升。湖北省家庭农场经营者以男性为主，且文化水平程度较低，多为初高中毕业，40 岁—50 岁年龄段占主体④。湖北省家庭农场从业人员人均年收入达 5 万元以上，比本地同行业传统农户高近 20%⑤。2018 年湖北省规模经营总面积达到 3091.1 万亩，比 2017 年同期增长 10.2%⑥。通过土地流转、家庭农场等新型农业经营主体服务带动，截至 2019 年底，湖北省实行土地流转型规模经营面积为 1328.8 万亩，其中 30~100 亩有 579.8

---

① 湖北省农业农村厅. 湖北省农业农村厅 2019 年部门决算公开 [EB/OL]. http：//nyt. hubei. gov. cn/zfxxgk/fdzdgknr_GK2020/czzj_GK2020/czyjs_GK2020/202009/t20200908_2898384. shtml.

② 湖北省厅政策与改革处.《湖北省省级示范家庭农场管理办法》政策解读 [EB/OL]. http：//nyt. hubei. gov. cn/zfxxgk/zc _ GK2020/zcjd _ GK2020/202009/t20200918 _ 2914662. shtml.

③ 湖北省厅政策与改革处. 2020 年湖北省示范家庭农场拟认定和取消名单 [EB/OL]. http：//nyt. hubei. gov. cn/bmdt/yw/ywtz/tzcyggc _ 9012/202012/t20201216 _ 3087317. shtml.

④ 郭熙保，冷成英. 我国家庭农场发展的十大特征——基于武汉和郎溪 607 户家庭农场的比较分析 [J]. 经济纵横，2018 (10)：43-58，2.

⑤ 湖北省农业农村厅. 2019 年度农业发展及综合行政管理项目绩效自评报告 [EB/OL]. http：//nyt. hubei. gov. cn/zfxxgk/fdzdgknr_GK2020/czzj_GK2020/ysjx_GK2020/202009/t20200908_2898474. shtml.

⑥ 湖北省农业农村厅. 我省 2018 年农业服务业保持平稳态势 [EB/OL]. http：//nyt. hubei. gov. cn/bmdt/yw/ywdt/tncjjtzyjyglc/201910/t20191029_109660. shtml.

万亩，100~1000 亩有 446.6 万亩，1000 亩以上的有 302.4 万亩①。在资源比较优势的驱动和产业政策的引导下，经营品种逐步增加，涉及种植业、养殖业、林业、渔业等。目前种植业已经形成鄂西、鄂东南的大豆、玉米带；鄂西花生、小麦带；长江、汉江流域油菜带。畜牧业生产也更加向区域化集中发展。襄阳、宜昌、恩施等 8 个生猪主产地的猪肉产量已占到湖北省的 74% 以上②。渔业也加速向前迈进，小龙虾、鳝鳅、河蟹三大特色产业发展迅速，"虾稻共作、稻渔种养"总面积达到 690 万亩，稻渔综合种养规模居全国第一③。打造了湖北黄鳝"百亿元"产业，湖北网箱养鳝技术在全国推广，仙桃黄鳝品牌享誉全国④，还打造了小龙虾特色产业集群，湖北省 2019 年小龙虾养殖面积 683 万亩，产量 92.5 万吨，产业链综合产值 923 亿元⑤，其中潜江更是享有"中国小龙虾之乡"的美称⑥，龙虾产业占农业总产值的 53%，加工出口占全国的 60%⑦，在全国市场形成重要影响力。

（二）湖北省家庭农场经营主要模式与特点

湖北省家庭农场立足当地产业，其经营模式呈现出多样化态势，并探索出与其他新型农业经营主体连接的五大组织模式，提高效率的同时

①　湖北省农业农村厅．省农业农村厅关于对省政协十二届三次会议 第 20200198 号提案的答复［EB/OL］．http：//nyt. hubei. gov. cn/zfxxgk/fdzdgknr_GK2020/qtzdgknr_GK2020/jytabl_GK2020/202011/t20201102_2995763. shtml.

②　湖北省统计局．农村改革书写历史辉煌 乡村振兴绘画宏伟［EB/OL］．http：//www. hubei. gov. cn/xxbs/bmbs/stjj/201810/t20181030_1362904. shtml.

③　铸就荆楚"三农"发展新辉煌 书写全面小康"三农"新答卷 ——"十三五"湖北农业农村发展成就巡礼［N］．湖北日报，2020-12-21.

④　湖北省农业农村厅．省农业厅关于对省政协十二届一次会议第 20180644 号提案的答复［EB/OL］．http：//nyt. hubei. gov. cn/zfxxgk/fdzdgknr_GK2020/qtzdgknr_GK2020/jytabl_GK2020/202011/t20201102_2995824. shtml.

⑤　乡村产业发展处．湖北小龙虾红出千亿元产业集群［EB/OL］．http：//nyt. hubei. gov. cn/bmdt/yw/ywdt/txccyfzc/202007/t20200731_2725180. shtml.

⑥　梁征．潜江小龙虾［N］．潜江日报，2019-06-25.

⑦　省经信厅助推全省食品产业高质量发展［N］．湖北日报，2019-12-06.

还能增强与其他市场主体的谈判地位。

湖北省从事粮食生产的家庭农场有上万个，且经营规模在200亩左右的占70%以上。总体来说，湖北省大部分农场还是以种植业为主，但示范家庭农场呈现出模式多样化态势，更符合农业现代化的发展要求。通过对湖北省2020年新增的223家①示范家庭农场的经营范围和模式进行分析得出，其中单纯进行种植和养殖的家庭农场数量比较少，其中多为大宗农作物种植和畜禽养殖，常见的经营有以下几种。（1）特色水产品养殖。武汉、仙桃和鄂州、荆州等市所辖的长江沿岸县域单元是湖北省水产养殖业的集聚区②，该区域家庭农场根据当地水资源条件选择适合的养殖品种，采用现代养殖技术，借助专业人员的技术支持经营鲳鱼、鲈鱼、鲟鱼、青鱼、黄鳝等特色水产品的养殖。（2）农业特种种养模式。湖北省有特色水产、特色家禽，如小龙虾和鸭，同时以水稻作为主要种植农作物，通过发展"稻鸭共作"和"虾稻共生"的特种种养模式，充分利用水稻田使之产生更大的经济效益，把种植和养殖结合，实现生态互利互补，同时能提高产品质量。（3）循环农业模式。石首市曾威家庭农场通过水肥一体化示范基地主控室把从养殖场里收集来的粪便放入沼气池，经过发酵产生沼气、沼液和沼渣，沼气用于生活，沼液还田，沼渣可以做底肥，这不仅能增加土壤有机质和微量元素含量，减少化肥用量，提高地力，还能提升果蔬品质。作为全国580个蔬菜重点县之一，石首市目前蔬菜种植面积有15万多亩，且各个大型蔬菜基地都建有水肥一体化工程，蔬菜基地的农药、化肥使用量减少了20%左右，每亩节本增收300多元③。（4）种植+养殖+休闲农业观

---

① 湖北省农业农村厅.2020年湖北省示范家庭农场拟认定和取消名单公示［EB/OL］.http：//nyt.hubei.gov.cn/bmdt/yw/ywtz/tzcyggc_9012/202012/t20201216_3087317.shtml.

② 张辉，等.湖北省水产养殖水体资源和产业地理分布格局［J］.中国农业资源与区划，2019，40（7）：181-187.

③ 湖北省农业农村厅.湖北之声报道：走马石首话高效菜园丨高质量发展看湖北蔬菜［EB/OL］.http：//nyt.hubei.gov.cn/bmdt/ztzl/zxzt/wcbgzyq/202009/t20200921_2918012.shtml.

光模式。在农业农村部办公厅关于公布 2020 年中国美丽休闲乡村的通知中，位于武汉、黄石、十堰、襄阳、恩施、宜昌、恩施、黄冈、咸宁的 10 个乡村入选①。这些地区一般在发展种植和养殖的基础上，充分利用地域特色和当地风景资源发展休闲观光和旅游业，树立和宣传农场品牌的同时还能增加新的收入。

在实践中，湖北总结探索了家庭农场发展的四大组织模式。（1）"家庭农场+龙头企业"模式。湖北绿牛生态农业有限公司实行"牧繁农育""户繁企育"的养殖合作模式，通过项目业主和养牛农户共同组建养殖、育种的联合体，具有年产 5 万头肉牛的巨大产能②。（2）"家庭农场+合作社"模式。湖北宜昌市柑橘合作社探索出产权管理一体化、民主管理一体化、品牌建设一体化、核算方式一体化、行业标准一体化、发展壮大一体化的"六个一体化"运营模式。"合作社+实体+农民+基地"的发展模式力求实现合作社、实体、成员三方共赢，联结橘农 2 万余户，辐射面积超过 10 万亩③。（3）"家庭农场+服务组织"模式。襄阳市组织 180 家植保专业合作社，以村、组为单位，统一购药、统一配药、统一时间，投入喷杆式喷雾机、无人植保机 1900 台，开展统防统治。通过托管植保，农户每亩每季包含人工费在内可省 15 元，并提高 15 倍工效，减少 40% 的用药量。该模式有助于现代农业技术的采纳、提高技术使用效率、产生规模效益、节约生产成本。④（4）家庭农场集群式发展模式。如松滋市绿佳莲藕种植家庭农场联合社、潜江市赵塬村家庭农场集群式发展模式、宜城市家庭农场协会等通过联合周围

---

① 乡村振兴工作委员会 . 农业农村部办公厅关于公布 2020 年中国美丽休闲乡村的通知 [EB/OL]. http：//www. zgxczx. org. cn/gjzc/1627. html.

② 湖北省农业农村厅 . 湖北绿牛发展肉牛产业链助推精准扶贫 [EB/OL]. http：//www. hlnv. com/html/news/be084c9fb06c99a1a25b2d2d. html.

③ 孙莹 . 湖北宜昌市柑橘合作社联结橘农 2 万余户 [N]. 农民日报，2020-11-23（005）.

④ 湖北省农业农村厅 . 湖北日报报道：防治近 30 年来最严重小麦条锈病——襄阳夏粮增产近 6000 万斤 [EB/OL]. http：//nyt. hubei. gov. cn/bmdt/yw/mtksn/202008/t20200810_2776847. shtml.

家庭农场，能高效整合和利用资源，产生规模效益，节约成本，并且有利于提高与其他市场主体的谈判地位。

（三）湖北省家庭农场经营管理的基础条件

关于湖北省家庭农场高质量发展，自身的基础条件是关键。在推进湖北省家庭农场朝规模适度、生产集约、管理先进、效益明显的高质量方向发展过程中，湖北省富足的土地和资源条件，丰富的劳动力以及自身具备的院校优势等提供了良好的基础。

1. 土地和资源条件优势

湖北省地处长江中游，气候湿润、光能充足、雨热同季，还有适宜养殖的广阔水域，农业生物资源丰富。截至 2019 年，湖北省农作物总播种面积达到 7815.89 千公顷，粮食作物播种面积达到 4608.6 千公顷，粮食产量达到 2724.98 万吨[1][2]，特色优势经济作物稳定增长。湖北省各个区域内的家庭农场因地制宜，发展优质稻、生猪、淡水产品、蔬果茶等众多优势特色产品。在江汉平原乡村振兴示范区重点发展粮食、棉花、蔬菜等大宗农产品，如仙桃市和盛种植家庭农场流转 1100 亩土地，探索规模化种植，经营范围包括蔬菜、莲藕种植及销售，2019 年每亩地纯收入达到 300 元[3]。在鄂西南武陵山、鄂东北大别山等山地农区，以发展魔芋、肉牛、肉羊等特色产品为主，如鄂州市家庭农场流转 200 多亩山林地，种果树、养土鸡，农场年收入达到 10 万多元[4]。在武汉、宜昌、襄阳、黄石等大中城市郊区，大力发展设施蔬菜、水果、茶叶等

① 国家统计局 . 2019 年湖北统计年鉴 [EB/OL]. http：//tjj. hubei. gov. cn/tjsj/sjkscs/tjnj/qstjnj/.

② 国家统计局 . 2020 年湖北统计年鉴 [EB/OL]. http：//tjj. hubei. gov. cn/tjsj/sjkscs/tjnj/qstjnj/.

③ 崔逾瑜 . 湖北日报报道：机械化降成本精细化提质量——千亩种粮大户迎来丰收季 [N]. 湖北日报，2020-10-22.

④ 刘胜 . 鄂州刘义松："家庭农场圆了我的脱贫梦" [N]. 湖北日报，2020-01-05.

高效园艺作物产业，适度发展畜禽水产业①，如宜昌市依托"宜昌蜜橘、秭归脐橙、清江椪柑"等品牌，打造三峡"橘谷"。

2. 劳动力优势

据统计数据显示，2019年年末湖北省常住人口5927万人，其中，乡村2311.53万人。全社会从业人员3548万，其中第一产业从业人员达到1164万人②。同时湖北省也是劳务输出大省，2018年湖北省农村外出从业人员达1129.99万人，青壮劳力（21岁~49岁）占外出总数71.1%，是外出农民工的主力军，2020年6月底湖北省农村外出从业人员达1011.69万人③。虽然超过半数农民工远离家乡，但近年来，随着政府穿针引线，招商引资企业的增多以及湖北省县域经济实力不断增强，农民工回流态势明显，在省内就业农民工占比逐年提高④。2020年6月底，湖北省63.5%的外出返乡人员在家门口实现再就业⑤，返乡人员的增多也为家庭农场的发展提供了充足的劳动力。

3. 基础设施优势

2019年湖北省新建农产品初加工设施750座，新建农产品加工设施810座，农产品初加工水平明显提升，湖北省投资2.73亿元，支持850家家庭农场等主体建成产地初加工设施，新增冷藏库容量7.2万吨，可每年预冷或冷藏农产品35万吨，切实解决农产品存储保鲜难题；

---

① 湖北省农业农村厅.湖北省农业发展"十三五"规划纲要［EB/OL］.http：//nyt.hubei.gov.cn/zfxxgk/fdzdgknr_GK2020/ghxx_GK2020/fzgh_GK2020/202009/t20200908_2898231.shtml.

② 国家统计局.2020年湖北统计年鉴［DB/OL］.http：//tjj.hubei.gov.cn/tjsj/sjkscs/tjnj/qstjnj/.

③ 湖北省统计局.坚决打赢疫后重振攻坚战［EB/OL］.http：//tjj.hubei.gov.cn/zfxxgk_GK2020/zc_GK2020/zcjd_GK2020/202007/t20200728_2713851.shtml.

④ 湖北省统计局.湖北省农民工就业特征及转移趋势分析［EB/OL］.http：//tjj.hubei.gov.cn/tjsj/tjfx/qstjfx/201910/t20191026_24731.shtml.

⑤ 湖北省统计局.坚决打赢疫后重振攻坚战［EB/OL］.http：//tjj.hubei.gov.cn/zfxxgk_GK2020/zc_GK2020/zcjd_GK2020/202007/t20200728_2713851.shtml.

烘干设施新增日烘干力 198 吨，年可烘干各类果蔬 5.5 万吨①。加强基础设施建设，加大对农机设备、水利设施、农业信息等家庭农场生产经营的前、中、后端的基础投入，改善了湖北省家庭农场的生产条件，利于生产同种类农产品的家庭农场形成规模，提高"一村一品""荆楚农优品"的发展质量保障，降低了家庭农场运营成本，推进城乡基本公共服务均等化，不断为湖北省家庭农场持续稳健发展创造基础条件。

4. 科技和院校优势

近年来，湖北省现代农业展示中心与全球 70 多个国家开展国际农业科技与文化交流，每年展示农作物新品种 1000 多个，新技术 50 多项，新模式 20 多项，新装备实用农业机械 300 多台套，每年培训农技人员等 1 万多人，为湖北农业现代化提供人才保障②。除此之外，湖北省还高度重视院校帮扶工作，2017 年制定出台《关于开展技工院校结对帮扶建档立卡贫困家庭技能脱贫"春季攻势"的通知》，组织湖北省 20 所技工院校与 37 个贫困县开展结对帮扶，为打赢脱贫攻坚战提供保障③。华中农业大学 2012 年起采用"六个一"产业精准扶贫模式，组建 11 支科技服务团队定点帮扶建始县，新增产值 5.62 亿元；2020 "乡村振兴荆楚行"计划扩展帮扶湖北 17 个市州④，创新科技服务工作新模式，采用领导牵头、部门协调、学院对接、教师参与、学生响应的方式，为科技牵头、校政联合建设湖北地方经济探索出值得推广的经验。

（四）湖北省家庭农场经营管理的外部环境

湖北省家庭农场的高质量发展离不开政策等外部条件的支持，政策

---

① 湖北省农业农村厅. 2019 年度农业发展及综合行政管理项目绩效自评报告［EB/OL］. http://nyt. hubei. gov. cn/zfxxgk/fdzdgknr_GK2020/czzj_GK2020/ysjx_GK2020/202009/t20200908_2898474. shtml.

② 范昊天. 防疫展览两手抓 湖北现代农业展示中心获党建殊荣［N］. 人民日报，2020-07-20.

③ 徐蕾. 技多不压身"技能扶贫"拔穷根助脱贫［N］. 荆楚网，2019-11-21.

④ 韩晓玲. 华中农大启动"乡村振兴荆楚行"［N］. 湖北日报，2020-07-23.

支持是家庭农场高质量发展的题中之意，建农支农资金来源为家庭农场高质量发展提供持续动力，社会化服务的农技推广体系的完善是家庭农场高质量发展的内在要求。

1. 家庭农场相关政策支持

近年来，各级政府不断出台针对家庭农场的政策来引导家庭农场朝良性循环发展，主要分为以下几个方面。（1）国家指导性文件支持。2020年中央农办等11个部门联合印发《实施家庭农场培育计划的指导意见》，明确了家庭农场发展方向和培育要求，以开展家庭农场示范创建为抓手，鼓励各类人才创办家庭农场，为促进乡村全面振兴、实现农业农村现代化夯实基础。（2）省级规范性文件支持。2019年湖北省为促进家庭农场高质量发展出台相关政策，提出要重点发展"六有"家庭农场，推动家庭农场发展由"增量"转向"提质"，积极引导家庭农场规范管理和开展示范创建，在保障重要农产品有效供给、提高农业综合效益等方面发挥重要的作用。（3）其他方面政策支持。湖北省近年来在人才支撑、土地流转等方面也出台了诸多政策促进家庭农场高质量发展。2014年开展了新型职业农民培育工程、2018年实施"一村多名大学生计划"等，提高了培训的针对性、规范性和有效性，为家庭农场发展提供重要的人才支撑。同时，2019年对农村土地流转方式和程序、行为规范做出了详细的解释与要求，鼓励各地整合涉农资金建设连片高标准农田，并优先流向家庭农场等规模经营农户。

2. 建农支农资金来源

2020年中央一号文件指出要根据补短板的需要优化涉农资金使用结构，贯彻"取之于农、主要用之于农"思想，湖北省也强调加大涉农资金存量盘活力度，健全完善"大专项+任务清单"管理机制①，引

---

① 湖北省农业农村厅. 省农业农村厅关于印发2020年湖北省农业农村厅工作要点的通知［EB/OL］. http：//nyt. hubei. gov. cn/zfxxgk/zc_GK2020/qtzdgkwj_GK2020/tz/202010/t20201026_2974751. shtml.

导和鼓励工商资本下乡，深入推进市民下乡、能人回乡、企业兴乡①。在加强信贷服务方面，2020 年湖北省政府积极协调金融机构落实对新型农业经营主体投放春耕生产贷款，帮助 4513 家经营主体获得贷款 93.77 亿元；指导省农担公司设立 22 个分支机构，业务覆盖 95 个县（市、区），累计为 5725 户新型农业经营主体提供贷款担保 49.9 亿元②。截至 2020 年 3 月，湖北省涉农贷款 13301.9 亿，同比增长 9.6%，高于湖北省各项贷款增速 5.11 个百分点③，为家庭农场的发展提供了充分的资金支持。

3. 社会化服务的农技推广体系

2020 年，农业农村部等 7 个部门联合组织调动全社会农业科技力量开展农业科技服务④。经过长期发展，湖北省也初步形成了以农机作业服务为主，以技术推广、技能培训、机具维修、信息服务等为支撑，功能较为完善的农机社会化服务体系，按照不同类型的服务对农业社会化服务组织提供不同的补贴⑤。截至 2020 年 10 月，湖北省已大力推进社会化服务体系建设，建立 1100 余个农机化作业服务组织；扎实开展农技培训和新型职业农民培训，累计培训人员 107.3 万人，有效增强脱

---

① 湖北省农业农村厅. 湖北省产业扶贫 2020 年工作要点 [EB/OL]. http：//nyt. hubei. gov. cn/bmdt/ztzl/wqzt/gzyd/202004/t20200424_2244962. shtml.

② 湖北省农业农村厅. 省农业农村厅对省第十三届人大三次会议第 616 号建议的答复 [EB/OL]. http：//nyt. hubei. gov. cn/zfxxgk/fdzdgknr_GK2020/qtzdgknr_GK2020/jytabl_GK2020/202010/t20201026_2975528. html.

③ 湖北省农业农村厅. 省农业农村厅对省十三届人大三次会议 第 20200481 号建的答复 [EB/OL]. http：//nyt. hubei. gov. cn/zfxxgk/fdzdgknr_GK2020/qtzdgknr_GK2020/jytabl_GK2020/202011/t20201102_2995649. shtml.

④ 科技部 农业农村部 教育部 财政部 人力资源社会保障部 银保监会 中华全国供销合作总社印发《于加强农业科技社会化服务体系建设的若干意见》的通知 [EB/OL]. http：//www. gov. cn/zhengce/zhengceku/2020-07/18/content_5528005. htm.

⑤ 湖北省人民政府办公厅. 省人民政府办公厅关于支持新型农业经营主体纾困的通知 [EB/OL]. http：//www. hubei. gov. cn/zfwj/ezbf/202004/t20200420_2235424. shtml.

贫致富的内在动力①。

二、湖北省家庭农场经营管理的重要意义

2019 年湖北省政府印发《促进新型农业经营主体高质量发展的通知》，明确要求要建立"有合法登记注册、有适度经营规模、有规范财务管理、有先进生产技术、有稳定主导产业、有良好经营效益"的"六有"家庭农场。不断提高湖北省家庭农场的经营管理水平，为家庭农场高质量发展提供了基本保证，促进湖北省农民持续增收、推动农业生产经营的现代化，是发展农业适度规模经营、推进农业农村现代化和农业供给侧结构性改革的有生力量。

（一）促进农业现代化发展，推动乡村振兴战略实施

家庭农场主经营管理能力的提高促使家庭农场采纳先进的现代农业科技，采用绿色的农业生产方式，提高产品质量的同时保护了农业生产环境，有效推动农村环境治理。生态宜居的农村环境有利于当地发展旅游业，促进一二三产业融合，进而推动乡村振兴战略的有效实施。湖北省现代农业科技发展迅速，围绕农业种植养殖过程的数字化管理服务，覆盖面积近 200 万亩，农机信息化智能管理系统推动了北斗导航技术和智能终端在农机中的应用，累计安装北斗终端 1.67 万台套，居全国前三位②。截至 2019 年底，湖北省农业科技进步贡献率达 59.5%，每年

---

① 湖北省农业农村厅. 省农业农村厅关于对省政协十二届三次会议第 20200190 号提案的答复［EB/OL］. http：//nyt. hubei. gov. cn/zfxxgk/fdzdgknr_GK2020/qtzdgknr_GK2020/jytabl_GK2020/202010/t20201026_2975548. html.

② 湖北省农业农村厅. 省农业农村厅关于对省政协十二届三次会议第 20200076 号提案的答复［EB/OL］. http：//nyt. hubei. gov. cn/zfxxgk/fdzdgknr_GK2020/qtzdgknr_GK2020/jytabl_GK2020/202011/t20201102_2995859. shtml.

在湖北省示范推广各类农作物新品种和科技服务面积超过 5300 万亩①。拥有 84 家市级以上示范家庭农场、合作社的"中国脐橙之乡"——秭归县，积极探索"果—沼—畜""绿肥+有机肥+水肥一体化"等绿色发展模式，大力推广绿色生物防控、水肥一体化、测土配方施肥等实用技术，实现了化肥、农药使用量零增长，提高农产品质量的同时推动了农业环境治理，每年可处理畜禽粪污 12 万多吨，为 1.5 万亩柑橘园提供有机肥 2.3 万多吨。② 家庭农场、种养大户等适度规模经营比例达70% 以上的宜都市枝城镇全心畈村，依托 1010 亩黄桃基地，打造宜居的生态环境，大力发展休闲农业和乡村旅游，引导农民发展农家乐 20家，累计接待游客 30 万人次，总收入达到 3500 多万元。③

（二）推进农业适度规模经营，促进农业提质增效

家庭农场最显著的特征就是适度规模经营。培育家庭农场等新型农业经营主体在夯实农业生产基础和提高农业生产效益方面发挥了重要作用，是加快实现湖北省农业现代化的战略选择。

1. 促进农业适度规模经营

家庭农场实现了家庭经营和规模经营的统一，是现阶段实现农村土地适度规模经营最具活力的新型农业经营主体之一。④ 湖北省家庭农场的发展一直呈现良好态势，登记在册的家庭农场数量持续增加，规模化水平不断提高。通过土地流转、家庭农场等新型农业经营主体服务带

① 湖北省人民政府 . 70 年屡克重大农业科技难题，省农科院获省部级以上科技奖500 余项 ［EB/OL］. http：//www. hubei. gov. cn/hbfb/rdgz/202011/t20201121 _ 3042469.shtml.

② 湖北省农业农村厅 . "中国脐橙之乡"奏响富美强音——秭归县推进乡村振兴战略纪实 ［EB/OL］. http：//nyt. hubei. gov. cn/bmdt/yw/mtksn/202009/t20200921_2917318.shtml.

③ 湖北省人民政府 . 宜都：小康路上绘新卷 ［EB/OL］. http：//www. hubei. gov. cn/hbfb/xsqxw/202009/t20200921_2917450. shtml.

④ 家庭农场联盟 . 湖北省农业厅关于促进家庭农场健康发展的指导意见 ［EB/OL］.http：//www. cnnclm. com/fuchi/hubei/663. html.

动，截至 2019 年，湖北省实行土地流转型规模经营面积为 1328.8 万亩。但湖北省的适度规模经营水平仍有很大上升空间。湖北约 60% 的承包地仍由承包农户经营，户均承包面积不到 7 亩，低于全国平均水平。① 家庭农场的适度规模经营提高了农业生产效益，促进了农民增收，使得培育家庭农场，提高农场主的经营管理水平成为夯实农业生产力基础的战略选择。2017 年湖北省家庭农场平均经营面积 200 余亩②，远远大于普通小农户 55 亩的户均经营面积。

2. 推动现代农业发展

提高家庭农场主的经营管理水平，可以增加其对现代农业经营理念的认识，从而可以更好地利用社会化服务组织提供的现代农业技术，提高生产效率的同时还能保障农产品品质。通过采用农用机械、优良种苗、科学施肥等先进的农业科技，获得规模经济收益的同时，更有利于农业科技的推广和运用，从而在推动现代农业发展中发挥重要作用。2019 年湖北省农业机械总动力达 4515.73 万千瓦，比 2013 年增加 10.65%。同时在播种面积变化不大的前提下，化肥和农药使用量逐年减少，分别由 2015 年的 333.87 万吨、12.07 万吨减少到 2019 年的 273.89 万吨、9.7 万吨③，同比降低 18% 和 19%。2020 年 12 月，湖北省汉川市、松滋市、荆门市掇刀区、荆门市东宝区、罗田县入选全国第五批率先基本实现主要农作物生产全程机械化示范县（市、区）公示名单；襄阳市、荆门市入选整建制率先基本实现主要农作物生产全程机械化的设区市公示名单④。

---

① 湖北省农业农村厅. 农村新报报道：深化农村改革 建设美丽乡村 ［EB/OL］. http：//nyt. hubei. gov. cn/bmdt/ztzl/zxzt/wcbgzyq/202009/t20200925_2928234. shtml.

② 农业农村部政策与改革司，中国社会科学院农村发展研究所. 中国家庭农场发展报告 ［M］. 北京：中国社会科学出版社，2018.

③ 湖北省统计局. 2020 年湖北省统计年鉴 ［EB/OL］. http：//tjj. hubei. gov. cn/tjsj/sjkscs/tjnj/qstjnj/.

④ 湖北省农业农村厅. 农村新报头版报道：全程机械化示范市（县）公示湖北 7 地入选 ［EB/OL］. http：//nyt. hubei. gov. cn/bmdt/yw/mtksn/202012/t20201211 _ 3078565. shtml.

3. 提高农业生产效益

提高家庭农场主的经营管理水平可以促进家庭农场主对水稻侧深施肥、立体种养、水肥一体化等先进的现代农业技术的采纳，提高生产效益。此外，还可以提高农场主搜寻并利用市场信息的能力，以市场需求为导向，调整经营种类，提高农产品质量。武汉市东西湖区柏泉农场彭家庄瞄准市场需求，大力发展有机高质量蔬菜，与盒马鲜生平台达成了合作，成功打造了"盒马村"①。"盒马村"基于用户需求的订单式农业，通过大数据去跟踪用户需求，改变农业靠天收的现状，帮助农民用新办法，种出好产品，卖出好价格。此外，在适度经营范围内，土地经营规模对农业生产绩效产生正效应，可以实现土地与资金、劳动力的优化配置，并带来全要素的节约。以专业化、规模化为特征的家庭农场在农业发展中的带动作用日益显现，这主要表现在促进农村地区的专业化分工、农业劳动生产率和土地产出率的提高。洪湖市探索培育村两委领办合作社，增强新型农业市场经营主体对贫困户的服务性。全市共引进培育龙头企业 56 家、专业合作社 294 个、家庭农场 29 个、贫困村致富带头人 362 人等主体带动帮扶贫困户，以租金、薪金、分红金、让利金等四种形式带动 10749 贫困户增收。②

（三）优化农业生产结构，确保粮食安全和食品安全

经营管理能力的提高，使得家庭农场主了解并使用规范化的生产方式和现代农业生产技术，提高生产效率的同时还能保障农产品质量，有利于推动湖北省农业供给侧结构性改革。

1. 优化生产结构，推动农业供给侧结构性改革

自 2013 年首次提出家庭农场的概念以来，湖北家庭农场稳步发展，

---

① 湖北省农业农村厅. 农民日报报道：精致农业品牌农业龙头企业——"三业联动"为武汉农业疫后重振提供强大引擎［EB/OL］. http：//nyt. hubei. gov. cn/bmdt/yw/mtksn/202012/t20201201_3062896. shtml.

② 湖北省农业农村厅. 洪湖：产业扶贫结出"致富果"［EB/OL］. http：//nyt. hubei. gov. cn/bmdt/ztzl/zxzt/sdgjz/cyjzfp/cyjzfpdt/202009/t20200904_2887213. shtml.

湖北农业综合生产能力稳步增强，蔬菜、水果、茶叶产量稳、效益增，较好地满足了城乡居民的多样化需求。优势特色农产品种类众多，形成了"农谷""有机谷""硒谷""虾谷""橘谷"的农业格局①。食用菌、蜂蜜、鸡蛋、小龙虾、河蟹等特色农产品出口全国领先。农业产业结构逐步优化，粮油、蔬菜成为千亿产业，棉花面积进一步调减，再生稻面积突破 230 万亩②。

2. 提高生产效率，保障重要农产品有效供给

作为农业大省的湖北，在家庭农场等新型农业经营主体的带动下，粮食产能不断提升，连续 5 年产量稳定在 500 亿斤以上，保证了湖北省粮食大省的地位，且特色优势经济作物增长较快。蔬菜及食用菌产量 4086.71 万吨，增长 3.1%；茶叶产量 35.25 万吨，增长 6.9%；园林水果（不含果用瓜）产量 661.04 万吨，增长 0.9%。水产品生产形势趋稳，全年渔业恢复性增长，水产品总产量 469.08 万吨，增长 2.4%。

3. 提高农产品质量，确保食品安全

家庭农场的规模化经营有利于农户调解种植结构和面积，规模效应为现代农业技术的使用节约了成本，有利于农产品质量的提高，进而提高市场竞争力。鹤峰县金泰牧家庭农场充分运用"互联网+"思维，带动周围农户学习先进的土豆种植技术，不断提升农产品质量，做大农场规模，并与良品铺子股份有限公司达成合作，每年有 550 吨富硒小土豆变身零食。③ 除了鹤峰县的土豆，良品铺子股份有限公司还与荆州卤藕、荆州鱼肉、恩施土豆等多种高质量湖北农产品达成合作，分别为当地增收 3600 万元、1 亿元、570 万元。

---

① 湖北省人民政府. 湖北省委省政府印发《湖北省乡村振兴战略规划（2018—2022年）》［EB/OL］. http：//www. hubei. gov. cn/zwgk/hbyw/hbywqb/201905/t20190517_1490539_1. shtml.

② 湖北省人民政府. 湖北省委省政府印发《湖北省乡村振兴战略规划（2018—2022年）》［EB/OL］. http：//www. hubei. gov. cn/zwgk/hbyw/hbywqb/201905/t20190517_1490539_1. shtml.

③ 正义网新闻. 宋庆礼：咱老百姓的"网红代表"［EB/OL］. https：//www. 163. com/dy/article/FUC21GOT05346982. html.

（四）保障农民持续增收，助力脱贫攻坚

家庭农场根植于农村，服务于农户和农业，对市场反应灵敏，能够根据市场需求组织农产品标准化、品牌化生产，通过对新品种、新技术、新装备的采用，充分发挥自身优势进行三产融合，在保障农民增收，助力脱贫攻坚等方面发挥着越来越重要的作用。

1. 保障农民增收

据统计，自 2016 年起湖北省农村居民人均可支配收入持续增加，2019 年达 16390.86 元，较上年增长 9.4%①②，湖北省农村居民人均收入较全国平均水平高 370 元，快于城镇居民收入增速 0.3 个百分点③，其中湖北省农村家庭年人均涉农收入达到 4346.83 元，较上年增长 8.3%④。湖北省家庭农场作为带动农民增收的主体之一，通过充分利用乡村资源、农业种养探索出了一二三产业融合模式，如湖北襄阳朱集镇变滩涂劣势为优势，以"鄂北梨香、花海云聚"为目标，引进黄花梨、黄金梨等多个品种，结合产业特色，发展生态旅游，全区家庭农场达 494 家，带动全区 5.6 万名农民就业，从业农民人均增收 3 万元以上⑤。数据显示，2019 年湖北省家庭农场从业人员人均年收入达 5 万元以上，高于湖北省城镇居民人均纯收入 18% 以上。⑥

---

① 湖北省农业农村厅 . 2019 年湖北省农业农村厅工作总结 ［EB/OL］. http：// nyt. hubei. gov. cn/zfxxgk/fdzdgknr_GK2020/ghxx_GK2020/ndjhyzj_GK2020/202009/t20200908 _2898206. shtml.

② 湖北省统计局 . 湖北省 2019 年国民经济和社会发展统计公报 ［EB/OL］. http：// www. hubei. gov. cn/xxgk/zfbmwj/202006/t20200601_2373471. shtml.

③ 姚盼 . 2019 年湖北城镇居民收入增速全国第二 ［N］. 湖北日报，2020-01-23.

④ 国家统计局 . 2020 年湖北统计年鉴 ［EB/OL］. http：//tjj. hubei. gov. cn/tjsj/ sjkscs/tjnj/qstjnj/.

⑤ 筑牢农业根基 激活创新动能 ——襄阳市襄州区加快推进农业现代化 ［N］. 湖北日报，2020-12-29.

⑥ 湖北省农业农村厅 . 省农业农村厅对省政协十二届三次会议 第 20200656 号提案分办工作的意见 ［EB/OL］. http：//nyt. hubei. gov. cn/zfxxgk/fdzdgknr_GK2020/qtzdgknr_ GK2020/jytabl_GK2020/202011/t20201102_2995841. shtml.

2. 助力脱贫攻坚

据统计，2019 年湖北省 92.5 万人脱贫、800 个村出列，17 个贫困县摘帽，贫困发生率由 2018 年的 2.4%降至 2019 年的 0.14%，为高质量打赢脱贫攻坚战奠定了坚实的基础。① 湖北省枣阳市发展 1368 家家庭农场，配置产业技术指导员 338 名，培养创业致富带头人 902 名，截至 2020 年 12 月，枣阳市 77 个贫困村、22256 户 48372 名贫困人口全部出列。② 2019 年年底，湖北省黄冈市红安县培育家庭农场等新型农业经营主体 3842 个，带动贫困户 32458 户，农业产业扶贫项目带动贫困户 2154 户，落实扶贫奖补资金 1222.23 万元。③

3. 促进城乡融合

近年来湖北省城乡收入差距不断下降，2019 年城乡居民人均可支配收入比为 2.29，较 2005 年缩小 0.54 个点，发展协调性持续增强。④ 农村电信基础设施的完善和农村电商的快速发展，居住环境条件的改善，农民工职业技能教育培训的推进，农村医疗条件的改进升级，带动了湖北省农村居民消费快速增长。2019 年湖北省农村居民人均消费支出增速 9.9%，较前三季度扩大 0.7 个百分点，其中交通通信支出增长 15.3%，城乡比相较于 2012 年缩小 1.5 个百分点；教育文化娱乐支出增长 16.5%，城乡比相较于 2012 年缩小 2.5 个百分点，⑤ 城乡融合得到快速发展。

---

① 李雪莹.2020-直通两会|"数"读 2019 湖北脱贫攻坚 ［N］.湖北之声，2020-01-13.

② 刘卫. 枣阳 48372 名贫困人口全部出列 ［N］.湖北日报，2020-12-07.

③ 湖北省农业农村厅. 省农业农村厅对省第十三届人大三次会议第 616 号建议的答复 ［EB/OL］. http：//nyt. hubei. gov. cn/zfxxgk/fdzdgknr_GK2020/qtzdgknr_GK2020/jytabl_GK2020/202010/t20201026_2975528. shtml.

④ 国家统计局 .2020 年湖北统计年鉴 ［EB/OL］. http：//tjj. hubei. gov. cn/tjsj/sjkscs/tjnj/qstjnj/.

⑤ 姚盼 .2019 年湖北城镇居民收入增速全国第二 ［N］.湖北日报，2020-01-23.

（五）促进农户有效衔接市场，提升市场竞争能力

2019 年湖北省政府印发的《湖北省乡村振兴战略规划（2018—2022 年）》明确提出鼓励小农户稳步扩大规模向家庭农场转型，促进机农一体、种养结合的家庭农场发展，把小农户引入现代农业发展大格局，构建新型农业经营体系。家庭农场充分发挥自身的优势，创新农业经营管理方式，利用土地资源、整合涉农项目资金、利用社会化服务等，与同一区域同一产业的家庭农场联户经营、联耕联种、组建家庭农场联盟，采用合作组织、订单农业等形式联合开展生产，共同购置农机、农资，接受统耕统收、统防统治、统销统结等服务，共享市场资源，提升市场竞争能力，实现互补互利。通过农产品品牌建设转变农业发展方式，严抓标准化生产，提高农产品质量，推进资源整合，积极参加中国国际农产品交易会、武汉农博会等产销对接展会活动，创新了与销地农批市场、大型商超合作模式，保障生产与销售渠道高效对接。如嘉鱼富德农业企业采用"公司+合作社+家庭农场+农户"模式，年销售额 5000 万，帮扶贫困户 67 户，"家余富德牌" 9 个蔬菜品种获绿色食品认证，产品销往全国及港澳地区，产品合格率达到 100%①。

（六）用新兴技术改造传统农业，提供经济发展新动能

近年来，湖北省家庭农场在数字经济跃升工程和智慧农业发展下，充分利用现代科技和网络技术成果，不断推进三产业融合发展，在促进农村"三新"经济发展等方面发挥重要作用。

1. 推进网络技术与农业生产经营融合发展

为加快推进信息技术在农业生产经营中的应用，完善农业现代化体系建设，必须要鼓励家庭农场等新型经营主体参与"互联网+"农产品出村进城工程。协调家庭农场对接各类具有高流量的优质电商平台，促

---

① 咸宁市农业农村局. 咸宁市农业农村局关于疫情期间菜篮子配送供应方案［EB/OL］. http://nyt.hubei.gov.cn/bmdt/yw/nchzjj/202002/t20200228_2161886.shtml.

进社区团购等新业态发展，让家庭农场分享"互联网+"增值利润，形成"以销定产"发展格局①。湖北黄冈利用北斗导航探索出"手机种田"方式实现无人化智能生产，让农业生产变得更加精准和高效。随着"买鄂"专题的开办，湖北省荆门市京山绿丰家庭农场通过电商平台销售农场大米等绿色农产品，目前销售额已突破1000万元②。

2. 促进农村"三新"经济快速发展

家庭农场在培育农村新产业新业态新模式过程中发挥重要作用，为农村经济发展提供新动能。家庭农场不断推进三产融合，结合乡村旅游、休闲农业等新产业，2020年上半年接待16亿人次，实现营业收入4200亿元，同比增长15%。家庭农场通过线上线下、虚拟实体有机结合等多种途径，催生出了共享农业、体验农业、创意农业、数字农业、农商直供、众筹农业等大量新业态。③还通过创新实施培育益贫式商业模式（"4P"模式），采取企业+合作社+家庭农场等模式，使农产品加工、储藏、销售、品牌等能力得到提高，使家庭农场等新型经营主体更好地带动、辐射贫困农户，帮助其脱贫致富。④

三、湖北省家庭农场经营管理中存在的突出问题

（一）与适度规模经营的要求有较大差距

家庭农场作为实现农业现代化的基石，适度规模经营是其重要特

---

① 省农业农村厅办公室. 省农业农村厅办公室关于印发湖北省"互联网+"农产品出村进城 工程实施方案的通知 [EB/OL]. http：//www. hubei. gov. cn/zhuanti/2020/hqskwcc/sjbm/cjlt/202011/t20201117_3034533. shtml.

② 孟静. 京山大米线上线下销往全国 [N]. 湖北日报，2020-04-20.

③ 湖北省农业农村厅. 农村新产业新业态持续快速发展 [EB/OL]. http：//nyt. hubei. gov. cn/bmdt/yw/ywdt/tzzyc/201910/t20191029_109738. shtml.

④ 湖北省农业农村厅. 国际农发基金秦巴片区十堰市农业特色产业项目竣工验收总结会在十堰市召开 [EB/OL]. http：//nyt. hubei. gov. cn/bmdt/ztzl/wqzt/bwcx/201910/t20191029_104931. shtml.

征。但湖北省家庭农场在实现适度规模经营的过程中仍存在以下问题。

1. 不同行业和地区缺少有针对性的评价指标

截至 2019 年底，湖北省土地流转面积 2400.8 万亩，流转率39.3%。湖北省实行适度规模经营面积为 1328.8 万亩，其中 30~100 亩有 579.8 万亩，100~1000 亩有 446.6 万亩，1000 亩以上的有 302.4 万亩①。但湖北省的适度规模经营水平仍有很大上升空间。湖北约 60%的承包地仍由承包农户经营，户均承包面积不到 7 亩，低于全国平均水平②。另外，没有针对地区、产业和经营范围制定的适度规模经营的标准，导致部分适度规模经营的农户因产业类型限制而未达到相关标准，无法享受相关的政策。

2. 仍以单个家庭经营为单元，难以形成规模效应

家庭农场融入新型农业经营体系的能力较弱，与其他新型农业经营主体之间联系不够紧密，多以单个的家庭经营为单元，较小的规模导致其承担农业经营风险能力较弱。同时家庭农场之间缺乏关联，集群效应弱，无法利用合作社的纽带作用，在推动农产品优质化、品牌化、与市场衔接方面不具优势。

3. 人力与资源配置不协调

家庭农场以家庭成员为主要劳动力，或有季节性雇工。随着经营规模的扩大，对经营人员的经营管理能力提出了新的要求，现有的家庭农场主多是传统农民，受教育水平和综合能力限制，缺乏现代化的经营理念，组织能力和执行能力有待提高，无法适应家庭农场市场主体的发展要求。

4. 土地经营权流转的实现形式单一

在家庭农场经营前景不明朗时，农民不愿与家庭农场共担风险、共

---

① 湖北省农业农村厅. 省农业农村厅关于对省政协十二届三次会议第 20200198 号提案的答复［EB/OL］. http://nyt. hubei. gov. cn/zfxxgk/fdzdgknr_GK2020/qtzdgknr_GK2020/jytabl_GK2020/202011/t20201102_2995763. shtml.

② 湖北省农业农村厅. 农村新报报道：深化农村改革 建设美丽乡村［EB/OL］. http://nyt. hubei. gov. cn/bmdt/ztzl/zxzt/wcbgzyq/202009/t20200925_2928234. shtml.

享利润，更愿意以土地租赁这种买断的方式流转土地经营权。对于家庭农场经营者来说土地租金成本过高，农业经营风险完全由家庭农场自己承担。对于一般农民来说，虽然避免了承受农业经营风险，但收益固定，不能随着经营主体的经营效益提升而持续增收。

（二）经营管理水平低下

农业信息服务机制的不完善导致缺乏专门针对家庭农场的信息服务平台和机构，家庭农场获取信息受阻。由于缺乏专门的财会人员，家庭农场建账核算环节不规范，雇工稳定性不强造成雇工成本较高。总体而言，家庭农场整体管理水平低下。

1. 家庭农场管理及财务制度不健全

专门针对家庭农场财务管理的相关要求较少，按照家庭农场财务会计制度要求规范建账的较少，大多无专门的财会人员，没有建立财务核算机制，已建账核算的家庭农场，在票据使用、资金监管、物资收发、产品销售、项目建设、成员账户等方面不规范。大部分家庭农场内部控制薄弱，现金收支手续不完备，没有使用统一规定的收付款凭证，公款私存的现象依然存在，没有按照要求组织专人定期或不定期清点核对现金，加大了家庭农场的经营管理风险，不利于家庭农场的长期稳定发展。①

2. 农业信息服务机制不完善，家庭农场信息获取不畅

目前湖北省家庭农场各项信息服务还不健全，特别是在土地、融资、工商注册登记等方面还没有明确的机构提供专项的服务。大多数农业服务网站和农业服务机构提供的大多是面向农业的大众化服务产品，主要针对家庭农场的专项服务机构少之又少。农业信息服务体系不能满足湖北省家庭农场迅速发展的需要。受信息资源等多种因素的影响，农产品销售零星分散，影响了规模经营效率水平。

---

① 邓军蓉. 粮食类家庭农场财务管理现状及原因分析——基于湖北省 105 个家庭农场的调查 [J]. 长江大学学报（自然科学版），2017，14（18）：74-78.

3. 雇工派工太随意，稳定性不高

由于家庭农场土地经营规模较大，除吸纳农户家庭主要劳动力外，家庭农场往往需要少量常年雇工或季节性雇工。但数据显示，2016 年平均每个家庭农场有劳动力 6 人，其中家庭成员 4.1 人，常年雇工 1.9 人[①]。大量农村劳动力转移到城镇和企业，农业劳动力短缺问题越来越严重，家庭农场招工越来越困难。而且由于外出务工人员流动频繁，产生雇工群体的不稳定性，无形中增加了家庭农场雇工成本。而且这些雇工大多受教育程度较低，接受农业新技术和新技能的能力比较薄弱，不利于家庭农场的长期发展。

（三）与市场衔接不够紧密

家庭农场小微企业的特征要求其以市场需求为导向进行商品化生产，着眼国内和国外两个市场，提高品牌意识，实现与市场的有效衔接，降低市场风险，从而实现家庭农场的可持续发展。但湖北省家庭农场有效衔接市场的过程中存在以下问题。

1. 特色优质农产品多，知名品牌少

湖北是全国重要的农产品生产基地，水稻、双低油菜、生猪、淡水产品等重要农产品量多质优。在品牌强农政策的引导下，湖北省农业供给侧结构性改革取得明显进展，产业化程度进一步提高。2019 年，湖北新认证"三品一标"产品 836 个，有效期内"三品一标"企业达 2258 家，产品总数达 4518 个，总量规模位居全国前五，但与品牌强省相比，仍然存在一定差距。截至 2019 年 5 月，四川省认定"三品一标"农产品累计达 5357 个，其中无公害农产品 3684 个、地理标志农产品 166 个、绿色食品 1385 个、有机农产品 122 个。地理标志农产品数量位居全国第二。[②] 同为中部地区的河南，2019 年有 16 个特色农产品

---

① 中华人民共和国农业农村部. 2016 年家庭农场发展情况［EB/OL］. http: //www. hzjjs. moa. gov. cn/nyshhfw/201904/t20190418_6182625. htm.

② 华夏经纬网. 四川"三品一标"农产品达 5357 个 地理标志农产品数量全国第二［EB/OL］. http: //www. huaxia. com/tslj/rdqy/xb/2019/05/6110539. html.

品牌入选中国农业品牌目录，数量居全国第二位，而湖北省54个粮油品牌、31个蔬菜品牌无一入选①，入选的只有武当道茶、蕲春蕲艾等11个品牌。

2. 农产品知名度高，知名农产品企业少

湖北是全国双低优质油菜大省，面积和产量多年稳居全国第一，但因缺乏竞争力强的本土企业，鄂产菜子油市场占有率极低，品质优良的原料被"中粮""鲁花""金龙鱼"等企业抢占。另外，湖北省茶园面积和产量均居全国第四位，绿茶红茶品质均属上乘，但多年来被全国一些知名大品牌采购回去"贴牌"销售。淡水产品产量连续20多年领跑全国，但除小龙虾外，加工企业普遍偏小，产业链短、品牌弱，梁子湖大闸蟹、洪湖淡水鱼等产品的市场影响力难敌江浙等省份的对手。生猪年出栏4000万头以上，居全国第五，育种与疫病防治科研实力全国领跑，但至今没有一家生猪上市公司，产业短板弱项明显，抗风险能力不足。②

3. 网络销售产业化发展水平不高，制约家庭农场有效衔接市场

2020年湖北省农业农村厅与京东集团签订合作协议，共同建立线上销售通道，重点打造秭归脐橙和宜昌蜜橘为代表的柑橘类产品、潜江龙虾和洪湖清水蟹等为代表的虾蟹产品、恩施及宜昌地区茶叶产业、随州地区的香菇产业、武汉和荆州等地的蔬果等产业，形成知名区域生鲜品牌和电商产业集群③。但家庭农场经营者自身的互联网技术使用水平不高，农村电商发展所需的复合型高端人才也难以下沉到农村地区④，

---

① 湖北省农业农村厅. 湖北日报报道：千方百计让农业产业化强起来［EB/OL］. http：//nyt. hubei. gov. cn/bmdt/yw/mtksn/202012/t20201214_3081942. shtml.

② 湖北省农业农村厅. 湖北日报报道：千方百计让农业产业化强起来［EB/OL］. http：//nyt. hubei. gov. cn/bmdt/yw/mtksn/202012/t20201214_3081942. shtml.

③ 湖北省农业农村厅. 农民日报报道：线上线下合力　拓宽湖北农产品销售渠道［EB/OL］. http：//nyt. hubei. gov. cn/bmdt/ztzl/zxzt/wcbgzyq/202004/t20200411_2220329. shtml.

④ 聂召英，王伊欢. 链接与断裂：小农户与互联网市场衔接机制研究——以农村电商的生产经营实践为例［J］. 农业经济问题，2021（1）：132-143.

人才成为农村电商发展的瓶颈之一。并且由于家庭农场的规模不够大，农产品标准化加工和包装的成本较高，难以形成全产业链的网络体系，阻碍了农产品网络销售产业化的发展。除此之外，由于特色农产品品牌意识欠缺，尽管农产品质量上乘，但无法打响农产品的知名度，也无法打开广阔的国内国外市场①。

（四）基础设施建设有待加强

当前湖北省家庭农场的发展依旧存在基础设施落后、投入不足、经营理念不够先进等问题，难以满足家庭农场可持续发展的要求。农田水利设施是湖北省农村基础设施明显的短板，在土地肥力培育、土壤改良等方面还存在着明显不足。

1. 农村基础设施投入不足，阻碍家庭农场扩大经营规模

农业基础设施的建设是家庭农场经营发展的支撑，近年来湖北省在基础设施建设上的投入虽每年都有所增加，但基础设施资金投入与家庭农场实际所需相差较大，投入过于分散且不足，统筹力度不够。2019年为支持农村水利、交通、教育卫生、"厕所革命"等，省财政拨付基建资金100亿元②，仅占2019年湖北省财政总收入的1.7%③，新一轮高标准农田建设的投资资金仅占"十大工程"项目建设的0.88%，针对冷链物流和应急储备设施补短板工程的投资资金也只达1.42%④，在规模总量、空间布局、调节能力等方面还存在着明显不足，相对于家庭农场扩大经营规模、高质量发展的实际需求，资金投资还远远不够，不

---

① 刘巧运，沈晓蔓，童瑶，陈钧，钟政宇. 湖北省电商扶贫的现状、困境与模式创新［J］. 现代商贸工业，2021，42（5）：11-14.

② 湖北省农业农村厅. 省农业农村厅关于对省政协十二届三次会议第20200024号提案的答复［EB/OL］. http://nyt. hubei. gov. cn/zfxxgk/fdzdgknr_GK2020/qtzdgknr_GK2020/jytabl_GK2020/202011/t20201102_2995836. shtml.

③ 湖北省人民政府. 湖北省情概况［EB/OL］. http://www. hubei. gov. cn/jmct/hbgk/202012/t20201222_3097792_6. shtml.

④ 韩安然. 解读湖北省疫后重振补短板强功能"十大工程"［N］. 湖北日报，2020-08-17.

利于家庭农场的生产和发展。

2. 家庭农场生产性基础设施不完善

高标准农田的建设破解了湖北省家庭农场"靠天吃饭"的难题，逐渐成为家庭农场高质量发展的基石，但数据显示，2019 年湖北省基本农田中尚有 2300 多万亩永久基本农田亟待建设改造①，加之湖北省农田水利工程大多兴建于 20 世纪 80 年代以前，普遍存在老化失修、功能衰减等问题，农田灌溉"最后一公里"问题更是突出，阻碍了湖北省家庭农场连片经营，扩大经营规模。数据显示湖北省有一半耕地缺少必要的灌排条件，有相当比例的农田大型灌区骨干工程、小型农田水利工程设施不配套，大型灌排泵站设备完好率有待提升②，防灾抗灾减灾能力不强的状况尚未根本改变，多年的种植及化肥的大量使用，使得湖北省一些地方耕地出现板结，土地养分减少，肥力降低，特别是茶园土壤贫瘠化问题，耕地酸化、盐碱化问题较为严重，家庭农场生产性基础不扎实，不利于家庭农场可持续发展。

3. 家庭农场购销运存系统建设缺乏

湖北省家庭农场在冷链物流、购销运存系统建设等方面短板明显，特别是种植类家庭农场基础设施较差，冷链物流体系等配套建设滞后，粮食类家庭农场普遍缺乏粮食晾晒、烘干、仓储等设施，抵御自然风险及市场风险能力不强，产销易受影响③。"淘宝村"作为家庭农场走向农业农村现代化的重要抓手，利于同类型家庭农场发挥集聚效应，扩大

---

① 湖北省农业农村厅. 省农业农村厅关于对省政协十二届第三次会议第 20200005 号提案的答复 ［EB/OL］. http：//nyt. hubei. gov. cn/zfxxgk/fdzdgknr ＿ GK2020/qtzdgknr ＿ GK2020/jytabl_GK2020/202011/t20201102_2995847. shtml.

② 湖北省农业农村厅. 省农业农村厅关于对省政协十二届第三次会议第 20200609 号提案的答复 ［EB/OL］. http：//nyt. hubei. gov. cn/zfxxgk/fdzdgknr ＿ GK2020/qtzdgknr ＿ GK2020/jytabl_GK2020/202011/t20201102_2995848. shtml

③ 湖北省农业农村厅. 2019 年度湖北省蔬菜办公室单位整体支出绩效自评报告 ［EB/OL］. http：//nyt. hubei. gov. cn/zfxxgk/fdzdgknr ＿ GK2020/czzj ＿ GK2020/ysjx ＿ GK2020/202009/t20200908_2898488. shtml.

家庭农场的知名度。截至 2019 年底，湖北省淘宝村仅有 22 家，较浙江省少 1551 家，由于物流价格、冷链设施、保鲜技术、产品营销和运营人才等多方面的限制，购销运存系统不健全，湖北省农贸型"淘宝村"的发展速度相对较慢，以"小""散"为主的发展模式使得收购与加工分散，缺乏集约和规模效应，使得家庭农场看不到"淘宝村"的前景，而不愿意共同发展。

（五）家庭农场经营的人才缺乏

人才是家庭农场经营管理水平的重要影响因素，但目前的家庭农场主大多是传统农民，缺乏现代化的经营理念，往往无法适应家庭农场的发展要求。

1. 农场主整体素质不高，管理人才缺乏

湖北省农业从业人员达 153.1 万人，一半以上人员的文化程度为初中毕业，高中及以上文化程度仅占 9%①，湖北省家庭农场主呈现多元结构，40%左右由外出经商成功农民返乡创办，但总体文化程度多为高中毕业，大中专毕业生占 10%左右，截至 2020 年第三季度，湖北省实有农村劳动力转移 1016 万人②，多为高中及以上学历人员，占比超过 1/3，高素质人才外流，"空心化"现象突出，农场主总体素质不高，高素质人才缺乏。年龄较大，受教育程度较低，使得农场主对市场缺乏敏感洞察力，对信息缺乏正确的决策判断，在管理、风险预判、技术创新等方面能力不足，计划着眼于短期收益，不利于家庭农场长期高质量发展。

2. 技术人才、销售人才缺乏

湖北省每年利用新型职业农民培训计划，培训休闲农业管理人员

---

① 国家统计局. 第六次人口普查数据［EB/OL］. www.stats.gov.cn/tjsj/pcsj/rkpc/Gip/indexch.htm..

② 李希帆. 湖北人社书写"十三五"亮丽答卷［N］. 湖北人社微信公众号, 2020-12-18.

3000 人①，高级农机管理、推广人才培训和师资培训 300 余人②，截至
2019 年底，湖北省新型经营主体人员培训 15 万人次③，但相较于安徽
省累计培训 25.09 万人而言还存在不少差距④。2019 年湖北省职业院校
充分发挥专业优势，聚焦农村现实需求，先后组织多批次农村电子商务
等技术技能培训，共计达到 15.6 万人次⑤，但相较于湖北省农业从业
人员数量还远远不够，针对销售人才的培养也跟不上互联网发展的步
伐，在已有的专业人才中家庭农场的引进也不充足，依然存在"引不
进来、留不住"的窘境，如今还有许多家庭农场因为不了解现代农业
技术，不能找准适应自身发展的模式导致土地受损，收入不高，如石首
市周立家庭农场曾经由于基地机械化应用不足且技术人才缺乏，经常重
复地使用农药化肥，产生的盐碱对作物生长十分不利。

（六）家庭农场与普通农户之间缺乏合理稳固的利益链接机制

家庭农场与普通农户之间缺乏稳固的利益联结机制，合作形式单
一，家庭农场在带动农户增收致富方面发挥的示范引领作用有待加强。

1. 家庭农场的带动增收致富作用有待加强

家庭农场在土地流转中多数直接采用租地方式，一般农户把土地流

---

① 湖北省农业农村厅．省农业农村厅关于对省政协十二届二次会议 第 20190005 号
提案的 答复 ［EB/OL］．http：//nyt. hubei. gov. cn/zfxxgk/fdzdgknr _ GK2020/qtzdgknr _
GK2020/jytabl_GK2020/202011/t20201102_2995817. shtml.
② 湖北省农业农村厅．省农业农村厅对省十三届人大三次会议第 20200208 号建议的
答复 ［EB/OL］．http：//nyt. hubei. gov. cn/zfxxgk/fdzdgknr_GK2020/qtzdgknr_GK2020/jytabl
_GK2020/202011/t20201102_2995650. shtml.
③ 湖北省农业农村厅．省农业农村厅对省十三届人大三次会议第 20200076 号建议的
答复 ［EB/OL］．http：//nyt. hubei. gov. cn/zfxxgk/fdzdgknr_GK2020/qtzdgknr_GK2020/jytabl
_GK2020/202011/t20201102_2995859. shtml.
④ 安徽省农业农村厅．关于省十三届人大三次会议第 860 号代表建议答复的
函 ［EB/OL］．http：//nync. ah. gov. cn/public/7021/53987051. html.
⑤ 湖北省农业农村厅．省农业农村厅对省十三届人大三次会议 第 134 号建议的答
复 ［EB/OL］．http：//nyt. hubei. gov. cn/zfxxgk/fdzdgknr_GK2020/qtzdgknr_GK2020/jytabl_
GK2020/202011/t20201102_2995736. shtml.

转给家庭农场，只得到每亩 500~600 元的固定租金，家庭农场与一般农户之间是租赁契约关系，作为一般农户来说，土地租金收入固定，土地产出物增值利益与一般农户无关，普通农户无法享受家庭农场的农业现代化成果，各种政策支持也鲜有能涉及普通农户。

2. 家庭农场的示范引领作用有待进一步发挥

家庭农场通过流转土地开展规模经营，对家庭成员以外的劳动用工需求不大，一般农户与家庭农场之间只进行土地流转交易，无其他生产经营联系，多数农民流转土地之后只能选择外出务工。家庭农场的现代化生产经营方式未对周围一般农户起到应有的示范引领作用，甚至会发生家庭农场与一般农户争利的情况。2019 年湖北省家庭农场从业人员人均年收入达 5 万元以上，是 2019 年湖北省农村居民可支配收入的平均水平的 3.1 倍①，两者收入存在很大差距。

（七）对现代农业技术采用问题

湖北省基层农业推广体系不健全，无专门的机构服务农业生产、技术推广、技术应用、病虫害防治等。以钱养事难以到位，农民面临着巨大的技术风险（规模性风险）。技术采用上缺乏推广指导，技术应用上缺少手把手的技术指导交流。

1. 家庭农场基层农技采用不足，技术水平不高

湖北省家庭农场经营者素质水平参差不齐致使农技推广机构与家庭农场之间存在断层现象，农业科技成果和先进适用技术的推广应用速度较慢，时效不高，农技推广服务基本局限于生产环节，产前、产后环节的技术服务不到位。如菱角湖农场以种植业和养殖业为主导产业，但由于缺乏科学引导和技术培训，职工生产观念僵化，土地效益低下、土地固化现象十分严重，极大阻碍了农业新技术的推广和新品种的引进。总体来说，湖北省家庭农场由于科技引进不及时或技术适配度低等原因，

---

① 湖北统计局．2020 年湖北省统计年鉴［EB/OL］．http：//tjj．hubei．gov．cn/tjsj/sjkscs/tjnj/qstjnj/．

技术水平不高，数据显示湖北省农业物联网等信息技术应用比例仅达到 15%，主要农作物耕种收综合机械化率达71%，与安徽省的80%相比还有较大差距①。湖北省还有一半的水稻田靠人工插秧，水稻综合机械化水平不高。

2. 农业生产性社会化服务供需不匹配

农业社会化服务是实现家庭农场与现代农业发展有机衔接的重要途径，是实现家庭农场高质量、高效益发展的迫切需要，但在实践中家庭农场的多样化需求与农业社会化服务之间也面临着供需不匹配、多样化服务不足等问题，制约了家庭农场高质量发展。2017 年以来，湖北省安排资金 3.5 亿元，重点支持粮食作物的深耕深松、秸秆还田等生产性社会化服务环节，但针对家庭农场经营管理、技术推广等方面的社会化服务项目还有所欠缺，不能适应家庭农场产前、产中和产后的不同需求，季节性不匹配、技术不匹配等现象突出，如 2019 年湖北省因社会化服务组织技术不匹配、专业人才缺乏、受猪病等因素影响，湖北省不少中小规模养殖场后备母猪资源较少，甚至出现养殖场恐慌性抛售、规模集中出栏，能繁母猪和生猪存栏下降较多，影响了生猪的健康发展。

3. 家庭农场应对风险能力不足

由于农业生产的周期性等特征，以及农产品受市场供求变化的特点，家庭农场会由于应对自然风险、市场风险和技术风险能力不足而遭受巨大损失。如 2020 年蕲春县旺旺生态水稻种植家庭农场受持续降雨影响，导致 700 亩水稻严重过水，实际受灾 600 亩，绝收 300 亩，直接经济损失达 30 万元②。数据显示，在新型冠状病毒肺炎疫情之下，由于各地实施严格的交通管控措施，水产品销路受阻严重，2 月份湖北省水产品存塘量达 50 多万吨，有近万吨河蟹压塘③。2020 年湖北省因养殖技术问题，市场上小虾多、大虾少，小虾价格不断下滑，大虾价格不

---

① 安徽省农业农村厅. 美好安徽"十三五"成就巡礼——安徽"十三五"农业农村发展成就发布! [EB/OL]. http：//nync. ah. gov. cn/snzx/zwxxi/54178091. html.

② 刘澍森. "这批种子来得太及时了" [N]. 湖北日报，2020-07-31.

③ 特殊之年书写水产大省的特殊答卷 [N]. 湖北日报，2020-12-31.

降反增，应对技术风险能力不足，不利于提高小龙虾养殖核心竞争力①。

四、促进湖北省家庭农场经营管理提升的对策建议

（一）落实适度规模经营

探索适度规模经营的评价指标，建立相关指标体系，充分考虑经营品种、耕地状况、农场主经营能力、社会化服务体系完善程度来确定不同的适度规模经营的评价标准。

首先，根据地区制定适度规模经营标准。由于地区发展和资源禀赋之间存在差异，制定适度规模标准时切忌"一刀切"，要针对不同地区的资源禀赋、生产条件、农业社会化服务体系完善程度等实际情况，探索实行不同类型、不同组织形式、不同经营规模的适度规模经营，并分别制定不同的评价标准。其次，根据经营范围制定适度规模经营标准。分别针对种植业、养殖业、种养结合、三产融合发展等产业制定不同的适度规模经营评价指标，构建收入指标、土地经营面积指标、资金投入量指标等多元评价体系。最后，要不断更新适度规模经营评价指标体系。随着农业生产条件的改善，适度规模经营的标准也应该有相应变化。要根据农业发展水平和农业生产条件的变化，不断更新和完善适度规模经营的指标体系，提高评价指标的灵活性。

在农业生产经营中，家庭农场要与各类型农业经营主体相互配合，利用龙头企业在开拓市场、合作社与农民的利益联结机制紧密等优势。在市场营销方面，龙头企业更有能力针对高端客户进行高端农产品营销，在推动农产品优质化、品牌化，推动农产品优质优价方面更具优势，可以发挥其各自的优势，降低农业经营风险，提高经营效率。合作

---

① 刘胜．10县市推广"虾稻憨"综合种养 亩均收入可提高3000元［N］．湖北日报，2020-12-25．

社将分散经营的农民组织起来，与农民的利益联结机制紧密，由于农村是"熟人社会"，合作社出面组织农业生产的监督成本低，在推动生产环节的社会化服务方面具有优势。

（二）推进内部规范化管理，完善内部管理制度

规范家庭农场内部管理，提高管理效率，并通过规范标准化生产过程，提高农产品质量，加强农产品品牌建设，可以提高农产品市场竞争力，推动家庭农场的可持续发展。

1. 明确家庭农场岗位责任制度，完善家庭农场财务管理机制

家庭农场经营者要定期参加同类经营主体培训会，加强家庭农场经营者对财务核算的重视程度，积极构建基于数字技术的"智慧化"财务核算平台，结合自身的经营特点和业务内容，创新家庭农场财务核算形式。确保家庭农场设置生产、销售和财务等岗位，明确不同岗位的主要职责。生产岗位主要负责抓好病（疫）虫害防治、农业机械设施设备检修维护、仓储运输等；销售岗位负责开辟销售渠道，寻求定向合作，探求销售新形式，提高家庭农场知名度等；财务岗位负责财产物资采购和管理，建立健全财务会计账簿，进行财务核算等。

2. 规范推进标准化生产，注重品牌打造

家庭农场要主动制定农产品生产标准化技术规划，并严格按照规划进行生产，加强家庭农场生产全过程质量检测和标准控制，实现农产品产前、产中、产后全过程质量可追溯，确保农产品安全。家庭农场经营者应根据土地资源和农产品供需缺口情况及时调整家庭农场的生产经营种类，加强品牌建设，重视绿色农产品生产，推广家庭农场在市场上的知名度，充分掌握家庭农场农产品的主要销售市场分布，如大型批发市场、中转地以及运输情况，及时地适当调整价格，降低市场风险。创新体验式农场营销和整合营销等多种方式，提高竞争力。

3. 完善家庭农场财务雇工管理制度

同长期雇用的农工签订规范的劳务合同，保障劳动安全，按时足额兑现劳务报酬，并按相关规定到有关部门备案登记。强化雇用农工管

理，加强雇用农工安全生产知识教育培训，劳动技能指导，支持雇用农工参加新型职业农民培训。

（三）恰当选择经营主业，确保经营稳定性

家庭农场经营者根据政府规划和当地资源条件以及产业优势，选择恰当的经营主业。不断学习新的技术和方法，运用现代信息技术获得生产经营的相关信息，通过进行规范的经济核算，明确经营目标，从而实现家庭农场的良好发展。

家庭农场经营者可依托湖北省粮油、蔬菜、猪禽、水产、茶叶、中药材、食用菌等优势特色农业产业链，准确把握政府产业规划的风向标，选择合适的经营主业，深度参与农业产业化进程，充分利用当地的产业支持政策和区位资源优势。

家庭农场经营者可利用互联网信息平台充分了解市场信息，并通过规范的经济核算，明确经营目标，确定目标市场。通过合理的生产组织实现内部专业化，对生产、加工、销售等各个环节进行细化和专业分工，提高专业化运营水平。利用周围龙头企业在品牌建设和市场营销方面的优势，紧密衔接市场，实现家庭农场的可持续发展。

家庭农场经营者在经营过程中要及时把握政策和市场信息，关注经营产业领域内的新技术、新方法，不断学习掌握新的生产、销售、管理技术，更新生产经营理念。组织家庭员工有针对性地参加教育培训，提高综合素质，进而提高工作效率和质量。

（四）加强信息管理和信息建设

通过加强信息管理和信息建设，提高家庭农场信息处理能力和对市场信息的把握，不断开拓信息来源，促进家庭农场与市场的对接，提高谈判能力。

1. 加强家庭农场内部信息管理建设

家庭农场应明确自身获取信息方面的不足，根据自身的发展情况，建立专门的信息管理中心，完善信息收集、信息应用、信息反馈机制，

建立"互联网+家庭农场信息服务"模式,积极对接外部信息渠道,并及时评估家庭农场自身信息需求,寻求相对应的网络营销和线上产品咨询服务,引进相关专家面向家庭农场开展线上线下相结合的信息处理服务。

2. 提高家庭农场信息获取和处理能力

家庭农场经营者要积极利用各类益农信息社,参与相关的信息获取渠道培训,充分学习和利用现代化的工具增加信息获取渠道,通过多样化渠道提高农场获取信息的能力。还可以与其他同类型家庭农场进行协作经营,以降低独自搜集信息带来的高成本,实现数据共享,打通信息获取的"最初一公里"和信息服务的"最后一公里"瓶颈。

(五) 完善示范家庭农场与一般农户的利益联结机制

家庭农场在流转土地的过程中,容易与一般农户产生土地纠纷。要建立合理的利益联结,防止相互争利,并发挥家庭农场的示范推广作用。

首先,主张示范家庭农场在流转一般农户土地时,探索土地、劳动力、资金或其他生产要素入股分红等多种利益分配方式,激励家庭农场将部分销售、加工等生产经营利润返还农户并实行多次分配,使得普通农户能够分享家庭农场利用流转土地进行生产经营所获得的利益,高度集中一般农户与家庭农场的经营目标,防止相互争利,同时增加农民租金、薪金、股金、现金收入,对一般农户起到致富带动作用。伴随着产业规模的不断扩大,鼓励土地经营权流转模式从土地流转向土地入股、土地托管转变。土地入股不同于土地流转,一般农户可以分享家庭农场的土地增值收益,有利于降低家庭农场与一般农户的土地纠纷发生率。土地托管这种不买断土地经营权的方式,为农民提供社会化服务,既降低了经营主体的经营风险,又有利于稳定经营主体的经营收益,同时还有利于稳定粮食产能。①

---

① 赵明正,李广瑜,张旭,张颖.土地适度规模经营的实现模式研究 [J].农村农业农民 (B版),2021 (2):24-26.

其次，引导一般农户与示范家庭农场深度合作，发挥家庭农场的示范带动作用。示范家庭农场是家庭农场高质量发展的先进代表，鼓励家庭农场积极争创省、市级示范家庭农场。引导有条件的示范家庭农场由生产领域向生产生活生态深度融合转变，深入挖掘农业多功能性，增强综合服务带动能力，① 并不断总结推广示范家庭农场成功经验和经营模式。鼓励示范家庭农场与其他新型农业经营主体或者农村集体经济组织开展深度合作与联合，引导家庭农场向一般农户提供种子（苗）、资金、生产资料、先进技术、培训、咨询等方面无偿或低偿的服务，创新订单带动、利润返还、股份合作等利益联结机制，通过集中土地资源，共用生产设施设备，共享市场信息等方式，对周边家庭农场和一般农户在生产技术、科技指导、市场信息、政策解读等方面提供咨询和指导服务，从而推动不同经营主体抱团发展，引导带动小农户共同发展，形成互助共进良好机制，在产权上结成更紧密的利益共同体。

（六）积极创造智慧型家庭农场

现代化技术的使用能有效提高家庭农场的经营管理效率，要探索并鼓励建设科技集约、规模适度的智慧农场建设，在耕种环节、销售环节等充分收集相关信息，与数字技术相连接。

1. 积极为智慧型家庭农场的发展创造条件

自 2017 年实施智慧农业工程以来，湖北省不断出台相关政策促进农业信息化、数字化发展，也为智慧型家庭农场的发展降低了建设成本。湖北省家庭农场应积极利用政府提供的辅助、税收优惠和政府担保等条件，推动农场信息化发展，积极参与智慧农业相关培训及交流会，提高家庭农场从业人员综合素质，为发展智慧农场打好基础。

---

① 湖北省农业农村厅. 《新型农业经营主体和服务主体高质量发展规划（2020—2022 年）》解读三：引导农民合作社向高质量发展轨道迈进［EB/OL］. http：//nyt. hubei. gov. cn/bmdt/yw/nczcygg/202005/t20200511_2266622. shtml.

2. 加强家庭农场生产技术利用

发挥家庭农场自身规模化、集约化种植优势，围绕农产品加工企业需求建设原材料种植基地，创新"家庭农场+基地"等发展模式，推广无人机植保、农作物溯源、智能喷滴灌系统等新技术、新设施，提高农作物耕种收综合机械化率。同时家庭农场要最大化利用政府提供的相关技术培训、创业扶持等方式，提高家庭农场从业人员技术专业知识，促进家庭农场与智慧农业的有机衔接。如湖北黄冈利用北斗导航探索出"手机种田"方式实现无人化智能生产，让农业生产变得更加精准和高效。

3. 突出市场流通，实现家庭农场销售智慧化

家庭农场要积极参与"互联网+"农产品出村进城工程，以"农产品上行"为重点，建立完善适应农产品销售的供应链体系、运营服务体系和支撑保障体系，依托京东、淘宝、天猫、拼多多、一亩田等新型电商平台和模式，扩大农产品销售范围，拓宽农产品网络销售渠道，形成"以销定产"发展格局。

（七）实施家庭农场主培训计划，提高家庭农场主经营管理水平

通过实施家庭农场主培育计划，提高农场主从事现代农业生产经营水平。农场主是农村的企业家、农业的企业家，要像重视民营企业家一样重视家庭农场主。家庭农场主接受科学合理的技能培训的前提是具备相对完善的培训体系。

首先，精确把握农民需求，提高教育培训针对性。家庭农场经营者除了要掌握生产环节的种养技术之外，还需掌握市场营销、经营管理、信息技术、创业技能、保鲜加工、财务管理等技能，具体包括生产关键技术、市场营销知识、产业发展趋势、经营管理与品牌建设、食品安全标准化、信息网络技术、加工保鲜技术、农民职业道德、法律意识和政策水平等。要提高农场经营人员的管理能力，需综合考虑产业、类型、层级等对农场主培训需求的影响，精确把握农场主需求，提高教育培训

针对性。在技能培训的过程中，引导农民向新技术、新加工与新业态的农业产业结构上倾斜，尽量避免对市场上早已淘汰技术的讲解。在培训时间安排上，要结合农闲时节、生产关键节点等开展培训，做到农闲时节给农民"充电"，生产关键节点解决农民生产难题。

其次，创新培训体系，发展教育培训新格局。充分发挥湖北省优质教育资源优势，构建以华中农业大学、湖北农科院等涉农院校为基础依托，农业科技公司等其他社会力量为补充，以农业园区、农业企业、农民专业合作社和家庭农场为基地的"一主多元"的教育培训体系，形成"政府主导、部门协同，立足产业、结合实际，政策创设、机制创新，农民主体、需求导向"的教育培训新格局。

最后，整合现有培训资源，总结推广示范家庭农场成功经验模式。支持农民专业合作社、专业技术协会、龙头企业等主体承担培训。面向现代青年农场主、合作社带头人、农业企业和园区基地负责人等，把新型农业经营主体作为培训基地，总结和推广示范农场的成功经验和模式，把农场主等经营主体带头人作为兼职教师和学习榜样，统筹利用生产基地和现成的培训设施等资源。

（八）创新人才支持政策，提高家庭农场经营者素质

农业人才的引进和培养一直是家庭农场发展的重中之重，以"新农科"建设为统领，着力培养知农爱农新型人才，积极引导农民工返乡创业，提高从业人员素质，为农业农村现代化建设提供有力的人才支撑。

1. 完善家庭农场人才引进政策

继续实施"我兴楚乡、创在湖北"返乡创业行动，为返乡从事家庭农场的农民工、大学生等人员提供"六支持一服务"，并投入更多资金支持人员返乡创业。实施青年农场主计划，采取政府购买服务的方式依托市州职业院校，培养一批年纪轻、观念新、懂技术、会经营的现代青年农场主。依托现有各类园区及闲置土地、校舍等，建设返乡创业

园。积极推进返乡创业示范创建工作，重点扶持带动农民创业增收、市场前景和经济效益较好的家庭农场等经营实体，并给予奖补资金。

2. 为高质量人才下乡就业提供保障

积极为毕业生在农村创业提供资金，在信贷免息、税收减免等方面给予优先优惠政策，引导土地流转、产业扶持、人才奖励激励、金融保险和社会保障等扶持政策向家庭农场高质量人才发展加以倾斜。围绕家庭农场经营管理需要引进人才，以人才集聚促进家庭农场发展，完善安居、子女教育、医疗、社保等人才保障政策。制定相应的人才奖励机制，设置家庭农场人才奖励基金，推进高素质农民和家庭农场一体化发展。

3. 充分发挥院校优势，定向培养人才

积极推进高等农林教育改革和"新农科"建设，加强农学类复合型专业人才培养。如2019年，华中农业大学首批设置智慧农业本科专业，利用大数据信息技术与智能装备技术等智慧型技术革新传统农学类专业。针对家庭农场主开展智慧农业培养工作，打造家庭农场主教育培训精品工程。坚持实施"产业特职人才"，鼓励引导人才向基层一线流动。以壮大农产品"十大千（百）亿产业链"为目标，立足不同地区的资源发展现状，开展不同内容的培训，建立分地区分类培训辅导机制，定向培养，提高家庭农场经营者素质。

（九）优化财政支持，重视对家庭农场经营绩效的扶持效果

近年来，不断有家庭农场培育相关政策得以出台，但在加大财政支持力度的同时还要强调优化财政支持，落实到市场对接扩大销售渠道、提升产品质量、信息化系统建设、数字化平台建设、软件开发方面等方面，加快构建以农户家庭经营为基础、合作与联合为纽带、市场需求为导向的立体式复合型现代农业经营体系。

1. 调整政策导向，明确财政支持家庭农场发展的重点

为适应现代农业发展要求，各级政府相关部门应出台专项具体的财

政扶持政策，用于支持家庭农场的基础设施、新技术使用推广和物流、农机购置等其他重点环节建设，调整政策导向，从重产量转为重质量。针对家庭农场的前期筹备、生产经营、市场营销等不同阶段给予与其特点相适应的财政支持，为家庭农场长期发展夯实基础。

2. 加强家庭农场信息化平台建设，提升财政支持家庭农场发展效果

建立家庭农场信息服务管理平台，将政府信息、农场信息和财政绩效有效联系。积极与湖北省各大银行签订战略合作协议，衔接共建"益农信息社+裕农通"，协同推进农业信息化。利用"数据+技术+应用"三大核心圈，推动家庭农场对大数据的应用，加快家庭农场数字转型。加强农业农村领域统计监测、预警防控、综合服务等信息系统建设，加大力度推进民生领域信息化应用，开发更多符合家庭农场实际、满足家庭农场需求的特色数字化产品。

（十）完善社会化服务体系

完善社会化服务体系，创新湖北省基层农业技术推广服务体系，适应现代化的家庭农场的发展需求，为家庭农场提供技术推广、新品种推广应用、病虫害防治、机械化耕作等方面的多功能服务。在"以钱养事"的基础上，重新谋划和完善适应现代农业发展和乡村振兴需要的而又卓有成效的农业推广体系。

1. 构建基层农技推广体系，为家庭农场发展提供持续动力

湖北省要充分考虑家庭农场经营者技术采用的接受度和适应性，通过政府购买服务，委托专业机构或专业人才等方式为家庭农场提供财务管理、技术指导等服务，促进农业综合服务与基层农技推广体系融合发展，构建多元互补、高效协同的农技推广体系。完善农机推广服务"331"机制，及时将先进适用农机纳入补贴品目和累加补贴范围，扩大机抛秧、机械化侧深施肥等补贴试点。积极建设科技引领"一村一品"村镇，让家庭农场经营者参与到经营培训中去，支持在乡镇一级建立农技推广综合服务站，并作为县（市）农业管理部门的派驻或延

伸机构。定职定责、定员定编，确保湖北省农业技术推广服务的稳定性和可持续性。为家庭农场提高经营管理效果提供持续的推动力。

2. 完善生产性社会化服务体系建设，提高家庭农场经营管理效率

坚持以服务家庭农场的各项生产经营行为为中心，采取先服务后补助的方式支持家庭农场，拓宽家庭农场生产社会化服务领域，为家庭农场使用各种农业基础设施提供便利。加大政策购买农业社会化服务的资金额度和实施范围，开展产前、产中、产后社会化服务，采取股份分红、利润返还等形式，将加工、销售环节的部分收益让利给家庭农场，共享农业产业化发展成果。充分利用重大病虫害防控资金，积极推行政府购买服务，大力扶持发展规范化的专业化病虫害防治服务组织。强化监督管理，分类研究制定农业社会化服务标准，建立服务主体信用评价机制，规范服务行为，切实保障农户利益。

3. 创新农业社会化服务模式，扩大托管服务覆盖

加大财政资金对农业社会服务主体的拨款力度，重点选取 1~3 个关键薄弱环节集中进行补助，持续推进以农业生产托管为主的农业社会化服务。适应不同地区、不同产业家庭农场的农业作业环节需求，发展劳务托管、订单托管等多种托管模式，为家庭农场生产提供耕、种、管、防、收、藏"一站式"技术服务，家庭农场受益资金必须超过60%，让家庭农场成为最大受益者。通过托管带动等方式，建立产业发展与家庭农场利益联结机制，实施奖补政策，让家庭农场分享产业发展收益，促进家庭农场节本增效，实现稳定高质量发展。

（十一）进一步完善相关法律法规，服务家庭农场的法人地位

家庭农场可登记为个体工商户、个人独资企业，符合法律法规的，可以申请登记为合伙企业、公司等其他组织形式。家庭农场的法人身份的转变需要法律制度保障，特别是在家庭农场发展初期，完善的法律制度为指引其健康发展提供了重要的土壤。

首先，健全家庭农场土地流转机制，规范家庭农场土地流转期限。

政府应当着力培育家庭农场土地流转市场的中间层组织，建立和完善县、乡、村三级土地流转服务体系，为土地流转搭建便捷的沟通和交易平台。同时相关部门要做好监管工作，督促土地流转工作的合法顺利进行。另外，要促进家庭农场土地经营权的稳定性，鼓励农户进行长期流转，有利于家庭农场长期发展规划。对于承包期未满、农户无力或不愿继续使用的土地，要建立家庭农场退出的土地衔接机制，提高土地资源的使用效率。

其次，完善家庭农场的设立与登记法律制度，明确家庭农场的法律性质和地位，在政府扶持和市场主导的双重作用下，确保其企业法人的法律地位。为确保家庭农场在法律规定的范围内独立从事生产经营活动，并独立承担法律责任，要出台相应的行政法规和司法解释。另外，为了避免政府干预家庭农场的自主经营权，还应进一步完善相关的行政复议和诉讼制度等，保障家庭农场的顺利运行，确保家庭农场能够享有完整的自主经营权。

再次，完善家庭农场内部治理机制的构建原则。由于家庭农场是有限责任形式，其组织机构可以参照有限公司要求，组建股东会、董事会和监事会。为克服家庭农场存在的局限性和保护少数股东的权益，规范、防范家庭农场控制权滥用等，一是应该明确家庭农场股东之间应遵循基本的股东权力和利益的分配原则；二是家庭农场控制权合理配置，不能发生控制股东的权力膨胀到可以毫无障碍地对家庭农场的重大经营、决策完全独断的程度，这一方面将导致家庭农场法人人格与自然人人格混同，而另一方面将严重侵害家庭农场弱势股东的合法权益。

最后，构建家庭农场保险法律体系，为家庭农场的健康发展保驾护航。一是细化家庭农场农业保险法律法规内容，对家庭农场农业保险经营主体的性质、保险费率承保范围、再保险安排、政策属性等进行更加细致的规定。二是要提高对家庭农场和保险公司的支持力度。通过对家庭农场补贴，增强购买农业保险的支付力，一定程度上缓解低购买力和高保费之间的矛盾。通过对保险公司给予税收优惠、经营费率抵扣等方式，增强保险机构开展农业保险的意愿。

课题负责人： 柳鹏程　华中农业大学经济管理学院副教授、博士

课题组成员： 冯中朝　华中农业大学经济管理学院教授、博士生导师

马绵远　华中农业大学经济管理学院博士、博士后

唐　晶　华中农业大学经济管理学院博士研究生

游　怡　华中农业大学经济管理学院硕士研究生

董青青　华中农业大学经济管理学院硕士研究生

新发展格局下的湖北省茶产业发展对策研究

刘再起 肖 悦

　　2020 年新型冠状病毒肺炎疫情的蔓延重创了全球经济，破坏了世界贸易结构和国际金融体系的稳定，影响了国际产业分工，对国际经济格局产生了深远影响。① 为应对国内外复杂形势的变化，适应我国发展阶段性的新特征，党中央及时提出"加快形成以国内经济大循环为主体，国内国际双循环相互促进的新发展格局"。2020 年中国茶叶产量为 297 万吨，茶叶总产量居世界之首，茶叶内销量增长 5.45%，但外销受到了极大影响，出口量同比下降 4.8%，为 2014 年以来的首次下降，"双循环"新发展格局的提出对我国茶产业的可持续发展指明了方向。2021 年 3 月，习近平总书记在福建考察时强调"要把茶文化、茶产业、茶科技统筹起来，过去茶产业是你们这里脱贫攻坚的支柱产业，今后要成为乡村振兴的支柱产业"。② 作为茶圣陆羽的故乡，湖北省是茶叶和茶文化的重要发源地之一，产茶历史悠久，茶文化底蕴深厚。汉口（武汉）是中俄"万里茶道"的重要节点城市，享"东方茶港"之称。咸宁、恩施、宜昌、黄冈、五峰、鹤峰等城市是湖北省产茶的重要区域，咸宁的青砖茶作为中华老字号，享誉国内外，还有恩施玉露、宜昌红茶等重要区域公共品牌。2020 年受疫情影响，湖北省成为全国关注的焦点，在全国乃至全球茶产业产销不平衡、茶叶产能过剩以及市场竞

---

①　刘再起，肖悦. 新冠疫情下的国际经济格局与中国畅通"双循环"的发展路径 [J]. 学习与实践，2021（2）：22-29.

②　习近平察看武夷山春茶长势：把茶文化、茶产业、茶科技这篇文章做好 [EB/OL]. 2021-03-23. http://www.cac.gov.cn/2021-03/23/c_1618075678112647.htm.

争激烈的大环境下，茶产业发展也面临巨大的挑战。茶产业作为湖北省传统的绿色优势产业及乡村振兴的重要抓手，如何在新发展格局下促进内销、外销，探索创新茶产业发展新模式，加快湖北茶产业健康发展是我们需要研究的课题。

一、湖北茶产业发展有良好基础

（一）"东方茶港"是湖北茶产业发展的历史文化名片

"茶到汉口盛，汉口因茶兴"，汉口不产茶叶，却因开埠通商成为鄂南茶及其他茶源地茶叶加工、集散和出口的枢纽之地，素有"东方茶港"之美誉。勇敢、大气、包容、讲义气的荆楚文化滋养下的"东方茶港"曾吸引了大量国内外资本和人力资源集聚。清朝末年，汉口茶叶出口额占全国出口总额的2/3，垄断了世界茶叶市场86%，使汉口成为近代中国引进的第一批外资企业所在地，俄、日、美、德、法等国的洋行纷纷来汉投资办厂。中国近代引进的第一批外资企业及近代产业工人的形成，就是始于俄罗斯茶叶商在汉口投资的茶企，著名的有新泰、顺丰、阜昌等，进而形成了著名的"汉口—恰克图"茶叶外销线路。马克思称来自汉口的茶叶贸易使得当时中俄边境小镇恰克图成为"沙漠上的威尼斯"①。汉口作为茶叶市场交易中心的历史可追溯至唐代太和年间，自17世纪后期，茶叶成为汉口商业贸易龙头。19世纪中期以后，汉口茶叶贸易主要面向海外，发展成为国际性大都市，贸易的中心地位突出。直到20世纪初，汉口的贸易额位列全国四大港口（上海、汉口、天津、广州）第二②。近30年来，全球70%茶叶成交于大型茶叶贸易或交易市场。然而，中国作为世界产茶第一大国，尚未建立一个统一、兼具国内国际贸易功能的综合性茶叶交易市场。湖北省被

---

① 刘再起.湖北与中俄万里茶道［M］.北京：人民出版社，2018.
② 《中国海关旧史料》记载。

《中国茶产业白皮书》评为茶园管理最好、茶叶产量最高产、未来茶叶出口量最大的省份，完全有条件打造全国乃至全球茶叶交易中心，率先搭建中国茶叶标准化、品牌化、数字化交易平台。

（二）湖北茶产业发展有良好的产业基础和品牌潜质

湖北青砖茶是中国黑茶的鼻祖，具备先天的产业优势与坚实的发展基础。清乾隆年间，万里茶道因青砖而兴，青砖茶被游牧民族视为"生命之饮"。赤壁羊楼洞是万里茶道对外输出青砖茶的重要茶源地和加工基地，获誉"中国青砖茶之乡"。从规模上看，湖北黑茶产量全国第三，其中青砖茶占72%以上，有赤壁、伍家岗、谷城三大主产地，其最大主产区赤壁的茶园基地乡镇全覆盖，面积达16万亩。就品质而言，湖北青砖茶品质全国领先，赤壁青砖茶产业已被确定为全省重点产业集群，赤壁茶园基地全域无害化、良种率高达70%，加工优质率60%以上。现有的"川"字号、"赤壁青砖茶"两大中国驰名商标，曾获"金骆驼奖""世界名茶""湖北省非物质文化遗产"等殊荣。湖北绿茶主要有恩施玉露、英山雨雾、采花毛尖、邓村、萧氏毛尖等名品，公共品牌知名度显著提升。其中恩施玉露属于蒸青针形绿茶，曾被官方评为"湖北第一历史名茶"，制茶技艺源于唐代。宜红茶是湖北茶叶中唯一的中欧互认地理标志产品。宜红茶因外贸而复兴，主要销往英国、俄罗斯、西欧等国家和地区，与祁红、滇红并列为我国传统外销三大工夫红茶，其国际影响力远超国内。鹤峰、五峰、宜都是万里茶道对外输出宜红茶的重要茶源地和加工基地，三大宜红茶区结合自身实际情况，发挥不同的特色茶叶产业优势。鹤峰县大力推进茶叶"全域有机建设"，近2000亩茶叶基地获欧盟有机茶基地转换认证。五峰实行茶旅融合的发展模式，获得了"中国茶旅融合竞争力全国十强县"称号，被国际茶叶委员会授予"世界茶旅之乡"。宜都积极推进"农业+茶"的建设模式，围绕茶叶产业建设现代农业，荣获"全省农产品品牌示范基地"的称号，连续11年入选"中国茶业百强县"。总体上，湖北茶的品牌实力、市场认可度较高，打造有影响力、竞争力国内国际领先品牌的基础好、潜力大。

(三) 万里茶道联合申遗为湖北茶产业发展提供良好契机

万里茶道是继丝绸之路、海上丝绸之路之后的又一条国际商贸通道，它纵贯中国南北、横跨欧亚大陆，是清朝初期开辟的一条连接中国武夷山到俄罗斯的茶叶商路，经过中国江西、湖南、湖北、河南、山西、河北到蒙古草原。然后经过俄罗斯恰克图到了西伯利亚地区后又延伸到欧洲部分，全长1万多公里。2013年3月，习近平主席在莫斯科国际关系学院演讲中盛赞了17世纪的"万里茶道"，称其为连通中俄两国的"世纪动脉"。随着"一带一路"倡议的提出，这条经历数百年的辉煌但一度湮没于历史长河的万里茶道，重新焕发出勃勃生机，其新的内涵就是推动文化传承、经济合作以及进行互利项目的交流。2013年9月，中俄元首倡导万里茶道共同申遗，后蒙古国加盟。万里茶道线路与"一带一路"高度契合，是"一带一路"的重要组成部分。2015年八省一市"万里茶道文化遗产保护工作推进会"在汉举行，明确湖北为万里茶道申遗的牵头省份，武汉市为牵头申遗城市。2014年10月，武汉市政府与俄罗斯驻华大使馆联合召开万里茶道沿线城市市长峰会及国际学术会议，签署了《中俄万里茶道申请世界文化遗产武汉共识》，推进共同申遗。2019年3月22日，国家文物局发函，正式同意将"万里茶道"列入《中国世界文化遗产预备名单》。2020年12月，武汉又一次召开八省区文物局的申遗推进会并制订了两个三年行动计划。万里茶道中国段沿线节点城市代表共同签署了《万里茶道保护和联合申报世界文化遗产城市联盟章程》，促进万里茶道申遗。湖北在中国茶叶、茶文化的传播及贸易史上扮演重要的角色，在"万里茶道"上发挥着重要的枢纽作用，赤壁、汉口、襄阳、鹤峰、五峰、宜都（后面三地是宜红古茶道的重要节点）成功入选为万里茶道的申遗节点。万里茶道联合申遗将成为沿线城市经济增长与打造地方特色的"发动机"，推动相邻城市的联动发展。万里茶道的研究与申遗是湖北省面临的千载难逢的历史机遇，有利于挖掘湖北茶产业的文化价值，最大限度发挥其经济效应，利用茶文化内涵融入城市的各个产业链中，增加产品的附加值，为发展茶旅融合提供强有力的支撑。

二、湖北茶产业发展面临的主要挑战

2020 年湖北省茶叶种植面积为 525 万亩、产量 35.2 万吨、产值 188 亿元，茶园总面积、产量、产值均居全国前五[①]。但目前湖北茶产业发展仍处于初级阶段，在以历史文化底蕴赋能茶叶品牌、提升鄂茶叶品牌影响力、集中度与行业规模方面远落后于浙江、福建、云南等省，资源优势未能转化为产业优势、茶产业市场专业化程度不高、平台培育不足等是造成湖北茶质优却价次、综合效益不高的重要原因。

（一）湖北茶文化内涵的深度挖掘不到位，市场宣传推介不够

湖北拥有较为丰富的历史文化资源，茶文化底蕴深厚，但茶产业发展过程中茶文化资源挖掘利用不到位。作为万里茶道申遗的牵头省份，湖北省仍处于挖掘清点、恢复与保护历史遗迹遗存的阶段，在盘活历史资源并使其在新时代焕发活力方面存在不足。万里茶道、陆羽茶经等独具特色的湖北茶文化元素宣传还存在着较大的提升空间。

（二）茶企龙头企业培育不够，品牌建设有待加强

湖北茶叶区域公用品牌数量多但规模小，品牌打造力量分散，如宜红茶、青砖茶、恩施玉露等历史品牌与全国知名品牌相比，影响力和知名度存在差距，示范引领作用不强。根据《2021 中国茶叶企业产品品牌价值评估报告》，有 17 个茶叶企业产品品牌获得有效评估，而前 100 位品牌价值评估中湖北仅 6 家茶企上榜[②]。除了两家茶企产品品牌价值

---

① 中华人民共和国农业农村部.《湖北省促进茶产业发展条例》5 月 1 日起实施.［EB/OL］. http：//www. moa. gov. cn/xw/qg/202105/t20210506_6367234. htm.

② 胡晓云，等. 2021 中国茶叶企业产品品牌价值评估报告［J］. 中国茶叶，2021，43（6）：21-35.

超过 10 亿元，大部分企业品牌核心价值不高，茶叶品牌竞争力不强。根据《2021 中国茶叶区域公用品牌价值评估结果》①，108 个区域公用品牌湖北占 10 个，品牌价值最高的为排名 22 的赤壁青砖茶，达到 33.65 亿元，与浙江、云南、湖南、福建等省相比仍存在较大差距，区域公用品牌存在较大的提升空间。茶叶质量是打响品牌的重中之重，但目前多家茶企生产管理的技术、设备相对落后，标准化生产加工不配套，不少茶企还停留在传统生产经营方式、非标产品的农产品阶段，阻碍了茶产业的标准化、精细化，产品质量、品质、工艺等有待提升。专用茶园未有机认证，产业链标准体系还有诸多空白领域，全省仅有 3 个省级地方标准和团体标准、无国家标准。

（三）国内国际市场开拓不足，茶叶综合效益不高

目前，茶产业经济增长主要来自内销市场，但湖北茶产业培育专业市场平台不足，内销渠道单一，许多传统茶企主销区都在武汉，在茶产业的激烈竞争下，国内、外省市场拓展不充分，导致市场份额、产值规模偏低。同时随着"后疫情时代"新消费模式、消费热点、消费理念和消费习惯的加速转型，营销理念还有待转变。部分茶企仍停留在作为外地茶叶品牌的原料供应商上，且多为干毛茶销售，茶产品创新相对不足，难以适应消费者对茶饮易携、速溶、快捷等需求，好茶无好价，附加值低，茶叶综合效益不高。而湖北现有的绝大多数茶叶出口企业规模不大，国外市场一线的茶事传播活动偏少，存在开拓不足的问题。2020 年湖北茶叶出口 14 亿元，茶叶外销排名第四，相比浙江、福建近 30 亿元的出口值仍存在较大差距。

（四）茶产业人才培养不足，产业科研力量亟待加强

目前市场急需高水平茶叶技能人才，但茶产业科技投入、茶产业技

---

① 胡晓云，等.2021 中国茶叶区域公用品牌价值评估报告［J］.中国茶叶，2021，43（5）：32-51.

能人才培养平台不足，技艺传授仍凭经验教学，技术示范、推广不够，缺少专业科技服务团队、人才培养院校、产业研究院，理论研究和实际生产结合不够。

三、推动湖北茶产业发展的对策建议

2021 年是"十四五"开局之年，湖北省有必要在现有基础上深挖茶产业资源，统筹把握国内外市场，以新发展理念构建茶叶产业发展新格局。一方面，深入培育国内市场，在文化、品牌、茶旅、市场、科教等多方面做好顶层设计，扬优势、补齐短板，重塑湖北省茶产业链优势；另一方面，推动茶叶产业外贸转型升级，以湖北省牵头万里茶道申遗为契机，借助汉口"东方茶港"这一历史文化名片，发挥"文化搭台、经贸唱戏"联袂作用，以开放性的次区域经济合作为导向，加快湖北内陆开放高地建设，实现双循环相互促进的新发展格局，从而实现新发展阶段下茶叶大省向茶叶强省的跨越，促进湖北省高质量发展。为此，特提出如下建议。

（一）挖掘湖北茶文化内涵，加大湖北茶文化对外宣传力度

以茶界的文化交流为起点，叙事新经济时代湖北茶品牌，提升湖北茶知名度及茶产业的品牌和价值。一是盘活历史资源，提高城市文化价值。挖掘清点、恢复与保护历史遗迹遗存，加强对"陆羽茶经""万里茶道""东方茶港"等茶历史文化及遗迹（址）的保护和利用，使其焕发新时代活力。借助良好的历史基础、优越的地理位置及新时代发展的良好契机，设立"东方茶港"博物馆，对汉口茶叶贸易、茶叶种植、制作工艺及茶文化进行陈列展示。二是整合媒体资源，大力推介湖北茶文化。顺应新媒体传播潮流，借助抖音、快手、微博、微信等热门媒体平台，宣传茶圣故乡、禅茶文化，讲好品牌故事，传播万里茶道茶文化，塑造湖北茶叶的品牌形象。以湖北茶品牌创始人的故事为背景，围绕家族发迹史以及制茶、斗茶等茶事展开，拍摄"万里茶道"电视连

续剧，开启"万里茶道"记忆，打响湖北茶品牌。运用高科技元素建立数字化、智能化茶文化综合体验馆，利用社交媒体平台和网络媒体人的传播力量，吸引更多年轻群体参与，宣传推广湖北茶产业及茶文化，辐射更多受众群体，促进传统文化的认同与发展。

（二）培育龙头企业与中国顶尖茶叶公用品牌，加快湖北茶业标准化建设、品牌化发展

将湖北茶产业纳入省委、省政府重点规划和支持的特色经济文化产业，加强品牌管理，切实提升湖北茶品牌的市场知名度和占有率。一是强化质量管控，推动茶产业专业化、标准化。构建涉及茶叶种植、加工、包装、流通等各环节的标准体系，支持建立全省统一的茶叶标准评级、质量检测和大数据中心，推动省级标准、行业标准上升为国家标准，提升湖北茶市场的质量、效益和竞争力。二是加大资金、政策等扶持力度，助力茶企做大做强。利用政策、项目、资金的杠杆作用推进茶产业项目扶持，创新茶企信贷扶持方案及茶产品融资担保抵押方式，推出茶产品长期低息或免息贷款政策，助力企业上市、开拓国际市场。三是加大全省茶叶品牌整合力度，培育龙头企业及茶产业集群。建立"省负总责、县市落实"的品牌培育机制，培育高度市场化、专业化的龙头企业与顶尖茶叶公用品牌。打造四大片区的"一红一绿一黑"（宜红茶、恩施玉露、赤壁青砖茶）和"武当道茶"区域公用品牌，构建"一区一公用品牌""一类一龙头""一市一精品"的品牌体系。四是以"走出去"战略培育上市企业，释放规模效应和文化品牌效应。借助湖北特有的茶文化品牌效应，扶持国家级龙头茶企，加快培育成国际化茶业集团。力争在未来2~3年有一家茶产业龙头企业上市，支持企业海外设工厂、建市场、搭平台，做大做强，树立产业标杆，逐步扩大现有茶企和鄂茶品牌在国内外的影响力，助力湖北传统茶叶产品的出口，重现昔日汉口"东方茶港"的辉煌。

（三）推进茶产业新业态深度融合，促进茶产业转型升级

结合当地资源禀赋、产业基础及茶文化的历史价值，实现资源优化组合，支持茶产业作为传统优势产业、绿色生态产业与历史文化、特色旅游、休闲度假、大健康、民族风情等产业深度融合，强化特色错位发展，以茶产业新的业态助力乡村振兴。一是创新茶科技，助力茶产业数字化转型。通过引入人工智能、物联网、大数据等新技术建立茶园的物联网系统、茶农的数字化管理系统，实现茶园、茶业的信息化、数字化，推进茶产业全产业链数字化转型。二是优化茶产业布局，推动茶旅文康融合。将茶叶产业发展规划与乡村振兴规划相结合打造乡村振兴战略示范区、茶叶示范园，形成宜居、宜业、宜游的茶文化旅游基地。延伸茶文化节事旅游，举办茶圣节、茶王赛、茶宴等；联合万里茶道节点城市、俄蒙地区等在武汉选址筹建"万里茶道风情园"，打造成全国知名的茶旅融合示范区；发挥万里茶道沿线节点资源和要素互补优势，开通以武汉为中心的万里茶道湖北段的精品茶旅文化旅游线路，打造集生态、文化、养生为一体的新型"茶旅一体化"模式。三是着眼于新生代的新需求，培育和发展新模式、新工艺。鼓励茶企开展茶叶衍生品的技术研发，延伸茶产业链，推动茶文化创意、传播及关联产业协同发展。依托现代高科技向大健康产业延伸，契合时尚茶饮的潮流，拓宽产品种类，瞄准不同消费群体，推出符合消费需求的新产品。如创建茶文化创意园，在茶学中融合陶瓷、宗教等艺术，研发美观、小巧、便于携带的新型日用、保健品等茶制品，推介禅茶特色文创工艺品、生活用品；鼓励龙头企业开设茶庄园、茶文化主题酒店，附近建设特色茶馆、茶楼、茶餐厅、民宿；实现茶文化、茶旅游与茶经济的深度融合，提高综合效益。

（四）拓展国内国际两个市场，完善多元化营销体系建设

一是打造"东方茶港"中国国际茶叶贸易中心，释放开放型经济增长新动能。借"东方茶港"历史文化名片，争取早日挂牌设立"东

方茶港"中国国际茶叶贸易中心，使武汉继续成为中国乃至世界的茶叶集散地和茶产业出口加工基地，成为茶叶贸易金融交易中心，服务中外茶叶实体企业和相关的贸易与金融单位，重现"货到汉口活、茶到汉口活"的局面；整合武汉现有的茶叶批发市场，如华中国际茶城、江南茶市、陆羽茶都等开拓名优绿茶消费新区域，对接国际高端市场需求，实现出口市场多元化、出口产品多样化，使湖北茶叶外贸实现量质并增。二是创新营销模式，积极探索销售新路径。拓展产品营销渠道，每年定期举办国际茶叶博览会、展销会，加强品牌企业与茶叶经销店、茶叶渠道商的产销对接；依托现有的农产品电商平台、直播平台、产业园等多种平台及现代配套的物资配送体系，实施"互联网+茶叶"营销战略，打造线上"湖北名茶馆"，扩大全国大中城市线下茶叶品牌直营店布局，健全线上线下结合、直销零售互补的营销网络，以整合式营销提高鄂茶品牌的影响力和竞争力；推动湖北茶品牌"一红一绿一黑"进机关、企业、学校、景区、酒店、商超，鼓励全省机关企事业单位接待使用湖北茶，引导酒店、门店等市场经营主体销售、使用湖北茶，培养消费习惯，提升群众知晓度、认可度，释放内需潜力。

（五）搭建政产学研创新平台，发挥武汉科教、文化、研发的智力人才优势

一是政产学研金服协同发力，设立茶业工作委员会。统合各相关部门涉茶工作人员，以项目的方式推进工作，及时解决茶叶生产、流通、消费、出口各环节中存在的矛盾问题。二是加强职业技术教育，培养茶产业技术技能人才。各地建立"政府引导、企业主导、高校协助"的推介机制，利用武汉乃至湖北的科教、人力资源优势，推进人才培养计划，设立湖北省茶叶职业技术学院，同时鼓励企业与科研机构、高等院校开展产学研合作关系，培养湖北省茶叶种植加工、茶叶贸易方面的专业技术人员，通过资金、人才、技术等优质生产要素的优化重组，强化现代茶叶产业技术体系，使得湖北茶叶产业"江山代有人才出"。三是加大茶叶科研开发的投入，完善茶产业链科研体系建设。强化研发能力，支持茶产业功能研究、科技研发、技术产品创新，落实"科技兴茶"，以科研成果转化提升改进生产技术和开发新产品；设立省茶文化研究专项基金或在省社科基金立项方面给予一定支持，鼓励茶学茶文化课题研究；组建中外专家团队开展武汉茶叶贸易史、湖北茶叶贸易和茶文化史、中国茶叶产业发展与贸易等相关的基础研究，支持相关研究成果的出版。

报告撰稿人： 刘再起　武汉大学经济与管理学院教授、博士生导师、俄罗斯乌克兰研究中心主任

肖　悦　武汉大学经济与管理学院博士研究生

湖北省民营经济与区域经济协调发展研究

邹　蔚　秦嘉慧

改革开放 40 多年来，我国民营企业蓬勃发展，在增加就业、促进创新、改善民生等方面发挥了巨大作用，民营经济为中国经济的发展做出了重要贡献。2017 年民营企业专利、发明专利和申请数占比分别为 77.8% 和 77.4%，有效发明专利数占比 75.8%；城镇就业 42462 万人，其中私营企业和个体经济占比达 53.4%，全部民营企业占比接近 80%。[①] 现在形容民营经济都会用"五六七八九"[②]，即贡献了 50% 以上的税收、60% 以上的国内生产总值、70% 的技术创新成果、80% 以上的城镇劳动就业力和 90% 以上的企业数量，这些都表明民营经济已经发展成为社会经济发展的重要支撑力量。

新型冠状病毒肺炎疫情在全球的蔓延使全球经济遭受重创，在控制疫情的同时，恢复经济发展成为国家迫在眉睫的事情。根据 2021 年 1 月 8 日发布的 2020 年 4 季度湖北省民营经济运行检测分析报告显示，民营经济景气指数为 50.9%，民营企业家信心指数为 55.3%，表明湖北省民营经济总体处于景气状态。湖北省民营经济对湖北省经济的持续发展有巨大的支柱作用。本文结合近年湖北省及全国各省的民营经济和区域经济发展情况，探究如何进一步推进湖北省民营经济的发展。

---

① 恒大研究院. 中国民营经济报告 2019 [DB/EL]. 2019-12-19. http：//cpes. cssn. cn/jjyw/jjywwz/201912/t20191219_5062191. shtml.

② 王忠明. 40 年中国民营经济大崛起大发展 [J]. 中央社会主义学院学报，2019 (1)：65-75.

一、民营经济与区域经济协调发展的机理研究

民营经济对区域经济的发展做出了巨大贡献，许多学者就此做了相关研究。许高峰和王炜（2010）选取多地区多模式分析，认为民营经济对区域经济建设与发展具有普遍作用，同时也因区域经济增长方式、产业调整结构路径等不同而导致民营经济对区域经济建设存在着差异性。① 刘洪涛和肖功为（2019）采用 30 个省域面板数据，用移动平均取样方式对创新驱动与区域产业升级进行研究，认为民营经济对国民经济的作用从负面影响转变为正面影响。区域经济的发展可以为民营经济的发展提供支撑，有部分学者对此做了相关研究。② 杜兆寅（2020）对区域经济发展对县级民营企业影响做了系统性的研究，分析了区域经济发展与区县级民营企业之间的关系，认为"放管服"改革让民营企业易办事、快办事，为民营企业创造了办事效率高、服务质量优的营商环境，同时通过建立健全的法治营商环境，用好的法治理念指导民营企业的发展。③ 王艳（2021）对区域经济发展与其辖区内民营饲料企业发展之间的耦合关系进行分析，认为地区经济发展给民营饲料企业发展壮大带来了积极影响，民营饲料企业会随着区域经济的发展在市场机遇、产业发展模式、生产要素分配方面等迎来新的发展契机。④ 有部分学者对两者的相互促进机制进行了相关研究，许高峰和薛白（2011）认为舟山民营经济与区域经济在政府作用下如同咬合的齿轮轮动发展，非政府组织的兴起和发展对两者之间的良性互动的作用日益增加，在民营经济

① 许高峰，王炜.论我国民营经济对区域经济建设与发展的作用——以苏南模式、温州模式、珠江模式为例［J］.天津大学学报（社会科学版），2010，12（6）：492-497.

② 刘洪涛，肖功为."新民营经济"取向下创新驱动与区域产业升级之谜——基于移动平均取样的面板数据模型［J］.统计与信息论坛，2019，34（4）：90-97.

③ 杜兆寅.区域经济发展对区县级民营企业影响的系统性研究［J］.中国商论，2020（12）：174-175.

④ 王艳.区域经济发展对民营饲料企业的影响研究［J］.中国饲料，2021（9）：134-137.

和区域经济联动发展的耦合机制中起到了润滑剂的作用。① 李鲁（2019）认为民营经济长期以来在长三角区域一体化发展进程中发挥着内在驱动作用，通过对相关政策及长三角民营经济发展的分析，认为民营经济和区域一体化发展存在互动机制。②

由以上分析可见，民营经济是区域经济系统的一部分，对推动区域经济高质量发展有重要作用，民营经济的发展可以描述为经济规模的扩大和质量的提升，经济规模的扩大指民营经济所能控制的生产要素在宏观经济的比重提高，质量的提升是指人民基本生活水平的持续提升。而区域经济的发展强调整体发展的质量，科技水平对经济发展的促进以及全球经济与区域经济的相互促进。民营经济作为重要的市场主体，能够推进区域经济持续高效发展，反之区域经济的扩大可以降低产品在区域间的流通障碍，惠及民营经济的发展。而政府作为一只"看得见的手"，除了调节经济的生产要素配置，同时也关注和引导区域经济内部各个主体自身的提高及对区域整体经济的相互协调。总的来说，民营经济和区域经济的发展存在耦合协调机制，如图1所示。

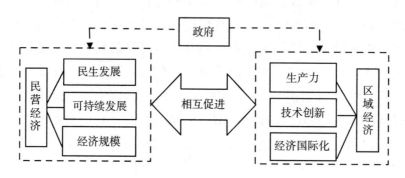

图1　民营经济和区域经济发展的耦合协调机制

---

① 许高峰，薛白. 民营经济与区域经济联动发展的耦合机制——以浙江舟山为例 [J]. 技术经济与管理研究，2011（6）：120-124.
② 李鲁. 民营经济推动长三角区域一体化：发展历程与互动机制 [J]. 治理研究，2019，35（5）：59-67.

二、湖北省民营经济发展现状分析

(一) 民营企业固定资产投资情况分析

图 2 反映了湖北省 2010—2019 年民营企业固定资产投资及民营经济占区域经济的比重。湖北省民营企业固定资产投资由 2010 年的 7075 亿元增长到 2019 年的 32051.6 亿元，增长超过了 3 倍，由图 2 可见，增速极快，除此之外，湖北省民营企业固定资产投资占湖北省总固定资产投资的比重由 2010 年的 68.9%增长到 2019 年的 80.8%，2010 年到 2014 年，占比增长速度较快，2014 年到 2019 年发展速度较为平缓。

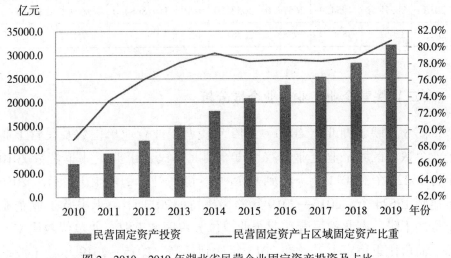

图 2　2010—2019 年湖北省民营企业固定资产投资及占比

表 1 反映了 2010—2019 年中部地区民营企业固定资产投资情况，中部地区除山西外各省份的固定资产投资均呈上升趋势，其中，湖北的民营企业固定资产投资总额和增长趋势与湖南省相近，而湖北省民营企业固定资产投资总额占中部地区比重呈逐年递增趋势，由 2010 年的

15.3%增长到 2019 年的 19.2%。

表1   中部地区民营企业固定资产投资（亿元）

年份	湖北	山西	安徽	江西	河南	湖南	合计	湖北占比
2010	7075.0	3337.2	8733.1	6676.2	13893.3	6405.1	46119.8	15.3%
2011	9242.1	4292.3	9820.3	7180.1	15072.8	8612.3	54219.9	17.0%
2012	11869.9	5460.1	11840.7	8560.3	18465.9	10472.0	66668.9	17.8%
2013	15101.7	7008.6	14575.7	10482.1	22736.2	13005.6	82909.9	18.2%
2014	18182.6	8439.1	17239.7	12024.9	27132.4	15630.9	98649.6	18.4%
2015	20820.2	10052.8	19513.9	13916.3	31433.5	18171.4	113908.1	18.3%
2016	23564.4	11348.6	21782.1	16439.3	35794.7	21861.8	130790.9	18.0%
2017	25295.2	4871.3	23216.5	18376.5	38689.4	25001.0	135450.0	18.7%
2018	28217.4	4954.9	26574.0	20524.0	40905.7	28684.0	149859.9	18.8%
2019	32051.6	5548.7	29585.1	22781.3	44753.7	32234.7	166955.2	19.2%

（二）民营企业工业企业个数分析

图 3 反映了湖北省 2010—2019 年民营工业企业单位数及民营工业企业个数占区域工业企业个数比重。湖北省民营工业企业单位数 2010 年为 15220 个，2011 年下降到 9975 个，随后处于稳步上升状态，2016 年达到 15524 个，2016—2019 年略微下降。2011 年由于民营工业企业总量的下降，湖北省民营工业企业单位数占区域工业企业单位数比重下降，而后比重稳定上升，在 2015 年达到最高，2015—2019 年处于波动阶段。

表 2 反映了中部地区民营工业企业个数情况，各省份民营工业企业个数变化均有浮动，山西总量较低，江西平稳增长，湖北、安徽、河南、湖南变化有增有减，在 2019 年，安徽、河南、湖南的民营工业企业个数均大于湖北。湖北民营工业企业个数占中部地区比重由 2010 年的 20.7%下降到 2011 年的 16.6%，在 2011—2014 年平稳上升，之后在

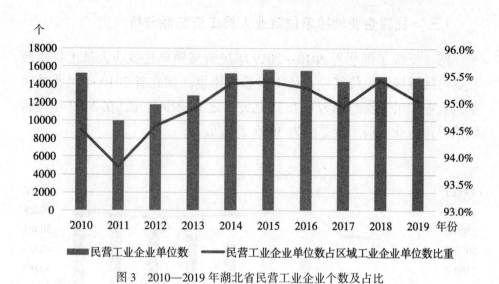

图3　2010—2019年湖北省民营工业企业个数及占比

2015—2019年处于下降趋势。

表2　　　　　　　　中部地区民营工业企业个数（个）

年份	湖北	山西	安徽	江西	河南	湖南	合计	湖北占比
2010	15220	3576	15540	7377	18667	13011	73391	20.7%
2011	9975	3030	11827	6042	17564	11739	60177	16.6%
2012	11765	3167	13888	6753	18455	12058	66086	17.8%
2013	12752	3194	14471	7126	18977	12584	69104	18.5%
2014	15215	3149	17075	8513	20943	12969	77864	19.5%
2015	15654	3057	18378	9431	22072	13228	81820	19.1%
2016	15524	2746	19179	10491	22881	13644	84465	18.4%
2017	14329	2974	18215	10434	21292	14465	81709	17.5%
2018	14882	2997	18733	11166	21394	15340	84512	17.6%
2019	14747	3694	16993	12490	18740	15805	82469	17.9%

（三）民营企业城镇单位就业人员工资总额分析

图4反映了湖北省2010—2019年民营城镇单位就业人员工资总额及其占区域城镇单位就业人员工资总额比重。湖北省2010年民营城镇单位就业人员工资总额为631.31亿元，之后稳步上升，在2019年民营城镇单位就业人员工资总额为3036.7亿元。

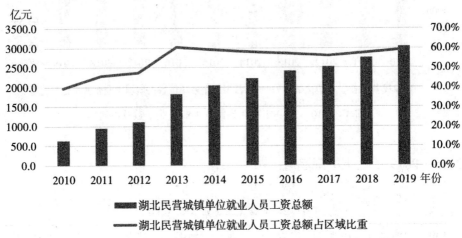

图4　2010—2019年湖北省民营城镇单位就业人员工资总额及占比

表3反映了中部地区民营经济城镇单位就业人员工资总额情况，各省份民营经济城镇单位就业人员工资总额变化均呈上升趋势，河南省总量最高，其次为湖北省关于湖北民营工业企业个数占中部地区比重，由2010年的17.9%逐步上升到2016年的20.2%，之后在2016—2019年处于下降趋势，至2019年下降到19.1%。

表3　　中部地区民营经济城镇单位就业人员工资总额（亿元）

年份	湖北	山西	安徽	江西	河南	湖南	合计	湖北占比
2010	631.3	517.2	533.6	236.7	998.1	619.7	3536.6	17.9%

年份	湖北	山西	安徽	江西	河南	湖南	合计	湖北占比
2011	951.4	713.2	740.6	424.2	1367.2	897.5	5094.1	18.7%
2012	1112.8	949.7	917.9	517.8	1612.3	1053.7	6164.2	18.1%
2013	1817.2	1278.0	1509.6	1024.3	2492.7	1353.9	9475.7	19.2%
2014	2045.6	1280.5	1604.5	1187.1	2895.0	1537.0	10549.7	19.4%
2015	2215.4	1203.7	1688.5	1335.6	3207.1	1654.1	11304.4	19.6%
2016	2409.0	1165.3	1757.8	1415.8	3480.1	1712.1	11940.1	20.2%
2017	2525.1	1322.0	1939.9	1470.4	3736.3	1849.0	12842.7	19.7%
2018	2750.6	1632.4	2677.2	1630.4	3406.3	1929.7	14026.6	19.6%
2019	3036.7	1875.5	2836.3	1883.2	3942.0	2324.4	15898.1	19.1%

三、民营经济与区域经济耦合分析方法及指标体系的确定

（一）研究方法与模型

1. 熵值法

在信息论中，熵是对不确定性的一种度量。信息量越大，不确定性就越小，熵也就越小；信息量越小，不确定性越大，熵也越大。根据熵的特性，可通过计算熵值来判断一个事件的随机性及无序程度，也可用熵值来判断某个指标的离散程度，指标的离散程度越大，说明该指标对综合评价的影响越大。[1][2]

由于各项指标的计量单位并不统一，因此在计算综合指标前，要先

---

① 郭显光. 熵值法及其在综合评价中的应用 [J]. 财贸研究，1994（6）：56-60.

② 郭显光. 改进的熵值法及其在经济效益评价中的应用 [J]. 系统工程理论与实践，1998（12）：99-103.

进行标准化处理，即把指标的绝对值转化为相对值，从而解决各项不同质指标值的同质化问题。此外，由于正向指标和负向指标数值代表的含义不同（正向指标数值越高越好，负向指标数值越低越好），因此，对于高低指标采用不同的算法进行数据处理，再计算每项指标的比重、熵值、差异系数和权重，最后根据权重求出综合得分。

2. 耦合协调度模型

耦合源于物理学，指的是两个及两个以上体系间相互作用和影响的现象，主要用来分析两个或多个系统相互作用而彼此影响的程度。耦合协调度模型用于分析事物的协调发展水平。

耦合度是指两个或两个以上系统之间的相互作用影响，实现协调发展的动态关联关系，反映系统之间的相互依赖、相互制约程度。耦合协调度是指耦合相互作用关系中良性耦合程度的大小，可体现出协调状况的好坏。综合评价指数是指民营经济与区域经济的整体效益或水平。

耦合协调度模型涉及耦合度、耦合协调度、综合评价指数 3 个指标值的计算，最终结合耦合协调度和协调等级划分标准，得出各项的耦合协调程度[①]。

在耦合度的计算中，C 为两个系统的耦合度函数（见式（1）），其中，K 为协调系数（$K \geqslant 2$），在此取 $K = 2$，其中，民营经济序列组 $F(x)$ 与和区域经济序列组 $G(y)$ 分别代表民营经济和区域经济发展水平的函数，计算过程如式 2 所示。

$$C = \left[\frac{F(x) \times G(y)}{\left(\frac{F(x) + G(y)}{2} \right)^2} \right]^K \quad (1)$$

$$F(x) = \sum_{i=1}^{m} w_{aj} X_{ij} \qquad G(y) = \sum_{j=1}^{m} w_{bj} Y_{ij} \quad (2)$$

---

① 高楠，马耀峰，李天顺，白凯. 基于耦合模型的旅游产业与城市化协调发展研究——以西安市为例 [J]. 北京：旅游学刊，2013，28（1）：62-68.

式（2）中，w_{aj}、w_{bj} 表示两个系统各个指标的权重。用耦合度模型进行分析时，若民营经济与区域经济发展水平均较落后时，计算结果同样得出民营经济与区域经济处于高度协调状态，因此无法真正反映民营经济与区域经济的实际协调度；而本文研究的"协调"是指在民营经济与区域经济在较高水平上的快速、高效、可持续的高质量发展。因此，在借鉴廖重斌[①]耦合度模型的基础上，进一步构建一个能够反映各地区民营经济与区域经济发展水平的耦合协调度模型。

$$D = \sqrt{C \times T} \tag{3}$$

其中 $T = \alpha F(x) + \beta G(y)$，$D$ 为耦合协调度，C 为耦合度，T 为民营经济与区域经济综合评价指数，α、β 是待定参数，由于目前仍缺乏民营经济对区域经济权重的定量研究，借鉴相关学者[②③]的研究成果，定义 $\alpha = 0.5$、$\beta = 0.5$。借鉴刘雷和张华[④]的研究，如表4所示，将民营经济与区域经济的耦合协调状况分为5级。

表4 耦合度等级分类

低度耦合	中低度耦合	中度耦合	高度耦合	极优耦合
0~0.299	0.3~0.499	0.5~0.699	0.7~0.799	0.8~1.00

（二）指标体系的构建

全面、科学、客观地评价湖北省民营经济与区域经济是进行耦合分

---

① 廖重斌. 环境与经济协调发展的定量评判及其分类体系——以珠江三角洲城市群为例 [J]. 热带地理, 1999（2）: 76-82.

② 厉以宁. 认识民营经济在国民经济中的作用 [J]. 中国物流与采购, 2010（4）: 42-43.

③ 胡大立. 中国区域经济发展差距与民营经济发展差距的相关性分析 [J]. 上海经济研究, 2006（2）: 17-25.

④ 刘雷, 张华. 山东省城市化效率与经济发展水平的时空耦合关系 [J]. 经济地理, 2015, 35（8）: 75-82.

析的基础。在评价指标体系的构建上，本文根据指标构建的系统性、科学性和可比性以及指标数据的可获得性、可利用性等原则，同时借鉴现有的研究成果，从民生发展、可持续发展、经济规模三个方面构建了湖北省民营经济评价指标体系；并从生产力、技术创新、经济国际化三个方面构建了湖北省区域经济评价指标体系（见表5）。

表5　　　　　　　　民营经济与区域经济综合发展水平的评价指标体系

	功能	指标	序号
民营经济	民生发展	城镇单位就业人员工资总额（亿元）	1
	可持续发展	固定资产投资（亿元）	2
	经济规模	工业企业个数（个）	3
区域经济	生产力	人均地区生产总值（亿元）	4
	技术创新	R&D经费（万元）	5
		有效发明专利数（个）	6
	经济国际化	货物进出口总额（亿美元）	7
		国际旅游收入（百万美元）	8
		外资投资企业年底注册登记情况（户）	9

在民营经济评价指标体系中，民生发展指标用来衡量民营企业为社会提供的发展能力，用"城镇单位就业人员工资总额"[1] 来反映；可持续发展指标则用来衡量民营企业自身进一步发展的能力，用"固定资产投资"来反映；经济规模则用来衡量民营经济发展的规模，用"工业企业个数"指标来反映。

在区域经济评价指标体系中，生产力是指区域经济创造财富的能力，用"人均地区生产总值"指标反映；技术创新则指以科学技术和知识及其创造的资源为基础的创新，用"R&D经费"和"有效发明

---

[1] 因《中国统计年鉴》口径变化，本文2017—2019年的"城镇单位就业人员工资总额"用"城镇非私营单位就业人员工资总额"代替。

专利数"两项指标共同反映；经济国际化用于衡量国家经济发展超越国界、与别国经济相互联系的发展，用"货物进出口总额""国际旅游收入"以及"外资投资企业年底注册登记情况"三项指标来反映。

（三）数据来源及处理

本文的数据来源于《中国统计年鉴》及 EPS 数据平台，考虑到数据的可获得性和可利用性，以及后期数据的可操作性，选取中国 31 个省区市（未含港澳台，下同）2011—2019 年相关数据。另外，鉴于指标的原始量纲不同，没有对比性，需要对相关数据进行无量纲化处理，使数据之间具有可比性。本文采用极差标准化的方法进行无量纲化处理，指标值越大对系统发展越有利时，采用正向指标计算；指标越小对系统越好时，采用负向指标计算标准化处理。本文所有指标均是正向指标，计算公式为：

$$X_{ij} = \frac{x_{ij} - \min\{x_j\}}{\max\{x_j\} - \min\{x_j\}} \tag{4}$$

同时，运用熵值法计算民营经济系统和区域经济系统内各项指标地权重，计算过程如下：计算各个指标的熵值，P_{ij} 为第 j 个指标下第 i 个个体的比重，设第 j 个评价指标的熵值为 e_j，其计算过程为：

$$P_{ij} = X_{ij} \sum_{i=1}^{n} X_{ij} \tag{5}$$

$$e_j = -\frac{1}{\ln n} \sum_{i=1}^{n} P_{ij} \ln P_{ij} \tag{6}$$

计算各指标的熵值权重，设第 j 个指标的权重为 w_j，其计算过程如式（7）所示，最后得到各个年份的权重（见表6）。

$$w_j = \frac{1 - e_j}{\sum_{j=1}^{m} (1 - e_j)} \tag{7}$$

表6   民营经济和区域经济权重

	年份 指标序号	2010	2011	2012	2013	2014	2015	2016	2017	2018	2019
民营 经济	1	0.322	0.327	0.330	0.610	0.350	0.353	0.358	0.352	0.349	0.342
	2	0.229	0.230	0.228	0.131	0.221	0.227	0.225	0.237	0.250	0.246
	3	0.449	0.443	0.442	0.258	0.430	0.420	0.417	0.411	0.401	0.412
区域 经济	4	0.073	0.070	0.075	0.081	0.090	0.079	0.080	0.074	0.074	0.081
	5	0.132	0.139	0.140	0.140	0.139	0.142	0.144	0.149	0.147	0.146
	6	0.219	0.223	0.214	0.200	0.200	0.204	0.203	0.204	0.203	0.205
	7	0.242	0.235	0.234	0.238	0.221	0.226	0.226	0.219	0.211	0.209
	8	0.176	0.163	0.159	0.158	0.168	0.162	0.156	0.154	0.154	0.149
	9	0.158	0.171	0.177	0.182	0.182	0.187	0.192	0.200	0.211	0.210

四、民营经济和区域经济的综合发展水平分析

（一）湖北省民营经济发展综合评价

由图5可见，民营经济指数区域差异明显，整体呈现"东-中-西"的梯度特征，不同区域内部分化明显：东部地区中，广东、江苏、浙江位居中国前三，均值高达0.779；中部地区河南最高，为0.437，而江西、山西较低，均值仅为0.15；东北地区三个省份均不高，均值为0.157；西部地区整体落后，青海、甘肃与西藏指数为西部地区最低，也为全国最低，均值仅有0.012。

图6为湖北省2010—2019年民营经济发展指数变化及占全国民营经济发展指数比重，湖北省民营经济发展指数由2010年的0.259增长到2012年的0.297，在2013年降到0.152，在2014年上升到0.322，在2014—2019处于平稳波动状态。

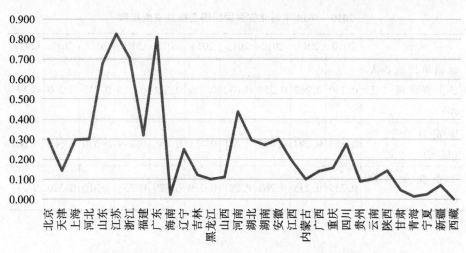

图 5　2010—2019 年各地区民营经济发展指数均值

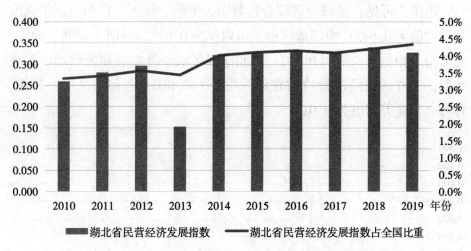

图 6　2010—2019 年湖北省民营经济发展指数及占比

表 7 为湖北省区域经济各指数发展指数，可以看出，城镇单位就业人员工资总额在 2010—2011 年上升，随后下降，在 2013 年下降到 0.032，2014 年上升到 0.224 后，在 2015—2019 呈逐步下降状态；固定资产投资在 2010—2019 年处于稳步上升状态；工业企业个数处于平稳波动状态。

表7　　　　　　　　2010—2019 年湖北省民营经济各指数发展指数

年份	2010	2011	2012	2013	2014	2015	2016	2017	2018	2019
城镇单位就业人员工资总额（亿元）	0.220	0.262	0.254	0.032	0.224	0.221	0.221	0.213	0.200	0.191
固定资产投资（亿元）	0.353	0.394	0.427	0.461	0.481	0.485	0.499	0.530	0.565	0.608
工业企业个数（个）	0.239	0.235	0.262	0.281	0.319	0.329	0.331	0.310	0.320	0.272

（二）湖北省区域经济发展综合评价

由图 7 可见，区域经济综合指数中，上海、江苏、广东位居中国前三，均值为 0.642；中部地区中，山西仅为 0.042，河南、湖北、湖南、安徽指数相似，均值为 0.102；东北地区区域经济发展和民营经济发展相似，三省区域经济指数均较低，均值为 0.080；西部地区中，甘肃、青海、宁夏等均值为 0.012。

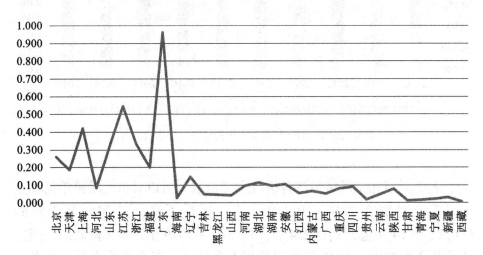

图7　2010—2019 年各地区区域经济发展指数均值

图 8 为湖北省 2010—2019 年区域经济发展指数变化及占全国区域经济发展指数比重，湖北省经济发展指数 2010 年为 0.094，2010—2016 年逐步上升，2016 年为 0.122，在 2017 年略微下降，下降至 0.121，在 2017—2019 年回升，2019 年为 0.129。湖北省经济发展指数在全国占比中除 2017 年均处于逐步上升状态，由 2010 年的 2.1% 上升到 2019 年的 2.9%。

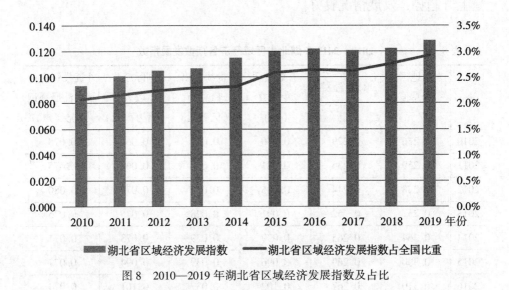

图 8　2010—2019 年湖北省区域经济发展指数及占比

表 8 为湖北省区域经济各指数发展指数，可以看出，人均地区生产总值、货物进出口总额、国际旅游收入的发展指数均稳步上升，R&D 经费、有效发明专利数、先上升后下降，外资投资企业年底注册登记情况处于波动状态。

（三）民营经济与区域经济综合发展变化

31 个省区市民营经济和区域经济的 2010 年至 2019 年发展变化如表 9 所示。福建、河南、湖北、湖南、安徽、江西、广西、四川、贵州、云南、陕西的民营经济和区域经济指数均上升；北京、天津、上海、山东、浙江、辽宁、吉林、黑龙江、山西、内蒙古、新疆的民营经济指数和区域经济指数均为下降；河北、广东、重庆、青海的民营经济指数上升，区域经济指数下降；海南的民营经济指数下降，区域经济指数上升；江苏、宁夏2010年和2019年的区域经济指数相同但是民营经济指数下降；西藏和甘肃的民营经济指数不变，但西藏的区域经济指数上升，甘肃的区域经济指数下降，明显看出中部地区大部分省份指数均呈上升趋势，发展情况良好。

表8   2010—2019年湖北省区域经济各指数发展指数

	人均地区生产总值（亿元）	R&D经费（万元）	有效发明专利数（个）	货物进出口总额（亿美元）	国际旅游收入（百万美元）	外资投资企业年底注册登记情况（户）
2010	0.236	0.229	0.070	0.032	0.061	0.078
2011	0.259	0.235	0.081	0.034	0.068	0.075
2012	0.258	0.244	0.085	0.029	0.078	0.080
2013	0.257	0.252	0.091	0.028	0.075	0.075
2014	0.264	0.265	0.099	0.039	0.073	0.077
2015	0.300	0.269	0.096	0.039	0.094	0.077
2016	0.310	0.267	0.102	0.037	0.101	0.074
2017	0.316	0.252	0.089	0.042	0.106	0.080
2018	0.325	0.250	0.099	0.043	0.116	0.068
2019	0.339	0.254	0.102	0.046	0.129	0.069

（四）湖北省民营经济与区域经济耦合度分析

1. 时序特征

以时间为自变量，以地区为因变量，东部、东北、中部和西部地区的均值分别为0.534、0.288、0.298和0.202，东部地区耦合度明显远高于其他地区。2010—2019年，东部地区耦合度无明显变化，其中江苏和广东属于极优耦合，两者变化趋势相同；东北地区的辽宁常年处于中低度耦合，吉林和黑龙江常年处于低度耦合；中部地区的安徽、湖北、湖南、安徽耦合较好，其中，湖北、湖南常年为中低度耦合，安徽耦合度相比其他省市上升较大（由 0.272 上升到 0.385），山西、江西常年为低度耦合；西部地区的重庆、四川、陕西耦合较好，且呈上升趋势，其余省市耦合度均为低度耦合。

表9　　　　　2010 年、2019 年民营经济与区域经济发展变化情况

		民营经济		
		上升	不变	下降
区域经济	上升	福建、河南、湖北、湖南、安徽、江西、广西、四川、贵州、云南、陕西	西藏	海南
	不变			江苏、宁夏
	下降	河北、广东、重庆、青海	甘肃	北京、天津、上海、山东、浙江、辽宁、吉林、黑龙江、山西、内蒙古、新疆

2. 区域特征

分区域而言，2010—2019 年全国耦合度均值由 0.336 下降到 0.319，下降了 5.06%；东部地区有所下降，均值由 0.543 下降到 0.526，下降了 3.13%；东北地区下降较多，均值由 0.323 下降到 0.224，下降了 30.65%；中部地区耦合度略微上升，均值由 0.287 上升到 0.316，上升了 10.1%；西部地区耦合度也略微上升，均值由 0.192 上升到 0.210，上升了 9.38%。

3. 空间特征

中国 31 个省区市的民营经济与区域经济发展水平除表现出一定的时间和区域特征外，还具有显著的空间规律。根据表 4 的耦合度等级划分，运用 ArcGIS 作图得到 2010 年、2015 年、2019 年 31 个省区市的民

营经济与区域经济的时间截面分布图。整体而言，耦合度呈现东部沿海地区协调等级较高、西部内陆地区协调等级较低的"两极化"的空间分布特征。

仅广东在 2010 年、2015 年、2019 年为极优耦合，江苏均为高度耦合。除广东外，其余 30 个省区市可以分为两个梯队，山东、江苏、浙江在第一梯队，大部分属于中、高度耦合，其余省区市在第二梯队，多处于中低度和低度耦合区间。空间格局整体表现出非均衡性特征，东部地区尤其是沿海地区一直优于内陆地区，即呈"高高相聚"和"低低相聚"的格局。省区市之间的耦合分布不平衡差距较为明显，东部地区的耦合度明显高于中西部地区。

4. 湖北省民营经济与区域经济协调发展

表 10 为中部地区各省份民营和区域经济耦合度情况，可以看出安徽耦合度上升速度最快，湖北 2010—2019 年耦合度常年处于中低度耦合等级，虽有小幅度波动，但处于逐年上升状态，有较大的发展空间。

表 10　　　　　　　**中部地区民营经济和区域经济耦合度**

年份	中部地区各省耦合度						湖北省耦合度等级
	湖北	山西	安徽	江西	河南	湖南	
2010	0.327	0.249	0.272	0.231	0.288	0.353	中低度耦合
2011	0.340	0.245	0.297	0.229	0.293	0.321	中低度耦合
2012	0.347	0.243	0.316	0.230	0.297	0.313	中低度耦合
2013	0.349	0.233	0.337	0.244	0.333	0.321	中低度耦合
2014	0.363	0.214	0.349	0.232	0.301	0.325	中低度耦合
2015	0.371	0.196	0.353	0.240	0.296	0.328	中低度耦合
2016	0.375	0.187	0.366	0.242	0.297	0.325	中低度耦合
2017	0.372	0.204	0.375	0.244	0.300	0.332	中低度耦合
2018	0.374	0.202	0.374	0.241	0.298	0.333	中低度耦合
2019	0.387	0.193	0.385	0.254	0.323	0.353	中低度耦合

五、结论与建议

本文结合 2010—2019 年全国 31 个省区市面板数据，探究湖北省民营经济发展现状，并与中部其他各省份进行对比，构建了民营经济与区域经济的评价指标体系，分析湖北省民营经济和区域经济的综合发展指数，探究湖北省民营与区域经济耦合度情况，得出以下结论。

（1）湖北省民营经济发展良好。民营企业固定资产投资处于上升趋势，民营工业企业个数在 2011 年下降较多，其余年份波动不大，城镇单位就业人员工资总额发展良好，上升速度较大。

（2）湖北省民营经济和区域经济指数上升趋势明显。湖北省民营经济综合发展指数在 2013 年有较大程度的降低，其余年份在稳定波动中处于上升趋势，区域经济综合发展指数平稳上升。

（3）湖北省民营经济和区域经济协调发展有较大空间。2010—2019 年耦合度等级处于中低度水平，但处于逐年增长状态，在 2019 年达到 0.378，说明 2010—2019 年内，湖北省民营经济对区域经济的发展起到了良好促进作用，同时区域经济对民营经济的发展起到了稳定支撑作用。

根据分析结果，为了进一步提高湖北省民营经济发展状况，促进民营经济高质量发展，提出以下建议。

首先，政府要重视民营经济发展。充分发挥政府在市场经济中的作用，完善民营经济发展的环境，构建平等自由的市场环境，强化民营经济的法制建设，制定保护和促进民营企业发展的法律法规，落实相关政策和规定，确保民营经济的深入发展有制度可循，受到法律保护，提高行业信息透明度，使民营企业公平地参与市场竞争。

其次，民营经济自身要健康发展。民营经济应抓住时代发展机遇，结合当地政策，根据自身发展定位，把握自身优势，提高核心竞争力，提高市场份额，站稳脚跟。在发展自身的同时，加强民营企业之前的开放合作，推动企业形成区域一体化，凝聚民营企业发展合力。考虑结构转型，从商贸服务、建筑、运输等劳动密集型产业向技术密集型产业拓展，考虑信息技术、新能源、现代服务等高端产业，把握新一轮科技革命机遇。

最后，促进民营经济和区域经济协调发展。区域经济对民营经济起重要支撑作用，同时区域经济有巨大的发展机遇，长江经济带"一带一路"倡议等的推进，为湖北省区域经济的发展带来了更大的机遇，同时也为民营企业提供了更大的发展空间。

（本文是湖北省人文社科重点研究基地——武汉城市圈制造业发展研究中心项目"湖北民营经济与区域经济协调发展研究"的部分成果）

课题负责人： 邹　蔚　江汉大学商学院教授、硕士生导师
课题组成员： 秦嘉慧　王兴宇

湖北省交通产业融合发展的现状、问题与对策

武汉理工大学经济学院课题组

一、新时代交通产业融合发展具有重要意义

（一）融合发展是新时代经济社会发展的基本特征和基本要求

融合发展是习近平新时代中国特色社会主义思想的重要内容。习近平在博鳌亚洲论坛 2018 年年会开幕式讲话中，明确提出要"加快融合发展"。融合发展是社会发展重要规律之一，我国在推动互联网、大数据、人工智能和实体经济深度融合、培育新增长点、形成新动能等方面成效卓著，在国民经济和社会发展的各个领域、各个方面、各个层次制定战略、策略、方针、政策时，都遵循了融合发展的重要思想，并基本形成了完整的融合发展理论与政策体系，反映了新时代特征，适应了新时代要求。

产业经济学理论认为，融合是不同产业间、同一产业不同行业间的相互渗透、相互交叉，最终融为一体并逐步形成新的业态，是提高产业竞争力、促进传统产业创新的重要发展模式和产业组织形式。交通运输作为基础性、先导性、战略性产业和重要的服务性行业，以融合发展推动经济发展质量变革、效率变革、动力变革、提高全要素生产率等，具有先天优势。

近年来，我国在交通产业融合发展方面开展了一系列积极尝试和探索，一方面催生出了网约车、共享汽车、共享单车等同一产业内的新业

态、新模式；另一方面，"交通+旅游""交通+新型农业""交通+制造业"等不同产业之间的融合发展也成为推动经济发展新的增长点。交通产业融合发展是适应经济发展需求的新型发展模式，是中国特色社会主义跨入新时代的基本特征和基本要求。

（二）融合发展是构建综合立体交通网的本质要求和思想精髓

交通体系是由多要素、多环节、多侧面、多层次、多主体构成的。目前，我国交通体系建设还存在着铁路、公路、民航、港口"单打独斗"现象，城市交通网络与城市空间结构脱节严重，交通、产业、城镇规划编制各自独立、技术封闭，交通与工业、农业、商业结合不够紧密等问题，必须通过融合发展推动综合交通一体化建设。

我国《交通强国建设纲要》中反复强调交通产业必须融合发展，既要推动交通运输业不同运输方式、不同运输环节、不同运输技术、不同运输区域之间融合发展，更要推动交通运输与现代先进技术、其他产业部门之间融合发展。《国家综合立体交通网规划纲要》明确提出，要坚持系统观念，推进综合交通融合发展：从跨方式、跨领域、跨区域、跨产业四个维度，推进铁路、公路、水运、民航、邮政等融合发展，推进交通基础设施网与运输服务网、信息网、能源网融合发展，推进区域交通运输协调发展，推进交通与相关产业融合发展。这是构建国家综合立体交通网的本质要求和思想精髓。

（三）交通产业融合发展是湖北省物流行业降本增效的重要路径

物流业贯通一二三产业，衔接生产和消费，兼具生产性服务业和生活性服务业的双重特点，在国民经济运行中发挥着重要的基础支撑和引领带动作用。近年来，党中央、国务院高度重视物流业发展，特别是党的十八大以来，在推动物流业创新发展、转型升级和物流降本增效等方面采取了一系列政策措施。从跨方式、跨领域、跨区域、跨产业四个维度推动交通运输业融合发展，既要解决不同运输方式相互衔接、城乡运输一体化、物流配送"最后一公里"等交通运输产业内部的问题，也要解决"互联网+交通""互联网+物流"等交通运输新模式、新形态等产业创新问题，还要解决跨行政区域和"交通+制造业""交通+旅游""交通+农业"等跨产业部门融合发展的问题；既是交通运输与其他产业融合发展，培育交通运输新技术新业态、新模式、加速交通运输转型升级提质增效、实现高质量发展的必然选择，也是建设现代经济体系、服务经济转变发展方式、优化产业结构的必然要求，更是在双循环新的发展格局下寻找新的经济增长点、突破外环境不利因素的必由之路。

二、湖北省交通产业融合发展的现状与问题

(一) 湖北省交通产业融合发展现状

1. 湖北省交通产业融合发展取得了令人瞩目的成就

(1) 公路方面。"十三五"末，湖北省交通里程指标实现新跨越。湖北省公路总里程、农村公路总里程分别达到 28.9 万公里、25.4 万公里，较"十二五"末分别增长 14.2%、9.5%，两大指标均进入全国前三名。

(2) 水运方面。截止至 2020 年 12 月，湖北省内高等级航道总里程（内河）6166 公里，居全国前三位。三级及以上高等级航道里程达到 2090 公里，港口年通过能力突破 4 亿吨。武汉以 1140 集装箱船为突破口，开通了首条国际集装箱班轮航线，使武汉至日本名古屋的航行时间较通过上海中转缩短了 3 至 5 天。目前，已建成 1140 集装箱船 4 艘，江海联运、江海直达航线 6 条。

(3) 铁路方面。2019 年湖北铁路营业里程突破 5000 公里，高铁营业里程突破 1600 公里。2019 年湖北铁路货运围绕长江港口、中欧班列以及大企业需求提高运输能力，以全省 5 个国家多式联运示范工程为基础，完成"铁水联运"货运量 568 万吨，基本建成以武汉为支点，延伸至襄阳、宜昌的"一拖二"中欧班列共享模式，开通武汉至欧洲各

地的 8 条线路，联通了法国、德国等 14 个国家。

航空方面：2020 年，湖北拥有武汉天河机场、宜昌三峡机场、襄阳刘集机场、十堰武当山机场、恩施许家坪机场、神农架红坪机场、荆州沙市机场等七座运营的机场。2019 年湖北省航空旅客吞吐量为 3530.9 万人次，其中武汉天河机场 2715 万人次、三峡机场 326.4 万人次、襄阳刘集机场 189.9 万人次、十堰武当山机场 152.4 万人次、恩施许家坪机场 142.7 万人次、神农架机场 4.4 万人次。

2. 湖北省积极开展交通产业融合发展的探索和创新

"关口葡萄"是湖北省恩施州建始县花坪镇的特产，据记载是 300 多年前由来自比利时的传教士带来的葡萄品种，在当地有很长的种植历史。但品质佳、口感好的关口葡萄长期地处深山，面临着运输难题，当地的少量人口消费又无法形成产业。在这种情况下，恩施州建始县修了 200 多公里的"产业路"，尤其是毗邻花坪镇村坊村的省道 S339 的开通、村内路网建设的完善使关口葡萄的运输一天天顺畅了起来。省道通车后，客商可以直接到村里采购，农户不出门也能把葡萄卖光。当地的关口葡萄产业有约 5000 人参与种植，2020 年葡萄产业的产值达到约 3 亿元，人均毛收入 6 万元。去掉成本，人均收入有 4 万—5 万元，较好地实现了"交通+商贸"的融合。

湖北交投物流集团有限公司位列中国物流企业 30 强，拥有华中地区最大的沥青产销基地，成品油业务从路内走向路外，实现"购储运销"一体化发展。运营自主品牌加油站 100 余座，致力于打造湖北"第四桶油"，较好地实现了"交通+供应链物流"的融合。

湖北省交通投资集团有限公司拥有国家级交通运输行业研发中心，联合国科量子通信网络有限公司，投资、建设、运营国家干线及湖北省量子加密通信网络，投资建设 62 公里量子保密通信干线为军运会通信提供坚强保障；联合中国移动、中国信科、华为共同布局 5G 产业，探索打造智慧高速公路，较好地实现了"交通+科技"的融合；投资建设 8.4 平方公里襄阳生态文旅示范区，持续推进宜昌城市客厅、龟峰山景区经营开发，宜都三江鲟龙湾、恩施方家坝康硒城、利川龙船水乡文旅小镇等项目建设，通过"建设一条路，开发一片地，培育一个产业"模式，深度融入区域经济发展，实现了"交通+旅游"的融合。

湖北省交通投资集团有限公司成立了湖北省属国有企业第一家财务公司，作为唯一省属国企参股国开证券，参股交银国际信托、国开思远基金、湖北银行、长江财险，参与投资组建湖北省新动能发展基金，金融产业实现突破性进展。湖北楚天高速公路股份有限公司，收购大广北高速公路，迈出市场化方式并购路产资源开创性一步，实现了"交通+金融"的融合。

（二）国内交通产业融合发展的现状与典型经验

国内各级政府部门积极推动、各级交通投融资平台企业积极探索交通产业融合发展的体制机制、模式与业态，不仅在"互联网+交通""互联网+物流"等平台经济方面取得明显成效，如网络货运平台、共享出行平台等，而且在"交通+旅游""交通+制造""交通+扶贫"等方面，取得了显著的效果和丰富的经验。从全国省级交通投融资平台企业统计资料来看，除了路桥收费，其他主要收入来源包括国际贸易、国内贸易、工程建设、石油及金属制品销售、客货运输以及金融类业务等非通行费收入。甘肃省公路航空旅游投资集团有限公司路桥收费仅占6.48%，其他收入占90%以上；浙江省交通投资集团有限公司通行费收入占12.42%，非通行费收入超过85%；山东高速集团有限公司通行费收入占18.7%，非通行费收入超过80%。交通产业融合发展的方式更多元，前景更广阔。山西省打造"三晋高速"服务品牌，开展ETC服务专项提升行动，实现ETC车载设备免费安装全覆盖，实现手机移动支付在高速公路人工收费车道全覆盖；开展高速公路服务区服务质量等级评定，建设改造一批普通国省干线公路服务设施，推进建设一批"司机之家"。

广东高速探索"交通+媒体"融合发展模式。广州广播电视台交通广播以提供资讯服务类信息为主，在新媒体平台发力的同时发展传统广播，传统广播和新媒体互相借力，《好好先生》《车天车地车世界》《一路开心》等广播节目收听率长年在广东省广播频率收听排行榜上位居前列，其优质的节目内容和主持人的个人魅力，让节目聚集了一大批忠诚度较高的受众。这些节目通过建立听众粉丝群，为微信、微博等第三方平台和自有新媒体平台"花城 FM"客户端引流。同时，通过新媒体平台，听众在节目时间之外也可以和主持人以及其他听众互动，打破了时空限制，形成社交圈层。节目还不定期举行线下活动，比如见面会、自驾游、沙龙等，进一步增强了受众对节目和主持人的忠诚度和黏性。广州交通广播大力打造主持人 IP，在品牌节目《车天车地车世界》的基础上创设脱口秀节目《双蕉癫拿》，这是脱口秀文化在广州本土的发展和创新。该节目每月定期在特定的剧场举行现场脱口秀，为车主与汽车品牌经销商搭建了多元、有趣、高效的面对面交流平台，将品牌的传播力和影响力进一步延伸，活动至今已举办 100 场，场场火爆，较好地实现了"交通+传媒"的融合。

浙江、四川和江苏等省市交通系统积极打造"交通+旅游"的交通产业融合发展模式，取得十分明显的融合发展综合效益。

浙江省政府《关于加快推进交通运输与旅游融合发展的实施意见》提出，按照"多规合一"的要求，积极推进交通运输规划、旅游发展规划与经济社会发展规划、城乡建设规划、土地利用规划、风景名胜区规划等有机衔接，建立多元化投融资体制，拓宽融资渠道，积极鼓励省旅游集团、省交通集团、浙江机场集团、省海港集团等省属国有大型企业和社会资本参与交旅融合发展的建设开发。

四川省政府实施《关于"交通+旅游"融合发展专项行动计划（2017—2020 年）》，建立健全交通运输厅、省旅游发展委、省发展改革委等各部门协调管理推进机制，共同加强省级层面规划引导、技术指导和政策支持，探索建立旅游交通新业态的协同管理模式。同时，强化与各级地方政府的协调互动，加快建立健全促进交旅融合发展重大问题协调推进机制，加强规划布局、前期工作、推进实施和组织管理等方面工作联动协作，积极落实用地、资金等要素保障。

江苏省旅游局与省交通运输厅共同编制《江苏交通运输与旅游融合发展三年实施方案》，打造精品公路旅游服务基础设施、推进"水韵江苏"旅游交通发展、强化旅客站点旅游服务功能、支持江苏省旅游集散中心建设、加速传统客运企业向旅游营运转型、加强旅游交通信息共享服务、推进高速公路服务区"三个全覆盖"、联合共治旅游交通秩序，多地将交旅融合示范项目纳入招商引资项目，在项目建设上给予政务服务、用地保障、资金配套、财税补贴、投融资等支持政策，建议湖北省交投集团积极推动将龟峰山项目列入湖北省交旅融合试点示范项目，并争取用地、资金等配套政策支持。

株洲"交通+产业"融合发展，打造高质量发展的动力谷。近年来，株洲以轨道交通、通用航空、新能源汽车为支柱产业打造的"中国动力谷"，强力推进"交通+产业"融合发展，挺起了株洲乃至湖南省高质量发展的脊梁。2015 年，株洲市轨道交通产业收入突破 1000 亿元，成为我国第一个突破千亿元的轨道交通装备产业集群。株洲可生产动车从低速、中速到高速的全系列车型，包括磁浮列车 1.0、2.0，轨道交通的 ART、BRT，自主知识产权的混动动力公交车和纯电动车汽车。2017 年，全球首条"智轨"示范线运营、全球首款 12 米智能驾驶客车上路运行；2018 年，中国首列商用磁浮列车下线、中国首款全复合材料五座飞机成功首飞，"复兴号"高铁、"鲲龙"AG600、港珠澳大桥等大国重器都闪耀着株洲元素。

凭借得天独厚的区位优势和"交通+产业"基础优势，株洲着力打造畅通、高效、安全、绿色、文明的现代公共交通综合运输发展体系。比肩世界的轨道交通，株洲成为全国唯一产业链齐全的绿色公交研发、制造基地，也是全国绿色公交率先使用的地级市。从设计研发到零部件生产、整车制造，再到产业服务，株洲已初步形成一条完整的新能源汽车产业链，正朝着千亿元产业集群的目标奋力迈进。

（三）湖北省交通产业融合发展存在的主要问题

1. 交通产业融合发展的理念还有"最后一公里"

社会普遍对交通的产业属性理解认识不足，人民群众更多感知到的是交通的服务属性。各级地方政府、相关部门从观念上也更倾向于发挥交通的先导作用、基础支撑作用，对交通产业融合发展的政策支持导向、协调支持力度不足。对交通投融资平台企业的期待和要求更多体现在履行政府投资功能上，对平台企业拓展交通产业的市场主体作用重视不够，平台企业投资交通项目的规划设计和审查审批偏重于工程可行性和技术规范性，对项目经济效益、综合产业规划和整体商业模式不够重视。以湖北省交投集团为例，虽然高速公路通行费收入占企业总收入的比例是 28.26%，非通行费收入超过 70%，交通产业融合发展处于全国先进水平，但是，交通经营性产业仍然不足以支撑交通基础设施建设的需要，财务负担仍然沉重。

2. 交通产业融合发展的规划还有"最后一公里"

虽然大部制改革后进一步明确了交通运输部负责推进综合交通运输体系建设，统筹规划铁路、公路、水路、民航及邮政行业发展，初步改变了过去公、铁、水、空等多种运输方式分散管理的局面，交通运输行业内部资源融合有了明显好转，仍存在各种运输方式规划建设统筹不够、衔接不畅、协调机制不完善等问题。综合交通运输规划和综合交通枢纽的建设规划更多是各种运输方式规划的叠加，没有真正从综合交通体系建设和发展的角度出发，对交通产业融合发展进行顶层规划，资源配置的统筹协调、有效衔接不够，没有真正实现多网合一、互联互通、交通产业融合发展。

3. 交通产业融合发展的政策还有"最后一公里"

交通运输行业以及相关产业领域法规政策的一些规定，已经严重落后于时代发展和交通产业现状，急需实事求是进行调整修改。2004 年出台的《收费公路管理条例》对收费公路属性的定义，造成各省交通投融资平台企业投资建设的高速公路，本是同一种资金来源，却被划分为"政府属性"和"经营属性",无法通过"统贷统还"化解债务风险。对收费年限的限制,造成高速公路投资难以平衡、缺口巨大。新的《收费公路管理条例》应该与时俱进,基于高速公路投资平衡需求,推动改革价格形成机制;基于各省交通投融资平台企业实际上承担大量"政府性"和"经营性"高速公路的现实,在政策法规上推进高速公路属性融合,实现省域范围内统借统还。

2009年出台的《关于加强高速公路服务设施建设管理工作的指导意见》规定:"高速公路服务设施的建设,应以保证基本功能为主,不刻意追求延伸功能,不追求商业利益。"这极大地限制了高速公路服务区功能提升,阻碍了路衍产业发展。应加强与相关产业领域政策对接,推动行业指导类文件紧跟产业发展趋势。

4. 交通产业融合发展的主体还有"最后一公里"

交通产业要想融合发展,首先就要合理地整合优势资源。可就目前来看,资源整合的主体并不明确。没有明确的规划确认主体,企业就不敢放手去干。而有融合发展意识的企业往往也被认为是没有恪守本分、聚焦主业,再想进一步推进融合发展也是举步维艰。而国有企业是国民经济和我们党执政的经济基础中的支柱,尤其是具有高度外部性的交通运输行业。但目前看来,没有强调国有企业的主体地位,且国有平台企业、专业公司不大不强,以至于不能发挥国有企业经济功能。没有树立市场化导向,以至于不能激发企业和市场的内在活力。

5. 交通产业融合发展的协同还有"最后一公里"

由于交通运输行业和旅游、金融、制造业等行业分属不同的政府主管部门,交通行业政策与产业领域政策的导向难以统一。交通运输领域的规划和其他产业领域的发展规划缺乏统筹衔接和有机融合,地方交通运输规划大多只满足人员出行和货物运输功能,而其他产业规划仅针对本行业需求、资源进行布局,无法从顶层设计上产生"1+1>2"的效应。如交旅融合发展中,交通运输主管部门和旅游主管部门分别负责制定交通领域的发展规划和旅游行业的发展规划,两者往往没有从促进交旅融合发展的角度做到统筹兼顾、无缝衔接。

三、湖北省加快交通产业融合发展的对策与建议

(一) 必须树立交通产业融合发展的"大观念"

传统单一的交通运输发展观念同新需求相匹配难度较大。党的十九大作出了我国进入中国特色社会主义新时代、社会主要矛盾改变的重大判断，并提出了推动互联网、大数据、人工智能和实体经济深度融合，培育新增长点、形成新动能的重点任务。《交通强国建设纲要》反复强调交通产业必须融合发展。交通产业融合发展是培育交通运输新技术新业态新模式、加速交通运输转型升级提质增效、实现高质量发展的必然选择，也是建设现代经济体系、服务经济转变发展方式、优化产业结构、转换增长动力的必然要求。

交通产业集群被列入"十四五"产业发展规划。"路沿—路延—路衍"是实现交通产业融合发展的模式创新，是以交通为纽带实现整合资源、协调发展的重要路径。

路沿是指沿着运输线路发展沿路经济，简称路沿经济，是与交通基础设施直接相关的经济产业，如高速公路服务区、货运站、加油站等依托性、附属性经营设施等。要进一步拓展高速公路服务区功能，充分利用高速公路沿线服务区、加油站等产业区域，依托当地特产资源、旅游资源，发展服务区特色商业模式，加速以交通功能为主向集商业、出行服务、旅游服务等功能为一体的复合型服务区转型升级。

路延经济是指围绕交通运输的一系列产业延伸。当前移动互联、物联网、大数据、云计算等现代信息技术愈发成熟、功能日益强大，为交通运输与其他产业深度融合提供了技术支持。路延经济涉及文化旅游、新型农业、信息技术、制造业等众多产业，其中"交通+旅游"是最具特色、融合发展最成熟的一种模式。如高速公路与旅游业融合发展，能够加速高速公路与景区交通的衔接，在高速公路的规划、建设中充分考虑与重点景区道路的连接，完善景区交通引导标识设置，进一步提升旅

客联程运输服务水平，切实改善旅客的出行体验，从而带动旅游业的发展。旅游业发展所带来的经济增收为当地交通基础设施建设提供了坚实的经济保障，把大量经济资源引向高速公路优势区域，促进交通产业发展。

路衍经济是在交通运输的发展中衍生出的实体经济与虚拟经济之间的融合发展。如移动互联、物联网、大数据、云计算等信息网络技术在交通、物流等多个领域的各个环节得到了广泛应用，催生了共享经济、平台经济等一系列产业新业态。交通领域平台经济凭借其强大的资源整合能力和快速成长性，跨越交通、旅游、物流、商贸、制造、农业等多个行业，吸引上下游企业和信贷、融资、咨询、物流等专业服务企业和监管部门入驻，延伸产业链和价值链，促进产业跨界融合。

（二）必须制定交通产业发展的"大规划"

必须树立新的观念，不再独立地规划交通发展，探索以信息产业为平台，交通产业融合为模式，布局多元产业。对空间发展做出战略性、系统性安排是新时代规划编制的基本要求，交通与区域经济发展协同布局则是落实区域发展战略、优化空间格局的基础保障。从区域经济发展的角度看，交通产业融合发展，精准对接制造业、商贸业等实体经济发展需要，高效匹配现代产业运行组织模式，提供专业化、精细化、一体化、多样化的综合运输及物流服务。同时，还要求促使互联网、智能化、大数据等产业技术在交通运输与物流深度融合过程中的应用，强化跨行业的交通物流基础设施、物流信息平台共建共用，运力资源和物流信息共享，提高资源整合共享效率；将重点产业如装备制造、农产品深加工、新能源汽车、电子信息、航空航天等与交通智能结合，规划合理物流线路和配套设施。以湖北省沿江高速公路为例，从优化空间格局的角度来看，不能局限于产业和武汉、宜昌等重点城市的连接，还应该兼顾大城市、连接中小城市，以及中小城市之间互联互通，促进资源要素的跨区域流动，充分发挥中心城市对周边城市和农村地区的辐射带动作用，从而形成区域和城乡协同发展新格局。

在制订交通产业融合发展规划时，既要发挥经济社会发展规划在交通产业融合发展规划中的指导和引领作用，又要发挥交通产业融合发展对区域经济发展战略的先导和支撑作用。交通产业融合发展规划在内容上要明确重大战略、重大政策、重点产业，突出战略性、宏观性、综合性，提出事关长远和"交通+"相关的各个产业重大政策、跨区域的重大工程项目，明确特定时期的发展目标、任务和措施，使规划更好地贯彻国家要求、体现时代特色、反映区域经济发展实际。

（三）必须营造交通产业发展的"大环境"

首先，完善组织保障。交通产业融合发展是一项复杂的系统工程，尤其是航空、港口、铁路、高速等对外交通枢纽，需要政府产业管理部门协调，建立交通产业融合发展的体制机制。建议成立省级领导任组长，发展改革、交通运输、物流规划、自然资源、生态环境等有关部门和区域地方政府领导为成员的交通产业融合发展领导小组，负责交通产业融合发展规划、建设、运营等重大事项的领导和决策，加强规划、建设的统筹协调机制建设。

其次，加大政策支持。交通产业融合发展是新的经济增长点，在交通强国建设试点、国际性现代综合交通枢纽示范等机遇下，湖北省要进一步加大综合交通规划、建设、用地、产业、资金、财税扶持等方面的配套政策落实力度。在航运，空域，铁路等领域加快融合，积极改革创新和面向全国先行示范奠定良好的政策环境基础。同时积极争取中央、国家发改委、交通运输部等有关部委，以及中国铁路集团、中国民航局等有关部门在规划、政策、资金等层面的支持，建设交通产业融合发展的新经济增长平台和国家示范。

（四）必须培育交通产业融合发展的"大主体"

交通产业融合发展的最终实践者是企业，必须大力培育交通产业融合发展的市场主体。由于交通运输业具有高度的外部性特征，交通国有企业是推动交通产业融合发展的主力军。每一条高铁线路、高速公路的建设，都给沿线区域经济带来新的发展机会，带动相关产业发展，促进城市和乡村的形成和发展。国内外经济发展的历史也反复证明，完备的交通基础设施体系是制造业腾飞的先行条件，而我国国有企业在促进这些关键领域的投资中发挥着不可替代的作用。

习近平总书记在党的十九大报告中指出，深化国有企业改革，发展混合所有制经济，培育具有全球竞争力的世界一流企业。交通产业融合发展，既要强调国有企业的主体地位，注重发挥国有企业经济功能，树立市场化导向，创造市场价值，改进法人治理结构，完善现代企业制度，又要充分调动非国有企业的积极性，使其广泛参与其中，才能促进交通产业融合创新与集群发展。

（五）必须构建交通产业融合发展的"大格局"

推动交通运输业与旅游、商贸流通、现代农业、先进制造业等产业融合发展，拓展延伸交通产业，构建连接产供销、贯通一二三产业的现代综合立体交通体系。

一是推动"交通+旅游"的交通产业融合发展。完善主要旅游景区公共交通基础设施，鼓励开通机场、铁路站至景区景点的旅游专线、旅游直通车，搭建高速与景区的专线。构建多层次旅游网络，提升公路、航空、铁路、水运的客运服务能力和品质。推进旅游观光铁路和旅游公路建设，快速连接多个主要景点景区，充分发挥"一线多游"优势。营造融合智慧生态系统，支持交通与旅游项目一体化开发。

二是推动"交通+流通"的交通产业融合发展。鼓励商贸流通企业自有仓库、车辆、分拣设施、营业网点、配送队伍等资源向社会开放，与乡村邮政网点、综合服务站、汽车站等设施资源整合共享。以冷链物流、零担货运、无车承运等为重点，在交通产业融合发展规划引领下，力求改变道路货运行业"小、散、乱、弱"的局面。重点培育道路货运龙头骨干示范企业，引导小微货运企业开展联盟合作。

三是推动"交通+现代农业"的交通产业融合发展。党的十九大报告明确提出，要实施乡村振兴战略，促进农村的一二三产业融合发展。

目前湖北省农业发展的主要问题是不平均、不均衡，经营主体以"小，弱，散"为主。要进一步改善县道、乡道条件，支持发展农村物流和农村客运、农村电商，进一步引导广大中小企业向标准化转型，引导企业把产品做强、市场做大、效益做好、企业做久。

四是推动"交通+制造业"的交通产业融合发展。支持物流企业开展服务化转型，以大数据为媒介，以个性化定制、柔性化生产、资源高度共享为特征的虚拟生产、云制造等现代供应链模式，为制造企业提供供应链一体化服务综合解决方案。利用物流数据加快建设工业互联网产业生态供给资源池，提升供给能力，完善工业互联网产业体系。

（本报告为湖北省交通投资集团有限公司2020年软科学研究项目）

课题负责人：付新平　武汉理工大学经济学院教授、湖北省人民政府咨询委员
课题组成员：傅诗雯　余文静　鲍寅飞　罗思静　赵林　郑楠　等
报告执笔人：傅诗雯

湖北省主要城市间商品住房价格水平的差异、成因及政策建议

曾国安 孙 路

了解城市间商品住房价格水平的差异对于更好地实施"一城一策""因城施策",实现城市房地产市场平稳健康发展具有重要意义。本文通过观察湖北省武汉市和主要地级城市商品住房价格的变化,发现十几年来湖北省各主要城市商品住房价格整体上均呈上涨之势,但是城市间商品住房价格也呈现出明显的差异,一城独大的武汉市始终高于其他城市。城市间商品住房价格的差异是人口、经济增长、土地价格、住房建设用地供应和房价预期等多方面因素造成的,城市间商品住房价格存在差异既属必然,也具有合理性,需要做的是根据区域发展战略,综合考虑经济增长和房价相对合理性,制定和实施适当的政策进行合理的调控。

一、引言

近年来,随着各地区经济的发展和城镇化速度的加快,城市的商品住房价格也呈现快速上涨的趋势。对于坐落于中部地区的湖北省,房价上涨态势同样明显。根据国家统计局数据,2005 年湖北省商品住房平均销售价格为 1286.2 元/平方米,2018 年达到 5954.2 元/平方米,13年间商品住房价格上涨了近 4 倍。在房价上涨的同时,城市间商品住房价格呈现出不同的状态。城市间商品住房价格的差异是城市间经济发展、人口、住房建设用地等资源配置差异的结果,因此一定意义上城市

间商品住房价格的差异可以作为观察城市间经济发展差异的指标。我们一方面需要了解湖北省城市间商品住房价格水平差异的特征事实，另一方面也需要对造成湖北省城市间商品住房价格水平差异的因素有客观的分析，这样才能更好地实施"一城一策""因城施策"，推进实现城市房地产市场平稳健康发展。基于数据的可得性和完整性，本文将基于2009—2018年面板数据，分析湖北省武汉市和11个主要地级市（黄石市、十堰市、宜昌市、襄阳市、鄂州市、荆门市、孝感市、荆州市、黄冈市、咸宁市、随州市）商品住房价格水平差异的特征及原因，并力图提出具有针对性的政策建议。

二、湖北省主要城市间商品住房价格水平差异的特征

（一）城市间商品住房价格水平整体上存在较大的差异

根据数据的可获得性，本文通过 CEIC 经济数据库获得 2005—2018 年湖北省各主要城市商品房住宅销售面积和销售额原始数据，按照商品住房销售额/销售面积的办法计算得到各主要城市每年的商品住房平均销售价格，对于部分缺失数据通过插值法补充。在对商品住房销售价格数据的描述方面，选取极大值、极小值、均值、标准差和变异系数等进行描述，其中变异系数表示一组数据之间的变异程度或离散程度，通常用 C_v 表示，其计算公式如下：

$$C_v = \frac{1}{\bar{M}} \sqrt{\frac{1}{n} \sum_{i=1}^{n} (M_i - \bar{M})}$$

其中 $\bar{M}$ 表示 12 个城市商品住房价格的平均值，n 为城市数量，M_i 为第 i 个城市商品住房价格。整体描述如表 1 所示。

从表 1 可以看出，在 2005 年至 2018 年间，湖北省各主要城市商品住房市场得到了快速发展，商品住房销售均价从 2005 年的 1286.2 元/平方米上涨至 2018 年的 5954.2 元/平方米，净增 3.6 倍。从变异系数

值来看，变异系数大多数年份在 0.3 以上，2005—2008 年在 0.4 以上，这意味着湖北省各主要城市间商品住房价格水平始终存在较大的差异。从变异系数值的变化来看，大体呈现高—低—高的变化状态，变异系数在 2007 年达最高值 0.492，其后下降，最低的 2014 年降至 0.274，但从 2015 年始，变异系数开始上升，2017 年达到 0.408，这意味着湖北省各主要城市间商品住房价格水平的差异并不特别稳定，并且最近一些年又开始扩大。

表 1　　　　　　　　　湖北省城市商品住房价格描述性统计值

年份	城市数（个）	极大值（元/m²）	极小值（元/m²）	标准差	均值	变异系数
2005	12	2986.2	742.6	604.81	1286.2	0.470
2006	12	3535.3	857.77	701.41	1493.9	0.470
2007	12	4515.8	1030.56	897.91	1824.2	0.492
2008	12	4680.5	1300.41	898.42	2033.7	0.442
2009	12	5198.5	1358.5	912.45	2494.0	0.366
2010	12	5552.1	1747.3	953.60	2740.3	0.348
2011	12	6768.2	2287.3	1134.32	3242.6	0.350
2012	12	6895.4	2655.4	1072.08	3633.6	0.295
2013	12	7237.9	2883.5	1103.02	3788.8	0.291
2014	12	7398.1	3011.6	1109.53	4045.5	0.274
2015	12	8403.6	2779.1	1416.98	4225.5	0.335
2016	12	9819.5	2993.4	1783.59	4623.5	0.386
2017	12	11453.5	3185.9	2137.71	5240.4	0.408
2018	12	12678.5	3963.4	2342.09	5954.2	0.393

（二）武汉市和其他主要城市间商品住房价格水平的绝对差距在扩大

表 2 展示了 2005—2018 年间湖北省武汉市等 12 个城市的商品住房

表2　　2005—2018 年湖北省各主要城市商品住房销售均价（元/平方米）

	2005	2006	2007	2008	2009	2010	2011	2012	2013	2014	2015	2016	2017	2018
武汉市	2986.2	3535.3	4515.8	4680.5	5198.5	5552.1	6768.2	6895.4	7237.9	7398.6	8403.6	9819.5	11453.5	12678.5
黄石市	1371.6	1491.5	1904.9	2129.2	2681.7	2949.3	2947.2	3445.2	3313.0	4422.3	3940.9	4115.6	4315.7	5128.3
十堰市	1387.4	1776.3	1684.8	1728.6	2235.8	2598.6	3179.2	3815.6	4083.4	4223.0	4362.5	4502.5	4642.0	4781.6
宜昌市	1948.0	2055.6	2529.2	2898.6	3001.8	3380.2	3871.0	4054.8	4197.1	4172.1	4544.9	5037.5	5606.2	6945.9
襄阳市	1102.1	1389.1	1723.3	2009.1	2312.1	2498.3	3168.8	3504.7	3579.8	3724.9	3818.7	4209.0	4952.1	5507.8
鄂州市	1149.1	1148.7	1769.9	1843.2	2576.9	2903.6	3016.7	3625.9	3328.3	4337.1	5345.8	6357.3	7366.0	8374.8
荆门市	1110.2	1273.1	1401.4	1770.7	2288.2	2365.8	2792.6	3448.1	3412.7	3184.7	3106.0	3388.9	3764.9	4506.3
孝感市	911.8	1209.1	1320.8	1625.0	2153.7	1987.8	2734.7	2568.2	3039.8	3334.0	3520.0	3728.4	4378.9	5110.8
荆州市	1161.4	1347.5	1591.8	1696.9	2372.6	2621.2	3081.1	3541.6	3709.1	3764.5	3726.2	4287.3	4959.9	5363.9
黄冈市	793.4	924.1	1030.6	1338.0	1358.5	1747.3	2287.3	2942.9	2883.5	3229.6	3370.0	3399.5	3581.5	4088.7
咸宁市	742.6	857.8	1106.1	1300.4	1723.5	2042.6	2359.3	2655.4	3204.1	3011.6	2779.1	2993.4	3185.9	3963.4
随州市	770.3	918.9	1311.9	1384.3	2024.6	2236.4	2705.4	3106.0	3476.3	3743.9	3788.2	3643.5	4677.9	5000.0

平均销售价格水平。从表 2 可以看出，虽然各主要城市商品住房价格均呈长期上涨之势，但城市之间商品住房价格水平存在较大差异。其中武汉市商品住房价格明显高于其他城市，且一直保持最高，紧随其后的是宜昌、襄阳，黄冈市和咸宁市商品住房价格水平基本上一直低于其他城市，2014 年起，咸宁市则一直排在最后。在城市间商品住房价格变化的过程中，城市间商品住房价格水平差距呈现出明显扩大的趋势。以武汉和咸宁市为例，2005 年武汉市商品住房销售价格达 2986.2 元/平方米，咸宁市只有 742.6 元/平方米，两者相差 2243.6 元/平方米；而在 2018 年武汉市住房销售平均价格上涨至 12678.5 元/平方米，咸宁市商品住房价格仅为 3963.4 元/平方米，两者相差 8715.1 元/平方米，绝对差距显著扩大。2018 年，武汉市商品住房销售价格超过 10000 元/平方米，其他城市除鄂州和宜昌市外，商品住房销售均价均在 5000 元/平方米左右，只有或者不到武汉市商品住房销售价格的 1/2。在武汉以外的城市中，鄂州商品住房价格水平的变化最大，2005 年其商品住房价格水平在 12 个城市中排第 6 位，但自 2015 年始，在 12 个城市中一直位居第 2 位。

（三）城市间商品住房价格涨幅均较大，但城市间存在较大差异，且商品住房价格水平增长绝对额存在相当大的差距

2006—2018 年各主要城市商品住房价格均呈长期上涨的趋势，名义价格涨幅均较高，均在 10% 以上，但城市间存在比较大的差异。整体上看，鄂州、随州、孝感的上涨幅度明显大于其他城市，十堰、宜昌、黄石则低于其他城市（见图 1）。① 不过，商品住房价格上涨的绝对

---

① 存在价格管制的城市名义商品住房价格水平并不能准确反映该城市真实的商品住房价格水平，由于各城市价格管制程度存在很大的差异，因此城市间名义商品住房价格水平及其变化并不能准确反映城市之间真实商品住房价格水平及其变化，但由于缺乏能进行准确换算的依据，因此本文不考虑将名义价格水平换算为真实价格水平。但应该了解存在价格管制的城市的名义商品住房价格水平会低于真实的商品住房价格水平，管制越严，名义价格水平会越低。

额与房价增幅差异不同，从商品住房销售价格年均增长额来看，年均增长额最大的是武汉市，2006—2018 年年均增长 745.6 元，其次是鄂州市，年均增长 555.8 元，最低的咸宁市年均只增长 247.8 元（见图 2）。

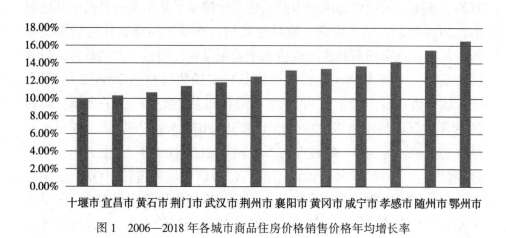

图 1　2006—2018 年各城市商品住房价格销售价格年均增长率

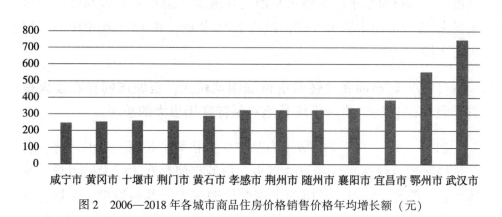

图 2　2006—2018 年各城市商品住房价格销售价格年均增长额（元）

三、理论分析与模型选择

（一）商品住房价格分化影响因素的理论分析及变量说明

一个城市商品住房价格水平及其变化是由多方面因素共同决定的，

其中如下基本因素发挥着更大作用。

（1）人口规模及增长。一般而言，一个城市规模越大，住房需求越大，人口增长越快，住房需求增长越快，因此住房价格会越高；反之，住房价格会越低。本文以年末总人口数量衡量城市人口规模（POP），以常住人口与户籍人口的差值衡量人口流动（PIF）情况，一个城市人口规模越大，常住人口规模越是超过户籍人口规模，即流入人口越多，住房需求会越旺盛，越会推动住房价格上升。

（2）居民收入水平。一个城市居民收入水平的高低对商品住房价格有重要影响。一方面，居民收入水平的高低决定了住房购买能力的大小，也影响着居民购房倾向，另一方面，居民收入水平的高低对人口流动也有着重要的影响。一个城市居民收入水平越高，住房购买能力越强，购房倾向越强，也越会吸引人口流入，从而导致住房需求增长，总的来看会导致更高的住房需求水平，从而推动住房价格的上升。这里以一个城市的职工平均工资（IC）来反映该城市居民收入水平，职工平均工资越高，住房价格应越高。

（3）经济发展水平。一个城市经济发展水平越高，居民购房能力越强，越能吸引人口流入，住房需求水平会越高，经济发展越快，住房需求增长越快，商品住房价格水平越高，反之，住房需求水平越低，住房需求增长越慢，商品住房价格水平越低。本文用人均地区生产总值（AGDP）来反映城市的经济发展水平。一个城市的人均地区生产总值越高，其商品住房价格水平应越高，反之，商品住房价格水平应越低。

（4）开发成本。商品住房开发成本主要包括土地成本和房屋建造成本。一般而言，开发成本的上升会带来商品住房价格的上升。一个途径是，在市场需求上升的条件下，开发成本的上升直接推动商品住房售价的上涨，即开发成本的上升会转嫁给购房者，但可转嫁程度在不同城市肯定是存在差异的。另一个途径是，在市场需求不变或下降的条件下，开发成本的上升会导致开发商利润率下降，由此会导致供给减少，从而会在一定程度上推动价格上升。由于土地成本是开发成本的重要组成部分，同时考虑到部分城市房屋建造成本数据的缺失，这里用土地成本来反映开发成本。单位土地成本以单位土地价格来反映，单位土地价格（LP）以城市土地成交金额与土地出让面积的比值来衡量。这意味着一个城市土地价格水平越高，商品住房开发成本越高，商品住房价格越高，土地价格上升越快，商品住房开发成本增长越快，商品住房价格上涨越多。考虑到从土地出让到形成住房市场供给需要一定时间，且为了缓解模型的内生性，本文实证分析选择滞后一期的土地价格。

（5）土地供应量。住房建设用地供应决定着住房供应。在容积率一定的条件下，住房建设用地供应面积越大，住房供应面积应越大。由于城市间人口规模不同，因此人均住房建设用地供应面积是反映一个城市住房建设用地供应的更好的指标。一个城市的人均住房建设用地供应面积越大，住房供应越多，住房价格水平相对越低，反之，住房价格水平相对越高。考虑住房建设用地供应到形成商品住房供给需要一定时间，且为了缓解模型内生性，因此本文实证分析将以滞后一期的人均住房建设用地供应面积（LS）衡量一个城市的土地供应情况。

（6）固定资产投资。一个城市固定资产投资规模的大小一定意义上决定了这个城市的经济增长。固定资产投资规模越大，基础设施发展越快，经济增长越快，对人口和投资的吸引力越大，商品住房需求越大，越会推动商品住房价格的上升，反之，则会限制商品住房价格的上升，进而导致商品住房价格下降。本文实证分析将考察不同城市的固定资产投资规模（IV）对其商品住房价格的影响。

（7）商品住房价格预期。对于住房购置，人们不仅关注商品住房价格的当前走势，也会关注未来的价格走势。① "买涨不买落" 是消费者和投资者的共性行为，如果人们对一个城市的住房市场抱有乐观的预期，就会形成价格上涨预期，就会愿意在该城市购房，该城市住房需求就会扩大，从而拉动商品住房价格上升，如果人们对一个城市的住房市场和价格抱有悲观的预期，该城市住房需求会萎缩，从而会拉动商品住

---

① 马香品，姚慧琴. 供需视角下的我国房地产价格波动的空间差异及成因分析 [J]. 经济问题探索，2020（2）：31-38.

房价格下降。此外，如果对一个城市的住房市场和价格抱有乐观的预期，开发商投资倾向会提高，土地市场竞争性提高，从而推动土地价格上涨，最终推动商品住房价格上涨，反之，则会推动商品住房价格下降。在实证分析中，本文以城市滞后一期商品住房价格与滞后两期商品住房价格的差值衡量商品住房价格预期（EXP）。①

根据以上理论分析，本文实证分析所涉及的变量以及变量的衡量指标如表3所示。

表3　　　　　　　　　　　　变 量 说 明

维度	变量	衡量指标
被解释变量	商品住房价格（price）	当期商品住房平均销售价格（元/m²）
解释变量	人口规模（POP）	年末总人口（万人）
	人口流动（PIF）	常住人口-户籍人口（万人）
	收入水平（IC）	职工平均工资（元/人）
	经济发展水平（AGDP）	人均GDP（元）
	土地价格（LP）	城市每年土地成交金额/土地出让面积（元/m²）
	人均住房建设用地供应面积（LS）	住房建设用地供应面积/户籍人口（m²/人）
	固定资产投资（IV）	固定资产投资额（亿元）
	商品住房价格预期（EXP）	滞后一期商品住房价格-滞后两期商品住房价格（元/m²）

① 李斌，刘文欢. 什么在抬高中国房价：人口还是货币？——基于中国285个地级市的经验研究 [J]. 金融发展研究，2020 (11)：28-34.

（二）数据来源与变量的描述性统计

考虑到数据的可得性，本文使用 2009—2018 年湖北省 12 个主要城市的面板数据，其中商品住房价格数据来自 CEIC 经济数据库，住房建设用地供应面积和土地出让价格来自 2010—2018 年的《中国国土资源统计年鉴》，其他变量数据主要来自 2010—2019 年的《中国城市统计年鉴》与 WIND 数据库。总观测值数为 108 个。

在进行实证分析前，本文先对所选变量进行描述性统计。但为消除通货膨胀的影响，本文利用各主要城市的 CPI（居民消费价格指数）将商品住房价格、职工平均工资、土地价格等价值变量调整为以 2009 年为基期的实际变量，人均 GDP 采用各城市的 GDP 平减指数进行平减，固定资产投资额采用固定资产投资指数进行平减。各城市主要变量的描述性统计如表 4 所示。

表4 各变量的描述性统计

变量	样本量	均值	标准差	最小值	最大值
商品住房价格（元/m²）	108	3558.427	1427.005	1688.213	10117.20
人口流动（万人）	108	−15.392	75.943	−126.2	242.62
人口规模（万人）	108	443.879	215.207	108.46	883.73
职工平均工资（元）	108	33468.04	9711.317	13442.01	70483.42
人均 GDP（元）	108	38981.17	19846.05	12967.3	102606.2
土地价格（元/m²）	108	574.791	537.101	214.502	3971.606
人均住房建设用地供应面积（m²/人）	108	0.365	0.361	0.046	2.09
固定资产投资（亿元）	108	1296.048	1165.436	260.566	5768.665
商品住房价格预期（元/m²）	108	308.502	305.841	−399.243	1303.888

表 4 汇报了各变量的描述性统计结果，不难发现各变量在不同地区间的差异较大。从商品住房价格来看，最高的达到 10117.2 元/平方米

（武汉市），最低只有 1688.2 元/平方米（黄冈市）（均为按 2009 年 CPI 折算后的价格），房价差距悬殊。从人口规模、人口流动、收入水平、人均 GDP、土地价格、人均住房建设用地供应面积、固定资产投资规模、商品住房价格预期等方面来看，城市间均存在很大的差距。比如在人口流动方面，武汉市和宜昌市是人口净流入城市，其中武汉市共流入 242.62 万人，其他城市均为人口净流出城市，但流出规模存在较大差异，流出规模最大的是黄冈市，其人口净流出 126.2 万人。

（三）模型选择

本文要识别的是湖北省城市之间商品住房价格分化的原因，即商品住房价格分化的影响因素以及影响因素的大小。以湖北省 12 个城市 2009—2018 年的商品住房价格面板数据作为研究对象，故采用面板数据的多元回归模型进行实证分析。构建面板模型的基本形式为：

$$y_{it} = a_{it} + \sum_{k=1}^{k} \beta_{kit} x_{kit} + u_{it}$$

其中，$i = 1, 2, 3, \cdots, N$ 表示 N 个个体，$t = 1, 2, 3, \cdots, T$ 表示每个个体成员的样本观测时期数，y_{it} 为被解释变量，x_{kit} 为解释变量，参数 a_{it} 表示模型截距项，β_{kit} 表示对应 K 个解释变量的待估参数，u_{it} 表示随机误差项。

根据对截距项和解释变量系数项的不同限制，面板数据模型可以分为不变系数模型，固定效应模型和随机效应模型。[①] 首先，在进行面板数据模型实证分析前，需要进行两方面设定检验。首先是进行协方差分析检验（F 检验），根据残差平方和经过 F 检验，判断面板数据模型形式。本文 F 检验的结果显示，不满足不变系数检验，因此在第一检验的基础上进行 Hausman 检验，以判断所使用的面板模型是采用固定效应模型还是随机效应模型。结果是 Hausman 检验的结果 P 值小于 0.1，

---

① 杨孟禹，张可云. 中国土地财政与城乡关系的互动影响 [J]. 华南农业大学学报（社会科学版），2016，15（4）：76-86.

拒绝随机效应,因此最终选用双向固定效应模型。

本文最终设定计量模型如下:

$$\text{Price}_{i,t} = \beta_o + \beta_1 \text{IC}_{i,t-1} + \beta_2 \text{POP}_{i,t} + \beta_3 \text{PIF}_{i,t} + \beta_4 \text{LP}_{i,t} + \beta_5 \text{IV}_{i,t} +$$
$$\beta_6 \text{LS}_{i,t} + \beta_7 \text{AGDP}_{i,t} + \beta_8 \text{EXP}_{i,t} + \mu_i + \delta_t + \varepsilon_{i,t}$$

其中:i 代表城市,t 代表年份;$\text{Price}_{i,t}$ 表示商品住房价格;$\text{IC}_{i,t-1}$ 表示职工平均工资;$\text{POP}_{i,t}$ 表示城市年末总人口;$\text{PIF}_{i,t}$ 表示流动人口;$\text{LP}_{i,t}$ 表示土地价格;$\text{IV}_{i,t}$ 表示固定资产投资额;$\text{LS}_{i,t}$ 表示人均住房建设用地供应面积;$\text{AGDP}_{i,t}$ 表示人均 GDP;$\text{EXP}_{i,t}$ 表示商品住房价格预期;μ_i 和 δ_t 分别表示城市和年份的固定效应,$\varepsilon_{i,t}$ 表示随机误差项。

四、实证分析

(一) 基本面板模型回归结果

回归分析结果如表 5 所示。职工平均工资、人口流动、人口规模、人均 GDP,土地价格、固定资产投资额和商品住房价格上涨预期均是影响湖北省城市间商品住房价格分化的主要因素,其中除职工平均工资在 10%水平下显著,其他变量均在 5%或 1%水平下显著。

表 5 显示,职工平均工资与商品住房价格水平在 10%水平下正相关。这说明居民收入水平能在一定程度上解释城市间商品住房价格水平的差异。从各市情况来看,除鄂州市以外,其他城市职工平均工资水平的高低与商品住房价格水平基本呈现出——对应的关系。

人口规模及增长与商品住房价格水平显著正相关。人口流动与商品住房价格水平在 1%的水平下高度正相关,系数值达到 10.573,意味着人口流入净增长 1 万人,会推动商品住房价格上涨 10.573 元。表 5 显示人口流动因素的系数值最大,这表明人口流动因素是影响商品住房价格的主要因素,一个城市的人口流入规模越大,产生的住房需求越多,越会推动商品住房价格上涨。武汉市人口流入规模最大,商品住房价格水平也最高。人口规模与商品住房价格水平也在 1%的水平下高度正相关，系数值达到 2.635，意味着人口规模每增长 1 万人，会推动商品住房价格上涨 2.635 元。

人均 GDP 水平与商品住房价格显著正相关，且在 1% 水平下显著。相关系数达到 0.027，意味着人均 GDP 每增加 1 元，商品住房价格会增长 0.027 元。这意味着经济发展水平高的城市的商品住房价格水平会比经济发展水平低的城市高，也意味着经济发展水平提高会推升商品住房价格。人均 GDP 位居前列的武汉、鄂州、宜昌、襄阳，商品住房价格水平也高于其他城市，人均 GDP 居后的黄冈、荆州、孝感、咸宁等城市的商品住房价格水平也居后。

土地价格与商品住房价格之间也显著正相关，在 1% 水平下显著。相关系数达到 0.781，意味着土地价格每增加 1 元/平方米，商品住房价格会增长 0.781 元。这意味着土地成本的上升会带来商品住房价格的上升。土地价格位居前列的武汉、鄂州、襄阳、宜昌，商品住房价格水平也高于其他城市，土地价格居后的咸宁、荆门、十堰、黄冈，商品住房价格水平也低于其他城市。

商品住房价格预期与商品住房价格之间也呈正相关关系，在 5% 水平下显著，相关系数达到 0.399。这意味着商品住房价格上升预期的确会带来商品住房价格的上升。从各市情况来看，商品住房价格预期上涨多的武汉、鄂州、宜昌、襄阳，其商品住房价格水平更高，商品住房价格预期上涨少的黄冈、十堰、咸宁、孝感，其商品住房价格水平也低。

人均住房建设用地供应面积与商品住房价格总体呈负相关关系，但不显著。理论上，人均住房建设用地供应面积越多、房价越低，人均住房建设用地供应面积越少、房价越高。从实际情况来看，武汉人均住房建设用地供应面积最少，商品住房价格水平最高，其他如宜昌等人均住房建设用地供应面积少的城市，商品住房价格水平也要高很多，十堰、孝感等人均住房建设用地供应面积多的城市，商品住房价格水平明显偏低。

固定资产投资额与商品住房价格呈显著负相关。这与理论逻辑不一致，原因有待进一步探究。虽有学者认为原因可能在于房价上涨对进行实体经济投资的个体表现出挤出效应，当房价上涨时会导致更多的资金流入房地产行业，从而抑制实体经济的发展，会导致全社会固定资产投资减少，因此商品住房价格与固定资产投资额之间呈现负相关，① 但本文认为固定资产投资额与商品住房价格这两者的真实关系以及原因尚需专门研究。

表 5　　　　　　　　　　　固定效应回归结果

变量	系数	T 统计量	P 值
职工平均工资（元）	0.027*	1.720	0.085
人口流动（万人）	10.573***	5.104	0.000
人口规模（万人）	2.635***	4.461	0.000
人均 GDP（元）	0.027***	4.298	0.000
土地价格滞后一期（元/m²）	0.781***	6.001	0.000
固定资产投资（亿元）	−0.773***	−4.271	0.000
人均住房建设用地供应面积滞后一期（m²/人）	−94.802	−0.803	0.422
住房价格预期（元/m²）	0.399**	3.204	0.002
时间固定效应	控制		
城市固定效应	控制		
R^2	0.878		
样本数	108		

说明：***、**、* 分别表示在 1%、5%、10% 水平上显著。

（二）稳健性检验

为进一步考察上述基准模型回归结果的可靠性，首先对本文基准模

① 郑东雅，皮建才，刘志彪. 中国的房价上涨与实体经济投资：拉动效应还是挤出效应？［J］. 金融评论，2019，11（4）：1-13，124.

型进行稳健性检验，采用 OLS 和随机效应模型回归，回归结果与表 5 固定效应回归结果基本一致。另外为考察收入水平是否对商品住房价格产生影响，将城镇居民人均可支配收入替代职工平均工资来衡量收入水平，回归结果与表 5 回归结果基本一致，这就进一步证实了本文结论的稳健性。

五、基本结论与政策建议

近十年来，在湖北省房价整体上涨的同时，城市间商品住房价格也存在明显差异。针对这一现象，本文着眼于分析湖北省 12 个主要城市商品住房价格差异特征，同时以 2009—2018 年的商品住房价格面板数据，运用固定效应模型探究了城市间商品住房价格差异的原因。得出了以下主要结论：第一，湖北省城市间商品住房价格差异明显，其中武汉市始终位居高位，且与其他城市差距越来越大；第二，人口流动、人口规模、人均 GDP、土地价格和商品住房价格预期是导致城市间商品住房价格存在差异的显著因素，人口流入越多，人口规模越大，经济发展水平越高，土地价格越高，商品住房预期价格越高的城市商品住房价格水平相对越高，反之，商品住房价格则相对越低。

基于以上结论，本文提出以下建议：一是要根据城市间商品住房价格差异化特点和变化趋势制定具有预应性的商品住房市场调控政策，促进全省房地产市场平稳健康发展；二是要建立和完善以人口空间配置为依据的住房建设用地的空间配置优化机制，构建促进商品住房价格水平合理化的住房建设用地配置保障制度；三是夯实"一城一策"、因城施策的调控机制，切实针对各城市特点确定和实施适宜的调控政策。

（本文系武汉市住房保障和房屋管理局课题"武汉市住宅与房地产业发展'十四五'规划"研究的阶段性成果之一）

课题负责人：曾国安　武汉大学发展研究院院长、二级教授、博士生导师

武汉大学中国住房保障与房地产经济研究中心主任

报告撰稿人：曾国安　武汉大学发展研究院院长、二级教授、博士生导师

武汉大学中国住房保障与房地产经济研究中心主任

孙　路　武汉大学中国住房保障与房地产经济研究中心硕士研究生

湖北省创新绩效提升路径研究
——基于组态分析视角

张司飞　李时起　韩笑

近年来，围绕创新驱动发展和创新型国家建设，党中央、国务院做出了一系列重大决策部署。党的十八大提出"实施创新驱动发展战略"，党的十九大强调创新是引领发展的第一动力，十九届三中全会提出勇于创新、统筹推进五位一体总体布局，十九届四中全会重申了充分发挥科技创新的引领作用，十九届五中全会再次强调创新在我国现代化建设全局中的核心地位，此外，我国在十四五规划中也强调要坚持创新发展，全面塑造发展新优势。为了建设创新型国家，实现创新驱动发展战略，如何提高区域创新绩效日益成为政府、企业和学者共同关注的热点话题。同时，区域创新绩效的提升往往离不开合适的创新资源、创新环境以及创新主体。创新主体在创新资源和创新环境的协同作用下往往能取得较高的区域创新绩效。

湖北省是科教大省，是长江经济带的重要一环，拥有丰富的创新资源，具有巨大的技术创新潜力，如何有效整合湖北的创新要素和创新资源从而提升区域创新绩效，进一步优化湖北区域创新布局，进而加快科技强省建设，具有重要意义。由此，本文在相关创新理论的基础上，以湖北省及其辖下的12个地级市为研究对象，首先对湖北的整体创新情况进行梳理，然后建立指标体系对湖北的区域创新绩效进行评价，并分析创新绩效的时间演变规律，最后在此基础上运用模糊集定性比较分析方法探究提升湖北省创新绩效的具体路径和方案，并因地制宜提出适合湖北省情的政策建议，为加快湖北省科技强省建设提供一些帮助。

一、湖北省科技创新活动现状

改革开放激发经济发展活力，我国经济迅速崛起，取得了举世瞩目的成就。在改革开放的初期，我国依靠大规模的资本和劳动力投入获得了经济的高速增长，随着21世纪的到来，科技创新对经济发展的贡献开始占据主导地位，同时我国的创新规模不断扩大，创新能力持续增强。随着我国经济逐渐进入新常态，特别是新型冠状病毒肺炎疫情之后国际国内形势发生了巨大变化，我国经济将逐渐由高速增长阶段转向提质增效的高质量发展阶段，这就需要改变我国传统的依靠要素投入的经济增长模式，逐步向创新驱动发展转变。由此可见，创新驱动已经成为全国各地区域经济发展的主基调。

湖北省作为我国中部地区崛起的重要战略支点、长江经济带的重要经济节点以及新一轮改革开放的重要承载区，创新也日益成为湖北经济发展的重要力量。为把握发展先机，湖北省委省政府高度重视创新驱动和科技强省建设，做出了一系列重大决策部署。在湖北省的"十四五"规划中，湖北省提出要在"十四五"期间实现全社会研发经费投入年均增长7%，高新技术企业数量每年增长10%以上，同时积极争创武汉东湖综合性国家科学中心和国家科技创新中心，高水平建设光谷科技创新大走廊，将"中国光谷"打造成"世界光谷"。

从改革开放至今，湖北省的创新驱动发展情况取得了巨大进步，特别是从中国加入世界贸易组织以来。2000年湖北专利申请授权量为2198项，2020年已达110000项，其间增长了50倍，年均增长22%。其中发明专利授权数量也由2000年的156项增长到2020年的49000项，增长了314倍，年均增长34%。在"十三五"期间，湖北省科技创新综合实力也不断增强，创新驱动发展实效持续提升，科技创新体系也更加完善，多项指标大幅提升。2020年，湖北省技术合同成交额高达1687亿元，同比2019年增长16%，同比"十三五"开局之年增长103.3%。此外，"十三五"期间，湖北省全社会R&D经费投入由

561.7亿元增加到957.88亿元，R&D人员由22.1万人增加到28.55万人，科研机构由2245家增加到3678家，万人发明专利拥有量由4.3件增加至10.4件，高新技术产业增加值由5028亿元增加至8922.86亿元，高新技术企业也由3317家增加至10400家。这些数据显示出湖北的创新引领发展和科技强省建设卓有成效。

湖北省积极立足优势创新领域，不断补齐短板。湖北省在光电科学、空天科技、生物安全等领域科研实力雄厚、竞争优势明显、基础条件成熟，而在高层次、顶尖级、战略性的大平台和大设施方面建设相对落后。因此，湖北省正积极布局武汉光源、神农设施、生物医学成像设施、农业微生物设施等大科学装置，聚焦光电科学、空天科技、生物安全、生物育种等优势领域组建一批湖北实验室，用力打造湖北省区域科技创新新高地。

虽然湖北省拥有良好的创新环境和大量的创新资源，已经取得不菲的创新成果，并且在深度融入世界科技强国建设中赢得了新的战略地位和新的发展机遇，但同时，当前湖北省的创新驱动发展和创新体系建设也面临着一些挑战，例如增速相比其他东南沿海发达省份更加缓慢和效率低下。2019年，湖北省固定投资总额为4.6万亿元，居中部第2位和全国第5位，高新技术企业、国家重点实验室数量、"两院"院士数量、国家科技奖项、R&D经费支出额、技术合同交易额等创新指标均居中部地区第一位，地区生产总值达到4.58万亿元，排全国第7位，增长率为16.4%，增速排全国第7位，创新成果产出的专利申请授权量为73940，仅排全国第11位，与第一名广东省的差距约有7.1倍，发明专利授权量为8479，仅排全国第12位，与第一名广东省差距达到7倍。这些数据对比显示湖北省固定资产投资总量、创新资源和要素均排名靠前，但地区生产总值的增长速度和创新成果的产出水平却达到与固定资产投资总量、创新资源和要素相同的排名，说明湖北省已经无法单纯依靠增加要素和投资来促进创新产出的持续高速增长，资源和环境的成本也越来越高，同时创新产出的效率也较为低下。目前来说，相比东南沿海发达省份，湖北省的创新绩效不甚理想，并未把已有的创新资源优势很好地转化为经济增长的动力和高质量的创新成果，因此十分有必要研究如何才能提升湖北省的创新绩效，更好地服务于湖北科技强省建设。

习近平总书记反复强调，要提升原始创新能力，努力实现更多从 0 到 1 的突破。同样的，湖北省委十一届八次全会指出，要坚持把创新摆在事关发展全局的核心位置。这再次强调了科技创新对于经济发展的重要性，科技是国家强盛之基，创新是民族进步之魂。相比东南沿海经济发达地区，湖北地处内陆，创新资源的供给相对有所不足，那么如何能高效利用这些有限的创新资源和创新环境，最大化湖北创新的经济社会效益呢？如何因地制宜找到适合湖北区域创新绩效的提升路径呢？

二、区域创新绩效相关研究回顾

（一）区域创新绩效的衡量以及指标体系构建

已有研究往往使用两种方法来衡量区域创新绩效，分别是专利数量和新产品销售收入。Furman 等人[1]将专利申请数量或专利授权数视为创新绩效或创新能力的代表。但同时 Autio 等人[2]认为新产品销售情况能够代表市场对新产品的欢迎程度，可以作为创新绩效的代理变量。新产品销售比较容易反映出新产品的质量和商业化水平，但往往忽略了创新过程。鉴于此，苏屹等人[3]认为创新产出包括中间产出和最终产出。此外，邵汉华等人[4]基于创新价值链视角将创新分为两个阶段，分别是

[1] Jeffrey L Furman, Michael E Porter, Scott Stern. The determinants of national innovative capacity [J]. Research Policy, 2002, 31 (6)：899-933.

[2] Autio E, Sapienza H J, Almeida J G. Effects of Age at Entry, Knowledge Intensity, and Imitablility on International Growth [J]. Academy of Management Journal, 2000, 43 (5)：909-924.

[3] 苏屹，安晓丽，王心焕，雷家骕. 人力资本投入对区域创新绩效的影响研究——基于知识产权保护制度门限回归 [J]. 科学学研究，2017, 35 (5)：771-781.

[4] 邵汉华，周磊，刘耀彬. 中国创新发展的空间关联网络结构及驱动因素 [J]. 科学学研究，2018, 36 (11)：2055-2069.

研发创新和经济转化，本文也采用类似的方法处理。Roper 等人①认为，创新价值链凸显了将知识转化为商业价值过程的复杂性。创新过程不是一个连续的过程，可以分为一系列功能不同的阶段。本文在创新价值链的基础上将创新过程分为研发阶段和商业化阶段。创新研发阶段是在创新活动中投入创新资源并转化为新技术的过程，创新商业化阶段是将新技术和创新资源作为投入来转化为相应的商业价值。创新活动的两个阶段都需要创新资源和创新环境的参与和支持，两个阶段创新绩效都是在相关因素的相互作用下形成的。

早期的区域创新绩效衡量方法较为简单，大多倾向于单纯依靠单一绝对指标去衡量区域创新绩效水平。然而通过上面的分析不难得出，区域创新活动不是一个简单的生产性活动，若是只采用单一指标就很难真正度量出区域创新绩效水平，因此一些学者慢慢转而采用多指标体系去评价区域创新绩效水平。袁鹏等人②从投入产出的关系出发，利用代表全要素生产率变化的 Malmquist 指数衡量区域创新绩效的动态变化历程，对我国的区域创新绩效的动态变化以及影响因素做出了全面的分析。李习保③将国内发明专利申请量和授权量定义为区域创新绩效水平的参考指标，创造性地将创新绩效水平纳入区域创新能力的评价体系中去。易平涛和李伟伟等④为兼顾多类不同的创新主体，度量不同区域的综合创新水平，并从创新要素投入、创新环境建设和创新成果产出三个方面建立区域创新绩效评价体系。在一般的区域创新绩效评价体系构建的基础上，一些学者也开始将生态环境指标纳入研究框架中，多视角讨

① Stephen Roper, Jun Du, James H. Love. Modelling the innovation value chain [J]. Research Policy, 2008, 37: 961-977.

② 袁鹏，陈圻，胡荣. 我国区域创新绩效动态变化的 Malmquist 指数分析 [J]. 科学学与科学技术管理，2007, 4 (1): 44-49.

③ 李习保. 中国区域创新能力变迁的实证分析：基于创新系统的观点 [J]. 管理世界，2007, 4 (12): 18-30, 171.

④ 易平涛，李伟伟，郭亚军. 基于指标特征分析的区域创新能力评价及实证 [J]. 科研管理，2016, 37 (S1): 371-378.

论区域创新绩效的评价体系。程华和廖中举①从环境创新投入与产出的视角构建区域生态环境创新绩效评价体系。

关于区域创新绩效的衡量，本文在创新价值链的基础上考虑创新的诸多经济社会因素，从而构建起一套能涵盖大多数研发成果和技术商业化成果的指标体系，然后使用熵值法来确定权重，最终科学全面地对湖北省创新绩效进行评价。

(二) 区域创新绩效影响因素

区域是一个复杂的创新系统，包括创新主体、创新资源和创新环境。本文将长江经济带创新绩效的影响因素分为创新基础因素和创新环境因素。创新基础性因素包括 R&D 人员和 R&D 支出，它直接表征了该区域对创新活动的直接研发投入强度，是区域创新活动中最重要的影响因素。根据 Romer② 的内生增长理论，R&D 投入以及过去的知识积累会对新知识和新思想的产生有重要作用，Furman 等人③进一步指出R&D 投入可以增强整个经济系统的潜在创新能力。国内的研究则进一步证实了 R&D 投入对于区域创新的重要作用，例如，吴卫红等人④认为 R&D 投入是区域创新活动中最重要的创新要素。

此外，产业结构、政府支持、对外开放度、数字化水平和金融发展水平也对区域绩效有重要影响，本文将这些因素归为创新环境因素。关于产业结构，胡艳等人⑤发现产业结构合理化能够促进长江经济带创新

---

① 程华，廖中举. 中国区域环境创新绩效评价与研究 ［J］. 中国环境科学，2011，31（3）：522-528.

② Romer P M. Endogenous Technological Change ［J］. Journal of Political Economy，1990，98（5）：S71-S102.

③ Jeffrey L Furman，Michael E Porter，Scott Stern. The determinants of national innovative capacity ［J］. Research Policy，2002，31（6）：899-933.

④ 吴卫红，杨婷，张爱美. 高校创新要素集聚对区域创新效率的溢出效应 ［J］. 科技进步与对策，2018，35（11）：46-51.

⑤ 胡艳，汪徐. 长江经济带产业结构优化对区域创新绩效的影响差异分析 ［J］. 科技管理研究，2019，39（14）：86-93.

绩效的提升，而产业结构高级化在长江经济带下游城市表现出抑制作用。政府支持，表现为政府政策和政府投资，特别是政府对创新活动的财政支持是区域创新绩效的重要决定因素之一，卞元超等人①发现地方政府的财政科技支出的竞争激励效应能够显著促进我国区域创新绩效的提升。衡量对外开放水平的国际贸易和投资可以提高创新水平，区域开放度可以通过技术溢出来提升区域创新绩效，但是陈伟等人②的研究也发现对外开放度与区域创新能力之间存在着门槛效应。随着数字经济的快速发展，区域数字化水平对技术创新也能产生较大影响，周青等人③以浙江省为研究对象，发现区域数字化接入水平的提高有利于提升创新绩效。良好的金融环境可以促进创业和创新活动，李晓龙等人④认为金融发展有利于区域创新产出的提升。

综上所述，本文将选取 R&D 投入、产业结构、政府支持、对外开放度、数字化水平、金融发展水平作为湖北省区域创新绩效的影响因素，这些影响因素的不同组合共同构成湖北省各地市创新绩效的最优提升路径。

（三）与湖北省相关的区域创新绩效研究

聚焦湖北省近年来区域创新绩效的研究同样颇多，但是大多数是将包含湖北省的长江经济带视为研究对象，以湖北省为对象的研究仍然缺乏。在区域创新绩效的指标体系构建方面，滕堂伟等人⑤使用每万人发

---

① 卞元超，吴利华，白俊红．财政科技支出竞争是否促进了区域创新绩效提升？——基于研发要素流动的视角［J］．财政研究，2020，4（1）：45-58．

② 陈伟，魏楠，侯建，冯志军．FDI 与区域创新能力关系中"门槛效应"的实证研究［J］．软科学，2018，32（9）：30-33，38．

③ 周青，王燕灵，杨伟．数字化水平对创新绩效影响的实证研究——基于浙江省73个县（区、市）的面板数据［J］．科研管理，2020，41（7）：120-129．

④ 李晓龙，冉光和，郑威．金融发展、空间关联与区域创新产出［J］．研究与发展管理，2017，29（1）：55-64．

⑤ 滕堂伟，孙蓉，胡森林．长江经济带科技创新与绿色发展的耦合协调及其空间关联［J］．长江流域资源与环境，2019，28（11）：2574-2585．

表期刊论文数和每万人专利申请量构建长江经济带科技创新评价体系，并利用熵权 Topsis 法计算得分。朱贻文等人①从投入产出关系方面构建指标体系并利用 DEA-Malmquist 指数来测度长江经济带各省市的区域创新绩效水平。在区域创新绩效影响因素方面，吴传清等人②发现企业自主创新、政府有效干预、产业高级化和社会充分投入是促进长江经济带技术创新效率提升的主要因素。徐维祥等人③发现技术溢出、政府行为、空间区位和金融支持均能对长江经济带沿线中心城市创新产出产生正向影响。

三、数据来源

为了全面评价湖北省创新绩效的时间动态变化以及提升创新绩效的路径，本文将整个湖北省以及湖北省下辖的 12 个地级市作为实证分析的研究对象，由于有些地市数据统计不完整，本文的研究对象不包括湖北的恩施土家族苗族自治州、天门市、仙桃市、潜江市和神农架林区。由于创新绩效的影响因素与创新绩效之间存在时滞，因此本文将影响因素与创新绩效之间的时滞设置为 2 年，为了使研究结果更加贴近当前情况，本文在进行路径分析时选取湖北省新型冠状病毒肺炎疫情暴发之前的 2019 年作为计算创新绩效的年份，2017 年作为计算影响因素的年份。本文所涉及的所有数据来源于 2010 年至 2019 年这 10 年间的《湖北统计年鉴》《中国城市统计年鉴》，以及湖北省各地市的政府官网。

---

① 朱贻文，曾刚，邹琳，曹贤忠. 长江经济带区域创新绩效时空特征分析 [J]. 长江流域资源与环境，2017，26（12）：1954-1962.

② 吴传清，黄磊，文传浩. 长江经济带技术创新效率及其影响因素研究 [J]. 中国软科学，2017，4（5）：160-170.

③ 徐维祥，张凌燕，刘程军，杨蕾，黄明均. 城市功能与区域创新耦合协调的空间联系研究——以长江经济带 107 个城市为实证 [J]. 地理科学，2017，37（11）：1659-1667.

四、湖北省创新绩效评价

(一) 研究方法

1. 熵值法

熵值法是借鉴信息论中熵是对不确定性的一种度量的概念所形成的一种综合评价方法，具有较强的客观性。信息量越大，不确定性也就越小，熵也就越小；信息量越小，不确定性越大，熵也就越大。根据熵的特性，可以通过计算熵值来判断一个事件的随机性及无序程度，也可以用熵值来判断某个指标的离散程度，指标的离散程度越大，该指标对评价结果的影响也就越大。选取 m 年、n 个指标，则 X_{ij} 为第 i 年的第 j 个指标的数值（$i = 1, 2, \cdots, m; j = 1, 2, \cdots, n$）。对于每一个子系统，均需要计算每一个指标的权重，以及该系统各年度的综合评价指数。具体计算流程如下：

(1) 对指标数据进行标准化处理。本文采取正向指标标准化的方法，即假定评价指标 j 的理想值为 X_j^*，对于正向指标，X_j^* 越大越好，标记最大值为 $X_{j\max}$，标记最小值为 $X_{j\min}$，标准化公式为：

$$X'_{ij} = \frac{X_{ij} - X_{j\min}}{X_{j\max} - X_{j\min}} \tag{1}$$

(2) 进行归一化处理，计算第 j 个指标下第 i 年指标的比重 p_{ij}，公式如下：

$$p_{ij} = \frac{X'_{ij}}{\sum_{i=1}^{m} X'_{ij}} \tag{2}$$

(3) 计算第 j 项指标的熵值，其中 $k = \dfrac{1}{\ln m}$，m 为样本数量，公式如下：

$$e_j = -k \sum_{j=1}^{m} p_{ij} \ln p_{ij} \tag{3}$$

（4）计算样本第j项指标差异性系数。对于第j项指标，指标的差异越大，对方案的评价作用越大，熵值越小，指标的权重系数相应越大；反之，差异系数越小，对方案的评价作用越小，指标的权重系数相对越小。定义差异系数为：

$$g_j = 1 - e_j \qquad (4)$$

（5）确定对应指标权重，第j项指标的权重系数W_j为：

$$W_j = \frac{g_j}{\sum_{j=1}^{n} g_j} \qquad (5)$$

（6）最后，根据确定好的权重与对应的归一化指标相乘从而计算相应年份对应城市的区域创新绩效。

2. 核密度估计

核密度估计以连续的密度曲线来表达湖北省下辖各地市创新绩效的分布形态，比较不同年份的核密度曲线可以揭示市域尺度下湖北省区域创新绩效的动态演变特征，核密度估计的公式如下：

$$f(x) = \frac{1}{nh} \sum_{i=1}^{n} K\left(\frac{y_i - \bar{y}}{h}\right) \qquad (6)$$

式（6）中，n代表城市个数，y_i为第i个城市的区域创新绩效，$\bar{y}$为当年全部湖北省地市区域创新绩效的平均值，$K(*)$和h分别表示核函数和带宽，均采用stata16软件的默认核函数和带宽。

（二）湖北省创新绩效评价指标体系

创新成果是创新绩效的直接体现物，是创新资源在特定创新环境中发生转化，最终向社会提供科学发现、技术发明和一定的经济社会效益。同时，由于市场在资源配置中占据重要作用，因此也必须考虑创新成果的市场反应，即反映创新成果能否落地进而转化为生产力的程度。考虑到区域创新绩效主要反映各地区的创新结果，主要包括各类创新成果和经济效益，因此本文选取专利申请量、专利授权量、发明专利授权量、技术市场成交合同金额、高新技术产业增加值以及规模以上工业企业新产品销售收入这 6 个指标共同构建湖北省创新绩效评价体系。

（三） 湖北省整体创新绩效情况

在讨论湖北省各地市的具体创新绩效情况之前，有必要对湖北省近年来创新绩效情况有一个全局性的了解。在前文构建的湖北省创新绩效评价指标体系的基础上，本文收集了湖北省 2010 年至 2019 年的六个评价指标的具体情况，如表 1 所示。从表 1 可以看出，衡量湖北省创新绩效的这六个指标在 2010 年至 2019 年间一直处于不断上升的趋势，这表明湖北的创新绩效在考察期间不断提升。其中，技术市场成交额和发明专利授权量这两个指标的增速最快，在考察期内分别增长了 600% 和 1471%。一般而言，技术市场成交额代表科技创新的商业化成果，发明专利授权量则代表了创新成果的含金量，这两项指标的优异表现说明湖北省的创新质量提升速度要超过一般创新产出的增速，湖北的创新绩效呈现出高质量发展的态势。除此之外，可以发现湖北省高新技术产业增加值也在逐年提升，特别是在 2018 年后，增速明显加快，这从侧面表明高新技术产业对湖北经济增长的贡献不容忽视。

表 1   **湖北省创新绩效变化情况表**

年份	专利申请量（件）	专利授权量（件）	发明专利授权量（件）	技术市场成交额（亿元）	高新技术产业增加值（亿元）	工业企业新产品销售收入（亿元）
2010	31311	17362	2025	91	1702.4	2330
2011	42510	19035	3160	126	2325.96	3099
2012	51316	54475	4050	196	2960.4	3698
2013	50816	28760	4052	398	3604.96	4654
2014	59050	28290	4855	581	4451.16	5275
2015	74240	38781	7766	789	5028.94	5677
2016	95157	41822	8517	904	5574.54	6713
2017	110234	46369	10880	1033	5937.89	7523

续表

年份	专利申请量（件）	专利授权量（件）	发明专利授权量（件）	技术市场成交额（亿元）	高新技术产业增加值（亿元）	工业企业新产品销售收入（亿元）
2018	129820	64106	11393	1204	6653.13	8863
2019	141411	73940	14178	1430	8922.86	9708
平均值	78586.5	38294	7087.6	675.2	4716.22	5754
增长率（%）	352	326	600	1471	424	317

（四）湖北省下辖各地市创新绩效情况

在前文构建的湖北省创新绩效评价指标体系的基础上，本文运用熵值法求解 6 个主要指标的权重，然后计算出湖北省各地市 2010 年到 2019 年这 10 年间的创新绩效情况，如表 2 所示。表 2 中，倒数第 2 列是该城市这 10 年间区域创新绩效的平均值，最后一列是根据平均值进行的排名。从表 2 可以看出，武汉市的创新绩效在 10 年间虽然存在波动，但一直处于第 1 名的位置，并且与湖北省内其他的地级市远远拉开差距。以 2019 年为例，武汉市的创新绩效是第二名宜昌的 10 倍，是最后一名随州的 350 倍，其他年份的区域创新绩效，武汉市也都遥遥领先于其他地市，并且表现出缓慢上升的态势。这是因为与其他城市相比，武汉作为湖北省的省会所在地和湖北省的政治、经济、文化的中心，具有良好的创新基础和创新政策环境，以 2019 年为例，熵值法中占有 33% 权重的指标是发明专利授权数，武汉市的发明专利授权数占到全省的 84%，因此，武汉的创新绩效保持省内绝对优势地位也在情理之中。此外，宜昌、襄阳这两座城市平均值分别排第 2 名和第 3 名，它们作为省域副中心城市，区域创新绩效与武汉市相比存在较大差距，但是与其后的第 4 名也拉开了较大差距。宜昌的创新优势在于它是湖北的第 2 大城市，是长江经济带从中部进入西部的起点，处于中国东西部创新要素的对流地带，而襄阳的创新优势在于它是鄂西北区域中心城市、汉江流域的核心城市。

表2　　　　　　湖北省各地市 2010 年至 2019 年创新绩效情况

年份 城市	2010	2011	2012	2013	2014	2015	2016	2017	2018	2019	平均值	排名
武汉	0.664	0.67	0.668	0.655	0.667	0.681	0.679	0.701	0.697	0.707	0.611	1
黄石	0.022	0.051	0.023	0.027	0.037	0.031	0.024	0.037	0.042	0.023	0.032	5
十堰	0.023	0.036	0.022	0.022	0.024	0.022	0.024	0.021	0.018	0.021	0.023	7
宜昌	0.084	0.067	0.083	0.059	0.093	0.087	0.095	0.069	0.075	0.071	0.078	2
襄阳	0.04	0.05	0.084	0.037	0.086	0.082	0.089	0.084	0.084	0.063	0.07	3
鄂州	0.012	0.017	0.002	0.024	0.007	0.003	0.002	0.008	0.007	0.002	0.008	10
荆门	0.028	0.023	0.02	0.038	0.016	0.016	0.014	0.014	0.015	0.023	0.021	8
孝感	0.024	0.016	0.036	0.032	0.025	0.029	0.026	0.021	0.021	0.027	0.026	6
荆州	0.074	0.047	0.028	0.071	0.02	0.02	0.02	0.026	0.02	0.03	0.036	4
黄冈	0.019	0.017	0.019	0.021	0.017	0.019	0.02	0.014	0.015	0.019	0.018	9
咸宁	0.008	0.005	0.012	0.013	0.004	0.003	0.006	0.003	0.003	0.013	0.006	11
随州	0.002	0.001	0.001	0.002	0.004	0.005	0.003	0.002	0.003	0.002	0.003	12

　　从表 2 不难看到，在考察期，湖北省各地市的创新绩效随时间的变动情况不是很明显，除了武汉市之外，大多数城市的创新绩效随时间呈现无序波动的情况，为了从宏观层面把握湖北省各地市的创新绩效动态变化情况，本文挑选 2011 年、2015 年和 2019 年的创新绩效数据作为样本，绘制了核密度图，如图 1 所示。其中，纵坐标代表核密度值，横坐标代表创新绩效，实线、虚线、长虚线分别表示 2011 年、2015 年和 2019 年的湖北省各地市创新绩效核密度曲线。

　　从图 1 可以看出，2015 年、2019 年的创新绩效核密度曲线呈现出明显的"单峰"形态，表明 2015 年后，湖北省各地市的区域创新绩效表现出收敛的趋势，湖北省除武汉之外的地级市之间的区域创新绩效差距在不断缩小。

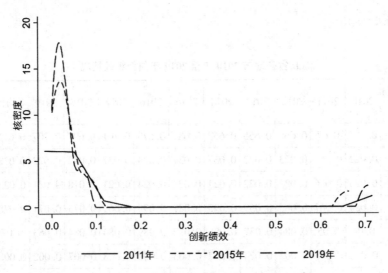

图1 三个主要年份湖北省各地市创新绩效核密度图

五、湖北省创新绩效提升路径分析

（一）研究方法

fsQCA 方法是一种定性比较分析方法。定性比较分析法是以集合论为基础的，其重点是结果变量和条件变量或原因变量之间的集合关系，而不是像回归法那样的因变量和自变量之间的相关关系①。它将研究对象视作条件变量不同组合方式的组态，整合案例研究和变量研究的优势，以分析每个案例的条件变量和结果变量之间的集合关系②。QCA 方法的早期设计中变量只能取值 0 或 1，这可能会导致重要信息丢失。为了克服这个缺陷，Ragin 研究出基于模糊集理论的 fsQCA 方法，它可以

---

① Ragin C C. Redesigning Social Inquiry：Fuzzy Sets and Beyond ［M］. Chicago：University of Chicago Press，2008.

② 杜运周，贾良定. 组态视角与定性比较分析（QCA）：管理学研究的一条新道路 ［J］. 管理世界，2017，4（6）：155-167.

通过校准程序将变量映射到 0 到 1 区间中的某个值。fsQCA 方法可以提供简约解、复杂解和中间解，一般来说，中间解通常较为容易解释，因此中间解常常作为首选方案。该方法对样本数量的要求较低，适用于小样本分析，同时又能够用于分析变量组合和复杂因果关系，因此本文使用该方法来探究提升湖北省区域创新绩效的实施路径。

（二）变量

本文的结果变量采用前文通过熵值法计算得到的创新绩效。考虑创新绩效与影响因素之间的时滞，本文使用的是 2019 年湖北省各地市的创新绩效以及 2017 年的影响因素。此外，为消除地区人口差异的影响，本文使用的结果变量是创新绩效与地区常住人口的比值。

关于本文的影响因素，R&D 投入分为 R&D 人力投入和 R&D 经费投入，本文用每十万居民 R&D 人员数来表示人力投入，用 R&D 经费支出占地区 GDP 的比例来测度经费投入；产业结构使用区域第三产业增加值与第二产业增加值之比来衡量；政府支持用财政科技支出占财政预算支出的比例来表征；对外开放度使用地区进出口总额占 GDP 的比例来衡量；数字化水平使用互联网用户数占地区常住人口的比例来表示；金融发展水平则使用银行业金融机构存贷款余额占 GDP 的比例来衡量。

相关变量的描述性统计如表 3 所示。由表 3 可知，湖北省各地市创新绩效的地区差异性较大，7 个相关影响变量的离散程度较大，因此需要因地制宜研究合适的区域创新绩效提升路径。

表3　　　　　　　　　　　　　变量描述性统计分析

变量	变量标签	均值	标准差	最小值	最大值
创新绩效	inn	1.273	1.702	0.029	6.306
R&D 人力投入	rdp	311.961	139.226	92.377	479.06
R&D 经费投入	rde	1.823	2.181	0.379	8.436
产业结构	str	37.845	5.196	34.741	53.248

续表

变量	变量标签	均值	标准差	最小值	最大值
政府支持	gov	3. 622	5. 29	0. 837	19. 763
对外开放度	opn	5. 891	4. 554	0. 58	15. 119
数字化水平	dig	23. 99	10. 972	5. 046	46. 634
金融发展水平	fin	218. 854	135. 712	66. 672	592. 035

(三) 数据校准

在使用 fsQCA 方法之前,需要结合实际情况对变量进行校准,也就是先将原始数据集转换为模糊集。校准数据有两种方法,即直接法和间接法,目前最常用的校准方法是直接法。直接法使用三个锚点来进行校准:完全隶属点 (变量的95%分位值)、完全不隶属点 (变量的5%分位值)、交叉点 (变量的50%分位值)①,这 3 个锚点可以根据研究者的实际情况来设置。本文参考 Zhang 等人②的研究,采用相应变量的90%分位值、50%分位值和10%分位值作为锚点,将原始数据转换为对应的模糊隶属度分数,各个变量的校准锚点如表 4 所示。

表4　　　　　　　　　　　**各变量的三个校准点**

变量	变量标签	完全隶属点	交叉点	完全不隶属点
创新绩效	inn	2. 109	0. 774	0. 067
R&D 人力投入	rdp	436. 071	353. 902	108. 033
R&D 经费投入	rde	2. 292	1. 439	0. 488

---

① Ragin C C. Redesigning Social Inquiry: Fuzzy Sets and Beyond [M]. Chicago: University of Chicago Press, 2008.

② Zhang Meili, Li Baizhou, Yin Shi. Configurational paths to regional innovation performance: the interplay of innovation elements based on a fuzzy-set qualitative comparative analysis approach [J]. Technology Analysis & Strategic Management, 2020, 32 (12).

续表

变量	变量标签	完全隶属点	交叉点	完全不隶属点
产业结构	str	40.67	35.878	34.835
政府支持	gov	6.144	1.798	1.265
对外开放度	opn	13.587	7.416	2.421
数字化水平	dig	38.629	22.606	15.209
金融发展水平	fin	335.893	183.329	115.372

(四) 区域创新绩效的必要条件分析

在分析提升湖北省各地市区域创新绩效的因素组合之前，本文首先分析任何一种单一的影响因素是否是提升区域创新绩效的必要条件，即区域创新绩效的提升一定伴随着这种影响因素。变量的必要性通过一致性这个指标来衡量，通常情况下，当变量的一致性大于0.9时，则表明该变量为必要条件。表5显示了相关影响因素的必要性情况，从表5可以看出，这7个影响因素的一致性都小于0.9，说明没有单一的一种变量能够提升湖北省市域水平的创新绩效，湖北省市域水平创新绩效的提升应该依赖于多种变量的组合。

表5　　　　　　　　　　区域创新绩效的必要条件分析

变量	一致性
R&D 人力投入	0.734
R&D 经费投入	0.613
产业结构	0.508
政府支持	0.622
对外开放度	0.431
数字化水平	0.826
金融发展水平	0.542

（五）区域创新绩效的路径分析

本文通过运行 fsQCA3.0 软件进行组态分析，参照杜运周等人①的研究，将一致性阈值设置为 0.8，案例阈值设置为 1，PRI 阈值设置为 0.75，进行标准化分析，得到复杂解、中间解和简约解，最后选择中间解作为区域创新绩效的基本实现路径，并区分核心条件和边缘条件，核心条件是前文分析的必要条件以及在中间解和简约解都出现的变量，而边缘条件是只出现在简约解中的条件。路径分析的结果如表 6 所示，表 6 显示了能提高湖北省各地市区域创新绩效的变量组合 Q1、Q2、Q3 和 Q4，共 4 种变量组合。从表 6 中可以看出，其总体一致率远高于 0.8，每个组态的一致率也超过 0.8。同时表 6 总体覆盖率是 0.823，表明相应的变量组合包含 82.3% 的区域创新绩效提升的原因。因此，本文可以认为这 4 种组合能够提升湖北省各地市的区域创新绩效，下文针对这 4 条路径展开分析。

在第 1 条路径 Q1 中，高的 R&D 人力投入、R&D 经费投入和数字化水平相结合可以产生高的创新绩效；在第 2 条路径 Q2 中，高的 R&D 人力投入、产业结构、数字化水平 3 个条件相结合可以产生高的创新绩效；在第 3 条路径 Q3 中，高的 R&D 人力投入、政府支持、数字化水平 3 个条件相结合可以产生高的创新绩效；在第 4 条路径 Q4 中，高的 R&D 人力投入、R&D 经费投入、对外开放度以及金融发展水平 4 个条件相结合可以产生高的创新绩效。

比较这 4 种变量组合可以发现这 4 种方案之间存在一些异同。首先，R&D 人力投入是这 4 种方案的唯一核心条件，这表明 R&D 人力投入在区域创新绩效提升过程中的关键作用，因为研发人才往往也是高质量创新最根本的来源；其次，数字化水平是提升创新绩效的一个不容忽视的条件，Q1、Q2、Q3 这 3 条路径中都包含数字化水平这个条件，这

① 杜运周，贾良定. 组态视角与定性比较分析（QCA）：管理学研究的一条新道路 [J]. 管理世界，2017，4（6）：155-167.

说明数字经济的发展给一些创新资源和创新环境较为落后的地区提供了弯道超车的机会，在经费投入不足、产业结构落后、对外开放的技术溢出不足的时候，一些地区可以利用数字经济来实现区域创新绩效的提升；最后，这4种变量组合存在着相互替代的关系，例如Q1、Q2、Q3这3种方案中，R&D经费投入、产业结构、政府财政支持这3个变量可以相互替代，选择其中任意一个变量都能提高区域创新绩效，这使得不同的地区都能从自身情况出发，因地制宜选择最合适的创新绩效提升方案，从而产生同样的效果。

表6　　　　　　　　湖北省区域创新绩效提升的路径分析

变量	组态			
	Q1	Q2	Q3	Q4
R&D人力投入	●	●	●	●
R&D经费投入	·	○	○	·
产业结构	○	·	○	○
政府支持	○	○	·	○
对外开放度	○	○	○	·
数字化水平	·	·		
金融发展水平	○	○	○	·
原始覆盖率	0.276	0.307	0.299	0.186
唯一覆盖率	0.075	0.044	0.021	0.081
一致性	0.982	0.878	0.936	1
总体覆盖率	0.823			
总体一致性	0.927			

注：表中符号●代表核心条件存在，·代表辅助条件存在，○代表条件缺失。

六、结论以及启示

为了打破理论和实践之间的鸿沟，本文构建了湖北省创新绩效评价指标体系，并在此基础上，采用 fsQCA 来探究湖北省各地市区域创新绩效的提升路径。本文的研究结论如下：（1）湖北省的创新绩效整体呈现出不断上升的趋势，武汉市的创新绩效要远远高于湖北省内其他地级市；（2）提升湖北省市域水平创新绩效的路径共有 4 条（R&D 人力投入—R&D 经费投入—数字化水平；R&D 人力投入—产业结构—数字化水平；R&D 人力投入—政府支持—数字化水平；R&D 人力投入—R&D 经费投入—对外开放度—金融发展水平）；（3）高的 R&D 人力投入是提升湖北市域水平创新绩效的核心条件；（4）数字经济的发展能够改善部分地区的创新绩效；（5）不同的创新绩效提升路径之间存在着一定的替代关系。

本文的研究结果对于湖北省各地市如何因地制宜制定最合适的创新政策有一定的启示作用。首先，各地区的政策制定者应根据本地区现有的创新资源和创新环境，选择最合适的路径来提升创新绩效；其次，重视科研的人才投入，积极培育和吸引科研和创新人才，科研人才是无可替代的创新要素，是实现高质量创新成果的根本来源；最后，快速发展的数字经济为区域创新绩效的提升提供重要动力，在部分创新资源和创新环境相对缺乏的地区，鼓励和支持数字经济的发展可以弥补创新资源和创新环境缺乏的短板。

需要说明的是，随着国家创新中心体系的逐步建立与发展，一流的创新资源势必会向优势地区集聚，具有较好流动性的创新资源更为明显。一种观点认为"创新只是那几个城市的事情"，进而对部分创新资源和创新环境相对缺乏的地区表示担忧。然而，一方面，一些创新资源仍然根植于区域难以转移；另一方面，全民创新的热情可以遍地开花，而这种热情正是推动地区经济持续繁荣的关键所在。因此，湖北省及省内各地要因地制宜，参考 4 条创新绩效提升路径，量身定制、有效投入，最终促进湖北省整体创新绩效的提高，真正实现高质量发展。

报告撰稿人： 张司飞　武汉大学中国中部发展研究院副研究员、硕士研究生导师

李时起　武汉大学中国中部发展研究院硕士研究生

韩　笑　武汉大学中国中部发展研究院硕士研究生

湖北省推进"互联网+监管"创新发展研究

华中科技大学课题组

随着新一代信息通信技术的快速发展和广泛应用，政府部门开始将先进信息技术融入市场监管活动。2018 年 10 月 22 日，国务院常务会议提出要建设国家"互联网+监管"系统，促进政府监管规范化、精准化、智能化，并出台一系列文件推动"互联网+监管"向纵深发展。2018 年年底，国务院办公厅印发《关于加快"互联网+监管"系统建设和对接工作的通知》，正式启动全国"互联网+监管"系统建设工作。2019 年，国务院办公厅发布《关于进一步加快推进"互联网+监管"系统建设工作的通知》，同年国务院办公厅电子政务办公室印发《各省（自治区、直辖市）"互联网+监管"系统建设方案要点》《关于开展"互联网+监管"试点示范工作的通知》《关于做好"互联网+监管"系统建设工作的通知》等一系列文件，明确了省级"互联网+监管"系统的重点建设任务。随后，江苏和安徽两省率先出台"互联网+监管"系统建设方案，对监管事项进行梳理，建立监管事项清单，筹备市场监管数据中心等，四川、福建、广西、甘肃、江西、内蒙古等地也陆续启动"互联网+监管"系统相关建设工作。

为贯彻落实党中央、国务院创新监管理念和监管方式的精神，湖北省积极开展"互联网+监管"工作，目前已取得初步成效。例如，建成全国首家省级统一 12315 平台、"双随机一公开"实现省市县三级全覆盖、初步建立信用监管平台和机制、全省上线"互联网+监管"系统等。不过，与浙江、上海、广东等沿海发达省份相比，湖北省"互联网+监管"工作仍然存在一些差距。为推动湖北省"互联网+监管"改革尽早进入全国第一方阵，必须不断创新监管理念、方式、手段与机制，以"互联网+监管"系统建设为基础，以大数据、区块链、人工智能等新兴技术为监管手段，打造智能、精准、协同的"互联网+监管"体系。

一、当前湖北省"互联网+监管"建设成效

近年来，湖北省"互联网+监管"建设已经取得一系列成果。具体表现在以下方面。

（一）上线"互联网+监管"系统，逐步对接国家系统

2019年9月，湖北省"互联网+监管"系统上线试运行，与国家系统对接联通。2019年12月，系统正式上线运行。依托大数据信息技术，湖北省启动集信息查询、风险预警、协同监管、联合奖惩、效能监督和投诉举报等功能为一体的"互联网+监管"平台，大大提升了政府治理能力。第一，"互联网+监管"平台具有风险预警功能，它通过建立风险评估模型，对洗钱、偷税漏税、传销、骗税、危险品运输、非法医疗广告等行为进行风险预警，提高监管工作的预见性。第二，该平台可以根据市场主体的信用分级结果，确定抽查市场主体的比例和频次。第三，该平台为联合监管任务流转提供自动化、智能化通道，实现"一处发起、多方联动、联合监管"，对联合监管任务的流转、办理、结果全过程留痕，实现过程可追溯。与其他省区市"互联网+监管"系统相比，湖北省"互联网+监管"系统具有页面设置清晰、方便用户查找、登录方式多样、赋予用户更多选择权等优点。

（二）建成全国首个省级统一12315平台，实现投诉举报"12315"一号接诉

2019年11月15日，湖北省统一12315平台正式上线，新上线平台是一个多功能的综合信息服务平台。首先，它是一个集成服务平台。统

一12315平台整合了原工商12315、质检12365、食药12331、价监12358、知识产权12330五条投诉举报热线，集成咨询、投诉、举报和听取意见建议等多项服务功能，统一对外提供便民高效服务。消费者、经营者可以向该平台投诉举报食品药品安全、制假售假、价格违法等问题，寻求知识产权维权援助，咨询市场监管业务问题或反映其他有关诉求。用户只需要拨打12315一个号码，或登录12315一个平台就可完成所有工作。其次，它是一个系统联动的行政执法平台。依托这个平台，省、市、县市场监管局和基层市场监管所四级纵向联动开展市场监管、行政执法工作，同时依托全国12315平台，形成上下五级贯通的行政执法体系。再次，它也是一个智慧监管平台。统一12315平台是市场监管部门重要的信息汇集系统，它全面汇集消费者、经营者诉求信息，通过大数据监测分析系统为市场监管部门智能研判、风险预警、科学监管、精准执法提供有效依据。最后，它更是一个社会共治平台。12315平台和市场监管执法体系接收群众投诉举报，然后组织查处、惩戒消费侵权和市场违法行为，督促生产经营者落实法定义务和社会责任。通过12315社会化维权网络建设、发展ODR（在线纠纷处理）企业，该平台与消费者协会、相关监管部门共同构建纠纷多元化解机制，推动形成政府主导、部门协作、企业自治、行业自律、社会监督、消费者参与、信用约束为一体的协同共治格局。

（三）创设"八双五联"智慧监管模式，加强协同监管

2018年10月，湖北自由贸易试验区武汉片区建立的"八双五联"智慧监管模式在全省工商系统推广，以加快政府职能转变，优化营商环境。"八双五联"工作机制是一套信息化事中事后监管体系。"八双"是指双告知、双承诺、双反馈、双跟踪、双随机、双模式、双等级、双公示，"五联"是指信息联网、部门联动、监管联防、惩戒联合、督办联手。具体来说，"双告知"制度是指市场主体登记注册部门在办理登记注册时，告知市场主体申请人依法需办理的许可审批，并将相关信息告知相关行政许可审批部门和相应事中事后监管部门。"惩戒联合"是

以社会统一信用代码和居民身份证号为基础载体，推动失信企业及当事人的相关信息，在登记注册部门和各许可审批部门、监管部门间的无障碍推送，并据此依法实施联合惩戒。"八双五联"是湖北自由贸易试验区武汉片区全面深化"放管服"改革，探索市场监管体制机制创新，在推动智慧监管，提升精准监管与风险防控能力方面，形成的"互联网+监管"创新成果。

二、湖北省"互联网+监管"建设面临的困难及问题

虽然湖北省"互联网+监管"建设取得了一系列成就，但与沿海经济发达地区相比仍然存在一些差距，同时建设工作也面临一些困难和不足。

（一）"互联网+监管"系统数据整合难度大

国务院《关于加强和规范事中事后监管的指导意见》指出，国家"互联网+监管"系统联通汇聚全国信用信息共享平台、国家企业信用信息公示系统等重要监管平台数据，以及各级政府部门、社会投诉举报、第三方平台等数据，加强监管信息归集共享，将政府履职过程中形成的行政检查、行政处罚、行政强制等信息以及司法判决、违法失信、抽查抽检等信息进行关联整合，并归集到相关市场主体名下。然而，当前湖北省"互联网+监管"系统仍然没有完全实现数据整合。一方面，湖北省环境治理、安全生产、信用体系建设等多个领域的数据尚未完全导入"互联网+监管"系统中，监管数据有待整合。另一方面，区县级各业务部门监管系统尚未实现与"互联网+监管"系统的有效对接。湖北省主要采用在线录入的数据交换方式，系统间缺乏自动导入的接口，导致区县级涉及工商、质监、食药监等各业务部门监管系统尚未实现与"互联网+监管"系统的对接。

（二）监管数据覆盖面有限

当前市场监管数据面覆盖度不够高，数据量不够大，导致有效信息不足，难以满足市场监管工作需要。一是部分市场主体数据不够全面。市场监管部门不能实时掌握其经营状态，降低了监管的效率和质量。二是基层监管部门缺少新兴业态的市场主体数据，导致监管缺乏可靠依据。如"微商"作为电子商务领域新兴产业，进入门槛低，被众多主体采纳和使用，但是在"微商"迅猛发展的同时，其监管难题也随之凸显，部分"微商"没有注册营业执照，监管部门缺乏这类主体的数据，存在一定的"监管真空"。上述问题出现的主要原因在于政府部门之间、政府部门与第三方电商平台之间没有实现数据共享。湖北省市场监督管理局仅与阿里巴巴集团进行了合作，签署"红盾云桥"项目合作协议，与微信平台的合作尚未开展。

（三）大数据分析技术在基层监管中运用不足

在市场监管领域，国家和省级政府部门都将大数据分析技术作为市场监管的重要手段。然而，基层监管工作人员受自身知识背景和眼界所限，没有充分认识到大数据技术的重要性和实用性，在日常的市场监管工作中没有融入大数据监管的理念，也没有学习大数据应用系统的实际操作，甚至因商事制度改革带来传统监管方式的转变而显得"水土不服"，出现"本领恐慌"现象。例如，湖北省某地级市工商部门在2018年春节期间共接到12315投诉18件，其中关于会员预付卡的投诉就有5件，投诉热点显而易见。然而市场监管工作人员对大数据缺乏应有的敏感性，不知道该在什么方面、什么时候应用大数据，难以主动使用"互联网+监管"系统提供的丰富数据资源和技术，使得监管效果大打折扣。

（四）监管协同性不强

一是事前审批向事中事后监管转移的衔接不协调、不到位。行政审批部门推送的审批事项不能得到市场监管部门的及时回应，而一些监管部门反映行政审批部门推送的多为整体性、结论性信息，缺少流程性、专业性信息。同时，对于一些当前出现的新产业、新业态、新模式，行政审批和市场监管部门职能不明确，容易出现"监管真空"现象。例如，玻璃栈道、漂流、飞拉达、悬崖秋千等高风险项目近年来在湖北省大量涌现，但是行政审批和市场监管对这些新兴业务缺乏明晰的职责划分，存在监管盲点，安全隐患大。二是跨部门监管难以实现协同。市场监管领域的政府部门包括市场监管、发展改革、教育、公安、人力资源社会保障、地方金融监管局等 17 个部门。囿于各部门时间不一、人员数量等限制，多部门联合抽查的协调成本高、协调难度大、跨部门监管难以顺利实现。

（五）监管重点不明确

一是未能精准识别监管对象的不同风险水平，无法针对不同监管对象精准施策。由于市场主体数量多、监管手段相对落后，监管人员难以掌握每个市场主体的风险信息。当前"双随机、一公开"监管方式对特殊行业、领域及高风险市场主体缺乏针对性监管措施。二是部分监管部门在面对新产业、新业态、新模式时采取"一刀切"的监管方式。平台经济、数字经济、共享经济突破了传统行业的边界，带来一系列新的现象，部分行业或企业甚至处于现行法律的"灰色地带"。监管部门囿于传统理念，以"规范治理"为名义，限制上述新产业、新业态、新模式的发展，甚至采取"一棒子打死"的极端方式，这种监管方式看似规范了市场秩序，实则使得新业态错失了发展机遇。近年来，"新零售"这种以互联网为依托，通过人工智能、大数据先进技术重塑终端零售业的商业模式，通过对线上服务、线下体验、现代物流进行深度融合，以迎合新消费群体消费升级需求，但是针对该种新型销售方式的投诉在网络消费类投诉中的比重不断提高。针对这类被公众投诉的新业态，部分地区采取了"一棒子打死"的极端方式，遏制了这种新模式的发展。

（六）信用监管推进难度大

一是企业信用信息采集方式不够科学合理，信息真实性难以保证，进而导致信用积累、信用流失和信用能力分值不准确，影响最终的信用评定等级。二是企业信息采集不全，目前"互联网+监管"系统对企业的信用信息采集还只是停留在银行、工商行政管理、司法、质检、税务等领域，各部门掌握的企业信用信息只能反映该企业在各自领域的信用状况，无法体现企业的信用全貌。三是各部门没有实现信用信息共享。由于各部门在信息整合上存在着较大障碍，信用监管推进缓慢、效果不佳。一些企业在不同部门、不同领域的信用评级结果各不相同，甚至出现截然相反的结果，从而导致联合惩戒等机制难以落实。四是针对市场主体轻微以上、违法以下的行为，无法有效实施信用监管。由于行政处罚不适用于市场主体轻微以上、违法以下的失信行为，而湖北省目前主要以行政处罚信息作为信用评级的依据，信用监管对市场主体的上述行为缺乏约束力，一定程度上引发了市场主体"大错不犯、小错不断"的现象。

上述问题的成因有多方面。一是基层市场监管活动中智能化手段应用程度较低，现有的监管资源不能适应繁重的监管任务的需要。二是由于市场主体的信息尚未全面归集至"互联网+监管"系统中，监管部门未能全面掌握市场主体的风险信息，无法精准监测、评估市场主体风险状况并采取针对性的举措。三是联合监管时缺乏有效的信息沟通机制，部门间协同效果不佳。四是信用评级制度不完善，信用监管实施范围有限。

三、发达地区"互联网+监管"建设的成功经验

针对市场监管中存在的监管数据整合难度大、监管数据覆盖面有限、监管协同性较低等问题，广东、北京、浙江等经济发达地区都借助了互联网技术开展了积极探索。总体来看，各地区开展"互联网+监

管"建设经验可以归纳为精确制导式"靶向监管"、跨地区跨部门跨层级协同监管、统一平台—数字作业监管以及信用监管的"软硬约束两手抓"四个方面，并取得了显著成效。

(一) 精确制导式"靶向监管"

为提高市场监管的精准性，广东省深圳市推广企业"信用画像"技术并用于抽查监管，同时将企业画像手段应用于餐饮单位的监管。与深圳市开发独立的食品安全的"互联网+监管"系统相比，上海市则采用与第三方订餐平台合作方式，直接在原有企业平台上汇聚食品生产企业的全方位信息，形成企业"信用画像"。

广东省佛山市和四川省成都市将此手段推广至所有监管对象管理，通过梳理市场主体的特征标识，如经营特点、风险水平等，对监管对象进行标签化管理，打造企业多维画像。此外，成都市还实现了对市场主体的分级分类管理，建成行业监管、分类监管对象库；建立了百万户市场主体族谱关系数据网，从经营业态特征、投资特征、任职关系等多个维度实现更高层次的企业群体画像分析。

北京市着重建设企业监管风险画像，研发并试点应用市场监管风险洞察平台，可作为一整套风险定义、风险发现、风险识别、风险驱动的监管闭环应用工具，而且该平台也建有类似成都市的企业族谱关系图。

(二) 跨地区跨部门跨层级协同监管

为消除监管领域的"信息孤岛"和"信息烟囱"，四川省成都市建成数据互联互通的智慧监管平台。在纵向上，该平台不仅全面打通区、镇（街）、村（居）三级市场监管业务应用系统信息壁垒，实现了市内三级全覆盖，而且向上连接国家企业信用信息公示系统、信用中国（四川成都）数据库系统；在横向上，智慧监管平台与市公民信息库、市中级人民法院等系统共享数据资源，同时深度集成原工商、质监、食药等部门业务系统等大数据和专业类综合管理系统。

与成都市"互联网+监管"相比，浙江省的行政执法监管平台连接了更多业务系统。在纵向上，该平台向上连接国家"互联网+监管"系统，下联浙江省内"基层治理四平台"。在横向上，该平台不仅打通了省级其他统建共用平台（系统）、各部门自建业务应用系统、第三方平台，而且也深度融合"浙政钉""浙里办"。

在跨地区监管协同上，长三角地区、京津冀地区市场监管联动正逐步深化。上海市市场监管局牵头江苏、浙江和安徽三省成立专项联合执法行动小组，实行生产、流通、消费领域和药品等重点行业全链条查处和网络交易平台内外、线上线下全覆盖查处。京津冀地区的监管协同主要体现在信用共建方面，该地区正从信用信息共享、联合奖惩逐步扩展合作内容。

（三）统一平台——数字作业监管

广东省佛山市推行"一个平台管全程"，建成广东省首个突出业务融合、以综合监管为核心的智慧市场监管信息化平台。市场主体从登记成立、监督检查、服务指导到风险管理、注销退出的全生命周期监管，都可通过该平台实现。此外，佛山市还开发了移动监管助手，为现场执法人员实时留痕提供便利。

浙江省不仅在全省范围内推广应用行政执法监管平台，而且还为该平台配套了一个移动端应用——"浙政钉·掌上执法"系统。此外，浙江省也注重平台配套系统、相关规范建设。除作为"一掌"的全程电子化登记平台，浙江省还健全"五指"——市场监管数据资源中心、指挥调度中心，健全数字监管安全体系、标准体系和运维体系，构建更广泛的数字执法监管模式。

（四）信用监管的"软硬约束两手抓"

一些省份和城市非常重视利用"信用声誉的软约束+监管执法的硬约束"方式开展监管。

广东省深圳市上线了"企信惠"客户端。消费者可以利用客户端查询商户信用信息，对商户经营服务进行评价或投诉，该客户端也为商户提供了与消费者进行交流反馈的渠道。更重要的是，监管部门根据消费投诉大数据进行分析，及时关注投诉热点和商品消费焦点，提高商品质量抽检和执法的精准性。

浙江省将企业信用信息拓展至行政审批和市场监管领域，依托行政执法监管平台，对接企业信用信息系统和行政审批系统，开启"审批+监管+信用"无缝对接。其中，浙江省义乌市还开发信用监管系统和主体自治系统，创新构建信用监管12分制记分管理体系，将监管信用分与全市综合信用分挂钩。

四川省成都市也实现了信用积分管理平台与智慧监管平台互联互通，建立三张清单积分规则和智能积分模型，根据市场主体信用信息自动计算出其信用积分。在静态信用评价基础上，成都市还建立动态风险管理库，用登记事项、投诉举报、信用承诺管理等九大类多维度大数据风险分析模型，筛查出风险对象并自动预警。

四、湖北省推进"互联网+监管"创新发展的对策

通过借鉴浙江、上海、北京、成都等经济发达地区的市场监管经验，结合中央部署及湖北省在"互联网+监管"工作中面临的主要问题，建议湖北省监管工作以"互联网+监管"系统建设为抓手，实现智能监管、精准监管和协同监管，提升市场监管效能。

（一）加强系统数据整合与对接，完善"互联网+监管"系统

（1）整合现有监管数据，完善"互联网+监管"系统横向对接工作。一是推动环境治理、食品药品安全、消费安全、安全生产、信用体系建设等领域的数据汇总整合，以社会统一信用代码为标识码，将所有数据信息登记于市场主体名下，完善监管对象信息库。二是在工商、质监、食药监等各业务部门监管系统中设置在线录入、数报导入、数据接口和数据库交换等4种数据交换方式，满足各政府部门间信息共享的需求，实现"互联网+监管"系统横向对接。

（2）建设质量监管子系统。依托"互联网+监管"平台建设质量监管子系统。完善"互联网+监管"平台的产品质量评估功能，通过运用人工智能技术及相关算法，自动检索并精准甄别标准法规、产品信息、监管信息、媒体监督、网民评价等海量数据，相关数据汇集到质量监管子系统中，实现对企业和产品的精准"质量画像"。

（3）建设安全监管子系统。在"互联网+监管"平台上建设安全监管子系统。通过互联网、物联网、手工录入等多种方式实时汇集全省的食品、药品、工业产品和特种设备状态数据，基于人工智能技术开展即时监管。以电梯安全监管为例，在安全监管子系统上增设智慧电梯监管模块，与应急处置部门共享信息。通过互联网设备和人工智能技术，实时监控并动态分析乘客的动作画面，判定危险时自动发出警报，应急处置部门即时救援。

（二）开展无人化线上巡查和自动化线下执法，实施智能监管

（1）在"互联网+监管"平台开发远程监管系统，实现"在线巡查"。针对餐饮、化工、商贸流通等重点行业和领域的市场主体，通过摄像头、传感器等物联网设备实时采集图像、温度、湿度等数据并上传到远程监管系统中，利用大数据技术和人工智能技术对数据进行自动分析和智能预警。系统自动发送提醒短信给存在问题的市场主体或自动下发案件工单给监管人员，供其进一步处理。此外，系统对重复违规行为进行自动量罚，发送责令整改通知、处罚决定书至市场主体。

（2）移动监管任务自动生成，线下执法智能留痕。移动监管系统接收到双随机抽查、专项检查、日常巡查、举报投诉、转办交办协查或风险监测预警指令后，根据监管对象、监管事项，自动对照执法检查事项清单，自动配置相应检查表，生成任务并指派监管执法人员。执法人员在现场检查后系统自动生成检查记录，检查不通过时自动生成责令改正通知书，并同步更新相关信息至监管对象信息库和其他子系统中。

（三）通过全方位画像和风险动态分析，实施精准监管

（1）利用大数据技术对单个市场主体、行业的全方位画像。利用大数据技术，归集企业资质、证照、股权结构、企业招聘信息、政府采购信息、关联活动、舆情报道等海量信息，梳理提炼市场主体特征标识，反映监管对象服务经营的特点、规模、风险高低等情况，对单个市场主体进行"贴标""画像"。进一步建立市场主体族谱关系数据网，从经营业态特征、投资特征、任职关系等多个维度开展企业群体和行业画像分析。

（2）深入开展市场风险分析和预测。通过分析监管系统中市场主体经营活动、信用情况、行政执法结果等历史沉淀信息，结合法院判决数据、银行交易数据、第三方平台（淘宝、滴滴等）数据、消费投诉数据、关键词和网络舆情等相关数据建立市场主体风险预警模型，提取风险信号，感知风险态势，辅助监管部门决策。

（3）依托企业画像和市场风险分析，开展分级分类监管。根据不同画像特征和风险等级，采取不同措施。例如，将特征标识为风险较高的市场主体列为重点监管对象，自动推送到风险预警平台，纳入下次"双随机"检查名录，增加抽查比例和频次。而针对画像标识为风险较低的市场主体，则适当降低抽查比例和频次。

（四）加强联合监管信息互联互通，实施协同监管

（1）实施联合监管"首发响应"制度，实现对联合监管任务的迅速响应。首发部门在"互联网+监管"平台中的协同监管子系统发起联合监管邀约后，受邀部门必须在规定工作日内响应，确定检查事项及人员，没有正当理由不得拒绝或超时响应。无故超时或不接受响应的部门，一次将被通报批评，两次则取消该部门3个月内发起邀约的权利，三次则会上报有关部门追究其责任。

（2）编制联合执法"一张表"，实现联合监管信息实时共享共用。由牵头部门编制跨部门联合抽查事项"一张表"，明确抽查主体、抽查

对象、检查事项名称、执法依据等。所有监管部门同时在"一张表"在线记录检查过程，从而将所有过程性信息及结果性信息完整呈现在"一张表"上，实现监管信息的实时共享共用。

（五）实施信用监管全方位覆盖、自动化管理和便民化应用

（1）设立市场主体监管信用分，实现信用监管的全方位覆盖。首先，设立市场主体监管信用分，并制定监管信用分管理具体办法。其次，针对市场主体每次轻微以上、违法以下的尚未涉及行政处罚的失信行为，市场监管部门扣减其监管信用分，多次累计达到设定额度后调低市场主体的信用等级，如市场主体累计扣除监管信用分每满 12 分降一级。通过监管信用分覆盖市场主体违约失信行为并与信用评级挂钩，实现对市场主体的全面监管。

（2）加强联合奖惩全流程自动化管理。将"互联网+监管"平台的联合奖惩信息库信息自动推送到湖北省一体化在线政务服务平台和监管部门业务系统。湖北省一体化在线政务服务平台、监管部门业务系统对联合惩戒名单中的市场主体所办理的审批等事项进行自动限制处理，并将处理结果自动推送至"互联网+监管"平台，实现联合奖惩信息推送、实施以及反馈等全流程闭环的智能化管理。

（3）拓展信用信息便民化应用。委托第三方开发包含市场主体信用信息的移动 APP 或小程序并鼓励公众使用。公众使用智能手机即可实时查询市场主体的信用信息，并基于用户地理位置信息，向公众及时主动推送周边市场主体的信用信息，供其决策使用。

（本报告为湖北省政务管理办公室 2019 年度研究课题"湖北省'互联网+监管'研究"阶段性成果）

课题负责人：张　毅　华中科技大学公共管理学院常务副院长、教授、博士生导师

报告执笔人：王启飞　华中科技大学公共管理学院讲师、博士

课题组成员： 唐　娜　华中科技大学公共管理学院讲师、博士
王宇华　华中科技大学公共管理学院硕士生
黄　菊　华中科技大学公共管理学院硕士生

新冠肺炎疫情对湖北中小民营企业的影响：
基于武汉市企业调查问卷的分析报告

罗　知

为了解 2020 年武汉市中小民营经济整体运行情况，并为 2021 年政府制定各类惠企纾困政策提供依据，2021 年 1 月武汉市经济和信息化局与武汉大学中国新民营经济研究中心联合课题组在武汉市内开展了"武汉市企业 2020 年运行情况"问卷调查。此次调查共搜集有效企业问卷 2360 份，包括 89 家国有企业，2223 家民营企业和 48 家外资企业；农林牧渔业企业 82 家，制造业和建筑业企业 1298 家，服务业企业 1440 家（部分企业涉及多个业务板块）。调研报告将从企业运行情况、政策知晓率和知晓途径、政策获得率、政策便利率和影响获得感的原因、企业预期将面临的困难、对政策的期待、基本结论和政策建议七个部分展开分析。

一、样本分布情况

样本企业的行业分布情况如表 1 所示，其中信息传输、软件和信息技术服务业、电子信息业、批发零售业、装备制造业的企业最多，占比超过 55.84%。

企业的规模可以用营业收入和从业人数两个指标来衡量。企业营收的分布如表 2 所示，2020 年营收在 300 万元以内的企业占比为 46.99%。从业人员数的分布情况如表 3 所示。其中，20 人以内的微型企业有 1279 家，占比为 54.19%。

表1   样本的行业分布

行业	小计	行业	小计
农、林、牧、渔业	82	公用事业（水电气）	12
汽车及零部件	116	建筑业	189
钢铁	36	零售、批发业	275
石油化工	35	交通运输、仓储和邮政业	43
轻工	34	住宿和餐饮	29
电子信息	308	信息传输、软件和信息技术服务业	473
装备制造	262	金融业	17
能源及环保	100	房地产	21
生物医药	115	科学研究和技术创业业	103
食品及烟草	44	教育	56
纺织服装	47	文化、体育和娱乐业业	114
公用事业（水电气）	12	其他	309

表2   样本的营业收入分布

	小计
300 万元以内	1109
300 万~500 万元	274
500 万~1000 万元	227
1000 万~2000 万元	220
2000 万~1 亿元	363
1 亿~4 亿元	123
4 亿元以上	44

表3 样本的从业人数分布

	小计
20 人以内	1279
20 人~50 人	519
50 人~100 人	252
100 人~300 人	234
300 人~1000 人	63
1000 人以上	13

需要指出的是，本次调查问卷中的企业分布情况与武汉市企业整体分布有较大差异。武汉市制造业企业比重约为4%，而此次调研中该比重高达43.97%，规模以上企业在本次调查问卷中占比也远高于武汉市的总体情况。由于制造业和规模以上企业获得的优惠政策较服务业和规模以下企业更多，因此，本次调查结果整体上会高估政策的作用。

二、企业运营情况

1. 企业韧性大，恢复超预期

与2019年的营收相比，2020年33.16%的企业基本持平，25.01%的企业增加10%以上，下降超过50%的企业仅8.99%。其中，制造业中营收增长、持平和下降的比例分别为26.65%、33.97%和39.39%。服务业中营收增长、持平和下降的比例分别为23.46%、32.51%和44.04%。制造业的恢复略好于服务业（见表4）。

2. 不同行业中企业恢复情况存在较大差异

金融行业和农林牧渔业有超过4成的企业营收增长10%以上，科学研究和技术服务业、石油化工、钢铁、生物医药、电子信息、食品及烟草业中也有超过3成企业营收增长。但同时，住宿和餐饮业、教育业中有超过6成企业的营收下降，文化、体育和娱乐业、房地产业、食品及烟草业中有超过5成企业的营收下降。营收下滑超过5成的企业中

63.87%集中在信息传输、软件和信息技术服务业、批发零售业、文化体育娱乐业、教育业和科学研究及技术业。

表4　　　　与2019年相比，2020年企业营收的变化情况（%）

行　　业	增长10%及以上	基本持平	减少10%及以上
农林牧渔	41.25	26.25	32.5
汽车及零部件	30.27	32.11	37.62
钢铁	33.33	38.89	27.78
石油化工	35.29	29.41	35.29
轻工	24.24	27.27	48.48
电子信息	33.01	34.04	33.01
装备制造	26.78	34.31	38.91
能源及环保	28.42	33.68	37.9
生物医药	33.04	34.82	32.14
食品及烟草	30.95	16.67	52.38
纺织服装	13.04	41.30	45.65
公用事业	25	33.33	41.67
建筑业	17.65	36.36	46
零售批发业	16.91	44.85	38.24
交通运输仓储和邮政业	23.26	34.88	41.87
住宿和餐饮业	11.11	25.93	62.96
信息传输、软件和信息技术服务业	30.15	31.04	38.8
金融业	43.75	37.5	18.75
房地产	23.81	23.81	52.38
科学研究和技术服务	36.56	24.73	38.71
教育	14.29	23.21	62.5
文化、体育和娱乐业	17.43	25.69	56.88
其他	22.41	28.62	48.96

3. 规模越大的企业，恢复效果越佳

2020 年，营收在 300 万元以内的企业中，18% 的企业营收比 2019 年有所增加，34.9% 的企业持平，14.16% 的企业营收减少 5 成以上。营收在 300 万~2000 万元的企业中，30.93% 的企业营收增加，31.9% 的企业营收持平，营收减少超过 5 成的企业占比为 5.27%。

规模以下的制造业企业中，25.19% 的企业营收增加，34.4% 的企业持平，下降超过 5 成企业的达 8.95%。规模以上的制造业企业中，30.16% 的企业营收比 2019 年有所增加，32.92% 的企业营收持平，减少超过 5 成的仅 3.08%。

服务业内部的差距更大。营收不足 500 万元的企业中，有 20.24% 的企业较 2019 年营收增加，34.2% 持平，下降超过 5 成的达到 13.28%。营收超过 500 万元的企业中，32.26% 的企业营收较 2019 年增加，29.98% 持平，下降超 5 成的占 5.26%。

4. 企业预期普遍积极乐观

总体而言，有 57.19% 的企业预期 2021 年营收会比 2020 年有所提高，超过 10% 的企业甚至认为营收增幅将超过 5 成。33.6% 的企业预计 2021 年营收与 2020 年持平，仅 9.73% 的企业预计营收下降。制造业的情况更加乐观，有 62.6% 的企业预计 2021 年营收增加，28.46% 的企业持平。服务业中，有 54.22% 的企业预计 2021 年营收增加，36.88% 的企业持平。

三、政策知晓率和知晓途径

1. 政策总体知晓率超过 9 成

金融惠企政策、税收优惠政策、社保优惠政策、降成本及市场拓展政策的知晓率分别高达 91.5%、96.26%、95.64% 和 92.17%。且无论企业的规模大小、企业是属于制造业或是服务业，四类政策知晓率都超过 9 成。四类政策知晓率在规模以上制造业企业中表现尤为优秀，分别高达 98.15%、98.15%、99.69% 和 95.69%。

其中，武汉市中小企业纾困专项贷款政策、小规模纳税人增值税免征政策、社保（养老、失业、工伤）免征政策的知晓率都超过 8 成，医保减半征收政策和减免房租政策的知晓率超 7 成、企业所得税扣除、结转等优惠政策、延期缴纳税款政策、失业保险稳岗返还政策、减免水电气物流等费用政策的知晓率也超过 5 成。

2. 企业获取政策的主要途径是政府网站、微信和社会化服务机构平台

企业获取政策的主要来源是网络，有 76.06% 的企业从政府及部门官方网站获取信息，63.51% 的企业通过微信和微博获取信息，还有 58.66% 的企业通过园区、行业协会、创业平台、商会等社会化服务机构的平台获得信息。且大规模的企业（包括制造业和服务业）依赖以上三种途径获取政策的比重更高，选择政府网站、微信和社会化服务机构平台作为获取信息的主要途径的大规模企业占比分别超过 84%、65% 和 77%。虽然政府通过短信平台投放了大量的优惠政策宣传，但是宣传效果并不理想，仅 10.77% 的企业是从运营商短信平台得知政策。

四、政策获得率

1. 金融惠企政策获得率

金融惠企政策的整体获得率为 64.04%，其中 47.35% 的企业获得了中小企业纾困专项贷款，19.36% 的企业享受了降息政策，16.64% 企业获得了中小企业融资应急资金，12.42% 的企业获得了展期、无还本续贷等信贷支持。

虽然金融惠企政策的整体获得率较高，但是在规模越小的企业中，获得率越低。例如，中小企业纾困专项贷款政策，在 300 万元营收以内的企业中获得率是 35.56%，300 万~500 万元营收的企业中是 44.24%，在 500 万~2000 万元的企业中超过 5 成，而在超过 2000 万元营收的企业中接近 7 成。降息政策也是类似，营收不足 2000 万元的企业获得降息优惠的比重不超过 2 成，但是营收在 2000 万~1 亿元的企业中该比例

为 22.36%，超过 1 亿元的企业中该比例为 26.35%。

金融惠企政策获得率的差异不仅反映在企业规模上，也反映在行业类属上。制造业企业中，规上企业（2000 万元营收以上）获得中小企业纾困专项贷款的比重为 68.62%，规下企业为 47.06%。而在服务业企业中，规上企业（500 万元营收以上）获得纾困贷款的比重为 57.67%，规下企业仅 34.6%。

当然，也有例外的情况。展期和续贷政策、中小企业融资应急资金在小规模企业中获得率略高于大规模企业，这很可能与中国人民银行 6 月份针对小微贷款出台的专项政策相关。

2. 税收惠企政策获得率

税收惠企政策的获得率远高于金融政策。整体而言，有 86.52% 的企业都获得了税收政策的帮扶。其中，50.29% 的企业获得了小规模纳税人增值税减免政策，40.9% 的企业享受了所得税扣除、结转等优惠，34.27% 的企业延期缴纳税款，26.35% 的企业减免了房产税和城镇土地使用税。

不同规模的企业税收覆盖率都大于 8 成。1000 万元营收以下的企业，税收覆盖率都在 85% 左右，1000 万 ~ 2000 万元营收的企业，税收覆盖率为 88.04%，超过 2000 万元营收的企业，该比例高达 91.02%。

由于税收优惠政策有一定的限定条件，因此不同规模的企业享受的税收优惠有一定差异。小规模企业中覆盖面最广的三项政策分别是小规模纳税人增值税免征、企业所得税扣除结转等优惠、延期缴纳税款。大规模企业中覆盖面最广的三项政策则分别是企业所得税扣除结转等优惠、延期缴纳税款和减免房产税、城镇土地使用税。

制造业和服务业在税收优惠政策的获得率上并无显著差异，但在制造业内部和服务业内容仍然表现出企业规模导致的企业获得的税收优惠政策不同这一特征。

3. 社保优惠政策

社保优惠政策的整体享受率超过九成，高达 91.72%。覆盖率最高依次为社保（养老、失业、工伤）免征政策（79.57%）、医保减半征收（67.94%）、失业保险稳岗返还（45.75%）。制造业和服务业的企业在社保优惠政策的覆盖上几乎没有差异。

随着企业规模的增加，社保优惠政策的覆盖率仍然不断提升。在营收不足 300 万元的企业中，社保优惠政策覆盖率为 86.86%，营收在 300 万~500 万元的企业，其覆盖率为 92.82%。营收在 500 万~2000 万元的企业中，覆盖率超过 95%，而在营收超过 2000 万元的企业中，社保优惠政策的获得率超过 99%。

在制造业行业中，规模以下企业（2000 万元营收以下）在社保（养老、失业、工伤）免征政策、医保减半征收、失业保险稳岗返还、企业招聘、培训、实习等用工政策上的获得率低于规模以上制造业企业 13~26 个百分点。在服务业行业中，营收在 500 万元以下的企业获得社保（养老、失业、工伤）免征政策、医保减半征收、失业保险稳岗返还、企业招聘、培训、实习等用工优惠政策的比例低于 500 万元以上营收企业 11~22 个百分点。可以说，规模带来的社保优惠政策覆盖率的差异还是较为明显的。

4. 降成本及市场拓展政策

降成本及市场拓展政策的整体获得率为 80.28%，其中 58.52% 的企业获得了房租减免，36.76% 的企业减免水电气物流费用，24.61% 的企业享受了促消费政策，15.63% 的企业获得了政府提供的市场对接服务。

制造业企业和服务业企业获得的降成本和市场拓展政策类型存在一定差异。制造业企业在减免水、电、气、物流费用和市场对接服务政策的获得率上高于服务业企业，而服务业企业在房租减免和促消费政策上获益更多。

规模越小的企业享受房租减免的比重越高，300 万元营收以内的企业中享受了房租减免的比重达到 66.42%，而营收过亿元的企业中该比重为 33.54%。规模越大的企业减免水、电、气、物流费用的比重越高，营收过亿的企业中该比重为 66.22%。而营收不足 300 万元的企业中该比例为 29.60%。市场对接政策在营收过 4 亿元的企业中覆盖率最高，达到 42.5%，而在其他企业中覆盖率都不足 2 成。

五、政策便利度和影响获得感的原因

1. 政策便利度较高

四类惠企纾困政策的便利度都较高。对于金融惠企政策，企业选择非常便利或比较便利的比重为 78.37%，对于税收政策、社保政策、降成本及市场拓展政策，该比例分别为 89.99%、92.39% 和 82.82%。制造业企业和服务业企业在纾困政策便利度的感知上差异并不明显。

2. 规模越小的企业认为政策便利度越低

金融惠企政策上，小规模企业（300 万元营收以下）认为金融惠企政策非常便利的比重比中等规模企业（300 万~1 亿元营收）下降大约 10 个百分点，比大规模企业（1 亿元以上营收）下降 15 个百分点左右。小规模企业的税收优惠政策便利度，与中等规模、大规模企业相比均下降 5 个百分点左右。在社保政策上，小规模企业认为社保政策非常便利的比重相比中等规模企业下降 5~8 个百分点，比大规模企业下降 10 个百分点以上。但是在降成本及市场拓展政策上，小规模企业和其他企业差异不大。需要指出的是，对于从业人数超过 1000 人的企业，100% 的企业认为所有的惠企政策都非常便利。

3. 影响金融惠企政策获得感的因素

企业没有足够的抵押物（57.72%）、银行没有降低贷款门槛（40.54%）、小额信贷产品不灵活、贷款程序复杂（37.52%）是影响企业金融政策获得感的主要原因，且无论是制造业企业或是服务业企业，这些因素都是排名前三的原因。在企业规模上，小规模企业（包括制造业和服务业）选择自身资产负债率高、财务制度不健全是难以获得贷款原因的比例显著高于大规模企业 8~10 个百分点，而大规模企业选择"银企之间信息不对称"的比例高于小规模企业 5 个百分点左右。

4. 影响税收及其他惠企政策获得感的因素

企业认为没有获得税收及其他惠企政策的主要原因是：不在政策优惠的范围内（46.95%）、获取信息渠道不畅通，缺少政企沟通交流平台（37.03%）、缺乏政策匹配、找到合适企业政策的成本高（28.84%）、政策不明确、申请手续复杂，可操作性不强（24.34%）。还有22.07%的企业认为自己难以获得财税政策的优惠是"未缴税或未缴纳社保"。

当把企业分为制造业企业和服务业企业时，得到的结果非常类似。当把企业分为规模以上企业和规模以下企业时，不在政策优惠的范围内、获取信息渠道不畅通、缺少政企沟通交流平台、缺乏政策匹配、找到合适企业政策的成本高仍然是排名前五的因素。但是，规模以下企业中选择"未缴税或未缴纳社保"的比例分别上升到28.07%（制造业）和24.68%（服务业），而规模以上的企业中选择该选项的比重下降到10.15%（制造业）和10.76%（服务业），选择"不在政策优惠的范围内"则上升5个百分点左右。

六、惠企政策的优惠力度

1. 惠企政策的优惠力度

98.22%的企业认为各类惠企政策帮助企业降低了经营成本，其中55.41%的企业认为可以降低企业成本不到5个百分点，30.35%的企业认为节约了5%~10%的成本，还有12.46%的企业认为降成本的幅度超过10个百分点。

相比于制造业企业，服务业企业认为惠企政策的优惠力度更大。有31.53%的服务业企业认为节约了5%~10%的成本，有14.38%的企业认为成本降幅超过10个百分点，在制造业企业中，这两个比重分别为29.18%和10.3%。

小规模企业和大规模企业也有显著差异。规模越大的企业，认为降成本比重不足5个百分点的比重越高，例如1000万元营收以下的企业中该比例不超过60%，营收在1000万~1亿元和营收超过1亿元的企业中，该比例则分别超过6成和7成。规模越小的企业，认为降成本超过10个百分点的比重越高。例如，在营收小于300万元的企业中，该比例为16.98%，在营收大于1000万元小于1亿元的企业中，该比例不到10%，在营收大于1亿元的企业中，该比例只有6.75%。

2. 最有效的惠企政策

对于企业而言，帮助最大的惠企政策分别是：中小企业纾困专项贷款（60.12%）、社保减免政策（55.27%）、小规模纳税人增值税免征政策（42.95%）、减免房租政策（38.27%）和企业所得税政策（36.36%）、降息政策（29.51%）。

对于制造业企业而言，最具效果的政策也是以上几项，但相比于服务业企业，制造业企业选择中小企业纾困专项贷款、降息政策、加大信贷支持政策、展期、无还本续贷政策的比重明显增高。而服务业企业中选择小规模纳税人增值税免征政策、减免房租政策的比重显著增加。

对于不同规模的企业，最有效的惠企政策差异较大。在小规模制造业企业中，最有效的政策分别是中小企业纾困专项贷款（60.74%）、社保减免政策（47.95%）、小规模纳税人增值税免征政策（45.27%）和减免房租政策（37.6%）。在规模以上制造业中，最有效的政策分别是中小企业纾困专项贷款（74.46%）、社保减免政策（68.62%）、企业所得税政策（40%）和稳岗返还政策（34.15%）。而在小规模的服务业企业中，效果最佳的政策依次是小规模纳税人增值税免征政策（54.95%）、社保减免政策（51.25%）、中小企业纾困专项贷款（51.14%）、减免房租政策（46.46%）和企业所得税政策（35.8%）。在大规模的服务业企业中，效果最佳的政策依次是社保减免政策（67.05%）、中小企业纾困专项贷款（66.82%）、企业所得税政策（43.48%）、减免房租政策（38.22%）和小规模纳税人增值税免征政策（34.1%）。

总体而言，制造业企业更偏好金融纾困政策，而服务业企业更偏好财税政策，大规模企业更加偏好社保减免、所得税优惠和纾困贷款政策，而小企业更加偏好小规模纳税人增值税免征政策和房租减免政策。

七、企业面临的困难和对政策的期待

1. 企业预期 2021 年面临的主要困难

总体而言，企业认为 2021 年的主要困难在于：劳动用工成本大幅增长、生产经营成本上升（53.76%），疫情导致未来不确定性增大（43.66%），市场需求萎缩（41.74%），融资困难（31.55%）和税费负担较重（24.52%）。

制造业企业和服务业企业面临的困难也有一定差异。制造业企业选择用工成本增加、经营成本上升、税费负担较重的比例高于服务业企业，且有 21.86% 的制造业企业认为 2021 年拖欠应收账款将是企业面临的主要困难之一。服务业企业选择市场需求萎缩、疫情导致未来不确定性较大的比重较制造业显著增加。值得注意的是，无论是制造业企业还是服务业企业都有接近 2 成的企业认为招工难、缺乏高技术人才也是企业面临的主要困难。

规模不同的企业，面临的主要困难也有较大差异。规模以下的企业（制造业和服务业）比规模以上企业选择市场需求萎缩的比重分别增加 11.89% 和 13.97%。而规模以上企业比规模以下企业选择劳动用工等成本增加和疫情导致未来不确定性增大的比例均增加 5 个百分点左右。规模以上企业（制造业和服务业）比规模以下企业选择税费负担较重的比例分别增加 6.83% 和 12.86%。这说明，大企业更加担忧成本问题，而小企业更加担忧市场问题。

2. 企业对政策的期待

总体而言，企业最期待政府延续的政策包括：社保减免（69.07%）、中小企业纾困专项贷款（61.46%）、免征小规模纳税人增值税（43.52%）、加大信贷支持（36.54%）、展期和续贷（26.48%）、人才引进及招聘等用工政策（24.43%）。

虽然制造业企业和服务业企业最期待的政策也是以上 6 项，但是制造业企业中选择中小企业纾困专项贷款和加大信贷支持的比例高于服务业约 6 个百分点。而服务业企业中选择社保减免的企业比重高于服务业企业约 12 个百分点。

不同规模的企业差异则较大。规模以上的工业企业选择社保减免和中小企业纾困专项贷款的比重均高于规模以下工业企业 10 个百分点。有 45.53% 的规模以下制造业企业选择了免征小规模纳税人增值税政策，但是在规模以上制造业企业中该比例仅为 18.15%。规模以上制造业企业中选择用工政策的比例也高于规模以下制造业企业约 6 个百分点，且有 24.31% 的规上制造业企业希望政府能够出台创新研发及科技成果转化政策，在规下制造业企业中该比重仅为 17.9%。在服务业企业中，也表现出类似的特征，大规模服务业企业中更多的企业选择了中小企业纾困专项贷款政策、用工政策和创新研发及科技成果转化政策，而小规模服务业企业中更多的企业选择了免征小规模纳税人增值税政策。

八、基本结论和政策建议

1. 基本结论

武汉企业韧性十足，叠加政府的各项扶持政策，恢复情况远好于预期，且制造业的运行情况还略优于服务业，规模越大的企业运营越稳健。当然，也有部分行业受到新冠肺炎疫情的影响较大，营收下滑明显，主要集中在信息传输、软件和信息技术服务业、批发零售业、文化体育娱乐业、教育业和科学研究及技术业。

金融惠企政策、税收优惠政策、社保优惠政策、降成本及市场拓展政策的整体知晓率都超过 9 成，其中知晓率最高的是武汉市中小企业纾困专项贷款政策、小规模纳税人增值税免征政策、社保（养老、失业、工伤）免征政策、医保减半征收政策和减免房租政策。政策知晓率在不同规模、不同行业的企业中并未出现显著差异。

金融惠企政策的整体获得率超过 6 成，获得率最高的金融政策是武汉市中小企业纾困专项贷款，其次是各类降息政策。但是，小规模的企业获得金融优惠政策的比重远低于规模较大的企业，且服务业企业获得金融纾困政策的比重也低于制造业。企业没有足够的抵押物、银行没有降低贷款门槛、小额信贷产品不灵活、贷款程序复杂是影响企业金融政策获得感的主要原因。除此之外，自身资产负债率高、财务制度不健全是小规模企业难以获得贷款的重要原因。

税收惠企政策的整体获得率远超过85%，获得率最高的是小规模纳税人增值税减免政策。但是由于税收优惠政策有一定的限定条件，因此不同规模的企业享受的优惠政策有一定差异。小规模企业中覆盖面最广的三项政策分别是小规模纳税人增值税免征、企业所得税扣除结转等优惠、延期缴纳税款。大规模企业中覆盖面最广的三项政策则分别是企业所得税扣除结转等优惠、延期缴纳税款和减免房产税、城镇土地使用税。

社保优惠政策的整体享受率超过九成，覆盖率最高依次为社保（养老、失业、工伤）免征政策、医保减半征收和失业保险稳岗返还。制造业和服务业的企业在社保优惠政策的覆盖上几乎没有差异。规模越小的企业享受到社保优惠的比例越低，但是这很可能是部分小规模企业未缴税或未缴纳社保所导致的。

降成本及市场拓展政策的整体获得率为80.28%，覆盖率最高的是房租减免政策和减免水、电、气、物流费用政策。制造业企业在减免水、电、气、物流费用和市场对接服务政策的获得率上高于服务业企业，而服务业企业在房租减免和促消费政策上获益更多。规模越小的企业享受房租减免的比重越高，规模越大的企业减免水、电、气、物流费用的比重越高。

四类惠企纾困政策的便利度都较高，但是规模小的企业认为政策便利度不如规模大的企业。影响企业获得非金融惠企政策的主要原因是：企业不在政策优惠的范围内、获取信息渠道不畅通，缺少政企沟通交流平台、缺乏政策匹配、找到合适企业政策的成本高、政策不明确、申请手续复杂，可操作性不强。

98.22%的企业认为各类惠企政策帮助企业降低了经营成本。相比于制造业企业，服务业企业认为惠企政策的优惠力度更大。规模越小的企业中，各项惠企政策帮助企业降成本的比重越高。对于企业而言，对其帮助最大的惠企政策分别是：中小企业纾困专项贷款、社保减免政策、小规模纳税人增值税免征政策、减免房租政策和企业所得税政策、降息政策。制造业企业更偏好金融纾困政策，而服务业企业更偏好财税政策。大规模企业更加偏好社保减免、所得税优惠和纾困贷款政策，而小企业更加偏好小规模纳税人增值税免征政策和房租减免政策。

企业对2021年的预期普遍乐观，近6成企业认为2021年营收较2020年将有所增加，不到一成企业预计营收下降。但是企业仍然面临着一些困难，主要表现在：劳动用工成本大幅增长、生产经营成本上升、疫情导致未来不确定性增大、市场需求萎缩、融资困难和税费负担较重。且大企业更加担忧成本问题，而小企业更加担心市场问题。此外，无论是制造业企业还是服务业企业都有接近2成的企业认为未来存在招工难、缺乏高技术人才等问题。

2021年，企业最期待政府延续的政策包括：社保减免、中小企业纾困专项贷款、免征小规模纳税人增值税、加大信贷支持、展期和续贷、人才引进及招聘等用工政策。制造业企业更加看重信贷政策，而服务业企业更加期待社保减免政策。同时，很多规模较大的企业希望政府在用工政策和创新研发及科技成果转化上能对企业有所扶持，而小规模企业更希望延续免征小规模纳税人增值税政策。

2. 政策建议

2020年，受到新冠肺炎疫情的影响，武汉企业受到较大冲击。但是在中央和武汉市的多项惠企优惠政策的扶持下，企业的存活概率很高，经营情况也远好于疫情期间的预期。特别是超过98%的企业认为各项政策切实减轻了企业负担。虽然55.41%的企业认为政策优惠降低企业成本不足5个百分点，但是在中小企业、民营经济毛利润率本就不高的情况下，即使有5个点的成本降幅，对企业而言也是一笔较大的纯收入。而且，还有30.35%的企业认为降成本幅度在5%～10%，

12.46%的企业认为降成本的幅度超过10个百分点。可以说，政策优惠的力度是相当大的。

2021年，全球疫情形势还未得到有效控制，国内消费增长势头也并未完全恢复。从CPI的指标来看，剔除猪肉价格因素，经济甚至有可能面临通缩的风险，经济运行仍有较大不确定性。此外，调查问卷的结果显示出，无论是在政策的覆盖率、便利性上，规模越小的企业获得感越低，尤其是金融支持上，规模以下企业的获得率远低于规模以上的企业。而且，从企业对于2021年面临的主要困难预测和最期待的优惠政策来看，中小规模企业对于市场前景的担忧情绪是比较严重的。目前，社保减免、中小企业纾困专项贷款、免征小规模纳税人增值税等多项优惠政策陆续到期，这意味着中小企业在市场萎缩的情况下，成本会较2020年出现较大幅度的回升，再加上中小企业本就难以获得信贷支持，企业面临的困难可能并不比2020年少。因此，对于企业特别是中小企业的政策支持还需要适当延续。具体政策建议如下。

第一，加大力度开展常态化市场对接服务，帮助企业特别是中小民营企业用好本地市场、开拓国内市场。发挥政府采购政策功能，加大国有投资平台本地化采购及招投标力度。支持本地企业参与"两新一重"建设，承接武汉市资源、能源、电信、电力行业的竞争性业务、投资运营，大力鼓励民营企业参与医疗、教育、养老等领域的建设和运营。搭建重点产业民营企业产品、技术、人才信息平台。统一发布各类产品信息、科技成果信息、采购信息、技术咨询信息、人才招聘信息，加大企业间交流、降低企业搜索成本和信息成本。积极发挥各地商会在产品对接、市场对接、融资对接上的作用，助推企业扩展国内市场。

第二，紧抓"一带一路"建设机遇，与国外的经济组织、行业组织建立交流协作机制，为企业"走出去"牵线搭桥，帮助企业融入国际大循环。设立专项资金，支持产品有竞争力的中小民营企业参加亚欧博览会、东盟博览会、东北亚博览会等境外知名展会，积极组织各种境内外展会，帮助中小企业与境外企业相互了解、互通商贸、互相投资。支持企业"走出去"，为中小民营企业提供外贸咨询、外贸信息、外贸辅导、国别风险咨询、风险监测预警等服务。分国别建立市场化的跨境采购中心，聘请武汉籍的外商作为负责人，组织境外企业采购、企业境外市场考察、投资对接会、商贸对接会。积极申报国家市场采购贸易方式试点。让中小企业出口享受增值税免征不退、海关等口岸部门对出口货物实行按大类方式申报的便利通关等优惠措施，帮助中小企业提升出口能力、走向国际市场。

第三，分级分类出台企业金融支持政策。在财政资金允许的情况下，对符合条件的企业延长政府贴息时间。引导地方金融机构对于资产状况良好、负债率较低、公司治理结构较完善的企业加大信贷支持。对于规模较小的企业，通过建立中小企业融资增信机制，大力引进各种类金融机构，构建多层次的金融体系，帮助企业增信或获取直接融资。持续加大中小民营企业纾困基金、工业贷款风险金、转贷资金的规模，优化基金申请、审核、发放流程，提高财政类资金的使用效率。

第四，积极向中央政府争取税费减免政策。包括延长小规模纳税人增值税减免政策，延长水电气物流费用减免政策，延长房产税、城镇土地使用税减免政策，延长社保减免政策，帮助中小企业降低成本。

第五，加大对企业研发创新的支持力度，帮助企业提高核心竞争力，加快转型升级。加大对企业创新研发和科技成果转化的支持力度，制定中小企业核心创新计划、创新代金券等一系列支持中小企业创新的政策。建立一批中小企业公共技术服务平台，鼓励企业与各类研究机构、高校、科研院所开展全面合作，打通"产学研用金"创新链条。加强全市各区各类"双创"平台的分类指导和精准对接，激发企业创新活力。

第六，加大人才引进和招聘力度，解决企业高技术人才短缺、用工难等问题。破除体制机制障碍，探索建立吸引集聚海外顶尖人才团队的有效机制，引进一批创业人才、高层次科技人才和应用型技术人才，建立长效支持、竞争激励相容的人才培育机制。加大对人才招聘的投入，搭建线上供需对接平台，积极为用工单位和求职者提供完善的对接服务。加大对社会公益事业的建设投入，为人才和外来劳动力解决住房、教育、医疗等生活设施配套需求，切实改善企业用工环境。大力支持企业和职业教育学院创新人才培养模式，探讨职业教育校企一体化育人的多种方式，推进"订单式"培养、工学交替培养，联合培养"现代学徒制"，实现教育链和产业链的有机融合。

第七，加大力度清欠应收账款问题。地方政府和国有企业应带头清理拖欠中小企业的应收账款，加快中小企业资金回流速度。机关、事业单位和国有企业需严格执行《保障中小企业款项支付条例》，对于逾期尚未支付的案例进行公示，开展专项巡查工作，对直接负责的主管人员和其他直接责任人员依法给予处分。

撰稿人：罗　知　武汉大学中国新民营经济研究中心主任、教授、博士生导师

新冠肺炎疫情下的湖北医疗保障应对
与国际典型区域比较

武汉大学健康学院课题组

新型冠状病毒肺炎（后文简称"新冠肺炎"）疫情自被世界卫生组织宣布为国际关注的突发公共卫生事件以来，至 2021 年已有 200 多个国家和地区受到疫情影响。各国（地区）医疗保障体系在这一全球公共卫生应急事件中迎来考验。本文通过比较湖北与不同医疗保障制度国家（地区）在筹资结构、检测准入、支付项目、待遇水平等医疗保障环节应对的差异，总结国内、国际医保在疫情期的经验、作用、功能等方面的经验以及湖北省卫生应急体系治理策略，为医疗保障制度改革完善提供参考。

一、新冠肺炎疫情医疗保障应对背景

2020 年 1 月底，新冠肺炎疫情被世界卫生组织宣布为国际关注的突发公共卫生事件，湖北省医保体系率先开展应对措施。时值我国卫生体制改革进入复杂纵深发展的第 11 年，医疗保障制度既是牵动医药、医疗合力而动的中心环节，也是关乎群众获得感与认可感的终端保障。新冠肺炎疫情既为湖北省医保提出了特殊挑战，又带来了深度思索、砥砺前行的契机，体现了我国现有医疗保障制度的优越之处。同时疫情期医保负担问题、医保与财政给付共担问题、相关部门职责平衡问题也为湖北省医疗保障治理水平提出了更高的要求。

二、湖北医保对于新冠肺炎疫情应对措施

湖北省医保对新冠肺炎疫情的总体部署、层级落实的基本构建逻辑

为疫情期相关患者待遇、支付应急应对，以及公共卫生应急医保角度全链条参与治理，即个体应对与宏观治理两个层面的整合策略。

（一）相关患者的医疗保障

1. 针对新冠肺炎感染患者的兜底应对

（1）疫情医保应急投入上，医保经办机构向专职医疗机构预付了专项基金，专门用于新冠肺炎疫情的医疗救治。全国各级财政共安排疫情防控资金1624亿元，各地医保部门累计拨付资金193亿元，其中湖北省37亿元。（2）解除医保政策限制上，为缓解医疗机构垫资的压力，湖北省医保部门立即调整专职医疗机构的总额预算指标，对于新冠肺炎感染的患者医疗费用单独列预算，不占用当年的总额预算指标。（3）医保待遇范围确立上，确诊及疑似的感染患者按规定全部保障，财政综合兜底，确诊患者人均医疗费用约2.3万元，重症患者人均治疗费用超过15万元。（4）在支付项目上，符合新冠肺炎感染诊疗方案的药品和服务，临时性全部被纳入医保基金支付范围。（5）重大疫情医保制度化保证上，湖北省明确落实中共中央、国务院专门印发《关于深化医疗保障制度改革的意见》，在突发疫情等紧急情况时，确保医疗机构先救治、后收费。健全重大疫情医疗救治医保支付政策，完善异地就医直接结算制度，确保患者不因费用问题影响就医（见表1）。[1][2][3]

2. 新冠肺炎疫情期其他患者的医疗保障

（1）从减少流动所产生的传染风险上，湖北省医保局创新服务方式，特殊事项"便民办"、常规事项"不见面办"、非急事项"延期办"。（2）从提升患者就医可及上，医保、卫生部门联动实施"长处方"报销政策，各地尤其疫情严重的湖北地区已予以疫情期落实。（3）从优化非新冠肺炎患者就医用药服务上，疫情重点地区武汉扩大重症

---

[1] 国家医疗保障局 财政部关于做好新型冠状病毒感染的肺炎疫情医疗保障的通知，2020-01-23.

[2] 财政部 国家卫生健康委关于新型冠状病毒感染肺炎疫情防控有关经费保障政策的通知，2020-01-25.

[3] 中共中央 国务院关于深化医疗保障制度改革的意见，2020-03-05.

（慢病）药房范围，与卫生部门等搭建社区代购平台，探索微医互联用药报销形式。（4）从待遇调整上，湖北省将互联网诊疗费用纳入支付范围（见表1）。

表1　　　　　　　　针对新冠肺炎疫情期间患者的相关应对表

范围内容	针对新冠肺炎感染确诊患者的兜底应对	针对新冠肺炎疑似感染患者的兜底应对	针对新冠肺炎疫情期间其他患者的保障	相关部门
支付项目	核酸检测、CT检测、轻症治疗（方舱）、重症治疗（定点医院）、指南内药品	核酸检测、CT检测	互联网诊疗费用	国家、湖北省医保局
待遇范围	确诊患者	疑似患者	重症（慢病）	国家医保局
待遇水平	100%报销	医保支付66.6%，剩余部分财政适当补助	原待遇水平	国家医保局
其他服务	确诊的异地就医患者，先诊疗、后结算，不按转外就医处理、不降低医保报销比例		医保网络预审、社区代购，分区购药、申请缓缴医疗保险费等	武汉市医保局

　　湖北省新冠肺炎疫情期间兼顾个体应对与宏观治理两个层面的整合体现了医疗保障的基本履职性，"互联网+医保"服务的探索如武汉的"微医互联"对重症药房扩面、代购、支付进行一体化探索等疫情倒逼下的服务亮点，又为医保制度抓住契机，不断向优质高效发展提供了新思路。与此同时，新冠肺炎疫情覆盖面广，湖北省作为重疫情地区持续投入大，人均医疗费用高，医保基金负担疫情期激增；部分医疗机构对药品垫付负担重情况仍存在"链式拖欠"，对支付上下游产生联动影响；相应开拓的医保服务措施的管理成本持续上升；地方财政承担了防控疫情全国扩散重要财政责任。各级医保与各级财政在应急体系中平衡

性、共担的合理性以及区域间医保的平衡持续性乃至代际公平性影响都有待进一步探索。

(二) 湖北省医保参与公共卫生应急的全链治理

湖北省医保部门除了针对相关患者采取措施外，还形成了从市场准入、机构预支到物资供应、价格保障等的全链条应急治理措施，如表2所示。

表2　　　　湖北省医保参与公共卫生应急体系全链条应急治理措施

医保参与应急 链条服务端	相关内容
针对相关企业的市场准入端环节	开辟绿色通道：（1）对未在采购平台挂网的属于防治诊疗指南的药品，实行先挂网、后审核，供医疗机构及时采购；（2）采取先试用、后申报的办法，允许新医疗服务检测项目在医疗机构先使用，疫情解除后再按程序审核
针对医疗机构端的预支环节	对收治患者较多的医疗机构，由医保部门预付资金，减轻医疗机构垫付压力
针对物资供应端的信息整合环节	依托各医保药品挂网平台打造抗疫物资供应信息整合源，如建立集中采购平台并监测；建立医药企业库存药品报送机制，做好供需对接；收集医疗机构短缺信息，联系相关物资货源等
针对价格保障端的调控环节	密切关注救治药品耗材的市场价格和供应情况，对发现哄抬价格、操纵市场价格、价格欺诈等违法行为严肃查处
针对公共卫生风险控制端的目录环节	2020年1月起，含有濒危穿山甲成分的中药饮片不再纳入医保支付范围
针对复工复产保障环节	2020年2月起可对参保单位减半征收职工医保费，最长实施5个月为企业减负1500亿元

三、部分典型国家新冠肺炎疫情的医疗保障应对

(一) 新冠肺炎疫情医疗保障应对措施

综合考虑疫情发展程度阶段，兼顾全民医疗保障、社会医疗保障等

不同保障制度的典型类型，选取以下国家，搜集相关官方网站、权威性媒体、学术成果资料，进行新冠肺炎疫情发生发展期的医疗保障资金渠道、支付项目、待遇范围水平及准入条件的医疗保障元素比较分析。检测是所有能够及时救治的关口，也是后续费用的起点，因此将检测准入条件纳入分析，具体如表3所示。

表3　　　　　　　　　　部分国家新冠肺炎疫情医疗保障应对措施

国家	保障基金渠道	支付项目	待遇水平	准入限制	医保检测准入条件
美国①	国会审批新冠肺炎专项财政预算对部分险种、部分人群救治补助；Medicare、Medicaid等社会福利性质医保按比例报销检测治疗，专项预算补助自付部分；无保险人士根据《无保险人员免费检测法案》获得补助，政府表示将准备1000亿美元为无保险人士承担新冠肺炎治疗费用；各保险公司将免除投保人新冠肺炎检测和治疗的所有自付款部分，两大医保巨头Cigna与Humana承诺免除新冠肺炎治疗费用	经全科医生许可的检测费、各险种下合规的治疗费	全国的医疗中心和一些药店免费提供新冠肺炎检测。居家和非医院住院患者检测的名义标本收取费用为23.46美元；医院卫生协会的实验室采集样本的个人的名义标本收取费用为25.46美元；①Medicare为65岁以上老人报销检测费用；②Medicaid覆盖各州贫困线以内的低收入人群，检测和治疗费用由政府全额承担；③儿童保险计划（chip）支付儿童新冠患者全部检测治疗费用	全科医生允许；疑似新冠病毒的普通流感或其他疾病需依原待遇付相关费用	全科医生批准有发烧、咳嗽和呼吸困难等症状的患者接受核酸检测及后续治疗

---

①　美国疾病与预防控制中心 CDC。

续表

国家	保障基金渠道	支付项目	待遇水平	准入限制	医保检测准入条件
日本	新冠肺炎财政预算预备费、医疗保险基金	检测、治疗费	核酸检测（PCR法）费用最高为18000日元，国民医保报销70%，30%自付	全科医生允许。检测仅限于"归国者/接触者门诊"及同等标准的医疗机构	连续4日以上有感冒或发烧37.5℃以上或有强烈乏力感、呼吸困难症状。高龄或有基础疾病等持续2日以上
英国①②	国民医疗保险（NHS，主要来源于税收）	治疗、检测费	100%由国民医疗保险支付	定点医院医生允许	危重患者医院问诊，普通患者视频问诊，3月中旬开始拒绝轻症检测
德国	法定社会医保基金、联邦议院筹集专项基金	诊断开始到治疗结束的所有费用	100%由法定社会医保基金支付、联邦议院筹集专项基金补助；300欧元检测费由法定医保基金全额报销，财政另补贴使用ECMO的医院8000欧元/天。最大医保公司TK对自我怀疑检测的患者报销59欧元。包括TK、AOK在内的医保机构承担100%新冠肺炎医疗费用。设置取样检测中心、流动服务站	全科医生及卫生部允许；较重患者第一时间接入医院，轻症或疑似患者到街区普通诊所，无症状者由卫生部门对接告知前往各检测点检测。病人需出示诊所或家庭医生的入院建议单以被综合医院收治	有疫情高风险地区旅行史或密切接触史并伴有症状者对接地方卫生局，家庭及门诊医生根据罗伯特科赫研究所（RKI）诊疗标准和患者情况决定是否检测和居家隔离，无症状者由全科医生问诊后决定是否检测

---

① 英国卫生和社会保障部（DHSC）。

② BBC（英国广播公司）英政府将把新冠病毒病症"列为法定传染病"，2020-03-04.

续表

国家	保障基金渠道	支付项目	待遇水平	准入限制	医保检测准入条件
新加坡①	储蓄基金、财政专项预算	检测、治疗费	出现呼吸道症状的疑似患者可在定点诊所享用最基本的治疗和补贴。公民和永久居民付10新币、长者付5新币诊费，公共援助免费。持短期通行证的确诊外籍人士自费治疗，免费检测。执意出国返回后确诊新冠肺炎的新加坡居民自费治疗，且不能向保险公司报销	轻症患者对接全科医生在家休养；年长者、儿童和有其他并发症的病人可检测及进入新冠肺炎定点诊所	任何人有感冒类似症状都可去PHPC（公众健康预备诊所）就诊及申请检测
韩国②	国民医疗保险、财政专项补助。医保全额报销隔离、检测和治疗费用；财政报销公卫医生疫情监测工资、患者伙食费，照料新冠肺炎患者家属经济补贴（50万韩元封顶线）等，保险公司提供额外经济补偿	隔离、检测治疗费	国营医疗保险机构"国民健康保险公团"（NHIS）支付80%的治疗费，剩余20%费用由中央和地方政府分摊	主动要求检测，结果为阴性，费用自付	应测尽测
意大利	250亿欧元的财政特别款项，对公立医院预付拨款	隔离、检测治疗费	100%由财政特别款项支付	不给60岁以上患者插管，设定ICU年龄限制，优先救助"能活更长时间的人"	境内居民及游客出现呼吸道症状及体温37.5℃以上可由病毒检测中心进行干预

---

① 新加坡卫生部关于新冠肺炎患者在公立医院所产生的所有账单的报销声明，2020-02-29.

② 韩联社. 韩国免费检查治疗新冠病毒感染病症，2020-01-29.

续表

国家	保障基金渠道	支付项目	待遇水平	准入限制	医保检测准入条件
澳大利亚	财政全民医疗保险Medicare，主要来源于税收、财政专项支出。根据互惠医保协议（RHCA）对个人提供医疗保障，按原待遇支付，24亿澳元的专项财政支出兜底	检测、治疗费	100%由国民医疗保险支付、财政专项补助。核酸检测和治疗费用全免（包括外籍游客和无保险人士）	通过全科医生或急诊排队。有Medicare的澳洲人可享受远程问诊服务，所有费用政府承担	有症状或密切接触

（二） 国际疫情区域与湖北省医疗保障应对比较

（1）医疗保障支付项目有限，准入条件差异大。国外大多数国家医保支付内容只包含确诊患者的检测费用或治疗费用，少数国家包含有隔离期间产生的医疗和用药费用。虽然各国疫情发生、发展的阶段、严重程度不同，但检测关口的快速保障覆盖无疑是对后续疫情蔓延影响至关重要的环节。各国对于检测准入条件的差异，导致其医疗保障落实效率差异大。（2）医疗保障覆盖范围集中。从覆盖区域上，部分国家疫情期间医保政策未覆盖全国，只集中于某几个疫情相对严重的地区，在服务人群上，对于非新冠肺炎患者的医保角度相关服务暂未见同步提升的主动举措。（3）医疗保障公平性不足。多数国家虽然有对于疑似患者的检测费用或者确诊患者的治疗费用实行100%报销，但是并没有对所有的疑似或者确诊患者提供隔离、就诊、治疗期间的全部费用保障。按照罗尔斯《正义论》中对国家福利制度公平性讨论，制度之公平尤其要看其"最不利"人群保障程度。美国虽然随着疫情发展追加了财政应急资金予以救治保障，但现行垫付、检测准入限制等让弱势群体及时有效得到检测、救治在实际操作中依然存在阻滞。（4）缺少全医保服务全链覆盖参与公共卫生应急的体系化策略。大部分国家医疗保障服务都只起到单一作用，并没有形成医保从各个角度参与的全链条治理。

（5）疫情医疗保障共担趋势显现。不同国家虽分属于不同政治环境、文化伦理背景下的医保制度，但从表3可见，韩国、意大利等疫情严重国都选取了医保支付基本医疗费用，财政兜底的共担形式，美国在强制性检测机构推动上，鼓励更多私立机构在技术和科研资金上的投入，并在政府各级财政、患者、第三方商险共付的医疗保险计划如 Medicare，其待遇仍延续之前严格的费用分层、支付比例，由指定商险公司、患者共付，自付部分经商险审核，按照患者实际经济情况，政府给予补助。韩国、德国也都引入了第三方商险机构参与管理与共付，并细分新冠肺炎产生的个体直接、间接费用类目予以部分承担，德国除法定社会医保基金、联邦议院筹集专项基金外，TK、AOK 等专门医保机构除承担100%新冠肺炎直接医疗费用，对自我怀疑检测的患者另设部分报销（59欧元）分类支付策略，各方对于公共卫生应急医保共担以及精细化支付的意识明确。

四、湖北省公共卫生应急医疗保障策略总结及优化建议

（一）平衡发挥医疗保障功能，探索应急共担机制

医疗保障工作应持续覆盖公共卫生应急体系全链，此次疫情凸显其支付功能与服务功能。但作为医疗保障业务部门，疫情期间医保与财政及其他渠道资金共担的合理性、平衡性，将会对医保基金代价公平和区域公平造成重大影响。公共卫生应急事件属于社会治理范畴，依赖于多渠道、多层级资金支撑、多方责任共同承担。正如市场机制应该在资源配置上发挥决定性作用，公共卫生应急体系建设上应引入社会治理理念，让社群机制在公共卫生应急事件中发挥基础性作用，联结共同体，通过价值观凝聚和社会规范建立，以持续性合作的方式，实现对所涉政治社会经济文化事务的治理，社会各部门加以有效协调，平等对话协调最终实现公共利益最大化的过程，尽快恢复新常态。疫情中湖北省地区企业、社会自治组织都起到了人、财、物极重要的补充作用，形成了多

方治理公共卫生应急事件的典范。此种典范模式应以法制化、规范化、常态化的多方治理机制来确定，应以此次中国的优势经验，探索公共卫生应急多方共担的可能性。①

（二）精细管理医保基金，提升应急应对效率

公共卫生应急基金包括湖北省财政专项支出、针对重点地区的政策优惠及红利、医保基金，以上共同构成应急基金池，其中直接与检测、救治挂钩的医保基金的精细化管理和有效利用，不仅对于突发公共卫生应急的及时保障、防控效果有着重要影响，更是释放制度优势、政策红利和体现治理效能的重要途径。医疗保障制度的精细化管理缺位是长期横亘在若干探索积淀与真正实现医保价值购买、医保治理提质增效之间必须逾越的阻滞②。基于不同保障制度类型国家分析，精细化管理虽易于在商业医疗保险机制土壤中复合发展，但仍能提取其中能借鉴的路径模式。无论是应急期或防控常态期，湖北省医保精细化管理的理念基础始终是与国家经济发展水平挂钩、与国家商业医疗及保险格局重塑现实挂钩、与流行病学趋势挂钩、与精算反馈的动态技术支撑挂钩、与参保患者的医疗需要与偏好的细致区分挂钩，实现规范性与创新性相结合，为建设和完善精准、高效的医保智能监控平台，持续推进客观、公正、优质的医疗服务精细化管理奠定良好的基础③④⑤。进一步夯实此次积累的经验、机制，发挥多种类型医保基金、险种功能，将对提升公共卫生事件应急效率、加快医疗保障制度改革步伐起到重要作用。

---

① 王旭. 分清角色 相互衔接——突发公共卫生事件与医疗保险关系的思考 [J]. 中国社会保障，2003（9）：22.

② 张承勇. 建设全民医疗保障体系思考 [J]. 中国人力资源社会保障，2009（9）：36-37.

③ 顾霞美. 政府运用商业责任保险管理公共事务的历程、问题与策略 [D]. 武汉：华中师范大学，2015.

④ 杨璐瑛，孙云岚，沈晓文，等. 2013—2017 年无锡市梁溪区学校突发公共卫生事件流行病学分析 [J]. 中国校医，2018，32（11）：843-844.

⑤ 王琬. 浅析医疗保险治理的逻辑基础 [J]. 江汉论坛，2010（7）：121-125.

（三）更加注重法规先行，夯实应急法治保障

基于国情、文化等因素，国际社会针对突发公共卫生安全事件的抗疫表现存在差异，然而针对医疗保障支付渠道的保障，多数国家都较早较快予以了法律支撑。日本、韩国在传染病防治法中都明确特定传染病医疗费用由财政全额或部分负担，在法案及时调整上走在了世界的前列。早在 2020 年 1 月 27 日，日本《感染症法》中便把新冠病毒引发病症认定为"指定感染症"，这意味着任何国籍感染者的医疗费用将由日本政府承担，并于 2 月起正式实施[①]；2020 年 2 月 26 日，韩国国会表决通过包括《传染病防治管理法》《检疫法》和《医疗法》在内的三项法案修订案[②]。2020 年 3 月 5 日美国参议院表决通过《紧急资金法案》，批准拨款 83 亿美元（约合人民币 574.7 亿元）用于应对新冠肺炎疫情，随后又宣布联邦政府将启动 500 亿美元的紧急资金储备，为新冠肺炎疫情的预防和治疗予以了法律的保障[③]。同时，德国、俄罗斯等国明确规定特定传染病医疗费用由医保承担，而澳大利亚等全民医疗保障制度国家也早在"互惠医保协议"等法规、协议中明确了公共卫生服务支付的原则和细则。

我国的《传染病防治法》中规定国家对患有特定传染病的困难人群实行医疗救助与减免，但并未涉及普通患病人群医疗报销费用。现行《社会保险法》中对基本医疗保险有 10 条原则性规范。相对于曾经的 SARS 等公共卫生应急事件，此次新冠肺炎疫情期间，国家和省级部门发布的各项具体法规积极介入到了医药供应、价格监测各环节，形成了应急全链指导，对若干关键环节予以了规范。因此在疫情防控上，须继续强调法律先行的基础，及时控制和缓解突发公共卫生事件的危害。使

---

① 新冠病毒病症认定为日本《感染症法》中的"指定感染症" [N]. 东京日报，2020-01-27.

② 韩联社. 韩国新冠病毒感染 1261 例，国会紧急修订三项法案，2020-02-26.

③ 美国国会宣布紧急资金法案，2020-03-05.

得救治无后顾之忧、法治始终扣环、顶层设计统筹整体、应对更明确有序。[①] 我国相关部门已着手以此次新冠肺炎疫情为契机，吸取国际法案在疫情期间的修订和应用经验，及时推动基本医疗保障制度立法工作。湖北省相关部门可依据国家法规，完善细化地方公共卫生应急体系有关法规，为防控突发疫情提供司法保障，进一步提升防疫应对能力，完善公共卫生应急体系建设，推进地方医疗保障制度的深化。

课题负责人：张欲晓　武汉大学健康学院副研究员 博士、博士后
课题组成员：淦思雨　程　蕾　张宇昂

---

① 付子堂. 非典危机与突发公共卫生事件应急法律制度 ［J］. 西南政法大学学报, 2003，5（4）：3-11.

新冠肺炎疫情对湖北省级股权引导基金
参股子基金投资企业的影响及对策研究

湖北省高新产业投资集团有限公司课题组

2020 年春节前后暴发的新型冠状病毒肺炎（后文简称"新冠肺炎"）疫情，对湖北区域乃至全国的经济社会发展都提出了严峻挑战。虽然此次疫情不会影响湖北省经济长期向好的基本面，但如何积极应对此次疫情的短期冲击和结构性影响，以及对部分行业产生的长远性影响值得深思与研究。

为全面了解本次新冠肺炎疫情对省级股权引导基金各参股基金投资企业的影响，进一步服务企业稳健发展，湖北高投集团召集参股子基金进行了为期 2 天的"抗击疫情 共谋发展"座谈会，并向投资企业发放了"投资企业疫情影响情况及发展需求调查"电子问卷。公司组织专班对调研问卷进行了统计分析，梳理了投资企业受疫情影响的基本情况，总结了企业疫后恢复发展面临的主要困难和需求，并就进一步发挥省级股权引导基金的作用，加快促进投资企业疫后恢复发展提出了相关建议。

一、调研企业基本情况

1. 调研企业地域分布情况

本次调研共发出调查问卷 349 份，共回收企业有效问卷 296 份，回收率 85%，基本反映了参股基金投资企业的总体情况。在回复问卷的 296 家企业（以下简称"调研企业"）中，湖北省内企业 221 家，占比

74.7%；湖北省外企业 75 家，占比 25.3%。湖北省内企业中，武汉市 109 家，占比 36.8%；武汉市外 112 家，占比 37.8%。99%的调研企业为民营企业，如图 1 所示。

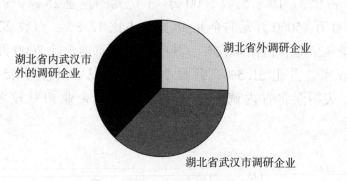

图 1　调研企业地域分布情况

2. 调研企业行业分布情况

本次调研企业行业分布基本涵盖了智能制造、新一代信息技术、航空航天、生物医药等湖北省重点发展的十大重点产业，其中新一代信息领域共有 62 家企业参与调研，占比 21%；生物医药及新能源新材料领域各有 47 家参与调研，占比 16%；智能制造领域有 41 家，占比 14%，

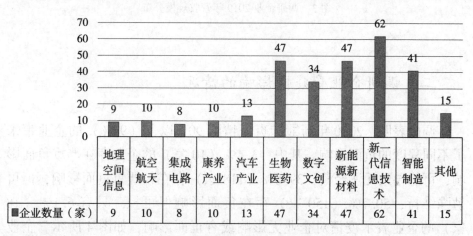

图 2　调研企业行业分布情况

如图 2 所示。

3. 调研企业规模分布情况

从企业规模结构看，调研企业中，2019 年营收 1 亿元以上的企业 110 家，占比 37.1%；营收 5000 万~1 亿元的企业 25 家，占比 8.4%；营收 2000 万~5000 万元的企业 38 家，占比 12.8%；营收 2000 万元以下的企业 123 家，占比 41.6%。其中，湖北省内营收 2000 万元以上的企业 136 家，占比 61.5%；营收 2000 万元以下的企业 85 家，占比 38.4%，表明湖北省内调研企业中规模较大企业相对较多，如图 3 所示。

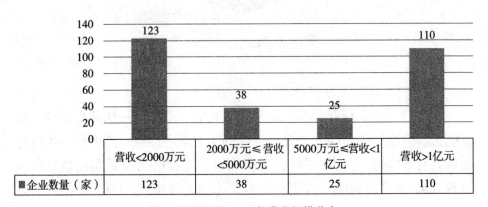

	营收<2000万元	2000万元≤营收<5000万元	5000万元≤营收<1亿元	营收>1亿元
企业数量（家）	123	38	25	110

图 3　调研企业 2019 年营收规模分布

二、调研企业受疫情影响的情况

调研表明，2020 年新冠肺炎疫情给 90% 以上（94%）的企业带来了不同程度的负面影响。其中，3.4%（10 家）的企业存在严重负面影响，可能导致无法经营；39.8%（118 家）存在较严重负面影响，但可勉强维持；50.7%（150 家）存在负面影响但可控。只有 6.1%（18 家）的企业表示疫情对企业无影响或有正面影响，如图 4 所示。企业受疫情影响有如下特点。

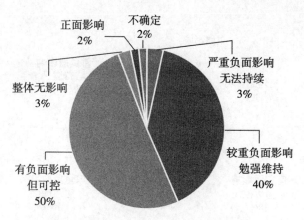

图 4　疫情对调研企业生产经营影响评估

1. 从疫情影响程度看，湖北省内企业较省外企业高两成左右

调查显示，46.2%（102 家）的湖北省内企业认为，疫情对企业"存在较重负面影响，可勉强维持"；2.4%（7 家）的省内企业认为，疫情"存在严重负面影响，将导致企业无法经营"。选择疫情"影响可控、基本无影响或正面影响"等乐观性指标的比例仅为 51.4%。相比而言，省外企业中选择乐观性指标的比例，则达到了 74.6%（56 家），两者相差近 20 个百分点。其中，14.7%（11 家）的省外企业认为疫情对企业发展"无影响或有正面影响"，而省内企业选择的比例仅为 3.2%。

调研中，企业对 2020 年经济效益进行了预测。其中，67.4%（149家）的湖北企业预计 2020 年营收较上年度可能实现"正增长或基本持平"，而省外企业持此判断的比例则达到了 90.6%（68 家），两者相差达 23 个百分点。湖北省内企业受疫情影响程度较省外被投企业明显偏大，如图 5 至图 7 所示。

2. 从不同行业影响看，生物医药等行业影响相对较小，供应链、终端需求依存度高的行业领域影响较大

湖北省内企业中，传统优势行业受疫情影响相对较小。这些行业中，认为疫情"影响可控、基本无影响或正面影响"的企业超过 50%。

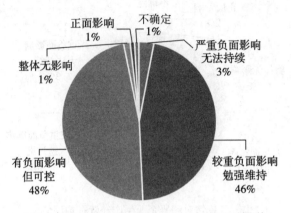

图 5　疫情对湖北省调研企业生产经营影响评估

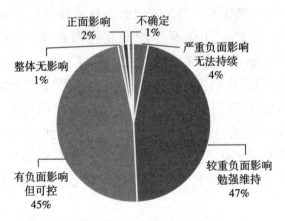

图 6　疫情对武汉市调研企业生产经营影响评估

　　其中，生物医药领域的企业占 72.7%、新能源新材料领域的企业占 57.1%、航空航天领域的企业占 55.5%、新一代信息技术领域的企业占 52.5%，部分生物医药企业还认为疫情可能对企业长期发展有正面促进作用。同时，这类企业对 2020 年经济效益表示了良好预期。调查显示，航空航天和生物医药领域调研企业中，分别仅有 11.1%、18.2% 的企业预计营收较上年将出现明显下滑。

　　此外，疫情对原材料及零配件、终端市场需求、劳动力依存度较高

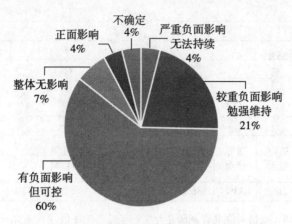

图 7　疫情对湖北省外调研企业生产经营影响评估

行业的负面影响则明显较大。汽车行业、数字文创（现代服务）等领域中，选择"影响可控、基本无影响或正面影响"等乐观性指标的企业占比分别仅为 36.3%、30.4%。其中，45.5% 的汽车企业、47.8% 的数字文创企业预计营收等经济指标将出现不同程度下滑，其比例明显高于生物医药、航空航天、新一代信息技术等领域，如图 8 所示。主要原因包括：无法复工、配套零部件运输受阻，原有订单无法正常交付；受终端消费市场影响，线下消费项目无法正常开展；部分现代服务业产品及服务因疫情遭受"地域歧视"等。

3. 从企业风险看，规模小的企业受疫情影响更大、企业风险更高

在受疫情影响程度大的企业中，中小企业的比重明显较高。调查中，选择疫情"存在严重负面影响，无法持续经营"的 10 家调研企业，年收入均未超过 5000 万元；选择"存在较严重负面影响，可勉强维持"的 118 家调研企业中，61.9%（73 家）的营收规模未超过 5000 万元。调查显示，省内 2019 年营收规模在 2000 万元以下的被调研企业（85 家）中，54.1%（46 家）的企业表示，"存在较严重负面影响，可勉强维持"或"无法经营"。

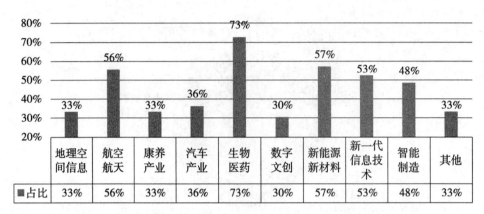

图8 疫情对湖北省调研企业生产经营影响评估（行业分析）
（认为本次疫情"影响可控、基本无影响或正面影响"占比情况）

有一定规模实力的企业具有相对较高的抗风险能力。调查显示，在110家上年度营收规模超1亿元的企业中，70%（77家）认为疫情对企业"影响可控、无影响或正面影响"，仅有30%（33家）选择疫情"存在较严重负面影响，可勉强维持"，无一家表示因疫情影响将导致"无法经营"如图9所示。

4. 从预期经济效益看，企业增长面收窄近30个百分点，但仍有70%左右的企业将保持增长或持平

2019年，调研企业累计实现营业收入约600亿元，实现净利润近50亿元。调查中，98%（290家）的调研企业表示，如无疫情影响，预计2020年企业营业收入将较上年实现正增长或基本持平。其中，34.5%（102家）的企业预计增幅达50%以上，28.4%（84家）的企业预计增幅20%~50%，35.1%（104家）的企业预计增幅20%以下或持平。仅有2%（6家）的企业预计较2019年将有所下滑。

疫情发生后，仅73.3%（217家）的企业预计2020年营业收入较上年将实现正增长或基本持平，预期增长的企业数量下滑25个百分点。其中，19.9%（59家）的企业预计增幅50%以上，下滑近15个百分点；10.5%（31家）的企业预计增幅20%~50%，下滑18个百分点；

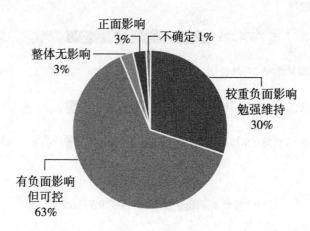

图9　2019年度营收超过1亿元调研企业生产经营影响评估

42.6%（127家）的企业预计增幅20%以下或持平。另有26.7%（79家）的企业预计较2019年将有所下滑，增加25个百分点。其中，14.9%（44家）的企业预计下滑幅度在20%以下，9.5%（28家）的企业下滑20%~50%，2.4%（7家）的企业下滑50%以上。湖北省内企业增长下滑更为明显，调查显示，仅67.4%（149家）的企业预计2020年收入较上年将实现正增长或持平。

利润方面。如未发生疫情，95.3%的（282家）企业预计2020年净利润较上年将实现增长或基本持平。受疫情影响，仅71.6%的（212家）企业做出同等预测，预期增长的企业数量下降了24个百分点。湖北省内企业中，如无疫情影响，95.9%（212家）的企业预计2020年净利润较上年将实现正增长或持平；疫情发生后，做此预测的企业仅占66.1%（146家），下降了近30个百分点，如图10、图11所示。

5. 从社会责任看，企业预期就业、税收等贡献明显下降，研发投入、出口创汇受到一定影响

调查显示，2019年湖北调研企业累计纳税超14亿元。疫情发生后，25.3%的湖北企业预计2020年纳税将会出现明显降低。用工方面，2019年湖北调研企业累计提供就业超过5万人次，疫情发生后，已有

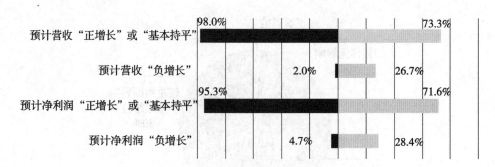

图 10　疫情对调研企业预计营收和净利润的影响

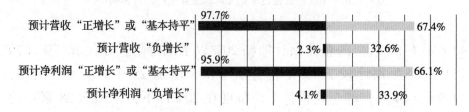

图 11　疫情发生对调研湖北省内企业预计营收和净利润的影响

超过 15% 的企业表示将有明确的"减少招工""裁员"计划。

研发投入方面。2019 年，湖北调研企业累计研发投入近 18 亿元，平均研发投入占收入比重约 3.8%。疫情发生后，55.6%（123 家）的调研企业预计 2020 年的研发投入较上年不会增长或将有所下降，其中，11.8%（26 家）的预计研发投入会有明显下降，主要集中在智能制造、新一代信息技术等领域。

出口创汇方面。76% 的企业预计海外出口额将出现不同程度的下滑，主要集中在欧美、日本等地。

6. 从经营管理看，企业经营理念将发生一系列变化，但主要经营策略和发展方向不受大的影响

调研企业表示，本次疫情是一次对企业自身反应速度、应变能

力、经营模式韧性等抗风险能力的综合考验。疫情过后，企业将更清楚地了解自身在应对外部变化、市场竞争环境下的不足和改进优化的方向。调查中，98%（290家）的企业表示将在经营理念、工作方式上有所改变。其中，60%以上的企业"将加强企业安全和应急管理能力的提升"，48%的企业"将进一步注重提高员工健康保障水平"；55%的企业表示"将增强线上办公方式"，42%的企业"将加大线上业务开发"；48%的企业"将加强客户黏性的重视与培养"等，如图12所示。

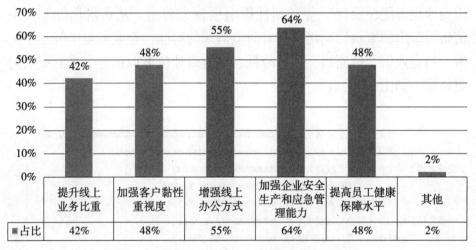

	提升线上业务比重	加强客户黏性重视度	增强线上办公方式	加强企业安全生产和应急管理能力	提高员工健康保障水平	其他
占比	42%	48%	55%	64%	48%	2%

图12　疫情对调研企业经营理念和方式的影响

　　同时，绝大多数调研企业表示疫情不会影响企业本身既有的经营策略和发展方向。调查企业中，仅有49家（16%）企业可能会对企业未来发展方向进行重大调整，其余多数企业都计划采取一系列措施来保障企业持续运营，包括进一步开源节流，及时回笼资金、去库存；加速现有业务与互联网及5G的融合，构建智能化、数字化体系；加深产业合作，争取参与"新基建"类项目等。

三、企业疫后恢复面临的主要困难和需求

1. 疫情防控对企业的直接影响较为共性、突出

调研表明，疫情防控带来的直接影响是当前企业面临的共性问题。其中，影响最突出的几个方面："延迟复工、人工成本、房租水电空转"占77%，"交通物流受阻导致的原材料供应不足、产品供销不畅"占49%，"防疫成本增加对企业现金流造成较大负担"占41.2%。同时，"资金链、现金流断裂""合同和订单违约"以及"下游客户的供应商地位可能被取代"等长期性影响也较为普遍。从影响周期看，疫情防控带来的直接影响将会随着防范措施的解除、企业的复工等逐步化解，但企业资金链断裂、出口降低、供应商地位被取代等带来的影响则更长远，如图13所示。

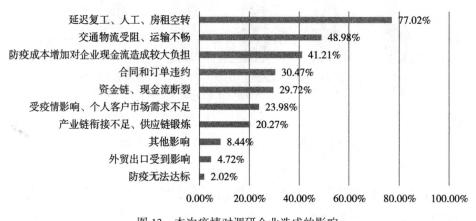

图13　本次疫情对调研企业造成的影响

2. 企业现金流明显紧张，对外融资难、需求紧

一是企业现金流受影响严重，需外部资金支持。90%的湖北省内企业反映，企业现金流出现不同程度的"紧张"。其中，26%的企业"资金极度紧张"，44%的企业"短期现金流大幅恶化、需外部支持"，企

业融资需求迫切，如图 14 所示。调研武汉企业资金需求状况如图 15 所示。

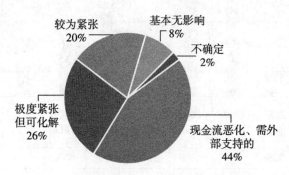

图 14　调研湖北省内企业资金需求状况

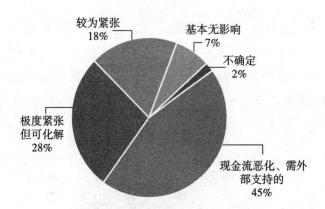

图 15　调研武汉企业资金需求状况

调研表明，除生物医药、航空航天、新一代信息技术等少数领域企业整体相对乐观外，汽车产业、数字文创、康养产业等行业企业在经营现金流方面受到冲击较大，超过一半上述企业都表示需外部资金支持，如图 16 所示。

二是银行债权融资难，普遍期望获得政策性帮扶。调研显示，60.8%的湖北企业认为疫情对银行债权融资有明显的影响，主要影响因素包括："审批难度变大（26.7%）""审批时间加长（23.2%）"。部

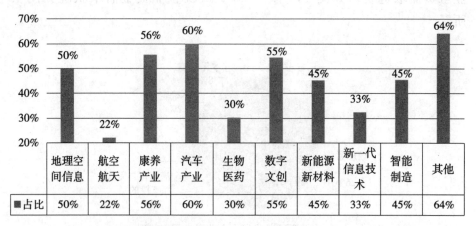

图 16　现金流恶化，需外部支持的调研企业行业占比

分调研企业表示出因复工时间不确定，无法完成贷款审批的实地调查程序；部分中小科技企业表现出因缺乏抵押物而难以获得银行债权支持的担忧。企业普遍希望政府能出台贴息、免息、贷款延期等政策性帮扶措施，共有 60 余家企业表示希望引入担保、再担保等机构支持获得银行贷款，如图 17 所示。

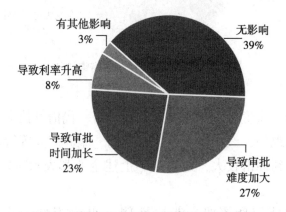

图 17　调研湖北企业债权融资影响要素状况

三是企业探求多渠道解决融资需求意向明显。调研企业中，部分企业表示将考虑通过其他方式争取资金支持。如：20 余家企业正在积极了解、推动发行企业债、知识产权专项债等，30 余家企业有申报政府科技创新、技改、平台建设等专项支持，还有一批企业积极寻求股权融资等。

3. 股权融资需求较大，利用资本市场意愿强、推进缓

一是近半数省内调研企业有股权融资需求。调研显示，48%的（106 家）湖北企业近期有新的股权融资需求（如图 18 所示），额度从 300 万元到 1 亿元不等。其中，新一代信息技术领域的企业意向最为强烈，达到 21 家。67.9%的（72 家）企业期望融资规模在 1000 万~5000 万元，其中，期望融资规模 5000 万元的企业达到 19 家。调研企业中，绝大多数企业希望在今年三季度前完成融资计划，以尽快获得资金支持。

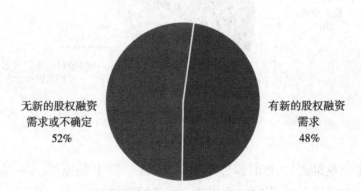

图 18　调研湖北企业股权融资需求状况

二是部分企业上市、重组意愿明确，但多将因疫情延迟。调研显示，在湖北企业中，有 51 家近期有上市计划，10 家有与上市公司、产业龙头重组的计划。但疫情对湖北企业上市产生明显影响。在近期有推进上市计划的企业中，62%（39 家）的企业表示疫情将导致上市计划推迟。武汉市内影响更为明显，近 80%的武汉拟上市企业预计推迟上市计划，如图 19、图 20 所示。

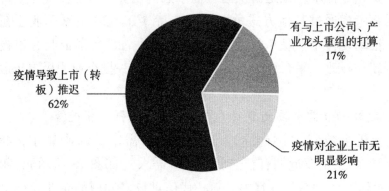

图 19　疫情对受访湖北企业上市（转板）影响

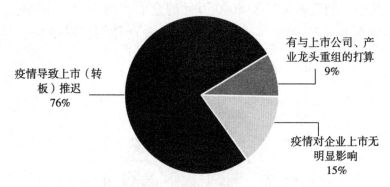

图 20　疫情对受访武汉企业上市（转板）影响

　　上述企业推迟"上市和资本运营计划"的主要原因，一是疫情防控期间，原定进驻企业的中介机构、券商无法按时进场，审计、申报材料等准备工作不能按期完成；二是因疫情影响，企业业绩可能出现一定下滑，从而影响上市进度安排；三是在疫情影响下，并购方可能对企业估值、并购方案进行重新评估，如果企业经营下滑，可能导致并购方调整原有重组计划。

　　4.企业全方位恢复仍面临一定困难，部分省外企业落户湖北受阻

　　已有42家（14.1%）调研企业表示"已复工"或"部分复工"，其中仅有16家湖北企业，占调研湖北企业数量的7.2%。

调研企业表示，除现金流紧张、公司业务等经营性问题外，当前企业复工主要存在的困难包括：外地员工返鄂、返汉困难，非湖北籍员工（尤其是高管、技术人员）流失可能性较大；采购防疫物资渠道不足、成本高；原材料及货物运输成本高、存在一定困难；复工时间（尤其是武汉市）不能明确，无法提前安排生产经营计划；复工后员工日常出行、复工防护保障等。

调查显示，部分省外企业在获得基金投资后，积极规划在鄂项目落地、开展业务、设立公司等，但受疫情影响，项目推进计划纷纷被迫暂缓或终止。

四、促进被投企业疫后恢复发展的对策建议

调研结束后，课题组认真统计梳理了被投企业发展的现状及疫后恢复发展面临的主要困难和需求，现就充分发挥省级股权引导基金的作用，积极争取引导基金决策委员会各成员单位的支持，促进被投企业疫后恢复提出如下建议。

1. 进一步增强对被投企业的信心，加大对投资企业的"帮扶"力度

新冠肺炎疫情对企业的影响引起了社会各界的关注。近期，武汉大学中国新民营经济研究中心罗知教授团队对全省中小企业受疫情影响情况开展了全面调研。调研显示，本次新冠肺炎疫情对全省中小企业影响大，形势十分严峻。与多数中小企业成长面临的严峻挑战相比，本次调研显示，引导基金参股子基金投资企业凸显了明显的优势。调查企业中，70%左右的企业依然预期可保持经营收入、利润的增长或持平，其中，20%的企业预期增长50%以上，30%的企业预期增长20%以上。可以说，这些企业仍然是全省中小企业、民营企业中最具增长潜力的群体，是全省经济转型发展的"风向标"，是引领湖北高质量发展的"生力军"。要进一步增强对这些企业的信心不动摇，增强对股权投资行业的信心不动摇。

（1）将参股基金投资企业作为培育湖北经济新增长点的"重中之

重"。建议省政府把股权投资作为促进全省科技企业与民营企业发展的重要抓手，将被投企业作为全省中小企业培育的"重中之重"。建议引导基金决策委员会办公室及各成员单位，将扶持被投企业发展作为重要工作内容，定期听取托管机构关于投资企业发展的情况汇报，研究投资企业发展相关问题并将被投重点企业列入各成员单位重点支持对象，在科技创新、人才培养、技改专项、平台建设等政府计划中予以优先支持。探索建立政府扶持计划"跟进"资助政策，将"股权基金投资"作为政府产业扶持类项目支持的重要参考条件，探索建立投资基金对优秀企业的"保荐制度"和政府产业扶持类项目委托投资机构的"委托管理制"，形成政府资金与市场化资本联动、政府依托投资机构筛选与促进优质项目实施的新机制。

（2）加大对被投企业宣传呼吁力度，为被投企业争取更多支持。一是进一步支持重点企业争取国家相关政策支持，争取国家各类项目、资金等向重点被投企业倾斜。二是加大对抗疫中表现突出企业的宣传，提升行业与市场影响力。例如央视对张伯礼院士的采访让更多的企业和消费者知道了九州通、了解了九州通。建议进一步加大对抗疫企业的宣传，提高湖北企业的知名度与美誉度。三是加大对接，请求央企、上市公司、行业龙头等对湖北企业予以更多订单、市场、业务支持，各级政府、省内企业优先采购被投企业及省内企业相关产品，进一步释放湖北企业产能。

2. 积极创造条件，精准扶持重点被投企业疫后恢复发展

鼓励各地市将被投企业作为复工复产、支持发展的重点，探索采取分区域、分领域、分阶段、专人包保等方式精准施策。加大政策落实力度，根据疫情发展阶段，把握节奏、择机适时出台相关政策与刺激措施。加强各部门协调与行业协会配合，为不同区域、不同行业、不同阶段的企业提供系统的、操作性强的落地指引，确保政府支持的高效性、真实性和精准性。争取在税收阶段性、持续性减免，水电费缴缓、基础性电费减免、贷款贴息、房租减补、防疫物资补贴、就近统一出行、进出口绿色通道、进出口补贴等方面予以组合、精准施策，引导企业顺利

复工复产、持续创新经营。

3. 把握股权投资、资本市场在企业疫后恢复中的突出作用，突破性发展股权投资和创业投资

新兴产业"始于技术，成于资本"。调查显示，面对疫情的重大影响，有近50%的被投企业有下一轮股权融资的需求，有60家左右的企业近期将推进上市、并购重组。随着国家资本市场改革的深入推进，可以预期，疫后恢复期，将是湖北省股权投资需求最为迫切、基金业大有可为的时期。

（1）突出发挥引导基金在股权投资发展中的引领作用，最大程度撬动各类资源服务湖北。2016年省级股权引导基金设立运行以来，湖北省股权投资、创业投资得到了快速发展，实现了政府资金5倍以上的放大，培育了一批湖北省上市后备企业、细分行业隐形冠军和优质民营科技企业。实践证明，引导基金是政府资金撬动效应最大、使用效率最高、渗透性最强、风险最可控的投入方式。在疫情恢复、政府资金趋紧的大背景下，中国人保、海尔金控等金融与产业资本都从履行政治责任的高度，主动逆行，有联合湖北设立支持疫后实体产业振兴母基金的意向。要进一步发挥引导基金的"撬动"作用，充分运用市场机制，吸引社会资本、金融资本、产业资本联合设立混合所有制、市场化的"湖北疫后产业恢复发展引导基金（母基金）"，做大引导基金"耐心资本"的"蓄水池"。要发挥引导基金托管机构的"支点"作用，引导"产业恢复发展母基金"实现政策导向和市场运营的有效结合；要完善引导基金让利机制，建设股权流通促进中心，加快引导基金份额及投资企业股权的流通，促进引导基金快进快出；要进一步完善引导基金管理办法，学习吸收国家和先进省份管理经验，与时俱进出台相关操作细则；要开放和鼓励"双GP"管理模式，解决基金设立耗时长、备案周期长的共性问题；要在投资对象（增加对专项基金、平行基金等的投资）、投资类别（增加可转债、优先股等投资形式）、投资比例（提高重点项目投资比例）等方面，进一步创新探索，形成面向企业成长全周期融资需求的"政策接力棒"体系；探索同意对部分受疫情影响的

基金适当延长投资期、让利期、退出期等，建立引导基金市场化、常态化的管理与服务体系。

（2）把握"资本逆行"机遇，做大参股基金规模，为湖北企业发展提供资本"活水"。疫情防控期间，中银、建银、工银等中央金融机构均有在湖北设立子基金的意向，为湖北企业疫后恢复提供了有力的"基石资本"支撑。要进一步抢抓难得机遇和"时间窗口"，吸引各类资金落地湖北，做大参股子基金规模；要积极争取省政府金融办、湖北银保监局、湖北证监局等支持，协调中国基协、银保监会，解决专项基金管理公司的备案、登记难题，解决投资企业上市困难，促进专业化、市场化、本土化投资管理机构深耕湖北，形成实体企业直接融资的良好渠道。

（3）发挥资本的纽带作用，聚焦"三大需求"，助力疫后产业恢复。一是聚焦重点企业股权融资需求。针对本次调研中重点企业、上市公司优秀子公司、"新三板"挂牌优秀企业等"关键少数"的股权融资需求，设立相关股权投资基金，助力优秀企业"二次创业"和疫后恢复。二是聚焦重点参股基金投资企业的退出需求，设立股权接力基金，为优质企业提供持续资金支持，补足企业发展"中气"。三是聚焦新基建、医药大健康、数字经济等疫后产业机遇，建设投资基金与创新企业联合孵化器，搭建资本和产业的对接平台与互动生态。依托投资联盟，整合分散的技术、人才资源，打造专业化、社会化的创新、创业、投资与发展生态圈，助力疫后产业振兴。

（4）探索依托国有基金，促进民营经济混合所有制改革。当前，国务院及各省市国资委都将发起设立"国有基金"作为推进混合所有制改革的重要抓手，国有资本在私募基金中占有重要一席。在调研企业中，部分民营企业明确提出，希望国有企业参股，发展混合所有制促进企业发展。这是新形势下支持和促进民营企业发展的重要思路。建议省国资委进一步动员各级国有企业，联合发起设立国企改制和新兴产业发展基金，引导促进国有资本对湖北战略新兴产业、疫后重点机遇行业民营企业的股权投资，为全省经济转型升级培育新增长点。

4. 面向被投企业需求，创新金融服务模式，解决疫后恢复发展中"融资难、融资贵"难题

（1）加大投贷联动合作机制，探索搭建面向科技民营企业融资服务的政策性"转贷平台"。支持银行与引导基金参股基金开展投贷联动合作，解决重点企业债权融资需求。探索依托省属平台企业，打造服务中小科技企业的"转贷平台"。利用"政府站台、信用背书"的政策背景，发挥国有平台融资便利和资金成本优势，为湖北省优秀科技企业、中小企业融资提供平台支持。

（2）引入担保、再担保机构政策性功能，提升金融机构支持重点企业的信心。调研中，超过60家企业提出希望引入担保等机构助力企业贷款融资。探索设立一家专门面向全省科技企业、中小企业的政策性担保机构，争取引导基金决策委员会及财政厅、国资委等的支持，建立引导基金与省级担保、再担保平台的联动机制，搭建常态化合作平台，将参股子基金投资企业纳入担保、再担保机构重点支持范围；针对不同行业与发展阶段的企业需求，创新中小企业融资产品、创新融资风险分担结构与模式，运用综合金融手段支持被投企业发展。

（3）探索发行"企业知识产权专项债"，依托金融产品创新破解"轻资产"科技企业融资难题。针对被投企业多为"轻资产"科技企业，知识产权密集、固定资产不足导致银行授信难、融资难的突出特点，学习发达地区金融创新经验，支持企业通过公开市场发行知识产权专项债等，依托科技创新成果解决"轻资产"企业持续创新的资金需求。

5. 打造技术、机制体制创新新优势，引领企业疫后恢复发展

（1）突出企业创新能力建设，坚持创新驱动发展。引导企业持续加大研发投入强度，创新研发组织形式，鼓励重点企业牵头，联合高校院所、投资机构联合成立"工业技术研究院""应用技术孵化中心"等技术创新与产业化平台，提升核心竞争力与产业辐射力；通过政府购买服务或政府补贴等方式，引导湖北企业提升国际化视野与经营理念，做深做精、做大做强。

（2）推进股权激励计划，实施"人才兴企"战略。"人才聚，企业兴"。东湖高新区"股权激励代持基金"先后出资 2.1 亿元，助力 14 家企业、2000 多名技术人员实施股权激励。4 年来，股改企业年均仅 1.8 人离职。建议推广东湖高新区成功经验，设立"湖北自贸区人才激励代持基金"和各地高新区"股权激励代持基金"，鼓励重点企业大力推进骨干科技人员、高管团队持股计划，解决团队人员参股的资金"瓶颈"，依托股权留住人才、留下产业。

（3）实施"重点上市企业培育计划"，依托资本市场做大做强。发挥引导基金托管机构的纽带作用，选择上市意愿明确的重点被投企业，根据企业成长需求，制订企业上市培育计划。依托深交所、上交所湖北基地，帮助企业普及资本市场知识、培养资本市场人才、研究制定"企业成长路线图"和上市计划、策略，搭建被投重点企业与资本市场之间的桥梁，引导企业开展并购、重组等，依托资本市场做大做强。

（4）依托数字化新技术，创新经营模式。疫情防控期间，光谷信息、塞恩斯、中科通达等被投企业为疫情防控大数据监测、系统运维等做出了重要贡献。利用疫情引导企业经营理念转型的契机，进一步抢抓"新基建""5G+""AI+""互联网+"应用技术和场景发展机遇，鼓励企业开展数字化业务与服务转型，实现企业经营模式创新。

报告撰稿人： 黎苑楚　湖北省高新产业投资集团有限公司总经理、研究员、博士

陈　丹　湖北省高新产业投资集团有限公司副总经济师、博士

赵　睿　湖北省高新产业投资集团有限公司、硕士

李　磊　湖北省高新产业投资集团有限公司、硕士

深化湖北省与华为技术有限公司战略合作研究

李 好

华为技术有限公司（以下简称"华为"）是著名跨国企业和世界500强企业，也是我国自觉履行高水平科技自立自强使命担当的行业领军企业，代表着民族企业自主创新、砥砺奋进的发展方向。湖北省进一步解放思想，以思想破冰引领发展突围，深入实施创新驱动发展战略，加快建设经济强省、科技强省、农业强省、生态强省，进一步改善和优化营商环境，应不断深化与华为的战略合作，充分发挥华为在湖北省科技、经济、社会高质量协调发展中的重要作用。

一、湖北省科技、经济、社会高质量发展需要华为

华为创立于1987年，是全球领先的ICT（信息与通信）基础设施和智能终端提供商。目前，华为约有19.7万名员工，业务遍及170多个国家和地区，服务全球30多亿人口。华为作为ICT产业科技创新领军企业，近10年研发费用投入超过7200亿元，在全球共持有40000余族（超过100000件）有效专利，其中90%以上是发明专利。2020年，华为研发支出1418.9亿元人民币，约占全年收入的15.9%；从事研究开发人员105000人，约占公司总人数53.4%。经过多年全球创新体系布局，华为在全球已建立60多个实验室；华为已在北京、上海、南京、西安、成都、杭州、武汉、苏州等地成立研究所（院）。截至2020年，华为企业市场合作伙伴数量超过30000家，其中销售伙伴超过22000家，解决方案伙伴超过1600家，服务与运营伙伴超过5400家，人才联

盟伙伴超过 1600 家, 在全球参与的创新实践项目已超过 3000 个。华为联合伙伴在超过 600 个场景落地和探索智能体应用, 覆盖政府与公共事业、交通、工业、能源、金融、医疗、科研等行业。华为在全球 600 多个标准组织、产业联盟、开源社区、学术组织中, 担任 400 多个重要职位。如华为分别在 3GPP、ETSI、IETF、IIC、IEEE SA、Linux 基金会、CCSA、AII、TM Forum、WFA、WWRF、CNCF、OpenInfra、LFN、LFDL、IFAA、GP、CUVA、VRIF、BBF 等组织担任董事会或执行委员会成员。华为积极与重要国际标准组织合作, 共同促进全球技术进步和产业升级, 在 200 多个标准组织中持续做出贡献, 累计提交标准提案超过 65000 篇。为加强与高校及科研院所的合作, 华为先后在全国成立 22 个生态创新中心, 并联合教育部与 72 所 "双一流" 高校签署 "智能基座产教融合协同育人基地" 协议。华为还搭建了一系列有影响的产业组织、智库、学术界、企业等高端对话平台, 积极履行企业公民的社会责任。华为的愿景和使命是: "把数字世界带入每个人、每个家庭、每个组织, 构建万物互联的智能世界。"

华为在科技创新、企业管理、人才培养、市场营销、社会责任、改革开放、国际化等方面的实践经验及资源, 值得湖北省认真学习、深入研究、启迪借鉴、积极应用和集成创新。尤其是湖北省实施 "一主引领、两翼驱动、全域协同" 发展布局, 建设创新强省和科技强省, 建设国家中心城市、区域中心城市、创新型城市和新型智慧城市, 大力发展 "光芯屏端网" 等优势产业、支柱产业和战略性新兴产业, 培育打造 5 个万亿级支柱产业、10 个 5000 亿级优势产业、20 个千亿级特色产业、构建 "51020" 现代产业体系, 都迫切需要华为更有作为。充分发挥华为在湖北省的重要作用, 不仅能给湖北省持续带来投资、就业、研发、技术、产品、服务和税收, 带来 ICT 产业链上下游企业集聚和明显的经济效益、社会效益, 且更重要的是能给湖北省带来解放思想、转变观念、创新理念、前瞻战略、克难攻坚、自强自立、砥砺奋进的近距离示范。

二、华为发展需要湖北省科技、经济、社会环境

华为作为 ICT 产业科技领军企业，长期聚焦 ICT 基础设施和智能终端领域，始终坚持开放式合作与创新，从维护全球标准统一、建设产业生态联盟、拥抱全球化开源、推进关键技术创新等方面着手，聚合、共建、共享全产业要素，携手各行业、各领域的产业和生态伙伴共同构建全球开放生态，努力推动 ICT 产业的健康发展。2020 年，华为实现销售收入人民币 8914 亿元，净利润 352 亿元。国内市场销售收入占 65.6%，增长 16.4%。从华为近三年实现销售收入看，国内市场销售收入比例不断提高：2018 年国内市场销售收入占 51.6%，增长 19.1%；2019 年，国内市场销售收入占 59.0%，增长 36.2%；2020 年，国内市场销售收入占 65.6%，增长 16.4%。2019 年，美国将华为及 70 个附属公司列入出口管制的"实体清单"，明确美国企业必须经过联邦政府批准才可以和华为进行交易。时任美国总统特朗普签署《保障信息与通信技术及服务供应链安全》行政命令，将受到外国通信供应商的威胁视为"国家紧急状态"，严禁高通、英特尔等美国企业向华为等"实体清单"企业出售通信元器件。2020 年，美国对华为的制裁进一步升级，在全球范围禁止任何企业向华为供应芯片，包括使用美国芯片的设备及技术，试图通过"长臂管辖"对华为的全球供应链形成全面封锁。不仅如此，美国还拉拢其盟国采取抵制华为技术、产品及服务的一致行动。如美国发起并启动"清洁网络"计划，并游说、鼓动、甚至胁迫他国加入，旨在共同排除中国 5G 设备供应商，对华为等企业进行全方位限制。截至 2020 年年底，全球已有 50 多个国家，180 多家电信公司参与美国主导的"清洁网络"计划行动。在以美国为首多国抵制华为技术、产品和服务的背景下，华为开拓国际市场面临着前所未有的新挑战，其市场战略被迫进行调整，国内市场销售收入比例将可能进一步增加。我国加快构建以国内大循环为主体、国内国际双循环相互促进的新发展格局，也势必强化华为的国内市场战略。

2021 年 7 月正式发布的《中共中央 国务院关于新时代推动中部地区高质量发展的意见》，又一次赋予湖北省重要的历史使命。湖北省作为中部地区的重要省份，在国家发展战略格局中具有极其重要的地位，一直是华为重点关注和布局的区域。湖北省加快建设全国重要的科技创新中心、先进制造业中心、商贸物流中心和金融中心，武汉加快建设国家中心城市，襄阳市、宜昌市加快建设区域中心城市，不断强化优势产业、支柱产业、战略性新兴产业竞争力，积极打造中部强大市场和武汉国际消费中心城市，无疑给华为以及其他产业领军企业带来了难得的发展机遇。

三、湖北省与华为拥有多方面密切联系的比较优势

湖北省与华为合作共赢具有独特比较优势，其重要基础是两者之间的多方面密切联系。一是华为与湖北省高层之间保持长期联系。多年来，这种联系长期保持且已形成一种传统，并不断在实践中得以加强。二是华为在产业技术研发、人才培养等方面与湖北省高校、科研院所的联系。如 2018 年华中科技大学和华为公司共建的"下一代存储器件应用技术联合实验室"，这个联合实验室由华为公司投资 2000 万元建设。2019 年华中科技大学和华为共建"企业智能创新实验室"，双方将在人工智能特别是 OCR 等相关领域展开深度合作。2019 年 5 月，华中科技大学与华为正式签订《战略合作协议》。再如华为与湖北职业技术学院签署共同建设华为信息与网络技术学院校企合作协议，旨在深入推进校企合作，使职业教育能及时与市场前沿技术、ICT 产业用人需求快速有效对接，促进师资队伍建设和人才培养模式创新。武汉职业技术学院作为"华为 ICT 产教融合联盟"成员，与华为的合作不断深入，在产教融合创新机制、创新模式实践和创新技术支撑等方面进行了探索。三是华为与湖北省"芯屏端网"产业以及烽火通信、长飞光纤等企业的联系。四是华为企业发展战略与湖北省新型智慧城市建设及产业体系的联系。如武汉新型智慧城市建设是华为国内市场战略关注的重中之重。五

是华为与湖北省众多合作伙伴和应用场景、产品及服务使用者的联系。长期担任华为董事长、为华为发展作出重要贡献的孙亚芳女士，曾经担任华为武汉办事处主任，负责华为在湖北省的各项业务。六是华为主要高管与湖北省尤其是武汉地区高校的联系。华为现任董事长梁华（湖北省当阳市人）、4位副董事长中的3位（郭平、胡厚崑、孟晚舟）、3位轮值董事长中的2位、8位常务董事中的4位，都曾在武汉理工大学、华中科技大学读书学习。如华为创始人任正非早期的创业伙伴中，郑宝用、李一男、陈珠芳、洪天峰、周劲、李晓涛、彭中阳等都出自华中科技大学。七是华为职工与武汉地区高校的联系。目前，华为大约有6%的职工是武汉地区高校校友，主要毕业于武汉理工大学、华中科技大学、武汉大学等高校。如华为每年面向全球招揽20~30名"天才少年"，最高年薪高达201万元人民币。在2019—2020年，共有4名华中科技大学毕业生张霁、姚婷、左鹏飞、钟钊入选华为"天才少年"项目。在全球拿到华为最高年薪的4位"天才少年"中，华中科技大学毕业生张霁、左鹏飞、钟钊就占据了其中3个席位。这种长期保持的多方面密切联系，为华为在湖北省更有作为奠定了坚实基础。

以华为与武汉大学长期合作为例，双方先后签署《华为·武汉大学战略合作协议》《华为·武汉大学创新人才培养合作协议》等。根据这些协议，双方坚持"优势互补、自愿平等、开放公平、互利共赢"的基本原则，在智慧校园规划与建设、高水平科技创新与科技成果转化、人才培养与招聘、基于AI的全面战略合作、打造国内一流高性能计算平台、5G创新及应用等方面开展全方位合作。华为引入先进的信息化规划设计方法，制定武汉大学智慧校园顶层设计，完成面向未来可演进的整体规划；华为联合武汉大学信息与通信、人工智能等学科进行ICT人才培养创新，共同培养ICT优秀创新人才；基于武汉大学测绘遥感学科优势及科技创新能力，华为与武汉大学共建"空间信息技术创新实验室"；基于武汉大学现有超算中心，华为与武汉大学联合打造国内一流超算平台；华为联合联通在武汉大学部署全国首批5G全网络覆盖智慧校园，三方共建"5G联合创新实验室"。多年来，武汉大学是华为重要的优秀生源提供方，仅 2019 年就有 437 位应届毕业生与华为签约。据不完全统计，2013 年以来华为与武汉大学在测绘遥感、人工智能、软件开发、基础硬件以及安全等领域开展数十个合作项目。华为着眼于未来，长期支持武汉大学本科生、研究生积极开展各类校园文化活动。如华为消费者业务集团连续三年赞助武汉大学"珞珈金秋艺术节"服饰大赛；华为财经与武汉大学经济与管理学院研究生会共同举办"第八届华为财务精英挑战赛"；华为在武汉大学设立的"花粉俱乐部"一直保持良好运行状态；根据华为与武汉大学签署的"华为—教育部产学合作协同育人项目"，2021 年 2 月武汉大学在全国高校率先开设鸿蒙移动编程技术课程。华为与武汉大学进行多年的战略合作，实现了互惠互利和合作共赢，也使双方成为亲密战略合作伙伴和产学研创新利益共同体。

四、湖北省与华为拥有战略合作的良好基础

湖北省与华为的合作历史源远流长，尤其是华为与武汉邮电科学研究院等科研院所的技术合作渊源，可追溯到华为创业之初。武汉邮电科学研究院创建于 1974 年，是中国光通信发源地和"中国光纤之父"诞生地。2018 年，武汉邮电科学研究院与电信科学技术研究院联合重组，成立中国信息通信科技集团有限公司（简称"中国信科集团"）。中国信科集团总部设在武汉光谷，注册资金人民币 300 亿，由国务院国有资产监督管理委员会履行出资人职责。2006 年成立的华为武汉研究所，是华为在我国中部地区最大的研发基地。目前，华为在汉的研究人员超过 6000 人，上下游伙伴支持人员也超过 6000 人。2019 年，华为投资18 亿人民币建设武汉海思光芯片工厂。尤其是抗击新型冠状病毒肺炎疫情"湖北保卫战""武汉保卫战"以来，这种互惠互利的战略合作更加深入。2020 年 4 月，华为与武汉市人民政府签署"关于联合打造鲲鹏生态、发展鲲鹏计算产业"的战略合作协议，共同建设的长江鲲鹏生态创新中心同日揭牌。2020 年 7 月，华为与湖北省人民政府签署全

面深化战略合作协议，双方合作进入新的发展阶段。2020年12月，武汉与华为签署《新型智慧城市建设战略合作》协议，明确华为将武汉作为重要战略合作对象和业务发展重点地区，启动建设华为武汉基地二期，助力推动光芯片、光通信、智能终端、物联网、车联网等产业发展。2021年4月，华为与中国信息通信研究院联合发布《武汉市F5G发展白皮书》（以下简称"《白皮书》"）。《白皮书》在厘清F5G概念、特征及产业发展趋势的同时，紧密结合我国和武汉市F5G发展现状，提出武汉市F5G解决方案及"1168"产业发展战略。武汉市F5G"1168"产业发展战略具体内容包括："1"是设立1个独立运行的创新中心；"1"是打造一个世界级平台——武汉光博会；"6"是孵化政府、制造、商业地产、交通、教育、医疗等6大重点行业应用；"8"是汇聚设计院、集成商、高校及科研院所、光生产制造商、光网络交付商、地产开发商、工程咨询、网络运营公司等8类合作伙伴。《白皮书》建议的F5G解决方案，有助于武汉建成光纤网络全覆盖的"全光城市"。2021年5月，华为武汉研究所项目、武汉人工智能计算中心正式投入使用。经过多年实践探索，湖北省与华为深入合作、共同创造的"武汉模式"，已得到双方的认同。

除了重点布局武汉研发基地，华为在湖北省襄阳、宜昌、荆门、荆州、黄石、黄冈、恩施、鄂州等城市已有众多合作项目落地，与之合作的企业及项目不计其数。2019年4月，华为与东风汽车集团有限公司、襄阳市人民政府正式签署"智行隆中"项目战略合作框架协议。华为将从车端（车载通信、车载计算）、路端（5G及C-V2X车路协同）、云端（华为襄阳云数据中心）等方面与襄阳市和东风汽车公司展开深度合作，共同打造国家智能网联汽车试验示范基地。2020年11月，华为入驻三峡（宜昌）大数据产业园，在生态环境保护、资源规划、水利、林业、城市管理等方面，开展深入研究和合作，服务城市数字化转型和智慧城市建设，推进传统产业绿色化改造升级和战略性新兴产业集群化发展，助力宜昌建设"宜荆荆恩"城市群区域科技创新中心。

在2021·华为湖北数字峰会上，华为中国区总裁鲁勇明确指出：

"华为是湖北的华为。"他还表示：华为在 2021 年将助力武汉建成全国首批双千兆示范城市，将"武汉云"建成全国标杆，将在湖北省建设 6个以上的鲲鹏产业学院，将逐步与 7 个"湖北实验室"开展科研合作。湖北省与华为这种合作共赢的良好基础，为华为在湖北省更有作为创造了有利条件。

五、湖北省具有华为发展的宏大场景

湖北省是我国著名的科教大省，科技创新资源丰富，具有基础研究、基础研究重大成果产业化的巨大潜能。湖北省地处我国中部腹地，具有国家产业集聚的重要战略地位。《湖北省国民经济和社会发展第十四个五年规划和二〇三五年远景目标纲要目标》明确提出："以东湖国家自主创新示范区为核心，瞄准科技前沿，集中布局大科学装置，加快建设顶尖研究型大学，引进一批高水平科研机构和创新团队，建成一批前沿交叉研发平台，深度融入全球创新网络，争创武汉东湖综合性国家科学中心，建设具有全球影响力的科技创新策源地，将'中国光谷'打造成'世界光谷'。"中共湖北省委、湖北省人民政府《关于新时代推动湖北高质量发展 加快建成中部地区崛起重要战略支点的实施意见》明确提出："实施创新驱动发展战略，构建科技强省'四梁八柱'。着力把东湖科学城打造成科学特征凸显、创新要素集聚、策源能力突出、科创活力迸发的具有核心竞争力的世界一流科学城。加快以东湖科学城为核心的光谷科技创新大走廊建设，创建武汉具有全国影响力的科技创新中心和湖北东湖综合性国家科学中心。支持襄阳、宜昌等地建设区域性科技创新中心，组建'襄十随神''宜荆荆恩'科技创新联盟，助推产业升级和区域转型发展。"为打造全国重要先进制造业基地，湖北省正强化高端产业引领功能，推动湖北制造高端发展、创新发展、转型发展，加快培育世界级先进制造业集群。

目前，湖北省正在以"一室一策"，高标准规划和建设光谷、珞珈、洪山、江夏等七个"湖北实验室"及一系列重大科技基础设施，全力打造以东湖科学城为核心的光谷科技创新大走廊。湖北省以武汉东湖新技术开发区为代表的12家国家级高新区，拥有1700多个省级以上创新平台。尤其是武汉正加快国家中心城市、新型智慧城市建设，锁定全国数字经济一线城市目标，打造全球数字经济产业链、创新链、价值链的重要节点。为引领和支撑"襄十随神"城市群、"宜荆荆恩"城市群发展，襄阳区域科技创新中心、宜昌区域科技创新中心建设正在提速，"襄十随神""宜荆荆恩"科技创新联盟建设已开始启动。亚洲第一座专业性国际航空货运枢纽花湖机场定于2021年年底校飞，即将与武汉天河机场共同构成国际航空客运和货运"双支撑"，形成湖北省多式联运、立体交通新优势。这一系列重要举措，势必进一步优化湖北省科技创新及高新技术产业、战略性新兴产业、支柱产业的发展环境。

国家赋予湖北改革创新先行先试的战略使命，湖北省高质量发展的迫切需求和科技创新资源禀赋，不仅为华为提供了国家中心城市、区域中心城市、创新型城市建设的重要载体，提供了高新技术产业、战略性新兴产业、支柱产业发展的重要基础，提供了前沿科技领域研发的公共平台，提供了辐射中部地区的消费市场，而且为华为提供了更有大作为的宏大场景。湖北省与华为深度合作的这种综合优势，是其他省区市所无法比拟的，但这种比较优势尚未充分发挥，还有很大的战略发展空间。

六、深化湖北省与华为战略合作的对策建议

湖北省必须以思想破冰引领发展突围，虚心学习借鉴我国先进省区市聚集华为等产业领军企业的锲而不舍精神及实践经验，深入分析客观存在的差距及问题成因，以改革开放创新另辟优化营商环境蹊径。千方百计聚集支撑湖北省高新技术产业、战略性新兴产业、支柱产业发展的重要企业资源。通过努力强化华为战略合作典型及示范，不断深化湖北省与国内外产业领军企业战略合作，使更多优秀产业领军企业在湖北省高质量发展中发挥更大的作用。为深化湖北省与华为战略合作，特提出

以下对策建议。

一是切实加强湖北省与华为高层之间的共谋发展对话，不断深化战略合作协议，共同拓展战略合作空间。按照"一主引领、两翼驱动、全域协同"区域发展新布局，尽快制订深化湖北省与华为战略合作发展的时间表、路线图和优先序，充分发挥顶层设计的蓝图导引作用。基于建设互惠互利利益共同体共识，积极倡导和切实推进武汉城市圈、"襄十随神"城市群、"宜荆荆恩"城市群及全省域与华为的多方面战略合作。

二是加强针对华为产业发展战略及布局的跟踪研究，密切与华为战略研究院（主要负责5年以上的前沿技术研究）的联系，围绕湖北省高新技术产业、战略性新兴产业和支柱产业发展，牢牢把握华为以ICT产业领军企业优势强势进入新型智慧城市、智能网联汽车等新领域的机遇。通过高质量政策供给的精确引导，以科技创新赋能、智慧城市聚能、领军企业释能，努力实现湖北省与华为的互惠互利、优势互补、共创共享、共同发展。

三是不断改善和优化营商环境，为华为在湖北省发展创造更好的环境。进一步密切湖北省与华为的多方面联系，不断聚集战略合作资源，千方百计密切和利用湖北省与华为高管团队及职工千丝万缕的联系。特别要系统谋划和精心组织各种有价值的活动，深入发掘华为高管及职工的校友及家乡情结，努力实现优秀创新创业者近悦远来的发展愿景。以华为在湖北省大有作为的典型示范，聚集更多优秀民营企业，补湖北省民营企业发展明显不足的短板，强民营经济发展明显不够的弱项。

四是在第十四个五年规划的开局之年，应积极引导湖北省相关产业规划及企业发展规划主动对接华为企业发展规划，共同对区域产业发展和企业发展谋篇布局、凝神聚力。充分发挥华为产业领军企业的带动作用，探索基于利益机制的合作方式，始终坚持以创新为第一动力，努力形成湖北省高新技术产业、战略性新兴产业、支柱产业与产业领军企业发展的良性循环，携手打造面向未来的产业核心竞争力和企业综合竞争力。

　　五是加快推进湖北省域高校（包括中央部委直属高校和省属高校）与华为在人才培养、学科建设、科技创新、文化传承等方面的战略合作。基于互惠互利原则，根据彼此面向未来的发展需要，积极谋划新的发展领域及合作项目，共同促进供需双方在多学科技术领域研究方向上的高度匹配，不断推进自然科学、技术科学、人文社会科学跨学科协同创新，努力提升湖北省域高校与华为的战略合作层级和战略合作品质。

　　六是根据深化湖北省与华为战略合作的迫切需要，双方应尽快谋划共建高水平决策咨询机构，会商重点关注的决策咨询研究课题，加快推进决策咨询研究重点项目，努力做到战略合作决策咨询研究先行。积极促进湖北省人民政府咨询委员会、中国工程科技发展战略湖北研究院以及众多高等院校智库与华为战略研究部门的紧密联系，以高峰论坛、专题报告会、研究成果发布等多种形式，联合开展具有广泛社会影响力的重要决策咨询活动，实现湖北省知名度与华为企业知名度的共同提升。

撰稿人： 李　好　武汉大学经济与管理学院党委副书记、博士

关于武汉争创综合性国家科学中心的思考与建议

——借鉴上海张江综合性国家科学中心的建设经验

刘孝琴

习近平总书记强调，世界科技强国竞争，比拼的是国家战略科技力量，要加快建设科技强国，实现高水平科技自立自强。综合性国家科学中心是国家科技领域竞争的基础平台，也是国家战略科技力量的重要载体，在当前严峻的国际环境和新的经济发展形势下，武汉争创综合性国家科学中心，是贯彻习近平总书记关于科技创新重要讲话精神的具体行动，是强化国家战略科技力量的重要举措，也是落实中共湖北省委"一主引领、两翼驱动、全域协同"区域发展布局的重要抓手，有助于发挥武汉的科教和创新优势，增强武汉的原始创新能力，推动湖北新兴战略产业发展，带动长江中游城市群协同创新，增强中部地区的综合竞争力。《湖北省国民经济和社会发展第十四个五年规划和二〇三五年远景目标纲要目标》已明确提出："以东湖国家自主创新示范区为核心，瞄准科技前沿，集中布局大科学装置，加快建设顶尖研究型大学，引进一批高水平科研机构和创新团队，建成一批前沿交叉研发平台，深度融入全球创新网络，争创武汉东湖综合性国家科学中心，建设具有全球影响力的科技创新策源地。"据此，湖北省必须积极争取、加快创建综合性国家科学中心。

一、武汉争创综合性国家科学中心的指导思想

以习近平新时代中国特色社会主义科技创新思想为指导，深入贯彻

省委十一届九次全会和全省科技创新大会精神，把科技创新作为"国之大者"、省之大事坚定不移推进，切实把湖北科教资源优势转化为创新优势、人才优势、发展优势，转化为区域竞争优势和高质量发展优势。建好用好湖北实验室和重大科技基础设施，加快建设以东湖科学城为核心的光谷科创大走廊，助推武汉争创东湖综合性国家科学中心，为湖北建成支点、走在前列、谱写新篇、实现高水平科技自立自强，提供强有力支撑，为我国跻身创新型国家前列和建设世界科技强国，体现湖北担当、贡献湖北力量。

二、武汉争创综合性国家科学中心的紧迫性

综合性国家科学中心是指在一个国家的特定区域内，依托高水平的研究型大学、国家实验室、大科学装置、顶尖科学家，发挥高密度科研要素的聚集效应，开展多学科的综合性、原创性研究，带动科技成果转化和高技术产业发展，形成创新资源密集、研发活动集中、重大成果丰硕、产业辐射强劲，对科技创新具有显著引导、组织和控制能力的城市或地区，能够代表国家参与全球科技竞争与合作。在创新要素日益流动的今天，综合性国家科学中心已经成为一个国家综合科技实力的集中体现和核心依托。当前，形势逼人、挑战逼人、使命逼人，只有科技创新快人一步，才能在日益激烈的城市发展竞争中立于不败之地；只有科技创新棋高一着，才能在全面开启现代化建设新征程中抢占要塞之地。

（1）从全球科技发展的规律来看，发达国家都高度重视综合性国家科学中心建设。随着国际科技和产业竞争日趋激烈，以欧美日等为代表的发达国家和地区对于国家科学中心的重视程度不断提高，在具备条件的地区聚集高水平的科技创新资源，吸引全球资本、技术和人才，加大在基础研究、应用基础研究、前沿交叉领域以及颠覆性领域的投入，显著提升原始创新能力，进而占据世界科技创新领先地位。如美国硅谷、日本筑波科学城、芬兰奥卢科技园、法国格勒诺布尔科学中心等，都充分显示了国家科学中心在推动科技突破和产业创新方面的巨大作

用，进而对整体社会、经济乃至文化具有影响和带动作用。我们只有科技创新拔得头筹，才能在全球城市格局中占有一席之地，我们只有靠科技创新才能创造武汉未来奇迹。

（2）从全国各地的发展态势来看，国家级科学中心的竞争已经非常激烈。当前，正值我国新一轮区域科技创新布局战略调整期，北京、上海、粤港澳大湾区、成渝双城经济圈正加快建设国家科技创新中心，北京怀柔、上海张江、安徽合肥、广东深圳综合性国家科学中心先后获批在建。目前至少还有八个省市提出在"十四五"期间创建综合性国家科学中心，如四川省提出推进综合性国家科学中心建设、高标准规划建设西部（成都）科学城，南京、济南、杭州、兰州、沈阳等地也提出"十四五"期间创建综合性国家科学中心。面对风起云涌的竞争态势，武汉必须抢抓机遇，决不能输在创新发展新赛道上。

（3）从湖北实现跨越式发展的主引擎来看，武汉应勇挑科技创新重担，为湖北创新发展做出新贡献。习近平总书记四次考察湖北武汉，都反复强调科技创新问题，强调"国之重器"必须牢牢掌握在自己手上。2016年，国家发改委《关于支持武汉建设国家中心城市的指导意见》，明确支持武汉加快建成全国经济中心、高水平科技创新中心、商贸物流中心、国际交往中心。2018年，湖北省委、省政府出台《关于加强科技创新引领高质量发展的若干意见》，明确提出到2022年综合性国家科学中心创建取得标志性成果。2020年以来，湖北省委、省政府旗帜鲜明支持武汉创建国家科技创新中心和东湖综合性国家科学中心，要求武汉勇担全省科技创新"主引擎"。武汉应该发挥自身优势，勇担国家使命、积极争创综合性国家科学中心，奋力抢占全球科技产业变革战略制高点，致力成为国家战略科技力量的重要一极。

三、武汉争创综合性国家科学中心的基础和比较优势

武汉有着悠久的历史和深厚的文化积淀，近年来，武汉经济社会快速发展，在全国战略地位日益提高，国际知名度与影响力持续提升，为

综合性国家科学中心的创建奠定了坚实基础。

（1）强大的政策支持。党的十八大以来，以习近平同志为核心的党中央始终把创新引领作为发展新起点上的第一动力，统筹谋划，不断优化我国科技事业发展总体布局，在建成世界科技强国道路上迈着坚实的步伐。2004年3月，国家提出中部崛起战略，2016年长江经济带综合开发上升为国家战略，另外国家"一带一路"倡议的实施，都为湖北、武汉加快创新发展提供了广阔的发展空间和有利条件。2018年10月，湖北省委、省政府出台"科技创新20条"，提出5年筹集500亿元支持重大平台、重大项目、重点园区和重大人才团队建设。2021年春节后首个工作日，湖北省科技创新大会隆重召开，吹响科技强省建设集结号，省委省政府把加快建设科技强省，作为习近平总书记赋予湖北的重大政治任务，积极构建"一主引领、两翼驱动、全域协同"的发展布局，在全省上下营造了谋创新、抓创新、促创新良好氛围，制定出台"1+N"政策支持体系，重点布局建设"光谷科学岛""东湖科学城"和"湖北实验室"。多重国家战略叠加和科技强省战略部署，为武汉创建综合性国家科学中心提供强有力的政策支撑。

（2）优异的区位优势。武汉位于中国中部、长江与汉江交汇之处，是国家中心城市、长江经济带中游城市群的核心城市、中部唯一的超大城市，全国重要的工业基地、科教基地和中国内陆最大的水陆空交通枢纽、国务院批准的全国首个综合交通枢纽研究试点城市。武汉素有"九省通衢"的美誉，高铁通达全国26个省会及重点城市，4小时可达全国80%的城市，中欧（武汉）班列辐射欧亚大陆34个国家、76个城市；天河机场国际及地区航线达到63条，年旅客吞吐量2715万人次，货运吞吐量24.3万吨；武汉新港集装箱吞吐量达193.3万标箱，跻身世界内河港口第一方阵，武汉正在打造铁路、航空客货运"双枢纽"和港口型国家物流枢纽城市。目前，武汉市已经形成辐射武汉城市圈的1小时经济圈，辐射长株潭城市群、中原城市群的2小时经济圈，辐射北京、广州、上海、重庆等国内重要城市的4小时经济圈。武汉得天独厚的地理区位，有利于集聚各类创新资源，辐射带动周边地区科技发展，在国家中部崛起战略和区域协调战略中具有不可替代的作用。

（3）丰富的科教资源。武汉是全国三大智力密集区之一，承担着国家自主创新示范、全面创新改革试验等重大改革试点任务。辖区有普通高校83所，其中7所高校入选国家"双一流"。两院院士73名，在新增院士数量方面，武汉市连续3年排名全国第三，仅次于北京、上海两地。在校大学生常年保持在130万人左右，各类人才总和达285万人、占全市人口总量近1/4。拥有国家重点实验室、国家工程实验室、国家制造业创新中心等各类国家级科技和产业创新平台139家。其中，武汉国家生物安全实验室是亚洲首个P4生物安全实验室，脉冲强磁场是全球四大脉冲强磁场科学中心之一，还有国家级医学重点专科122个、占全国总数的5%。2020年，全市专利申请93950件，国际PCT专利申请量1389件，每万人专利拥有量51.87件。在《自然》杂志2020年发布的全球城市科研指数排名中，武汉位列全国第4名、全球第13名。广大院士专家、高校院所是武汉最宝贵的智力资源，为武汉争创综合性国家科学中心提供了人才保障；丰富的科创平台是开展基础研究、原始创新的核心载体，为武汉争创综合性国家科学中心提供硬件保障。

（4）雄厚的产业实力。武汉拥有工业全部41个大类的35个，既有钢铁、汽车、船舶等重型制造业，又有光电子信息、生物医药等新兴产业，先后获批建设存储器、商业航天、网络安全人才与创新、新能源与智能网联汽车等四大国家产业新基地，集成电路、下一代信息网络、新型显示器件、生物医药被纳入国家级新兴产业集群。2020年，武汉高新技术产业增加值4032.1亿元，高新技术产业增加值占GDP比重25.82%。为综合性国家科学中心建设奠定了坚实基础。

（5）浓厚的创新创业氛围。武汉现有高新技术企业6259家，工业技术研究院等新型研发机构22家，国家级"双创"示范基地6个、位居副省级城市第一，建成国家技术转移中部中心、中国高校（华中）科技成果转化中心等转化平台。特别是东湖高新区作为国家自主创新示范区和自由贸易试验区，拥有武汉光电国家研究中心、先进存储产业创新中心、数字化设计与制造创新中心等39个国家级企业主体研发平台，培育了中国信科、长江存储、长飞光纤等一批新领军企业，探索科技成果转化"四级跳"模式，率先推行"四办"政务服务改革，为东湖综合性国家科学中心建设形成先行先试优势。

四、国内外综合性国家科学中心特点和建设启示

（1）国外综合性国家科学中心特点。通过对欧美日等发达国家和地区的综合性科学中心研究不难发现，这些科学中心都有以下共同特征。

一是拥有国际国内顶尖的科学研发资源。一般以专业性研究园区或研究基地为主，聚集大批科研资源，致力开展单个高校或民间机构难以开展的交叉学科综合性研究。比如，美国波士顿就积聚了哈佛、麻省理工等世界著名大学，以及博德研究所、伊顿-皮博实验室、乔治-丘奇实验室等大型顶级实验室。

二是具有强大的产业带动效应。多数科学中心通过创新驱动、区域协调，带动当地形成更具竞争力的产业体系。比如，以全球创新"圣地"硅谷为腹地的美国"旧金山湾区"，依托硅谷地区知识、资本的外溢和辐射，圣荷西的高技术产业群，奥克兰的高端制造业以及旧金山的专业服务业，构筑了一个"科技（辐射）＋产业（网络）＋制度（环境）"的全球创新中心。

三是形成地理空间上的"创新带"或"创新城市群"。世界性的科学中心突破了城市的地理界限，与周边一些有产业配套和技术吸纳能力、创新要素和产出密集的区域组成"大区域"。如美国东部的创新集聚区128公路周边有波士顿、纽约和费城等大都市为支撑；日本东京都周边有琦玉、千叶、神奈川、茨城等多县构成的日本首都经济圈，成为日本乃至全球重要的制造业基地、金融中心、信息中心、航运中心、科教文化中心。

（2）我国获批综合性国家科学中心特点。目前，我国已批准建设的4个综合性国家科学中心都各有特点。北京怀柔综合性国家科学中心

旨在推动原创成果的重大突破，力争到 2035 年成为与国家战略需要相匹配的世界级原始创新承载区；上海张江综合性国家科学中心强调前沿交叉创新能力，未来要建成科学特征明显、科技要素集聚、环境人文生态、充满创新活力的世界一流科学城；安徽合肥综合性国家科学中心则侧重于国家创新体系的基础平台建设，开展多学科交叉和变革性技术研究，形成中国特色、世界一流的综合性国家科学中心及产业创新中心（见表 1）。以深圳为主阵地建设的综合性国家科学中心，在粤港澳大湾区国际科技创新中心建设中发挥了关键作用，未来深圳将与大湾区其他城市联动发挥综合性国家科学中心的功能。

表 1　上海张江、安徽合肥、北京怀柔综合性国家科学中心建设情况对比

	主要大科学装置	主攻关键技术/项目	依托单位	主要优势
上海张江	超强超短激光实验装置、软 X 射线自由电子激光用户装置、活细胞结构和功能成像等线站工程、上海光源二期、量子通信等	量子通信、太赫兹技术产品、活细胞成像平台、干细胞转化、胶囊机器人、物联网/先进传感器示范工程等，偏向前沿研究	中国科学院上海分院、复旦大学、上海交通大学、同济大学等	国际化程度高，在汇聚人才、参与发起国际科技项目、建设全球创新网络方面拥有优势
安徽合肥	全超导托卡马克、同步辐射、稳态强磁场等	量子信息技术、质子治疗系统及其产业化、超导核聚变中心等，综合性较强	中国科学技术大学、中国科学院合肥大科学中心等	拥有多个国家实验室、大科学装置，拥有雄厚的科教能力和研发实力
北京怀柔	高能同步辐射光源、极端条件实验装置、地球系统数值模拟装置等	清洁能源材料、材料基因组、先进光源技术、空间卫星技术、先进载运等，聚焦基础研究	中国科学院、清华大学、北京大学、北京航空航天大学等	依托首都北京的城市优势，在政策、金融、人才资源支持方面具有更多便利

（3）上海张江综合性国家科学中心建设的经验启示。经过对比研

究国内外综合性国家科学中心，发现上海张江综合性国家科学中心建设路径及特点与武汉最为相似。该中心于 2016 年 2 月获批建设，以"小张江"核心区为核心承载区，有机整合各类创新要素，呈圈层式布局发展，形成源源不断的原始创新成果，主要由"四大支柱"构成：一是张江实验室，以重大科技基础设施群为依托，构成国家科学中心的核心力量和基础支撑；二是创新单元、研究机构与研发平台，重点开展系统性强、开放协同程度高的研发活动；三是创新网络，从点、线、面上布局网络化协同创新；四是大型科技行动计划，组织参与全球科技竞争与合作，如图 1 所示。

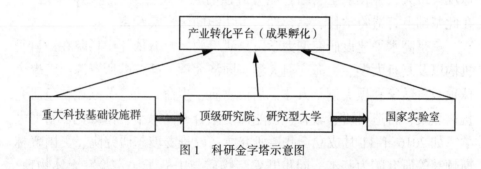

图 1　科研金字塔示意图

同时，上海张江综合性国家科学中心依托上海国际大都市的城市优势，聚集高科技人才的引进、培养和使用。依托"国家队""地方队""海外队"等各类科研机构，聚力发起国际科技项目、重视地方独有的大科学装置建设布局与领航发展，建设世界级大科学设施集群。聚焦优势领域、集中尖端力量、积极争取筹建国家实验室、建设全球创新网络，形成世界领先的综合性科学研究试验基地。主要特点如下。

一是引入中国科学院深度参与科学中心建设。上海充分发挥中国科学院在引领科学研究的战略主导作用，创新采用理事会形式，高起点共建科学中心。由上海市政府会同国家发改委、科技部、中科院等国家有关部委和单位以及若干知名科学家、企业家，成立理事会及办公室、工作组，依托与中科院共建的上海科技大学为委托管理机构。目前，在张江综合性国家科学中心建设的 6 项主要工作中，中科院系统单位参与筹建国家实验室、重大科技基础设施群、创新单元与重大科技计划、建设协同创新网络等 4 项工作，充分体现了国家战略科技力量的水平。

二是集聚集群发展大科学装置。大科学装置是很多前沿科学研究的重要技术支撑。张江综合性国家科学中心遵循科学研究高密度集聚规律，以专业性研究园区或研究基地为主，全力推进大科学装置集聚集群发展。目前已形成以上海光源、国家蛋白质科学设施、软 X 射线自由电子激光用户装置、高效低碳燃气轮机实验装置等为依托的一批具有国际一流水平的大科学装置集群。全部项目建成后，张江地区有望成为全球规模最大、种类最全、综合能力最强的光子大科学设施集聚地之一，在此基础上打造跨学科、综合性、多功能的国家实验室。

三是高水平建设研究型大学及科研机构。上海依托中科院在沪科研机构以及复旦大学、上海交通大学、同济大学等高校院所资源，汇聚全球顶级科学家和顶尖创新人才，加快物质、生命、信息等领域特色研究机构建设，打造科研、教育、创业深度融合的高水平、国际化创新型大学。如 2016 年 11 月成立李政道研究所，以丹麦玻尔研究院、美国普林斯顿高等研究院为蓝本，同步开建暗物质与中微子、实验室天体物理、拓扑超导量子计算三大实验平台，目前已有约 20 位国际顶尖的物理和天文学家加盟，组成李政道研究所国际咨询委员会，致力打造世界知名的重大原始创新策源地、全球向往的顶尖科学精英集聚地、面向未来的中国青年才俊历练地。

四是大规模发起大科学项目研究。依托大科学装置等科技基础设施，上海市、中科院共同组织实施重大科技行动计划，开展高水平大科学项目研究，2017 年上海首批启动四个市级科技重大专项，其中中科院系统牵头"硬 X 射线自由电子激光关键技术""硅光子"两个项目，参与"国际人类表型组计划"项目。通过大科学项目研究整合科研资源，形成了一批前沿性研究成果，为国家科技自立自强做出了重要贡献。

五、武汉争创综合性国家科学中心的对策建议

通过对国家政策的解读、国内外综合性科学中心建设形势的分析以及武汉争创综合性国家科学中心的基础条件、比较优势的盘点，对标学习上海张江等地经验，武汉要有信心、有能力把握大势、克服困难、抢抓机遇，通过积极争创综合性国家科学中心实施换道超车，早日建成国家（中部）科技创新中心和世界主要创新高地，为此提出如下建议。

一是突出在汉高校院所的主导作用。基础研究是创新的源头活水。除上海之外，北京、合肥两地也都是与中国科学院联合共建综合性国家科学中心。建议武汉积极争取与中国科学院进行全面战略合作，争取中国工程院的全力支持，协同武汉大学、华中科技大学等在汉高校院所，共同参与综合性国家科学中心建设。如在光谷·科学岛布局建设中科院东湖科学中心，共同推进中科院武汉病毒所郑店园区、生态渔业研发基地等一批高水平研发基地建设，共同建设湖北实验室、争创国家实验室，共同实施一批解决"卡脖子"问题的重大科技创新专项，共同加强人才引进、培养与合作交流等，发挥高校院所与地方各自特长，实现优势互补、共同发展。

二是规划建设武汉综合性国家科学中心的核心承载区。建议将东湖科学城作为综合性国家科学中心核心承载区，打造成全国高端人才、科技要素、高端产业集聚的综合性创新高地，为综合性国家科学中心建设发挥示范带动作用。核心承载区要按照目标明确、整体规划、分步实施原则，集中布局高水平实验室、国家重大科技基础设施、研究型大学，营造科学氛围浓厚、生态环境优美、配套功能齐全的工作生活环境，打造创新国家队、发展动力源、改革试验田。以东湖科学城为创新极核，以东湖高新区为重点区域，联动武昌、洪山、江夏，打造大光谷创新组团，串联"武鄂黄黄咸"重点园区，完善梯次联动的区域创新与产业布局，将光谷科技创新大走廊打造成为创新转化轴、产业协作轴、设施联通轴，将"中国光谷"打造成"世界光谷"。

三是构建"重大科技基础设施群—顶级研究院—国家实验室"科研金字塔。突出武汉特色和优势，加大基础研究扶持力度，加快脉冲强磁场、精密重力测量等现有设施建设，支持武汉生物安全（P4）实验室建设；以中国科学院为龙头，联合武汉大学、华中科技大学、航天科工集团第四研究院等高校院所，谋划建设一批大科学装置，力争脉冲强磁场优化提升、作物表型组学、深部岩土扰动模拟、高端生物医学成像、武汉先进光源研究中心、磁约束氘氚聚变中子源、农业微生物、碳捕集利用与封存等8个大科学装置落户武汉；共建中国科学院大学武汉学院，强化武汉高教体系理科优势；加快建设光谷、珞珈、洪山、江夏、江城等湖北实验室，积极争创国家实验室，打造综合性国家科学中心的核心支撑力量。

四是汇聚全球一流研究团队。按照市场化社会化引才用才方向，健全创新激励和保障机制，构建充分体现创新要素价值的收益分配机制，大力实施院士专家引领高端产业发展计划，出台含金量更高的专项人才工程，依托重大科技基础设施，引进培育一大批有全球影响力的顶尖科学家、产业领军人才、优秀专业技术人才和青年人才。确保武汉在"十四五"期间新引进50名左右战略科技人才、1000名左右产业领军人才，吸引大学生留汉就业创业100万人以上。

五是加强科技创新与产业发展协同配合。科技创新归根结底要落实到产业发展上。武汉要建立科学研究与本地产业紧密联系的体制机制，围绕产业链布局创新链，以科技创新加快动能转换，构建完善现代产业体系。要大力"建链、补链、强链"，推动武汉"965"产业体系发展。聚焦"光芯屏端网"新一代信息技术、汽车制造和服务、大健康和生物技术、高端装备制造、智能建造、商贸物流、现代金融、绿色环保、文化旅游等9大支柱产业，大力发展网络安全、航空航天、空天信息、人工智能、数字创意、氢能等6大新兴产业，超前布局电磁能、量子科技、超级计算、脑科学和类脑科学、深地深海深空等5大未来产业，围绕武汉现代产业体系完善推进基础科学研究，集中攻关突破核心基础零部件、关键基础材料、先进基础工艺和产业技术基础等方面的短板弱项，为产业发展插上科技的翅膀。

六是破解科技成果转化难题。针对科技成果转化中的难点问题，加快深化科技体制改革，推动科技成果尽快转化为现实生产力。深入实施高校院所科技成果转化对接工程，加快建设湖北技术交易大市场，建好用好国家技术转移中部中心、中国高校（华中）科技成果转化中心等转化平台，建立重大科技成果落地转化支持机制。支持联合打造中试熟化平台，支持高校、科研机构和科技企业设立技术转移部门，聘用技术经纪人。建立更多不完全像大学、不完全像科研院所、不完全像企业、不完全像事业单位的"四不像"新型研发机构，高水平建设武汉产业创新发展研究院，以灵活高效的机制促进技术转移转化。构建覆盖科创企业全生命周期的科技金融服务体系，鼓励商业银行设立科技支行、科技特色支行，大力引入国内外知名创投机构和投资管理机构，为科技成果转化提供有力的金融支持。

撰稿人：刘孝琴　湖北省院士专家联络服务中心、湖北省院士战略咨询中心助理研究员

2020年湖北省国民经济和社会发展主要指标

	单位	2019 年		2020 年	
		实际数	增幅（%）	实际数	增幅（%）
生产总值（当年价）	亿元	45 828.31	7.5	43 443.46	−5.0
其中：第一产业增加值	亿元	3 809.09	3.2	4 131.91	3.2
第二产业增加值	亿元	19 098.62	8.0	17 023.90	−7.4
规模以上工业增加值	亿元	—	7.8		−6.1
第三产业增加值	亿元	22 920.60	7.8	22 287.65	−3.8
全社会固定资产投资（不含农户）	亿元	—	10.6	—	−18.8
社会消费品零售总额	亿元	20 224.23	10.3	17 984.87	−20.8
出口总额	亿元	2 484.9	10.3	2 702.0	8.7
实际使用外资	亿美元	129.07	8.1	103.52	−19.8
地方公共财政预算收入	亿元	3 388.39	2.5	2 511.52	−25.9
城镇常住居民人均可支配收入	元	37 601	9.1	36 706	−2.4
农村常住居民人均可支配收入	元	16 391	9.4	16 306	−0.5
居民消费价格指数	上年＝100	103.1	3.1	102.7	−0.4
城镇化率（%）		61.0	—	62.89	—
全员劳动生产率	万元/人	12.86	8.5	12.19	−5.2
人口自然增长率（‰）		4.27	—		

＊数据来源：2019 年、2020 年湖北省国民经济和社会发展统计公报；其中 2020 年"城镇化率"数据来源于湖北省统计局、湖北省第七次全国人口普查办公室发布的《湖北省第七次全国人口普查主要数据情况》。

易晓波　摘编

后　记

　　《湖北发展研究报告》是湖北省教育厅和武汉大学共同发起、由湖北省普通高校人文社会科学重点研究基地——武汉大学发展研究院承担的专项任务。从 2003 年开始，《湖北发展研究报告》由武汉大学发展研究院组织、研究和编辑出版。武汉大学为更好地服务地方经济社会发展，2011 年成立了武汉大学湖北发展问题研究中心。从 2012 年开始，《湖北发展研究报告》由武汉大学湖北发展问题研究中心与武汉大学发展研究院共同组编。

　　《湖北发展研究报告》的宗旨是：关注湖北省科技、经济和社会发展中的重大问题，分析湖北省经济社会的运行状况，探索湖北省可持续发展战略及其重要举措，提出促进湖北省高质量发展的对策建议。《湖北发展研究报告》力求具有科学性、探索性、创新性、时效性和实用性。《湖北发展研究报告 2003》《湖北发展研究报告 2004》《湖北发展研究报告 2005》《湖北发展研究报告 2006》《湖北发展研究报告 2007》《湖北发展研究报告 2008》《湖北发展研究报告 2009》《湖北发展研究报告 2010》《湖北发展研究报告 2011》《湖北发展研究报告 2012》《湖北发展研究报告 2013》《湖北发展研究报告 2014》《湖北发展研究报告 2015》《湖北发展研究报告 2016》《湖北发展研究报告 2017》《湖北发展研究报告 2018》《湖北发展研究报告 2019》《湖北发展研究报告 2020》，已先后由武汉大学出版社出版发行。

　　在深入贯彻落实中国共产党第十九次代表大会及全会精神、努力实现中华民族伟大复兴的实践中，湖北省肩负"建成支点、走在前列、谱写新篇"的国家战略使命和高质量发展的重要任务。《湖北发展研究报告2021》积极服务湖北省"一主引领、两翼支撑、全域协同"发展布局，以问题为导向，重点研究"十四五"期间应重点关注的科技、经济和社会发展问题。《湖北发展研究报告2021》包括23篇研究报告，这些报告分别由武汉大学、华中科技大学、武汉理工大学、华中农业大学、华中师范大学、武汉科技大学、江汉大学、武汉轻工大学、湖北省社会科学院、湖北省高新产业投资集团有限公司、湖北省科技信息研究院、武汉光谷创新发展研究院等单位的专家学者完成。《湖北发展研究报告2021》的特点是：在开启社会主义现代化强国建设第二个百年目标新征程背景下，系统分析新型冠状病毒肺炎疫情对湖北省科技、经济、社会发展的深刻影响，深入研究湖北省"十四五"期间实施创新驱动战略和高质量发展问题，力求观察问题的全面性、分析问题的透彻性、研究问题的系统性、解决问题的建设性。

《湖北发展研究报告2021》是在湖北省普通高校人文社会科学重点研究基地建设基金、武汉大学人文社会科学发展基金资助下完成的。《湖北发展研究报告2021》中所陈述的只是课题组及撰稿人的看法，并不代表任何部门以及他们所属机构的观点，观点是否得当、数据正确与否均由他们自己负责。由于《湖北发展研究报告2021》是以跨学科、跨部门方式集体完成的，文字风格等不尽一致，加之或多或少受新型冠状病毒肺炎疫情影响，虽然几易其稿，最终又由《湖北发展研究报告2021》统筹人、武汉大学发展研究院李光教授统稿，但仍有许多不尽如人意之处，敬请读者不吝指教。

《湖北发展研究报告》从开始策划起，就得到中共湖北省委、省政府、省教育厅等职能部门以及武汉大学领导的关心和大力支持。在《湖北发展研究报告2021》的研究及编撰过程中，武汉大学有关领导更是为之倾注了心血，提出具有指导性和建设性的意见。《湖北发展研究报告2021》的面世，蕴含着多方面的关心和支持，也凝结着众多人的辛勤劳动，特别感谢长期合作的武汉大学出版社及其编辑，在此一并致以衷心感谢和诚挚敬意。

2003 年至 2021 年，《湖北发展研究报告》已经连续组编出版了 19 年。我们期待《湖北发展研究报告 2021》的读者提出建设性意见，以便进一步完善《湖北发展研究报告》的组编工作，并使其更好地成为展示湖北省发展研究成果的公共平台。

编　者

2021 年 7 月

图书在版编目(CIP)数据

湖北发展研究报告.2021/武汉大学湖北发展问题研究中心,武汉大学发展研究院组编.—武汉:武汉大学出版社,2021.11
ISBN 978-7-307-22583-1

Ⅰ.湖… Ⅱ.①武… ②武… Ⅲ.区域经济发展—研究报告—湖北—2021 Ⅳ.F127.63

中国版本图书馆 CIP 数据核字(2021)第 195694 号

责任编辑:陈　红　　　责任校对:李孟潇　　　版式设计:韩闻锦

出版发行:**武汉大学出版社**　(430072　武昌　珞珈山)
(电子邮箱:cbs22@whu.edu.cn　网址:www.wdp.whu.edu.cn)
印刷:武汉中远印务有限公司
开本:720×1000　1/16　印张:26.25　字数:376 千字　插页:2
版次:2021 年 11 月第 1 版　　　2021 年 11 月第 1 次印刷
ISBN 978-7-307-22583-1　　　定价:79.00 元

版权所有,不得翻印;凡购我社的图书,如有质量问题,请与当地图书销售部门联系调换。